主编／喻新安 魏一明

中原智库论丛
(2014)

河南省社会科学院决策咨询成果

社会科学文献出版社
SOCIAL SCIENCES ACADEMIC PRESS (CHINA)

目 录

形势分析展望篇

2013~2014年河南经济发展分析与预测
………………………………… 河南省社会科学院课题组 / 3

2013~2014年河南新型城镇化发展形势分析与展望
………………………………… 河南省社会科学院课题组 / 29

2013~2014年河南社会发展形势分析与预测
………………………………… 河南省社会科学院课题组 / 62

2014年河南文化发展态势分析与展望
——全面深化改革背景下的文明河南建设
………………………………… 河南省社会科学院课题组 / 96

河南法治发展状况与2014年展望
………………………………… 河南省社会科学院课题组 / 120

新常态 新谋划 新发展
——2014~2015年河南省经济发展分析与预测
………………………………… 河南省社会科学院课题组 / 149

推动科学发展篇

让中原更出彩的战略谋划与总体设计
　　——"坚定总坐标，坚持总思路，完善总方略"的
　　　全局意义和实践价值探索
………………………… 河南省社会科学院　河南日报社课题组／179

实现中国梦需要中原更出彩
　　——学习习近平总书记在河南考察时的重要讲话
………………………… 河南省社会科学院　河南日报社课题组／193

我国经济新常态对河南经济社会发展的影响和对策
………………………………………… 河南省社会科学院课题组／204

河南省全面深化改革综合研究报告
………………………………………… 河南省社会科学院课题组／218

2015年河南现代市场体系建设研究
………………………………………… 河南省社会科学院课题组／238

2013年中原经济区省辖市经济综合竞争力评价
……………………………………………… 武文超　李　斌／259

夯实河南发展底部基础　提升县域经济发展质量
　　——2013年河南县域经济发展质量评价报告 ………… 杜明军／265

科学有序推进新型城镇化的若干建议 ………………… 王新涛／271

区域发展要有新举措
　　——关于构建大中原城市群的战略思考与建议 ………… 杨兰桥／278

河南光伏产业健康发展面临的问题与对策建议
　　——基于洛阳光伏产业现状调查
………………………… 河南省社会科学院工业经济研究所课题组／286

郑州市发展高成长性服务业的若干建议 ………… 赵　然　唐晓旺 / 294
新形势下加速高校科技成果转化的对策建议 ………………… 谷建全 / 301
农业经营方式创新的有益尝试
　　——关于河南省实施"土地托管"模式的思考与
　　建议 ……………………………………………………… 彭俊杰 / 306

创新社会管理篇

风险社会背景下突发事件的应对之道 ……………………… 殷　辂 / 315
新形势　新挑战
　　——2013年河南省网络舆情热点事件与发展
　　趋势分析 ………………………………………………… 张　侃 / 321
2013年河南十大社会热点问题分析 ………………………… 冯庆林 / 328
促进农业转移人口就业创业对策研究 ……………………… 李怀玉 / 335
构建农业转移人口市民化成本的合理分担机制 …………… 郭小燕 / 341
新生代农民工市民化问题研究 ……………………………… 李怀玉 / 346
创新社会治理机制　推进平安河南建设
　　——济源市推进平安济源建设的调查与思考 ………… 李宏伟 / 352

建设文化强省篇

"四个建设"：文明河南建设的切入点
　　………………………………………… 河南省社会科学院课题组 / 361
建议将淅川移民精神提升为新时期河南精神
　　………………………………… 刘道兴　陈东辉　刘　刚 / 372
关于建设"人文城市"的思考和建议 ………………………… 刘道兴 / 377

提升河南文化竞争力关键在于做大做强文化产业 ………… 卫绍生 / 386

培育龙文化产业　助推文明河南建设

　　——开发利用濮阳市龙文化资源的

　　思考与建议 …………………………… 卫绍生　李立新 / 392

从根亲文化切入将"文明河南"做实 …………… 张新斌 / 398

河南省文化产业投资的分析与思考 ………… 赵　然　石　涛 / 403

加强党的建设篇

党员干部要把加强道德修养作为人生必修课

　　——学习习近平总书记在河南考察时的重要讲话

　　………………………………… 河南省社会科学院课题组 / 413

关于开好县级领导班子专题民主生活会的建议 ……… 刘道兴 / 424

用焦裕禄精神撑起党员干部的精气神 …………… 丁同民 / 430

向党内潜规则亮剑

　　——学习贯彻习近平总书记在河南考察重要讲话精神

　　………………………………………………… 闫德民 / 435

抓好作风建设坚持立破并举

　　——学习贯彻习近平总书记在河南考察重要

　　讲话精神 ………………………………… 万银峰 / 440

后　记 ………………………………………………………… / 445

形势分析展望篇

2013～2014年河南经济发展分析与预测

河南省社会科学院课题组[*]

2013年,在国内外经济形势极其严峻复杂的情况下,全省上下认真贯彻落实中央和省委关于经济工作的决策部署,深入实施粮食生产核心区、中原经济区、郑州航空港经济综合实验区三大战略规划,着力打造河南经济升级版,稳中有为、持续求进,全省经济呈现出总体平稳、稳中趋升、稳中向好的态势,不仅使年初经济增速回落过大的局面逐步扭转,而且速度、结构、质量、效益等指标更趋协调,持续健康发展基础更加坚实。但当前宏观环境仍然错综复杂,需求不足的问题尚未有根本缓解,结构性矛盾依然突出,经济回升向好的基础仍不稳固,保持全省经济持续平稳较快发展仍面临许多困难和挑战。

一 2013年河南经济运行分析

2013年,全省上下认真贯彻落实中央和省委、省政府各项稳增长、调结构、促改革、惠民生的决策部署,着力把国家战略转化为发展新优势,稳中求进、稳中提质,速度与质量指标趋于协调,结构和效益指标明

---

[*] 课题组负责人:喻新安;课题组成员:完世伟、王玲杰、唐晓旺、袁金星。

显向好，经济运行表现出稳中趋升、稳中向好的总体态势。但当前经济环境依然复杂，需求不足与结构性矛盾相互叠加，内生动力依然不强，实现全年发展目标依然面临严峻挑战。

（一）2013年河南经济运行的总体态势

2013年，在全国经济增速回落的大背景下，河南省主要经济指标增幅出现同比回落，增长放缓。进入第二季度特别是下半年以来，随着一系列政策措施效应的逐步显现，全省经济运行呈现出总体平稳、稳中趋升、稳中向好的积极态势。"稳、升、好"是全年经济运行的总体态势的主要体现。

"稳"就是经济运行低位徘徊的局面得到扭转，主要经济指标表现平稳，其中，生产总值、固定资产投资、社会消费品零售总额、进出口总值等指标的增速虽然比上年同期增速略有回落，但是在2013年前三季度均保持了小幅增长或持平态势，且各主要指标基本都在预期的目标区间内。同时，稳还表现在物价水平保持了基本稳定，且波动幅度不大。

"升"主要表现为，2013年第三季度河南主要经济指标增长速度有所加快，总体出现小幅攀升态势，尤其是与工业关联的指标持续向好回升，结构调整取得新进展。通过克强指数对耗电量、银行贷款发放量、铁路货运量三个经济指标的结合来判断经济发展情况，呈现了稳中趋升的态势。

"好"主要体现在，农业生产形势较好，工业经济效益开始向好，财政形势总体趋好，城乡居民收入进一步提高。根据河南省宏观经济数量预测模型并结合各类影响变量的综合评估，预计2013年河南省生产总值增长在9%左右，其中第一、第二、第三产业分别增长3.7%、10.5%、9%；规模以上工业增加值增长11.8%；固定资产投资增长23.6%；社会消费品零售总额增长13.6%；居民消费价格指数为103.2（以上年为100）；出口预计增长19.5%，进口预计增长8.5%（见表1）。

表 1 2013 年河南主要经济指标预测

单位：%

指标　　　　　月份	1~9月	全年(预测)
1. 地区生产总值增长率	8.7	9.0
其中:第一产业增长率	3.7	3.7
第二产业增长率	9.9	10.5
第三产业增长率	8.7	9.0
2. 规模以上工业增加值增长率	11.6	11.8
3. 固定资产投资增长率	23.5	23.6
4. 社会消费品零售总额增长率	13.4	13.6
5. 居民消费价格指数(以上年为100)	102.8	103.2
6. 出口增长率	19.3	19.5
7. 进口增长率	7.8	8.5

这些成绩的取得主要得益于省委、省政府稳增长、调结构、促改革、惠民生等一系列政策措施的实施。一是着力推进稳增长、调结构、促转型。针对年初主要经济指标增速下滑的复杂严峻形势，河南省委、省政府把稳增长、调结构放在更加突出的位置，抓住关键、标本兼治、综合施策，启动了工业稳增长调结构百日攻坚活动，有力促进了工业经济速度和效益的稳定回升。组织开展"强投资、促进度"活动，千方百计促开工、促在建、促投产，有效发挥了重大项目的带动作用。二是着力增创发展新优势。河南紧紧抓住三大国家战略所带来的前所未有的发展新机遇，努力使三大国家战略转化为区域发展新优势。国家粮食战略工程河南粮食生产核心区规划为农业稳产增产提供了有利条件，推动河南在保障国家粮食安全方面做出新贡献。中原经济区建设的全面展开，为河南突出区域比较优势、培育区域增长极、增强区域竞争力奠定了坚实基础。尤其是郑州航空港经济综合实验区的规划建设，空港与陆港联动发展，形成现代化立体综合交通枢纽新优势；航空经济与现代服务业联动发展，形成现代产业体系发展新优势；河南在交通区位、人力资源、产业配套、现代物流、发展环境等方面的竞争优势都得到进一步提升。三是着力实施"一个载体三个体系"总体工作布局。全省180个产业集聚区以及城市新区、商务中心区和特色商业区建设全面推进，推动项目集中布局、产业集群发展、功能集合构建、资源集约利用，破解发展难题，提

高发展成效。加强现代产业体系构建,坚持做优农业、做强工业、做大服务业,加快发展现代服务业、战略性新兴产业和先进制造业,产业结构调整和优化升级取得明显成效。加强现代城镇体系构建,积极优化城市形态和空间布局,形成城乡发展一体化新格局。加快自主创新体系构建,创新驱动能力得到有效提升。四是着力形成加快经济转型升级新动力。河南把提升开放水平和深化改革作为稳增长、调结构、推动科学发展的根本举措,加快重点领域和关键环节改革,着力推进政府职能转变,激发改革红利、增强发展活力。把科学推进新型城镇化作为释放内需潜力的综合性战略举措,以推进人的城镇化为核心,着力提升城镇综合承载能力和吸纳就业能力,城镇化发展质量和水平明显提高。五是着力改善民生,加大民生投入,扎实推进"十项重点民生工程",进一步健全社会保障体系,把保障和改善民生作为各项工作的根本出发点和落脚点。实践证明,省委、省政府的决策部署是完全正确的,各级各部门的工作是有力有效的。

(二) 2013年河南经济运行的主要特点

1. 与2012年相比:稳中有进

(1) 三次产业发展平稳。2013年前三季度河南省生产总值达到23516.02亿元,同比增长8.7%;第一产业实现增加值3527.48亿元,同比增长3.8%;第二产业实现增加值12816.35亿元,同比增长9.9%;第三产业实现增加值7172.19亿元,同比增长8.7%。从生产总值及三次产业前三季度增长速度来看(见图1),在年初4个指标均以降速开局后,第二季度开始扭转了从上年第一季度开始的连续走低态势,开始逐步小幅回升,稳中有进态势明显。其中,生产总值、第一产业增加值、第三产业增加值今年以来保持了环比上升,尤其第三季度末第三产业增加值增速比第一季度提高了1.6个百分点。

(2) 三大需求稳步增长。河南省固定资产投资保持了较快增长态势,2013年1~9月完成17776.24亿元,同比增长23.5%。其中,工业投资增长18.7%,增速比1~8月微升了0.1个百分点;基础设施投资增长22.4%,增速比1~8月加快了0.4个百分点。消费平稳增长,前三季度,全省社会消费品零售总额比上年同期增长13.4%,分别比上半年和第一

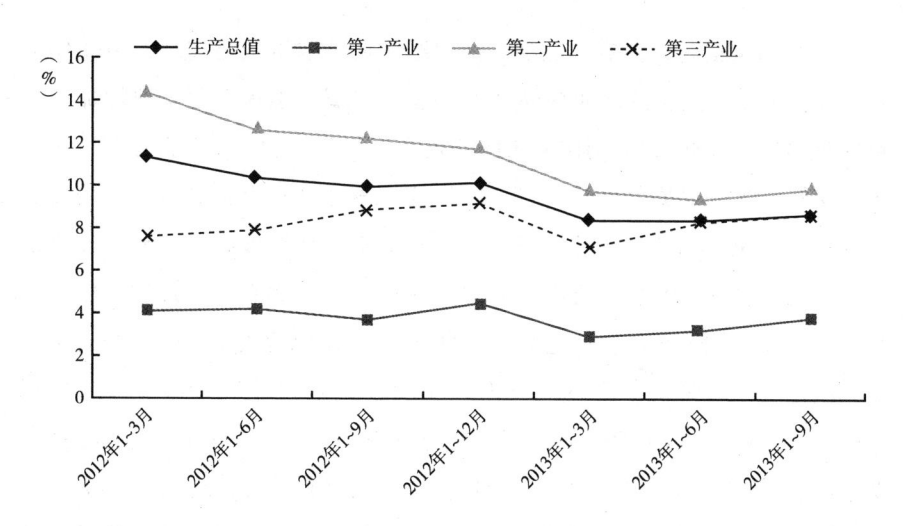

图1　2012年至2013年1~9月河南省生产总值及三次产业增加值增速

季度加快了0.2个和0.3个百分点。其中，农村消费市场活跃，1~9月社会消费品零售总额增速达到21.1%，比全省和城镇零售总额增速分别加快了7.7个和7.9个百分点。开放带动有力，前三季度，全省海关进出口总值增长14.4%，比上半年加快了2.0个百分点（见图2）。其中，出口增长19.3%，比上半年加快了5.3个百分点；实际利用省外资金约5219亿元，其中实际利用外资95.5亿美元，增长5.3%；预计全年利用省外资金可超过6000亿元，其中实际利用外资可望达到130亿美元。

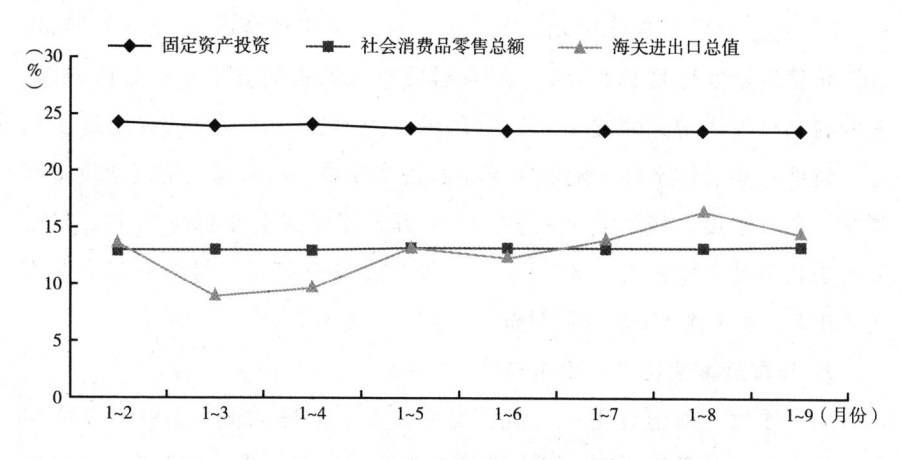

图2　2013年1~9月河南省固定资产投资、社会消费品零售总额、海关进出口总值增速

(3) 结构优化调整成效显现。产业结构调整取得明显进展，2013年前三季度，全省高成长性产业和高技术产业增加值分别占全部工业增加值比重的59.7%、5.8%，分别比上年同期提高了2.8个和1.2个百分点；四大传统支柱产业增加值占比为25.3%，同比下降了3.0个百分点；六大高载能行业占比为38.1%，同比下降3.1个百分点。从企业结构来看，外商及港澳台投资企业实现增加值增速为16.8%，非公有制企业实现增加值增速为14.3%，分别比工业增加值增速加快了5.2个和2.7个百分点。投资结构继续优化，从投资来源看，1~9月，全省民间投资快速增长，增速达到24.9%，比总投资增速和国有投资增速分别快了1.4个和6.8个百分点；占全省投资比重的81.6%，比上年同期提高0.9个百分点；对全省投资增长的贡献率达到85.5%。从投资行业来看，交通运输、仓储和邮政业投资增速达到28%，信息传输、计算机服务和软件业投资增速达到43.5%，房地产业投资增速达到32.1%，文化、体育和娱乐业投资增速达到50.2%，分别比总投资增速快了4.5个、20个、8.6个和26.7个百分点。

(4) 发展质量效益持续提升。财政收入平稳增长，2013年前三季度全省财政总收入达2756.7亿元，同比增长11.5%，比上半年和1~8月分别提高了1.2个和1.1个百分点；地方公共财政预算收入1789.2亿元，增长17.5%，比上半年和1~8月分别提高了0.8个和0.9个百分点。城乡居民收入平稳增长，前三季度全省城镇居民人均可支配收入同比增长9.6%，扣除价格因素实际增长6.7%；农民人均现金收入增长12.5%，扣除价格因素实际增长9.4%；城乡居民收入增速均高于生产总值增速，且农村居民收入增速明显高于城镇居民收入增速，城乡收入差距逐步缩小。就业形势总体平稳，随着服务业的快速发展，经济增长的就业贡献度增加，前三季度，城镇新增就业112.1万人，完成全年目标的112.1%；新增农村劳动力转移就业87万人，超额完成全年任务；城镇登记失业率为3.1%，低于4.5%的控制目标。

2. 与季度增速相比：稳中趋升

前三季度，河南省生产总值、规模以上工业增加值、第三产业增加值、社会消费品零售总额、海关进出口总值、地方财政总收入6个主要经济指标增速均表现为稳步上升态势（见图3），6个指标第三季度增速分别比第一季度增速快了0.3个、0.5个、1.6个、0.3个、5.5个和3.3个百分点。

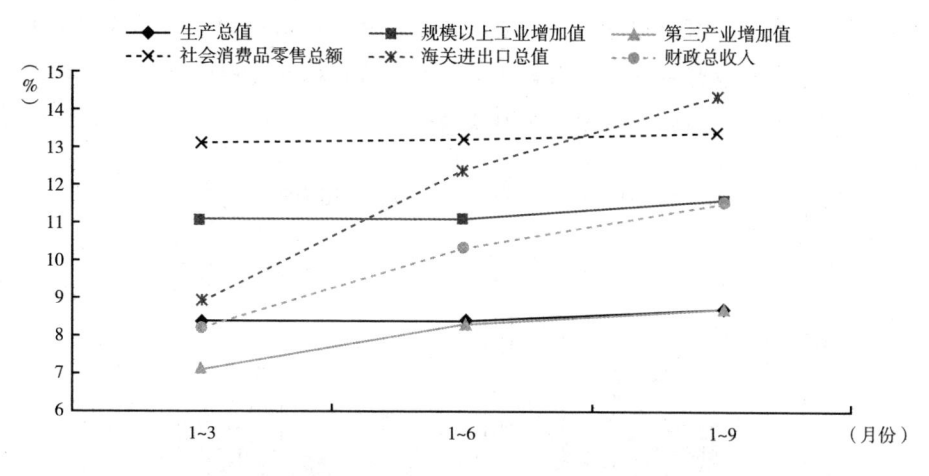

图3 2013年1~9月河南省6个经济指标季度增速比较

3. 与全国及中部六省相比：位次前移

与全国比较，2013年前三季度河南省生产总值增长8.7%，比全国平均增速加快了1个百分点，在全国的位次比上半年前移了4位；规模以上工业增加值增长11.6%，比全国平均增速加快了2个百分点，在全国的位次比上半年前移了5位；固定资产投资增长23.5%，比全国平均增速加快了3.3个百分点；社会消费品零售总额增长13.4%，比全国平均增速加快了0.5个百分点（见图4）。

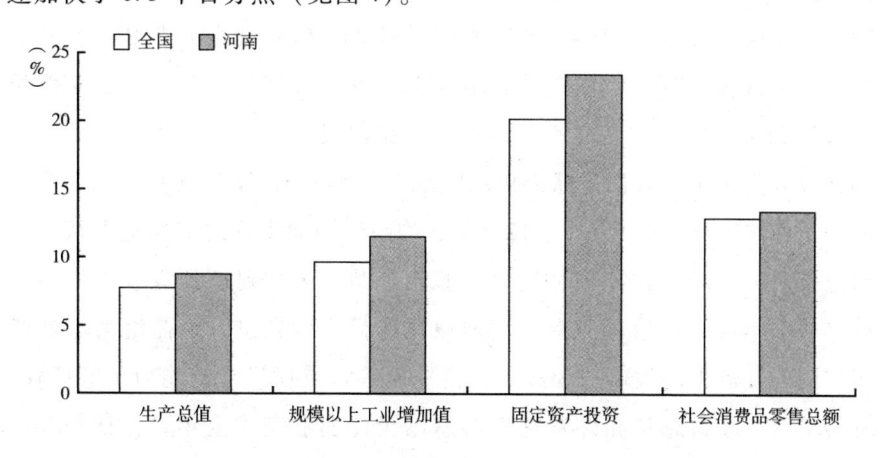

图4 2013年前三季度河南省主要经济指标增速与全国比较

与中部六省比较，2013年前三季度河南省生产总值完成23516.02亿元，居中部六省第1位；固定资产投资总额17776.24亿元，居中部六省第1位；此外，河南省进出口总值、进口值和出口值也均居中部六省第1位。但是同时也要看到，河南省几个主要经济指标均表现出总量位于中部六省领先地位，而相应增速则相对落后的特征。

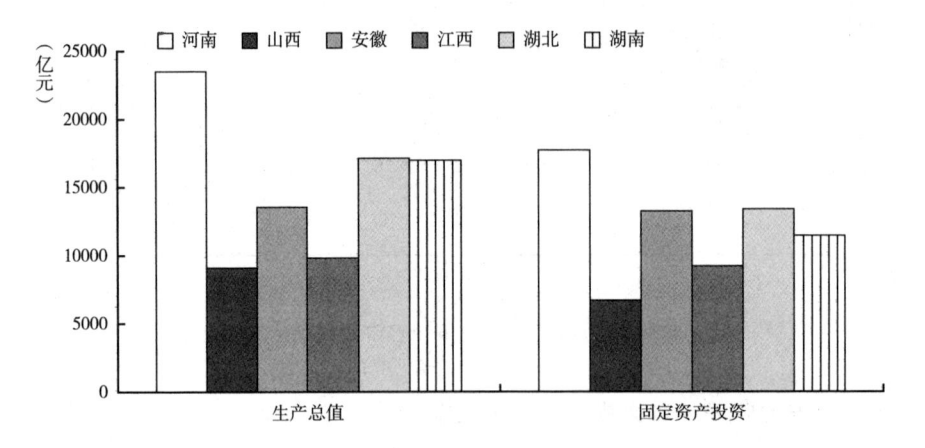

图5　2013年前三季度中部六省完成生产总值和固定资产投资情况比较

4. 与目标任务相比：存在差距

河南省2013年1~9月主要经济指标与全年目标值对比来看，生产总值全年目标值为增长10%左右，前三季度增速8.7%；地方公共财政预算收入全年增长目标为11%左右，前三季度增速17.5%；全社会固定资产投资全年增长目标为21%，前三季度增速23.5%；社会消费品零售总额全年增长目标为16%，前三季度增速13.4%；外贸进出口总额全年增长目标为15%，前三季度增速14.4%；城镇居民人均可支配收入和农民人均纯收入全年实际增长目标为9%以上，力争与经济增长同步，前三季度两项指标增速分别为9.6%、12.5%，均高于同期生产总值增速。从对比情况来看，2013年河南省固定资产投资、地方公共财政预算收入均能较好完成全年目标；随着河南新型城镇化建设全面推进，内需潜力不断激活，同时开放带动战略持续深入，富士康等重点项目带动能力不断增强，社会消费品零售总额和外贸进出口总额预计能够完成全年目标任务。同时，值得关注的是，河南生产总值增速与全年目标任务相比还存在明显差距，三季度末增速比全年目标增速慢了1.3个百分点，即使按全年9.5%的增长目标计算，也要低0.8个百分点。初步测算，要实现全年增长9.5%的目标，第四季度增速需达到12%，任务十分艰巨。经济减速一方面是受外部发展环境日趋复杂严峻，以及经济增长进入调速换挡期等多重因素影响，另一方面也是由于河南发展正在进入深度调整期，结构性矛盾突出，新型城镇化红利、改革红利、开放红利等尚未充分激活、释放，内需拉动不足，外贸短板依然有待拉长等多方面因素综合作用的影响。

（三）2013年河南经济运行中存在的问题

1. 稳增长的基础仍不牢固

2013年前三季度，河南经济虽然总体呈现回升向好的趋势，但是需求不足问题依然突出，结构性矛盾短期内难以根本缓解，不稳定、不协调、不可持续性依然存在，保持经济持续健康发展的基础仍不牢固。内需增长动力偏弱，从生产者和消费者两个角度来看，均存在增长乏力问题。企业景气调查结果并不乐观，前三季度企业家信心指数和企业景气指数连续下滑，低于上年同期水平，并且均低于预期；前三季度，尽管城乡居民收入依然保持较快增长，但相比上年同期而言增速回落明显，1~9月城镇居民人均可支配收入增速和农民人均现金收入增速分别比上年同期下降了2.6个和3.7个百分点。居民收入水平直接影响了购买力的提升，也影响着扩内需目标的实现。

2. 经济结构性矛盾仍然突出

河南加快转方式、调结构依然面临严峻挑战。从需求结构来看，投资仍然是拉动河南经济增长的首要力量，是驱动中国经济增长三大需求中唯一一个保持了较快的需求增长；消费拉动作用明显不足，第三产业增加值增速落后于第二产业和生产总值增速，发展依然滞后；外贸进出口在经历了2011年和2012年的井喷式高速增长后，受到全球需求紧缩的影响，增速比上年出现大幅回落，三大需求中消费和外贸对经济增长的拉动作用都明显偏弱。从产业结构来看，六大高成长行业中的食品、轻工、建材等提速乏力，高科技、高附加值、高竞争力的增长形式尚未形成；四大传统支柱行业发展困难，特别是化工、有色、钢铁等行业是当前国内产能严重过剩行业，国家宏观政策将更加强调结构调整与升级转型，极易受宏观环境与政策变化影响，这些传统支柱行业的转型升级也成为破解经济结构性矛盾的重点难点所在。

3. 工业持续回升压力依然很大

总的来看，虽然2013年前三季度工业出现稳步回升的态势，但是持续回升仍然面临较大压力。河南工业结构的重化特征一直比较突出，近年虽然采取了一系列措施加快工业结构调整步伐，但轻重工业发展差距依然明显。前三季度重工业增速一直快于轻工业增速，虽然重工业对拉动经济增长见效比较快，但是重工业整体利润率较低，影响整个工业生产效益的提升。此外，1~9月工业生产者出厂价格指数虽然环比有所提高，但同比降幅存在扩大趋势。工业产品出厂价格的连续下降压缩了工业企业的利润增长空间。在宏观环境总体保持结构性偏紧的情况下，河南的传统支柱产业、一些竞争力不强的产业都将面临严峻考验。

4. 企业生产经营面临的困难仍然较大

2013年以来，市场竞争加剧、市场需求低迷、融资成本上升等是导致企业特别是小微企业生产经营困难的重要原因。前三季度，全省工业生产者出厂价格指数同比下降1.5%，且连续9个月低于工业生产者购进价格指数，价格倒挂直接制约着企业生产积极性的提高。同时，前三季度，全省工业投资增速同比回落6.3个百分点，也低于全省投资增速4.8个百分点，工业投资增速回落既对全省投资产生了下拉作用，也对工业发展后劲产生极为不利的影响。从企业景气指数来看，企业融资状况连续下滑，企业生产扩张普遍放缓，投资意愿低，信心明显下降，显示中小企业经营状况更为严峻。

5. 农业稳定增产形势不容乐观

2013年，河南夏粮、秋粮连获丰收，预计将继续保持在1100亿斤以上，为国家粮食安全做出了重大贡献，但是同时，粮食生产要在高基点上持续保持稳产增产则面临着更大的挑战。近年来，河南省虽然加大了资金投入推进现代农业发展和农业基础设施建设，但是由于河南农业基础较弱，基础设施投资缺口依然较大。今年夏季持续的高温少雨天气导致部分地区出现不同程度的旱情，而目前河南省有效灌溉面积仍然只有耕地面积的72%，一些地区农田水利设施老化落后导致无法灌溉而在一定程度上影响了秋作物生产，农业生产基础和抵御风险能力都依然薄弱。此外，近几年农产品价格连续出现大幅波动，价格的不稳定性也对农业稳产带来一定影响。

二 2014年河南经济面临的形势及总体走势展望

2013年以来，河南省经济下行压力持续加大，稳增长、保态势面临前所未有的困难和挑战，这与国内外整个宏观经济环境密不可分。河南省经济发展既存在很多有利因素，也面临着诸多挑战。展望2014年，随着经济发展外部环境的总体好转以及稳增长、促转型、保态势行动计划的实施，全省经济有望继续保持总体平稳、稳中趋升、稳中向好的态势，全年经济增速有望达到9%左右。

（一）对2014年国内外经济形势的总体判断

1. 国际经济发展环境有所改善，但复苏进程仍面临诸多风险

当前，世界经济将延续不均衡的复苏趋势。全球经济正在持续复苏，IMF预测2013年和2014年全球经济增长率分别为2.9%和3.6%；但经济增长动力有所切换，亚洲等新兴经济体增速下滑，欧美日等发达经济体复苏态势好于预期，这种分化局面可能延续到2014年，发达经济体将以更大的动能支撑世界经济增长。

美国经济数据渐好，长期复苏基础趋于稳定。就业和非制造业数据改善支撑美国经济中长期向好。2013年10月，美国就业分项指数增至56.2，接近8月的高点，较好的就业数据表明美国经济生产情况趋于良好。同时，较强的消费信心与充足的生产动力形成良性循环。10月，美国非制造业指数升至55.4，预估54.0；9月为54.4。随着经济数据向好，距美国退出刺激性货币政策的时间越来越近，政策退出对经济持续复苏影响的不确定性仍然较大，清晰、可信的中期财政整顿计划是维持经济复苏的关键因素。

欧元区首现增长势头，但复苏基础仍较弱。欧元区2013年第二季度

GDP环比增长0.3%，结束了此前连续六个季度衰退的局面。与此同时，欧元区投资者信心连续得到改善。11月欧元区投资者信心指数自10月的6.1跳升至9.3，高于预期的6.5，且为连续第三个月报正值。但欧洲就业和工资并未实现增长，金融市场分割、内部结构性失衡等问题仍然存在，预计2014年经济可能维持当前的弱复苏格局。

日本虽然确立经济增长趋势，但其国内政策不确定较强。从经济数据看，日本短期增长态势仍然良好。2013年第二季度日本GDP增长3.8%，连续第三个季度经济增长，8月日本领先指标为106.5，较4月上升了7.2个点，经济增长趋势基本稳定。但国内经济政策不确定较强，安倍政府不断提出超大规模的经济刺激计划，但面临较高的国家债务压力，财政来源的不确定将严重影响政策效果，并可能产生较大的连锁效应。

新兴市场增长虽然强劲，但也面临诸多内外部挑战。与欧美经济稳步复苏的态势不同，亚洲等新兴经济体面临经济增速下滑、资本外流、股市动荡等多重风险。如印度第二季度GDP同比增速放缓至4.4%，低于2012年的5%，8月制造业PMI下降至48.5，是2009年3月以来首度跌破"荣枯"分界线。IMF最新报告将2014年发展中国家经济增速预期由此前的5.5%下调至5.1%。同时，新兴经济体还面临金融市场动荡的风险。受美国经济数据好转等影响，资金大规模撤离新兴市场，资本大规模流动加大了我国资金面的复杂和紧张程度，将促使金融市场出现较大震动，进而影响到实体经济增长。

2. 国内经济环境继续企稳向好，但加快转型升级更为迫切

经济增长稳中趋缓，但下行空间有限。2013年前三季度我国GDP同比增长7.7%，低于2012年7.8%的增速，这与我国经济进入了中速增长阶段的特征相一致，但经济下行空间有限。2013年10月中国制造业PMI为51.4%，比9月提高了0.3个百分点，连续第4个月回升，创下18个月以来新高，而小型制造业企业PMI为48.5%，仍处于景气下降区间，这表明中国制造业虽仍保持增长态势，但经济下行压力凸显，增速回落压力较大。从全社会用电量来看，8月全社会用电量明显上扬，增速由7月的8.3%上升到13.7%，而9月增速又回落至10.4%，显示经济运行的不稳定因素仍旧存在。从大趋势看，改革加快推进已成必然，市场在消化吸收改革政策之后将释放巨大活力，传统生产方式在市场推动下逐步进入自动淘汰阶段，转型成效也将渐渐呈现。

持续增长后劲乏力，加紧推动转型迫在眉睫。通常经济增长趋缓可能促使政府通过投资缓解经济下行压力，从而挤压市场正逐步形成的自动转型态势。当前我国经济环境较为复杂，增长与转型矛盾又现强化趋势，如何处理两者关系，同时协调改革步伐与增长空间是发展关键。政府可能采取折中策略，在保持适度增长空间内充分估计风险，推动渐进式改革和转型。

金融风险、地方债务风险是当前面临的两大风险。前期全球资本流入我国市场积累了一定程度的金融资产泡沫，近期显现的资本流入放缓甚至流出现象如果加快，可能引起部分领域泡沫破裂。而长期以来资本市场不完善积累的资金错配现象越来越严重，直接导致近期市场资金紧张、成本上涨。审计署近期对地方债务进行审计，部分政府债务超出国际警戒线，在大规模圈地开发等发展模式下，随着债务到期和开发收益不足等影响，地方政府债务风险正在加大。

（二）2014年河南经济运行环境分析

1. 有利条件

（1）国家战略红利逐步显现。2013年3月，国务院正式批复《郑州航空港经济综合实验区发展规划（2013~2025）》，这是继国家粮食核心区、中原经济区之后，河南又一个上升为国家战略的发展规划。在这一规划中，国务院赋予河南省在航空管理、海关监管制度、服务外包政策、财税政策等方面一系列先行先试的优惠政策，加上此前国务院赋予中原经济区在城乡资源要素配置、土地节约集约利用、农村人口有序转移、行政管理体制改革等方面先行先试的权利，以及国家粮食核心区规划对河南的一系列扶持和补偿政策，河南省从中央获得的政策优惠前所未有。2014年，河南省在继续推进中原经济区、粮食核心区规划实施的同时，下大力气推进航空港经济实验区建设。三大国家战略叠加，为河南省带来了诸多政策红利，形成全省经济发展的重大利好。

（2）打造经济升级版效应明显。2013年3月，李克强总理提出了

"打造中国经济升级版"的战略思想，开始了中国经济加快转型升级的新探索。在此背景下，省委、省政府从河南的特殊省情和区位出发，提出了"打造河南经济升级版"的战略部署。半年来，全省不断凝聚发展共识、认识把握规律、推动政策创新、完善考评体系，持续抓关键、出实招、见实效，初步扭转了年初经济增速回落过大的局面，全省经济呈现出稳中趋升、稳中有进、稳中向好的态势。2014年，河南省将继续推出一系列加快转型升级的举措，打造经济升级版的效应将进一步释放，成为支撑明年全省经济发展的重大利好。

（3）产业集聚区支撑作用持续增强。近年来，河南省坚持把加快产业集聚区建设作为事关全局的中心工作，积极承接产业转移，着力引导项目聚集，推进产业集群化发展。2013年前三季度，全省产业集聚区工业增加值增长18%，对全省工业增长的贡献率达到68.9%，拉动工业增长8个百分点，成为全省经济企稳向好的"中流砥柱"。在此基础上，河南省将对产业集聚区建设进行系统总结和部署，进一步提升产业集聚区基础设施和配套服务，突出主导产业集群发展，优化要素配置，强化招商引资、产业升级、改革创新、转移就业的主平台作用。这些政策举措的实施，将会形成明年全省经济继续向好的"助推器"。

（4）招商引资和承接产业转移成效逐渐凸显。近年来，河南省积极实施开放带动主战略，全力以赴大招商、招大商。河南开放的意识、周到的服务、优化的环境，增强了外资和国内各路资本入驻河南的信心，为河南经济注入了发展活力。五年来，全省共引入世界500强、国内500强企业200多家，造就了电子信息、生物制药、装备制造、汽车等一批战略新兴产业，成为河南经济平稳较快发展的支撑力量。2013年，河南新引进了南航、东航等6家货运航空公司，新开通10条国际货运航线，与空桥、菜鸟等一批跨国公司战略合作不断深化。2014年，河南省将继续加快推进开放招商工作，抓投产、达产，抓落地、开工，抓项目引进，随着这些项目的实施，将会形成明年全省经济增长的重要支撑。

（5）新型城镇化潜力依然巨大。城镇化是扩大内需的最大潜力所在，也是河南省经济社会发展诸多矛盾的聚焦点。中共河南省委将于年内召开九届六次全会，专题研究科学推进新型城镇化问题。将进一步修改完善科学推进新型城镇化的指导意见和三年行动计划，加快推进中原城市群一体化和农业转移人口市民化，继续提升城镇承载能力，推进新农村建设。这些工作的推进将会进一步带动消费和投资增长，成为明年全省经济增长的重要动力。

2. 不利因素

（1）经济下行压力依然较大。尽管欧美、日本等经济形势有所好转，但是复苏缓慢，外需短时间内难以有较大程度的恢复。同时，我国经济面临"中等收入陷阱"，长期以来积累的结构性矛盾开始显现，未来我国经济将进入一个困难相对较多、增速相对较慢的阶段。河南省资源型工业突出、重工业比重较大的特征，经济下行的压力尤为突出。国务院化解过剩产能的五大行业，在河南就有钢铁、水泥、电解铝、平板玻璃四个，这些行业受宏观环境与政策变化影响大，回升空间有限、动力不足，对经济增长的下拉作用仍然会持续较长一段时间。而战略性新兴产业占比低，短期内还难以对全省经济形成重要支撑。这些因素的出现对河南省2014年经济发展形成了不利的影响。

（2）要素瓶颈制约仍未破解。一是建设用地需求缺口较大。"十二五"期间，全省每年建设用地需求为60万亩，但是新增建设用地供给只有20万亩，只能满足1/3的用地需求。一批技术含量高、市场前景好、投资强度大的好项目难以落地，成为制约企业发展的主要矛盾。二是资金瓶颈制约依然有待破解。目前，河南直接融资仍然不足，新增间接融资虽然较多，但主要流向大企业、房地产业和地方融资平台，实体经济和小微型企业贷款需求仍较难得到满足，融资成本也有提高。三是企业用工成本上升。目前，河南专业人员和技术工人短缺，高层次技术人才尤其缺乏；同时，企业招工难、用工成本提高较快等现象也比较突出。四是支撑发展的资源环境明显不足。河南工业结构偏重，"粗、低、重、耗"产品多，造成资源利用效率低，污染排放强度大，环境承载力不足。

（3）节能减排压力持续增大。进入2013年第三季度以来，随着市场需求回暖，产品价格逐步回升，企业用电量增加，工业经济稳步回升，全省能源消费呈现稳步回升、逐步加快的运行态势，节能降耗压力逐步增大。同时，随着城镇化的加速推进，能源原材料等高耗能行业，特别是建材及相关的钢铁、有色等行业可能复苏,将引起能耗、电耗增速的回升。此外,河南省节能体制机制和管理方式亟待解决和完善,有利于节能的价格、财政、税收、金融等方面政策还不完善,节能长效机制尚未形成,市场机制作用发挥不够,企业节能内生动力不足;在管理方式方面,政府责任重、企业责任轻,地方责任重、部门责任轻,行政手段多、市场手段少。这些都有可能给2014年完成节能目标任务带来挑战。

(4)改革创新有待进一步深化。随着改革进入深水区,改革的牵扯面越来越广,牵涉的部门越来越多,涉及的利益越来越复杂,特别是在缺乏顶层设计支撑的情况下,改革的协同性、系统性面临更多的挑战,下一步深层次改革难度越来越大。就河南省来说,在推进经济发展过程中,已经遇到了土地、户籍、社保、干部、人事、分配等诸多体制方面的障碍,这与国家的基本经济制度相关;在政府与市场的关系上,政府总是不自觉地伸出那只不应该伸出的手,这与国家的行政管理体制有关。在中央尚未做出改革的情况下,这些问题仍将长期困扰着我们,成为制约全省经济发展体制性障碍。

(5)保障和改善民生任务繁重。河南省是一个发展中的省份,民生方面面临的困难和问题很多,广大人民群众看病难、入学难、就业难等问题相对突出,因而保障和改善民生的任务就异常繁重和艰巨。2013年以来,随着经济下行压力加大,省内一些传统工业企业经济效益下滑,工人失业增加,收入下降,给全省的就业、教育、医疗等带来了挑战。同时,也要看到,由于企业不景气,经济效益下滑,政府收入增长放缓,保障和改善民生的能力弱化,特别是"营改增"试点行业范围扩大,取消和免征多批行政事业性收费等进一步加大后期增收压力。2014年,河南省仍将在社会保障上加大投入,在政府收入没有相应增加的情况下,必然降低政府的投资能力,形成明年河南省经济发展的不利因素。

(三)2014年河南经济走势展望及主要指标预测

2013年以来,积极因素不断累积,全省经济总体运行平稳,运行质量有所改善,内生动力持续增强。但当前宏观环境仍然错综复杂,需求不足的问题尚未得到根本缓解,结构性矛盾依然突出,经济回升向好的基础仍不稳固。2014年，在没有其他大的风险的情况下，全省经济稳中趋升、稳中向好的态势有望持续。

1. 积极因素不断累积，稳中向好态势有望持续

当前全球经济总体正进入稳定但速度缓慢的复苏期。中央政策更加强调营造公平开放的市场环境，更加注重激发市场主体活力，充分发挥市场机制作用，释放改革红利，为经济持续健康发展注入新动力，有助于提振市场信心和支撑市场活动。2013年9月，中国制造业PMI为51.2%，比上月提高了0.2个百分点，连续12个月位于临界点以上。

2013年以来，在省委、省政府一系列稳增长、调结构政策的引导下，各地的投资建设力度增大，河南省传统支柱产业持续回升的趋势明显。随着新型城镇化步伐的加快，房地产的刚性需求将持续释放，房地产业持续稳定增长的基础依然较好。随着产业集聚区和航空港经济综合实验区建设的持续推进，河南省承接产业转移与转型升级不断加快，产业体系不断丰富完善，企业应对复杂局面的能力也显著增强，对市场预期的持续改善正在产生积极作用。在此背景下，当前河南省经济企稳回升的积极因素不断积累。一是工业品出厂价格指数（PPI）降幅连续3个月收窄。9月，全省工业品出厂价格指数同比下降1.1%，降幅较6月收窄1.3个百分点。河南省主要产品价格多数环比上扬。截至9月20日，重点监测的27种主要工业产品中，18种上扬，1种持平。二是铁路货运量、周转量降幅连续数月收窄。1~9月，铁路货运量下降0.7%，降幅比前8个月收窄1.4个百分点。铁路周转量增长0.4%，增速由负转正，比1~8月回升1.6个百分点，增速自1~5月以来连续回升。三是重点企业生产形势持续好转。据重点工业企业月度趋势调查，9月，预计正常生产的企业占89.5%，比8月提高0.4个百分点，比7月提高0.5个百分点；销售形势明显好于8月的企业比重提高2.2个百分点；预计获得订单明显多于8月的企业比重提高2个百分点。

2. 需求不足与结构性矛盾相互叠加，经济企稳向好的基础仍不稳固

（1）宏观环境有较大不确定性。世界贸易组织在9月预计2013年世界贸易增长为2.5%，2014年增长4.5%，均低于早前4月的预计。尽管国内经济近期出现了企稳的迹象，但是回升的幅度相对有限，未来一段时期，国家宏观政策将更加强调结构调整与升级转型，大力度刺激总需求的可能性较小，宏观环境将总体维持结构性偏紧的局面。在此背景下，河南省一些传统产业将面临严峻挑战。

（2）企稳回升的基础还不稳固。当前工业增速回升主要靠基础性行业拉动，受宏观环境与调控政策影响大，保持工业持续回升难度较大。2013年前三季度对全省工业拉动作用较大的前12个行业中多数为基础性行业。其中，黑色金属冶炼和压延加工业增长17%，化学原料和化学制品制造业增长14.5%，通用设备制造业增长18.2%。特别是有些行业是当前国内产能严重过剩行业，极易受宏观环境与政策变化影响。在外部环境不稳的形势下，这些行业的未来走势将对全省工业增速产生较大影响。

（3）企业生产经营积极性不高。2013年以来，河南省企业经济效益持续下行。1~9月，全省工业生产者出厂价格指数（PPI）同比下降1.5%，连续22个月下降，连续9个月低于工业生产者购进价格指数。价格倒挂直接影响企业经济效益的改善。全省规模以上工业企业亏损面达5.2%，同比提高0.3个百分点。企业效益低位运行直接影响着企业生产经营的积极性。据调查，9月全省设备利用率超过50%的重点企业比重较8月下降0.3个百分点。1~9月，全省工业投资同比增长18.7%，增速同比回落6.3个百分点，也低于全省投资增速4.8个百分点。工业投资增速回落既对全省投资产生下拉作用，也对工业发展后劲产生了不利的影响。

（4）投资增长面临较大压力。2013年1~9月，全省新开工项目投资同比增长19.1%，对全省投资增长的贡献率为26.5%，增速比上半年分别回落3个和9.9个百分点，新开工项目不足，可能对明年的投资增长带来不利影响。同时，房地产业后期走势充满不确定性。2013年以来，全省房地产开发投资与销售保持较快增长，成为全省经济稳中回升的重要原因。但是，随着党的十八届三中全会的召开，2014年中央可能会出台新的房地产调控政策，对房地产市场形成的冲击不可低估。在2013年增长幅度较大的情况下，2014年全省房地产市场出现回调的可能性较大，对经济的冲击也显而易见，是否会导致宏观经济重新下行，还有待观察。

总之，当前宏观环境仍然错综复杂，需求不足的问题仍没有得到根本缓解，结构性矛盾仍然突出，未来一段时期，全省宏观经济将呈现出慢节奏、弱复苏、会反复的区间震荡状态。然而，国内外环境的逐步改善、积极因素的不断积累以及稳增长政策效应的持续发挥，仍有助于全省经济回升向好态势的形成。2014年全省经济仍有望延续稳中有进的态势，预计全年GDP增速在9.5%左右。考虑到2013年新开工项目较少，2014年保持全省工业稳步增长的难度增加，预计全年规模以上工业增速在12.5%左右。投资仍将维持窄幅波动的格局，预计全年固定资产投资增速在23.8%左右。消费仍将维持平稳增长态势，预计全年社会消费品零售总额增长13.8%左右。进出口将保持较快增长，预计全年出口增长20%左右，进口增长10%左右。物价水平将保持基本稳定，全年平均涨幅将维持在3%左右（见表2）。

表2 2014年河南主要经济指标预测

单位：%

指标 年份	2013	2014
1. 地区生产总值增长率	9.0	9.5
其中：第一产业增长率	3.7	3.8
第二产业增长率	10.5	11.0
第三产业增长率	9.0	9.5
2. 规模以上工业增加值增长率	11.8	12.5
3. 固定资产投资增长率	23.6	23.8
4. 社会消费品零售总额增长率	13.6	13.8
5. 居民消费价格指数（以上年为100）	103.2	103.0
6. 出口增长率	19.5	20.0
7. 进口增长率	0.5	10.0

三 促进河南经济平稳较快发展的对策建议

2014年是全面贯彻落实党的十八届三中全会精神的第一年，是实施"十二五"规划承上启下的关键一年，面对依旧严峻的国际国内形势，必须保持清醒头脑，提振精神，坚定信心，把稳增长放在优先位置，坚持稳字当头，将短期与长期、治标与治本、疏与堵结合起来，积极应对各种复杂情况；坚持稳中求进，加大力度促改革、调结构、惠民生，不断激发市场主体活力和内生发展动力；坚持稳中提质，让稳增长与调结构、就业与收入、环境保护与资源节约协调推进，努力提高经济发展的质量和效益，稳中求好、稳中求优，打造河南经济"升级版"，不断向中原崛起、河南振兴、富民强省的总目标迈进。

（一）着力稳定增长，力促经济稳定回升、持续上升

在国际国内形势复杂多变、全省经济增长方式尚未形成根本性转变的形势下，应坚持把稳增长作为经济发展的核心，进一步加快经济结构战略性调整步伐，推动经济发展的立足点转到提高增长的质量和效益上来。

1. 要密切跟踪监测经济运行变化

要进一步加强预警监测，充分考虑各种不确定性因素可能带来的影响，及时发现新情况新问题，及时采取有针对性的措施，防止局部性问题演变成趋势性、全局性问题，切实增强宏观调控的主动性、预见性和敏感性，牢牢把握经济工作的主动权。

2. 深入剖析问题、科学研判发展趋势

要进一步加强形势分析，敏锐捕捉经济运行中的各种苗头性、倾向性问题，科学把控经济走势，要根据形势发展变化，及时研究制定并适时启动相关政策预案，做到见事早、判断准、出手快，切实增强宏观调控的前瞻性、针对性和有效性。

3. 保持投资增长基本稳定，适当控制增长节奏

稳定投资增长是稳定经济发展的重要基础，要尽快启动一批符合国家规划要求的大项目、好项目，在政策、资金、用地、环评审批等方面加大支持力度，力促项目早开工、早投产、早达产，尽快形成产能、形成生产力，增强投资对经济增长的支撑作用。

（二）着力促进转型，全力做优农业、做强工业、做大服务业

全国经济进入了中速发展新阶段，河南要充分利用当前市场需求不足形成的"倒逼机制"，把加快经济结构战略性调整和产业转型升级作为突出任务，提升产业竞争力。

1. 稳定农业生产

农业是国民经济的基础，保持农业持续健康发展是稳增长的重要保

障，要持续加大投入，完善农田水利设施、大力改造中低产田，提高农业抗灾减灾能力。继续实施高标准粮田"百千万"工程和农业产业化集群培育工程，在稳定提高粮食生产能力的基础上，推进农业生产向种、养、加、贸一体化转变。

2. 巩固工业回升势头

把保稳定与促提升相结合，坚持促"好"帮"差"、抓"大"扶"小"、强"国"活"民"，确保企业稳定生产经营。加大工业投资力度，着力推进工业重点项目建设，积极支持工业企业做大做强，加大技改投入、科技投入力度，使投资真正成为助推工业转型升级的有力保障。加快工业结构调整步伐，积极推动产品精深加工，延伸产业链条，不断提高工业产品附加值。

3. 加快服务业发展

加快发展服务业对于结构调整、社会就业意义重大，十分必要、十分迫切，要有步骤、有计划地扶持服务业发展，进一步推进旅游业、文化产业和服务外包业等的大发展。要加强制造业与服务业的分工合作，大力发展现代服务业；要加快发展现代物流、金融、科技服务、电子商务、教育培训和信息服务等生产性服务行业，增强服务功能，提高创新能力。

（三）着力夯实载体，加快推进郑州航空港区和产业集聚区建设

坚持把载体建设作为事关全局的中心工作和综合性举措，全力推进郑州航空港区和产业集聚区招商引资项目落地和建设进度，发挥其引领全省转型升级和辐射带动作用。

1. 全力以赴推进郑州航空港综合实验区建设

航空港综合实验区建设不仅是全省经济发展新的增长点，更是抢占未来发展优势的重大战略，要按照"打造大枢纽、发展大物流、培育大产业、形成大都市"的要求，加快推进综合交通枢纽建设，发展现代物流及相关服务业，以航空制造、电子信息、生物医药、精密机械等航空偏好型产业为重点，积极对外招商，特别要注重引进行业龙头企业。加强研究力量，全面展开中国（郑州）自贸区申报工作，争取设立汽车、医药等进口口岸。全力推进跨境贸易电子商务服务试点，积极争取国家政策支

持，早日形成跨境电子商务经营规模。

2. 依托产业集聚区、商务中心区和特色商业区打造产业集群优势

严格落实产业集聚区考核评价办法，加大配套基础设施建设，重点推动各地产业集聚区围绕产业链图谱，以发展高端、终端和高附加值产品为核心完善主导产业链条，同时大力开展针对性招商，培育纵向连接、侧向配套的特色产业链，形成产业集群优势。以"两区"为依托，以龙头引进和品牌塑造为重点，推动功能整合、集中布局，同步推进交通、热力、电力等基础设施建设，使"两区"建设尽快出形象、成规模，形成现代服务业集群发展态势。

（四）着力强化引领，加快推进新型城镇化进程

新型城镇化是推进"三化"协调科学发展的突破口，是扩大内需的最大潜力所在，也是全省经济社会发展诸多矛盾的聚焦点，必须强化其引领作用，全面落实中共河南省委九届六次全会精神，加速推进三年行动计划。

1. 新区建设要提速

郑州、洛阳、焦作、开封等城市新区要加快综合交通、污水垃圾处理、供排水、供热供气、生态等基础设施建设，完善功能，引领产业转型升级和人口集聚。

2. 加快推进中心城市组团式发展

加快中心城区与城市组团基础设施一体化建设，重点抓好中心城区与城市组团间快速通道和快速公交系统建设，推进具备条件的中心城区骨干道路向组团延伸。

3. 持续推进郑州都市区建设

围绕建设"三大一中"和"两区两城"的目标，以交通道路和生态廊道建设为切入点，统筹推进都市区建设，有序开展城中村改造、旧城改造与合村并城，不断完善城市功能，提高都市区承载力。

4. 加快中原城市群一体化发展

健全协调沟通机制，全力推进"米"字形高铁布局建设，加速城市群内人才、资金、技术等生产要素自由流动。

5. 积极推进新农村建设

按照产业、新农村、土地利用、基础设施和公共服务、生态建设规划"五规合一"的思路，出台加快社会主义新农村建设的指导意见，有条不紊推进美丽乡村建设，不断改善农村人居环境。

（五）着力扩大开放，加快建设内陆开放高地

对外开放是河南基本省策，也是应对复杂局面和破解各种制约最直接、最有效、最综合的战略举措，要坚持以开放扩需求、以开放促转型，打造内陆开放高地。

1. 要科学承接国内外产业转移

强化理性招商，抓规模、抓质量、抓结构，集中精力促进具有引领性、突破性、方向性的重大产业化项目。注重引资与引技、引智的结合，吸引跨国公司来豫设立区域总部、研发中心、采购中心、培训中心，推动本地企业与外企交流与合作，融入全球创新体系，增强自主创业、自主发展、自主创新能力。

2. 大力发展对外贸易

要以增强产品、产业、企业国际竞争力为导向，实施出口品牌培育、国际电子商务发展等外贸发展提升战略，在全省探索建立外向型产业园区，推动内陆开放型产业集约、集聚、集群发展，优化全省对外贸易结构。

3. 扩大对外开放领域

全面推进金融、会展、物流、电子商务等现代服务业等对外合作，鼓励央企、外资参与国有和民营企业改组改造。支持境内外资金参与农业产业化龙头企业改组改造，开展农产品精深加工，推动农业产业化、市场化、国际化进程。

4. 优化投资环境

进一步下放审批权限，简化审批程序，提高审批效率，增强审批透明度，建立健全招商引资信息处理和受理服务中心、联审联批中心、投诉权益保护中心等专门服务机构，全力营造亲商、爱商、安商、富商的环境。

（六）着力进促改革，切实增强经济发展活力动力

坚持以改革促发展，全面贯彻落实党的十八届三中全会精神，按照中央确定的路线图和时间表，深化各项体制机制改革，破除阻碍科学发展的体制机制障碍，增强全省经济发展活力动力。

1. 继续简政放权

深化行政审批制度改革，按要求和计划取消、下放一批行政审批事项，坚持权力和责任同步下放、调控和监管同步强化，严格事中事后监管，同时加快推进其他具有行政审批性质管理事项的清理工作。有序推动政府机构改革，切实转变政府职能。

2. 推进新型城镇化相关配套改革

统筹城乡改革，重点推进农村产权制度改革、土地管理制度改革和户籍制度改革，在严格执行土地用途管制的基础上，促进农村集体建设用地依法流转，探索建立城乡统一的建设用地市场。

3. 深化国有企业改革

加大省属国有企业兼并、重组力度，重点做好河南煤化集团和义煤集团重组的后续工作；积极争取央企总部加快其在豫企业发展步伐，在项目、资金、技术、人才等方面加大投入力度。

4. 深化金融改革

加大外资银行引进力度，推动中原银行组建工作，大力发展农村金融，加快发展民营金融机构，推动形成国有、股份、民营、外资、地方五位一体的金融市场组织结构。

5. 继续推进资源型产品价格改革

重点制定水资源费调整方案，完善水价、电价、天然气价格形成机制，完善阶梯价格制度，满足不同群体多样化需求。

（七）着力破解瓶颈，强化生产要素保障供应

生产要素保障是经济稳定运行的基础和前提，要继续创新要素保障机制，优化资源配置，破解瓶颈制约，切实保障生产要素供应，增强经济发展的活力动力。

1. 强化资金保障

全面落实"新36条",重点在铁路、市政、教育等城乡基础设施和社会事业领域,推出一批民间投资能够参与的具体项目,激发民间投资热情。从供需两方面强化金融支持,引导金融机构创新金融产品,扩大信贷投放,督促企业优化财务状况,策划好项目,政府牵线搭桥,定期举办银企对接会。

2. 强化土地保障

坚持节约集约用地,严格落实城镇和产业集聚区建设用地标准,用地指标优先考虑重点项目,鼓励企业改扩建多层标准化厂房,提高土地利用率和增加容积率,同时加大闲置土地清理工作。

3. 强化人力资源保障

继续实施全民技能振兴工程,加强校企合作,持续探索联合共建、工学交替等合作模式,在产业集聚区企业开展订单定向培训,保障企业用工需求。

4. 强化能源保障

妥善处理电网、电源与用电企业的关系,重点完善煤电互保政策,优化煤电互保机制,进一步完善促进电力发展的良性机制。继续加大农电配网投入和改造力度,解决有电发不出、企业没电用矛盾。

(八)着力惠及民生,努力保障和改善民生

民生所指,民心所向,国运所系,越是困难时期,越要高度重视民生,要坚持民生优先,使经济发展从民生改善中获得持续动力。

1. 落实积极的就业政策

就业是民生之本,要实施小微型企业成长计划,扶持全民创业,促进高校毕业生、农村富余劳动力、城镇失业人员和退役军人就业,帮扶零就业家庭、残疾人等群体就业。

2. 全力推进扶贫开发

编制扶贫开发规划,重点做好伏牛山、大别山、桐柏山、南太行等老区、深山区的规划,建立省、市、县三级财政投入扶贫开发并稳定增长机制,加大移民扶贫、产业扶贫、科技扶贫、交通扶贫力度,推动贫困地区

居民摆脱传统落后的生活方式。

3. 加大环境治理力度

围绕群众关心的大气、水、农村等突出环境问题,全面实施"蓝天工程""碧水工程""乡村清洁工程",改善居民生存环境。

4. 加大保障性安居工程建设

加快保障性住房项目选址和土地报批,推动廉租房和公租房并轨,支持企业积极参与城中村、旧城区、棚户区改造,落实财政配套资金,同步建设配套市政设施、公共服务设施。

5. 加快社会事业发展

持续加大义务教育投入,科学预测人口变动趋势,促进义务教育均衡发展。持续完善基层医疗卫生服务体系,加快实施一批县级医院、乡镇卫生院改扩建项目。

(原载《河南经济发展报告(2014)》)

2013~2014年河南新型城镇化发展形势分析与展望

河南省社会科学院课题组[*]

科学推进新型城镇化，是河南现代化进程中的一项历史性任务，事关当前和今后一个时期全省经济社会发展全局。近年来，河南省对推进新型城镇化进行了积极有益的实践和探索，取得了显著的成效。但是，作为传统的农业大省和人口大省，河南省城镇化水平滞后，城镇化质量不高的问题突出，已成为制约河南全面建成小康社会的重要因素。当前，国际国内宏观经济环境正在发生极为深刻而复杂的变化，面临新形势，必须明确新型城镇化发展趋势，进一步把握机遇和挑战，采取有效措施，科学推进新型城镇化，促进城镇化健康发展。

一 2013年河南省推进新型城镇化的主要做法与成效

2013年，河南省持续高度重视推进新型城镇化工作，着力推进农业转移人口市民化，加强城镇化载体建设、进一步优化城市形态、全面加强城乡建设与管理，取得了显著成效，但也存在着城镇化滞后、城镇化质量不高等一系列问题。

---

[*] 课题组组长：喻新安、谷建全；课题组成员：王建国、王景全、郭小燕、王新涛、左雯、柏程豫、李建华、韩鹏、吴旭晓、郭志远；执笔：王建国、郭小燕、王新涛、左雯。

（一）推进新型城镇化的主要做法

1. 政府高度重视新型城镇化工作

党的十八大提出走中国特色新型工业化、信息化、城镇化、农业现代化道路，促进四化同步发展。中央经济工作会议强调要着力提高城镇化质量。2013年中央还将召开全国城镇化工作会议，专门研究如何引导城镇化健康发展问题。科学推进新型城镇化，也是河南贯彻科学发展观，加快发展方式转变的重大问题。《2013年河南省政府工作报告》把"强化新型城镇化引领，持续推进城乡发展一体化"列为2013年重点工作，提出，探索走好具有河南特色的新型城镇化道路，推进产业集聚、人口集中、土地集约，加快城镇化进程，提升城镇化质量。

为落实中央关于推进新型城镇化的部署，推动河南省科学发展，河南省委、省政府、省人大、省政协，以及相关研究单位共同组织开展了新型城镇化调研工作，以总结河南省城镇化实践，进一步理清全省推进新型城镇化的思路举措，破解城镇化进程中的难题。通过这次调研活动最终将形成《中共河南省委关于科学推进新型城镇化的指导意见》《河南省人民政府关于科学推进新型城镇化三年行动计划》《新型城镇化辅导读本》三项成果，为河南省召开新型城镇化工作会议作准备。目前这三项成果的讨论稿都已形成，正在征集意见、进行修改完善。《指导意见》将明确推进新型城镇化的指导思想、目标任务、重大举措，突出对全省新型城镇化的宏观指导作用，作为指导全省城镇化发展的纲领性文件。《行动计划》提出具体目标、具体任务、具体措施等，是一个实施性、操作性的文件。《辅导读本》是一个带有知识性、辅导性的读本，明确推进新型城镇化的基本方向、基本思路。

2. 有序推进农业转移人口市民化

有序推进农业转移人口市民化，是加快推进新型城镇化，不断提高城镇化质量的重大战略举措。2013年，河南省围绕强化产业支撑，加强公共服务体系建设，健全体制机制等，有序推进农业转移人口市民化。

（1）加快产业集聚区、商务中心区和特色商业区建设，增强城市产业支撑能力，着力解决农业转移人口的就业问题。随着全省产业集聚区内许多建设项目陆续竣工投产,创造出了更多的就业岗位,增强了吸纳就业的能力,带动产业集聚区从业人员增加,产业集聚区就业承载能力增强。2012年,产业集聚区规模以上工业从业人员达280多万人,占到全省规模以上工业从业人员的一半以上,对全省规模以上工业从业人员增长的贡献率高达165.1%。根据《2013年河南省商务中心区和特色商业区建设方案》(豫政办〔2013〕48号),全省"两区"完成年度投资700亿元以上,实现营业收入1500亿元,从业人员达到80万人。这为有序推进农业转移人口市民化提供了就业保障。

(2) 着力解决农业转移人口居住、随迁子女就学等问题。坚持把大规模推进保障性住房建设作为提高新型城镇化质量的关键,截至2013年10月底,开工建设各类保障性安居工程40.9万套,完成国家下达目标的102.39%;基本建成21.7万套,完成目标任务的72.33%;累计完成投资321.59亿元。增加普通商品住房供应,把具备条件的进城农民纳入城镇住房保障体系。学校布局也将往中小城市、城乡接合部、产业集聚区周边"倾斜",着力解决好进城务工人员随迁子女入学问题。

(3) 各地积极探索有序推进农业转移人口市民化体制机制。例如,鹤壁市出台了《关于进一步促进农业转移人口市民化的意见》(鹤发〔2013〕8号),成立了鹤壁市推进农业转移人口市民化工作领导小组,以加快户籍制度改革、破除城乡居民身份壁垒为突破口,加快推进农业转移人口市民化进程。

3. 继续推进城镇化载体建设

2013年,河南省坚持统筹推进产业集聚区、商务中心区和特色商业区等城镇化载体建设,取得了较大成效。

(1) 在产业集聚区建设方面,河南省人民政府转发了《2013年河南省加快产业集聚区建设专项工作方案》(豫政办〔2013〕46号),明确了2013年河南省产业集聚区建设的总体要求、重点任务、保障措施,以及重点工作分工。河南省委、省政府在全省组织开展了2013年重点项目和产业集聚区建设观摩点评活动。河南省知识产权局印发了2013年度的产业集聚区知识产权专项行动方案,在全省继续开展产业集聚区知识产权专项行动。2013年1~9月,全省产业集聚区完成固定资产投资8940.20亿元,对全省投资增长的贡献率为59.5%,拉动全省投资增长14.0个百分点。至10月底,全省产业集聚区建成区面积达到1698.6平方公里,较2012年底增加122.7平方公里,新增基础设施投资1063亿元,提前完成全年基础设施投资1000亿元目标。产业集聚区内702个村庄启动一体化改造工作。产业集聚区已成为河南省经济特别是县域经济的增长极,转变发展方式、实现科学发展的突破口,招商引资的主平台,农民转移就业的主阵地,改革创新的示范区。

(2)在商务中心区和特色商业区建设方面,河南省人民政府办公厅印发了《2013年河南省商务中心区和特色商业区建设方案》(豫政办〔2013〕48号)。根据《建设方案》,河南省2013年将投资700亿元加快"两区"建设,促进服务业集聚发展,增强城市发展实力和支撑服务能力,培育新的经济增长点。围绕"两区"建设,开展了"城市综合体"培训,近300名各市县"两区"负责人接受了前期策划、风险规避等方面的培训。围绕破解资金、土地、人才瓶颈制约,加快投融资、土地收储、人力资源三大平台建设,不断增强要素集聚能力。截至2013年9月,176个商务中心区、特色商业区完成选址确认,近半数"两区"空间规划和控制性详细规划编制完成,在年底前全面完成空间规划、控制性详细规划编制论证评审工作。

4. 进一步优化城市形态

坚持把城市群和城市组团作为优化城市形态的主要抓手,构建科学合理的城市空间格局。

(1)加快中原城市群发展。积极推进综合交通体系与城镇化布局有机衔接,以交通连接促进产业链连接、服务共享、生态共建,增强城市群发展整体效应。加快中原城市群城际铁路网建设,2013年郑开城际铁路有望基本建成,郑州至机场和郑焦城际铁路加快建设,郑开延长线、云台山支线开工建设。郑汴一体化进程加快。2012年12月,河南省发改委、郑州市政府、开封市政府三方签订了《进一步加快推进郑汴一体化发展的框架协议》,三方将建立由省发改委主任和两市市长参加的郑汴一体化发展联席会议制度,郑州市、开封市将建立完善对接制度,在七方面开展务实合作,携手推进郑汴一体化。自2013年1月1日起,郑汴两地正式实施金融同城，各银行将行内两地间存折、银行借记卡视为行内同城业务，不再收取异地业务费用。2013年10月，郑州和开封实现了电信同城，取消开封长途区号0378，统一使用郑州长途区号0371，取消两市间长途通话费和漫游通话费，两市电信用户每年将减少通信支出1.81亿元。

（2）积极推进中心城市组团式发展。许昌、濮阳、漯河、安阳编制完成中心城市组团式发展总体规划。强化组团的基础设施和公共服务体系建设，引导产业在中心城区与组团间合理布局，中心城区和城市组团之间的产业分工和布局得到优化。加快中心城市与组团间快速通道建设，洛阳、许昌、平顶山、周口、驻马店等建设了中心城区与部分城市组团间快速通道。

5. 全面加强城乡建设与管理

（1）加快推进城乡建设扩容工程。2013年1~10月，全省城市基础设施完成投资1496.31亿元，同比增长16.4%；村镇基础设施建设完成投资88.1亿元，同比增长16.5%。颁布了《河南省人民政府办公厅关于贯彻落实国办发〔2013〕23号文件精神做好城市排水防涝设施建设管理工作的实施意见》（豫政办〔2013〕60号），并制定了《河南省城市排水防涝设施建设管理工作考核办法（试行）》，指导各地加快积水点改造，加快构建与城市发展和环境变化相协调的城市排水防涝工程体系，提高城市防洪除涝能力。编制了《河南省城市集中采暖老旧管网改造规划（2013~2015）》《河南省城镇燃气"十二五"发展规划》《河南省城市供水与节约用水专项规划编制纲要》等城市建设相关规划，省辖市和直管县（市）全部完成园林绿化专项规划。加快推进以缓解交通拥堵为重点的城市交通基础设施建设，城市路网结构进一步完善。如郑州市轨道交通1号、2号、5号线，"两环十七放射"生态廊道建设进度加快，三环快速化通道工程主线桥已全线贯通，预计年底前顺利通车。南水北调受水城市83座配套水厂建设已完工13座。

（2）稳步推进城中村改造工程。2013年1~10月，全省省辖市在建城中村改造项目实施拆迁1882.09万平方米，新开工建设2469.2万平方米，完成建设1281.26万平方米，实现投资444.2亿元。稳步推进农村危房改造。及时制订实施方案，重点向集中连片特困地区和国家扶贫开发重点县下达任务7.1万户,占全省总量的38.4%。开展农村危房改造"回头看"活动,对2009年以来改造危房全面核查。目前,全省已完成农村危房改造11万户,预计年底前全部完成改造任务。

(3)进一步提升城市管理水平。积极开展智慧城市试点创建,在郑州、鹤壁、漯河、济源、新郑、洛阳新区6市(区)列入第一批国家智慧城市(区、镇)试点的基础上,推动许昌、舞钢、灵宝3个市入选第二批试点。预计年底省辖市全面建成数字城管系统。积极开展特色乡村建设和创建活动。公布首批320个河南省传统村落名录,其中有46个村庄成功入选第二批中国传统村落名录。

(二)取得的主要成效

1. 新型城镇化加快推进

2013年,河南省把推进新型城镇化作为一项重点工作,着力完善城乡规划体系,加强城乡建设,提高城镇化质量,推进了城镇化的快速发展。

(1)城乡规划对新型城镇化的引导作用进一步增强。郑州航空港经济综合实验区相关规划编制积极推进,总体规划将在年底前完成,26项专项规划全面启动。城市总体规划报批和修订完善步伐加快。《新乡城市总体规划》获国务院批准,《济源城乡总体规划》《驻马店城市总体规划》获省政府批准实施。城市控制性详细规划覆盖率不断提高。郑州、平顶山、许昌、鹤壁、焦作实现控制性详细规划全覆盖。村镇规划编制加快推进。县(市、区)域村镇体系规划编制全面完成,118个完成审查报批。

(2)城镇人口大幅度增加,城镇化率快速提升。至2012年年底,河南省城镇人口达到4473万人,比2011年增加了218万人;城镇化率达到42.4%,比2011年提高了1.8个百分点,增速高于全国平均水平0.5个百分点。

(3)城市建设速度加快,城市规模进一步扩大。随着近年来复合型城市新区、产业集聚区等建设快速推进,河南省城镇数量有所增加,城市规模有所扩大。至2012年年底,河南省共有38个市、88个县、50个市辖区、1011个乡(镇)、558个街道办事处,其中乡(镇)比2011年增加了3个，街道办事处比2011年增加了40个。38个城市的城区面积达到4628平方公里，建成区面积达到2219平方公里，分别比2011年增加了414平方公里和121平方公里。

（4）城镇体系日趋完善。随着中原城市群战略、中心城市带动战略实施，中心城市组团式发展的推进，河南省城镇体系逐步完善，初步形成了大型中心城市、中小城市、小城镇各具特色，竞相发展的城镇体系。

2. 城镇综合承载能力增强

2013年，河南省继续加大对城镇化基础设施和公共服务设施投入，城市道路、水、电、气、暖等基础设施和教育、医疗等公共服务设施水平不断提高，大大改善了居民的生活条件，增强了城镇的综合承载能力。

（1）对城市基础设施建设的投入不断加大。随着城市基础设施建设投入加大，河南省为鼓励和吸引民间投资，在全省各地城市基础设施领域筛选出了200个鼓励民间资本参与建设的重大项目。同时，抓住国家开发银行支持城镇化发展的机遇，提出了国家开发性金融支持河南省新型城镇化的总体思路和合作模式，重点以棚户区改造为切入点，支持老城区改造、省辖市城市新区起步区和县城新城区综合开发、水利设施及城市水系建设、郑州航空港经济综合实验区综合交通枢纽设施建设等，提高城市的综合承载能力。截至8月底，已通过国开行评估承诺的城镇化项目522亿元，累计到位贷款250亿元。2013年1~9月全省城镇基础设施建设完成投资1300亿元左右，预计全年将完成投资1800亿元左右。目前，河南省已实施城市道路、生态水系、供排水、供热、污水垃圾处理等领域建设项目1870个。

（2）城市基础设施得到明显改善。截至2012年年底，河南省38个城市道路长度达到10798千米，比上年增加939千米；排水管道长度达到17292千米，比上年增加1456千米；集中供热面积达到13006万平方米，比上年增加1175万平方米，燃气普及率达到77.9%，比上年提高1.7个百分点；公共交通标准运营车辆21852标台，比上年增加992标台。

（3）城市公共服务水平持续提高。教育、医疗卫生、基本社会保障等公共服务事业持续较快发展，覆盖范围不断扩大。以省辖市市区为例，2012年河南省17个省辖市（不含济源市）拥有普通高等学校、普通中学和小学在校生分别为142.94万人、133.74万人和191.33万人，分别比上年增加4.22万人、4.75万人和3.58万人；拥有医院、卫生院923个，比上年增加35个；拥有医院、卫生院床位数15.79万张，较上年增加1.81万张；拥有医生6.05万人，较上年增加0.42万人。

3. 产城互动融合发展良好

自2008年以来，河南省把构建"一个载体三个体系"作为推动科学发展、加快发展方式转变的具体实践形式和总体工作布局。在此背景下，河南省积极推动产城融合发展，通过产业发展提供更多就业岗位，带动更多农村人口向城镇有序转移；通过完善城市功能，为产业发展提供有力支撑。结合省情和区域发展实际状况，坚持以产兴城、以城促产，强力推进产业集聚区建设、启动特色商业区和商务中心区建设，注重城市新区产城融合发展，着力构建相匹配的产业体系和城镇体系，探索走出了一条"产城融合"的发展道路，取得了较为明显的成效。

产业集聚区在发展中坚持产城互动，统筹规划城市建设与产业集聚区，增强了城市功能与就业承载力，有效促进农业人口向城镇转移。城市新区在建设过程中，加快推进功能区基础设施建设和产业集聚，在加强城市新区的基础设施和公共服务设施建设的同时，也促进了产业的集聚发展。

在构建现代产业体系方面，选择了18个重点产业（即六大高成长性产业、四大传统优势产业、四大战略性新兴产业和四大现代服务业），制定实施了河南省十大产业调整振兴规划，推进了产业转型升级。2012年，河南省六大高成长性产业增加值占规模以上工业增加值比重达到57.9%，规模以上高新技术产业增加值占规模以上工业增加值比重达到5.6%。在构建现代城镇化体系方面，着力培育城市群和城市组团，推进复合型、紧凑型城市建设，优化城市形态和布局，强化城市之间的内在联系和功能互补，促进产业链接、服务共享、生态共建，增强整体效应，引导产业在不同层级城市合理布局，优化资源配置，促进了城市和产业的功能匹配。

4. 城乡生态环境有所改善

2013年，河南省高度重视节能减排和环境保护，发布了《河南生态省建设规划纲要》（豫政〔2013〕3号），开展了中原环保世纪行活动，加强城乡环保基础设施建设、污染防治、环境综合整治、林业生态省建设等，把生态文明建设融入中原经济区建设全过程，强化生态文明建设，持续打造美丽中原，促进了城乡生态环境的改善。

（1）建筑节能工作取得新进展。2013年1~9月，全省竣工节能建筑3299万平方米，新建建筑节能标准实施率达到99.8%。发布《河南省绿色建筑行动实施方案》，39个项目570万平方米建筑面积通过星级绿色建筑评价标识评审。

（2）城乡环保基础设施建设快速推进。开展全省城镇污水、垃圾处理厂运营绩效考核，督促落实垃圾处理场运营管理制度。推动开封、平顶山、新乡、驻马店、颍县5市县开展存量垃圾治理示范。38个重点流域重点镇污水管网项目建设全部启动，近1/3已经完成。丹江口库区及上游3市6县79个乡（镇）垃圾污水处理设施加快建设。截至10月底，全省城市累计处理污水量19.3亿立方米，化学需氧量（COD）削减49.9万吨；处理生活垃圾792万吨。预计全省城市污水集中处理率和生活垃圾集中无害化处理率均达到88%。

（3）城乡生态环境进一步改善。努力实施增容扩绿工程，城市绿地总量明显增加，"三绿"指标稳步增长。2012年，河南省38个城市建成区绿化覆盖面积达到81880公顷，较上年增加5185公顷；建成区绿化覆盖率达到36.9%，较上年提高0.3个百分点；公园个数达到280个，较上年增加13个；人均公园绿地面积9.2平方米，较上年增加0.3平方米。以历史文化名镇名村、特色景观旅游名镇名村和传统村落为重点实施农村环境清洁工程。开展美丽宜居小镇、美丽宜居村庄示范试点和美丽乡村建设示范。以创建"园林城市"和争创"中国人居环境奖"为载体，不断提升人居环境。

5. 城乡统筹步伐加快

（1）城乡居民收入进一步提高，收入差距进一步缩小。2012年，河南省城镇居民人均可支配收入达到20442.62元，较上年增长9.5%；农民人均纯收入达到7524.94元，较上年增长11.3%；后者增速高于前者1.8个百分点。连续3年农民人均纯收入增速超过城镇居民人均可支配收入增速（见图1）。城镇居民人均可支配收入是农民人均纯收入的2.72倍，城乡居民收入差距比2009年缩小了0.27倍。

（2）城镇化提供了大量的就业岗位，促进了农业劳动力的有序转移。

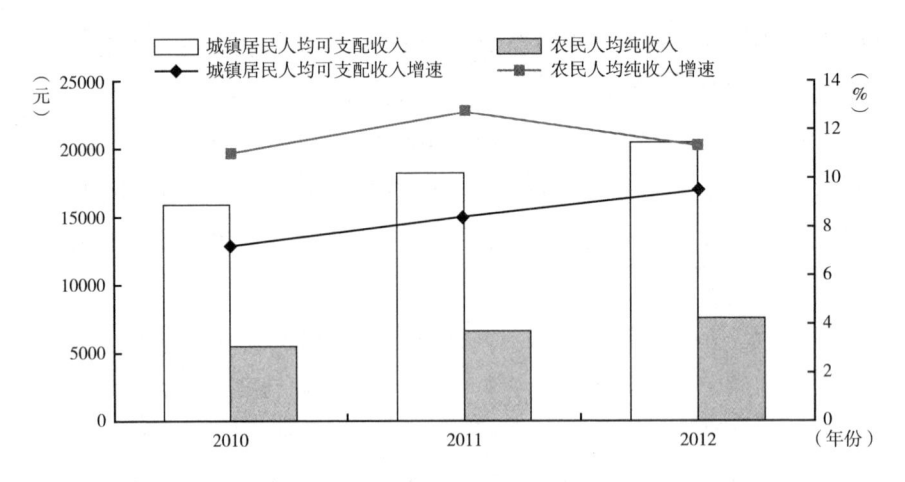

图1 2010~2012年河南省城乡居民收入比较

随着河南省产业转移进程不断加快,产业集聚区、商务中心区和特色商业区建设,越来越多的人选择就地就近就业。2013年上半年,全省新增农村劳动力转移就业77万人,完成目标任务的96%,其中省内转移65万人。至此,全省农村劳动力转移总量达到2647万人,其中省内转移1515万人,占转移总量的57%。从业人员向城镇和非农产业集中,就业结构比例日趋合理。2012年,河南省第二、第三产业从业人员占全省从业人员的比重达到58.2%,比上年提高了1.3个百分点;城镇从业人员占全省从业人员的比重达到22.0%,比上年提高了1.2个百分点。

(3)城乡户籍制度改革步伐加快,有7个城市实现"两免一补"城乡覆盖。鹤壁、济源、巩义、舞钢、义马、新郑、偃师7个城乡一体化试点城市在全省率先实行了以实际居住地登记入户的户籍政策,基本实现了"两免一补"城乡全覆盖,初步建立了城镇居民医疗保障制度和城乡统一的就业服务体系,积极推进了基础设施和公共服务设施向农村延伸,城乡居民生产生活条件不断改善。

(三)加快推进新型城镇化面临的难题

1. 城镇化发展比较滞后

作为传统的农业大省和人口大省,河南省城镇化发展长期滞后,城镇化率较低、城镇化地区发展不平衡、城市设施水平不高。近年来,河南省城镇化得到快速发展，但是与全国平均水平相比还存在着较大差距。2012年，河南省城镇化率达到 42.4%，低于全国平均水平 10 多个百分点（见图 2），居全国 31 个省份第 27 位。

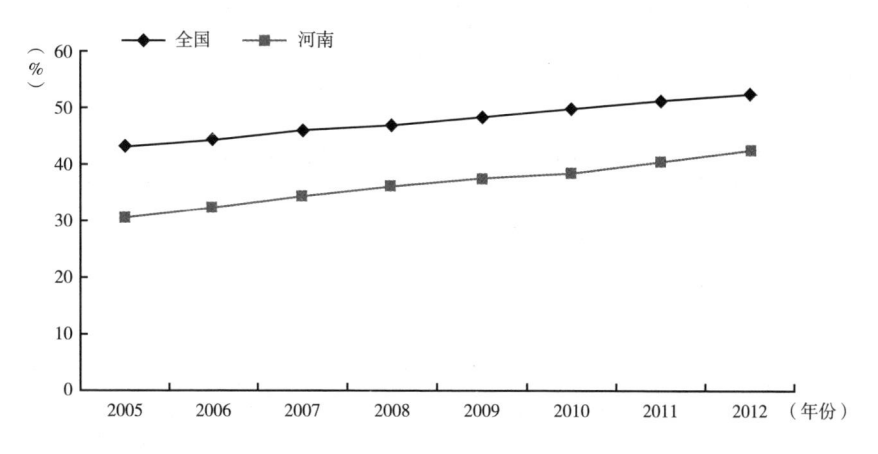

图 2　2005～2012 年河南省城镇化率与全国平均水平比较

（1）城镇化地区发展不平衡。各地市城镇化水平差异较大，中原城市群的城镇化水平较高，除开封外的 8 个城市城镇化率均高于全省平均水平；而黄淮地区城镇化水平较低，普遍低于全省平均水平。省会城市郑州的城镇化率达到 66.3%，高于全省平均水平 23.9 个百分点，高于城镇化率最低的驻马店 32.8 个百分点（见图 3）。

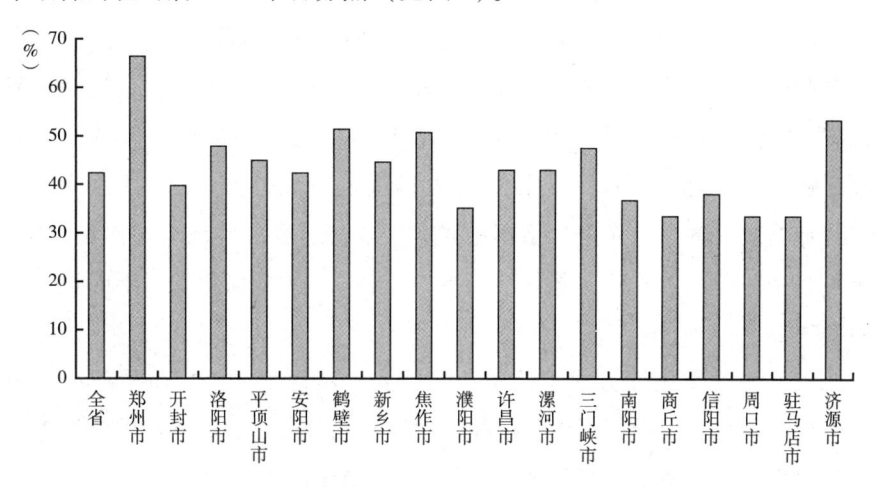

图 3　2012 年河南省省辖市城镇化率比较

（2）城市基础设施和公共服务设施水平不高。与全国城市基础设施平均水平相比，河南省城市设施水平滞后。2012年，除了每万人拥有公共厕所指标外，城市用水普及率、城市燃气普及率、每万人拥有公共交通车辆、人均城市道路面积、人均公园绿地面积等指标均低于全国平均水平（见表1）。

表1　2012年河南与全国城市设施水平比较

地区	城市用水普及率（%）	城市燃气普及率（%）	每万人拥有公共交通车辆（标台）	人均城市道路面积（平方米）	人均公园绿地面积（平方米）	每万人拥有公共厕所（座）
全国	97.16	93.15	12.15	14.39	12.26	2.89
河南	91.76	77.94	8.60	11.08	9.23	3.12

数据来源：《中国统计年鉴（2013）》。

2. 城镇化质量不高

（1）农业转移人口市民化程度不高。随着城镇化进程的加快推进，大量农业劳动力向城镇转移，然而由于城市产业基础薄弱，基础设施和公共服务设施滞后，教育、医疗、住房、社会保障等公共服务缺失等原因，造成了城市容纳就业人口能力不强，转移人口融入度低、大量转移人口不能市民化等问题，以及由此引发的一系列社会问题。

（2）人口大量向大城市集聚造成"大城市病"问题突出。大城市产业基础较好，能够容纳较多的就业人口，而中小城市发育滞后，近年来河南省农业人口转移主要转向了大城市，这也给大城市带来了一系列"大城市病"等问题。例如，中心城区人口快速膨胀，人口承载压力巨大；交通拥堵现象突出；住房价格不断攀升，住房紧张；资源环境不堪重负，环境污染问题突出；公共服务不完善，入学难、看病难等问题不能得到有效解决。

（3）城镇化发展方式粗放。一些城乡发展规划滞后，质量不高，规划对城乡建设和发展的指导与调控作用尚未充分发挥。部分城市建设不从实际出发，盲目追求速度和规模，延续了传统的规模扩张发展模式，而忽视了城市质量，内涵式发展不足。有些地方把城市发展简单地等同于城建设，重建设轻管理、重新区轻老城、重地上轻地下、重形式轻内涵。一些城市人口压力巨大，交通拥堵、住房紧张、资源短缺、环境恶化等问题突出。

3. 产业集聚人口能力不强

当前，河南省城镇化正处于快速推进的过程中，大量的农村富余劳动力亟须向城镇转移，但是由于城镇第二、第三产业发展水平低，集聚人口能力不强，农村人口转移压力巨大。从河南省的产业结构来看，一方面，河南省工业大而不强，能源原材料产业比重高，而高新技术产业比重低。重化工业占河南工业的比重一直保持在70%左右，而重化工业多属于资本密集型产业，容纳就业人口能力有限。另一方面，劳动密集型的第三产业发展滞后。从三次产业在城镇化的作用来看，农业发展是城镇化的初始动力，工业化是城镇化的根本动力，第三产业是城镇化的后续动力。随着工业化和城镇化向中后期发展，第三产业开始崛起并快速发展，逐渐取代工业成为城市的主导产业。

第三产业对城市化的后续推动作用主要表现在：一是提供金融、保险、培训、咨询、广告等生产配套性服务；二是提供餐饮、购物、住宿、文化旅游、休闲体育等生活消费性服务；三是服务业多是劳动密集型产业，能够提供更多的就业机会。当前，河南省工业化和城镇化都进入了中期发展阶段，但是第三产业发展滞后，对城市的带动能力不强。2012年，河南省第三产业增加值占GDP的比重为30.9%，低于全国平均水平13.7个百分点，在全国31个省份中居末位。这使得产业带动能力与城市发展水平不相适应。

城镇第二、第三产业发展水平低必然造成吸纳就业能力弱，集聚人口的能力不足。2012年，河南城镇从业人口占全省从业人口的比重达到22.0%，低于全国平均水平（48.4%）26.4个百分点。可见，河南产业集聚人口能力不强，产业带动能力与城镇化的快速推进不相适应。

4. 中原城市群和中心城市辐射带动能力不强

近年来，河南省坚持实施中心城市带动战略，加快中原城市群发展，中原城市群以及中心城市在全省的地位和作用不断提升。但是，中原城市群的集合效应尚未发挥、中心城市的辐射带动作用不够,制约着城镇化的快速发展。

(1)中原城市群一体化进程缓慢,尚未形成集合效应。城市之间相互呼应、协同融合缺乏引导和动力,各市分散布局、异向发展的态势没有大的改变,重大基础设施规划建设协调对接不够,城市资源未能共享,生态环保尚未协同。城市之间的连接主要是靠高速公路,运输方式比较单一,便捷高效的综合交通网络和多种交通方式快捷换乘联运系统尚未形成。在产业发展方面,城市间分工协作不够,关联度不高、互补性不强,产业结构趋同、过度竞争现象比较明显。

(2)中心城市辐射带动能力不强,"极化"效应不明显。省会城市郑州规模优势不突出,龙头带动作用不强。2012年,郑州市地区生产总值达到5549.8亿元,落后于武汉、长沙,居中部六省第3位;地方财政预算内收入达到606.6亿元,落后于武汉,居中部六省第2位。但是,郑州市人均地区生产总值为51746元,居中部六省末位;人均财政收入为5656元,居中部六省第4位。可见郑州经济实力还不强,带动区域经济发展能力有限。其他中心城市数量偏少,而且规模较小,难以发挥辐射带动作用。

5. 新型城镇化体制机制不够完善

河南省在推进新型城镇化方面出台了一系列政策,进行了一系列的体制机制创新。但从总体上看,推进新型城镇化的体制机制还不够完善,与加快推进新型城镇化的客观要求不相适应。例如,现行的农地制度,农地两权分离,土地产权关系不明晰,土地流转制度不健全,势必阻碍城镇化进程;二元户籍制度以及附着其上的教育、医疗、就业和社会保障等社会管理制度改革缓慢,农民工难以融入城市,影响了农业转移人口市民化的进程。此外,一些城市片面依靠拉大城市框架来推进城镇化,城市发展的内生机制没有完全形成,城镇化发展的动力和后劲不足。相当一部分城市管理体制落后,难以调动方方面面的积极性,特别是在城市群联动发展、相互融合的机制上还没有大的突破;各城市间行政区间隔还比较明显,要素流动障碍还比较多;建设融资方式单一,市场化融资能力还比较弱等。

二 河南省新型城镇化发展的形势分析

当前,国际国内宏观经济环境正在发生极为深刻而复杂的变化,对于河南新型城镇化来说面临着新的机遇,同时我们也应该看到,由于自身发展还存在着一系列突出矛盾,在发展过程中还面临着不少挑战。

(一)河南省新型城镇化发展面临的新机遇和有利条件

1. 国家和河南省的战略部署与政策支持

国家把推进城镇化摆在更加突出的位置,党的十八大报告释放的一个明确信号是加速推进城镇化,对走中国特色新型城镇化道路进行了总体战略部署。报告全篇提及城镇化多达七次,"坚持走中国特色新型工业化、信息化、城镇化、农业现代化道路,推动信息化和工业化深度融合、工业化和城镇化良性互动、城镇化和农业现代化相互协调,促进工业化、信息化、城镇化、农业现代化同步发展",城镇化是全面建设小康社会的载体之一,是实现经济结构战略性调整的重点。2013年中央经济工作指出,"城镇化是我国现代化建设的历史任务,也是扩大内需的最大潜力所在。"目前,国家发改委正在协同多个部委共同编制《全国促进城镇化健康发展规划(2011~2020年)》,将在财税、户籍、土地、住房、地方投融资等领域进行改革。为城镇化发展提供多方面的政策支持。李克强总理将城镇化作为未来五年甚至更长时间中国经济发展的重中之重。这些战略部署将为河南加速推进新城城镇化指明方向。2012年12月,国家发改委正式发布了《中原经济区规划》,规划提出"走城乡统筹、城乡一体、产城互动、节约集约、生态宜居、和谐发展的新型城镇化道路",这与党的十八大报告关于推动"工业化和城镇化良性互动,城镇化和农业现代化相互协调"的精神是完全一致的。当前,河南省委、省政府把加快推进新型城镇化建设作为重点工作之一,正在编制加快新型城镇化的指导意见和新型城镇化三年行动计划,强力推进新型城镇化进程。可以看出,河南在推进新型城镇化的过程中,既有中央战略方针的指引和政策支持,又提出走具有河南特色的新型城镇化道路以及以新型城镇化引领"三化"协调发展,发展思路进一步明确,随着河南省粮食生产核心区建设规划、中原经济区规划、郑州航空港经济综合实验区发展规划三个国家层面的战略加快实施,有利于河南省争取国家更大支持,先行先试、开拓创新,加快新型城镇化步伐。

2. 关键领域改革有望实现重大突破

党的十八届三中全会提出,"城乡二元结构是制约城乡发展一体化的主要障碍。必须健全体制机制,形成以工促农、以城带乡、工农互惠、城乡一体的新型工农城乡关系,让广大农民平等参与现代化进程、共同分享现代化成果"。"坚持走中国特色新型城镇化道路,推进以人为核心的城镇化,推动大中小城市和小城镇协调发展、产业和城镇融合发展,促进城镇化和新农村建设协调推进。优化城市空间结构和管理格局,增强城市综合承载能力"。全会对制约新型城镇化发展的主要障碍都有相应的改革方案,如:在户籍改革方面,提出"放开中等城市落户限制,合理确定大城市落户条件,严格控制特大城市人口规模";在城市建设融资方面"建立透明规范的城市建设投融资机制,允许地方政府通过发债等多种方式拓宽城市建设融资渠道,允许社会资本通过特许经营等方式参与城市基础设施投资和运营,研究建设城市基础设施、住宅政策性金融机构";在加快农业人口市民化方面,为转移到城市的农民提供和城市居民同等的待遇,"稳步推进城镇基本公共服务常住人口全覆盖,把进城落户农民完全纳入城镇住房和社会保障体系,在农村参加的养老保险和医疗保险规范接入城镇社保体系";在土地方面,一是解决城市发展用地问题,"建立城乡统一的建设用地市场",批准农村集体建设用地参与流转,二是解决好农民的土地问题,"赋予农民更多财产权利"。关键领域的改革将逐步消除影响新型城镇化的制度性障碍,为河南省加速推进新型城镇化带来重大机遇。

3. 经济实力能够支撑新型城镇化快速发展

近年来,河南省经济社会持续快速发展,综合实力不断增强。以构建"一个载体、三个体系"为突破口,大力推进招商引资,积极承接产业转移,推进产业产品结构调整,高成长性产业迅速发展,服务业规模不断壮大,第二、第三产业吸纳就业的能力明显增强。今后一个时期,世界经济仍处于缓慢复苏的进程中，国内经济下行压力较大，外部环境的复杂性和不确定性将表现得更加明显，经济增长进入由高速向中低速增长的阶段。受此影响，河南省经济增速有可能下降，但发展的基本条件没有改变，发展的优势不断提升，随着产业结构调整步伐加快，总体来看，第二、第三产业增长对就业增加的带动能力将稳步提高，不会对河南省新型城镇化快速发展的态势造成较大影响。据有关测算，即使全省第二、第三产业增速分别保持在11%、9.5%左右的水平，平均每年仍可以新增就业人员230万人左右，除解决城镇自身新增就业人员就业以外，还可以促进农村转移劳动力100万人左右，带动农村随迁人口100万人左右，河南城镇化率每年将可能提高2个百分点，河南的经济实力能够支持城镇化的快速发展。

4. 仍处于城镇化加速发展的历史机遇期

当前，我国的城镇化正处于加速发展的历史机遇期。据专家估计，在今后相当长一段时间，我国城镇化还会有每年将近一个百分点的增长空间，也就是说，要达到现在发达国家70%～80%的城市化率，我国还有将近30年的发展空间。2012年河南城镇化率为42.4%，人均GDP达到31499元，正处于国际经验所说的城镇化率达到30%、人均GDP超过3000美元的城镇化加速阶段。2013～2015年，河南省城镇化率力争年均提高2个百分点，2015年达到48%以上。从发展速度看，河南城镇化发展空间仍然较大，发展后劲较足。我国正从单纯追求城镇化速度增长向着力提高城镇化质量转化，这将释放巨大的需求潜力。现行城镇化率是按照在城镇连续居住超过6个月的人员为城市人口计算的，包括了大量的外地的农业人口，这些农民工虽然被计入了城镇化率，但很难享受到和市民一样的城市待遇。提升城镇化质量迫切要求将符合条件的进城务工的农民、农业转移人口或者农民工及其家属变成真正的城镇居民和城市居民，这表明河南的城镇化仍存在加速发展的动力。

（二）河南省新型城镇化发展面临的新挑战和不利因素

1. 与城镇化成本相适应的融资模式尚未建立

加快推进新型城镇化，提升城市功能，必须加大基础设施、公共服务建设和环境保护等方面的支出。近年来,一方面土地价格、资源品价格以及劳动力价格出现持续快速上涨和环境恶化,城镇化总体成本呈上升趋势;另一方面,既要推进土地城镇化向人口城镇化转变,也要加大对已进城农民工的公共服务等方面的支出,这也增加了城镇化的成本。总体而言,城镇化是一项高成本的改革,方方面面都需要大量的投入。据国务院发展研究中心测算,每增加一个城市人口,最少需要9万元的城市基础设施新增投资,按此计算,如果河南城镇化率保持每年1.8个百分点的增长速度,则每年需转移人口180万人,至少需要1620亿元以上的投资。新型城镇化建设需要资金量巨大,仅靠财政难以负担。当前的挑战是,能否设计出合理的融资模式,形成政府、企业和个人共同承担的机制,不能让城镇化成为政府公共支出难以承受之重。一直以来,我们的思路都是基础设施和公共服务建设属于"公共领域",需要政府投资建设,所以农民市民化所需的资金也要靠政府负担,而事实上,在公共福利等方面已经形成了政府、企业和个人共担的机制,政府在农民市民化的过程中支付的成本也只是所需资金中的一部分。如何建立合理的共担机制和合理的融资模式以解决城镇化建设的资金短缺问题,是河南省新型城镇化面临的首要挑战。

2. 加快城镇化速度和提高城镇化质量兼顾不易

李克强总理强调,推进城镇化,核心是人的城镇化,关键是提高城镇化质量,目的是造福百姓,使农民富裕。要处理好城镇化速度和质量的关系,使城镇化进程与经济、社会和环境发展相协调。从现实情况来看,加快推进城镇化已经成为推动河南经济社会持续健康发展、全面建成小康社会的迫切需要,2012年河南城镇化率落后于全国平均水平10多个百分点,必须要保持一个较高的增长水平,才能逐步缩小与全国的差距,破解河南经济发展中的诸多难题。目前,单纯追求城镇化率高增长的弊端已经显现。忽视了人的城镇化,导致人口城镇化明显滞后于土地城镇化,虽然城镇数量快速增加、城镇形态加速变化,但农民工问题却日益凸显。农民工及其家庭成员在享受教育、就业、医疗、住房、社会福利等方面与市民有着明显差别,公共服务提供能力明显不足。城市人口的快速增长,对城市环境承载能力和城镇基础设施承载能力构成了极大压力,造成了交通拥堵、污染加重等问题。这就要求我们走一条有质量的新型城镇化道路，真正实现农民市民化。河南省面临的挑战和困难是，一方面速度不是过快，而是还不够快；另一方面，为了防止单纯追求速度带来的一系列问题，必须注重提高城镇化质量。实现城镇化率每年增长2%的目标已经困难重重，还要兼顾提高城镇化质量的任务，使河南城镇化与城市就业创造能力、环境承载能力与基础设施建设和公共服务提供能力相适应，无疑是难上加难。

3. 农业转移人口市民化面临新挑战

农业转移人口市民化一方面要在数量上实现相当一部分农民工身份、工作的转化，使其享受到市民待遇；另一方面要在质量上实现农民工在工作方式、生活方式、社会交往、价值观念上与城市居民的融合，与城市文化生活的融合，实现内涵上的市民化。

（1）要使农民工"进的来"，解决好农民工进城后的就业问题。河南农村人口众多，每年需转移180万新增城镇人口（按每年全省城镇化率增长1.8个百分点测算），而且这部分劳动力素质普遍不高，转移就业困难。同时，河南正进入工业化中后期，资本替代劳动的趋势进一步显现，第三产业发展滞后，能够吸纳的就业有限。如何处理好大量农村劳动力亟待转移与城镇吸纳就业能力不足的矛盾，对于河南省来说是个巨大的挑战。

（2）要使农民工"留得下"，实现公共服务均等化，使农民工享有子女教育、公共就业、医疗卫生、住房保障、社会保障等城镇基本公共服务，如何解决城镇常住人口持续增加与基本公共服务供给能力不足的矛盾，是河南省面临的又一挑战。农民工市民化的一个重要途径是使大部分农民工在中小城市实现市民化。由于河南省中小城市和小城镇产业支撑力较弱，基础设施、公共服务等配套服务滞后，导致其吸纳人口有限，农村转移人口多流向郑州和中心城市。一方面，由于郑州和中心城市的房价和物价较高，农民工留在大城市的成本远远高于留在中小城市和小城镇，在大城市市民化的困难远高于在中小城市市民化；另一方面，造成了大城市人口超负荷集聚，基础设施和公共服务等建设跟不上人口的增长速度，农民工融入更加困难。

4. 城镇发展与生态环境容量之间的矛盾突出

在城镇化加速发展阶段，城市人口、机动车、能源消耗和城市建设快速增长，导致大量污染物和废弃物排放，远远超过了自然环境的承载能力，环境污染问题凸显。空气污染、水资源缺乏与污染、重金属污染导致的食品安全堪忧、交通拥堵、垃圾处理困境等已成为城市环境的不可承受之重。[①] 随着城镇人口快速膨胀，非农产业发展迅速，城镇中工业与生活废气排放量明显增加，导致空气污染加重。2013年10月，河南雾霾天气达15~20天，与常年同期相比，河南雾霾日数多出5~10天，其中河南中部多出10天以上。此外，随着城市规模扩大，河南省城市垃圾大量增加，而生活垃圾无害化处理率较低，大量垃圾未经合理、安全的处理就随意堆放在城市的周边地区，占用大量土地，土壤、水体污染严重，出现了白色污染和垃圾围城的现象，特别是一些小城镇更为严重。城镇建设的增加严重破坏了城市的自然生态系统，生态失衡问题加剧，由城镇化发展进程而导致的热岛效应十分突出。随着河南新型城镇化加速推进，城镇发展与生态环境容量之间的矛盾显得越来越尖锐，城市的基本生存条件"一口气""一口水""一口饭""一步路""一袋垃圾"面临环境挑战。

（三）河南省新型城镇化发展的趋势与展望

1. 城镇化进程进一步加快

河南经济社会发展长期向好，随着新型城镇化建设的全面推进，各项促进城镇化发展的战略措施的实施，河南城镇化仍将保持快速发展的态势。预计2013年，河南城镇化率的增长速度仍保持在1.8%，达到44.2%。向城镇转移农村劳动力100万人左右，带动随迁人口100万人左右，城乡居民收入继续平稳较快增长。

2. 农业转移人口市民化加快推进

河南新型城镇化的发展将更加注重人口城镇化，采取有效措施促进农业转移人口市民化。户籍制度改革和基本公共服务均等化将统筹推进，逐

---

① 《中国环境发展报告（2013）》。

步把符合条件的农业转移人口转为城镇居民，农业转移人口将分类享有城镇基本公共服务。非城镇户籍常住人口将享有子女教育、社会保障、证照办理、国家免疫规划项目的预防接种、免费项目的计划生育技术服务等基本公共服务。

3. 吸纳农业转移人口就业能力进一步增强

城镇集聚产业的规模和提供的就业岗位决定着农村劳动力向城镇转移的规模和进程，城镇产业支撑进一步增强，第二产、第三产业加速发展，就业岗位持续增加，工业促进稳定就业的作用增强，更多的农业转移人口实现就业。产业集聚、就业增加、人口转移、产城互动的良性发展格局正在形成。

4. 城镇体系和形态布局进一步优化

将进一步优化城镇空间布局和规模结构，实施中心城市带动战略，加快城市群培育和组团式发展，构建现代城镇体系。郑州国家区域中心城市地位进一步着力提升，郑州航空港经济综合实验区建设强力推进；中心城市和县城人口集聚水平明显提升，辐射带动能力进一步增强，产业集聚带动人口集聚的能力明显提升，中心城市组团式发展深入推进，中心城市新区建设和旧城连片改造全面展开；经济基础好的中心镇发展加速，重点镇建设示范工程有序开展。

5. 城市综合承载能力进一步提升

基础设施和公共服务设施不断完善，基本公共服务常住人口覆盖水平明显提高，人居环境明显改善，城镇综合承载力全面增强。绿色城市、智慧城市、畅通城市、人文城市建设加快推进。2013年将完成城镇基础设施和公共服务设施投入2700亿元以上，城市综合交通体系建设加快推进，城市道路、停车场和交通枢纽建设力度进一步加大。

6. 城镇化发展的体制机制进一步完善

新型城镇化发展体制机制不断完善，户籍管理、土地管理、社会保障、财税金融、生态环保、城市规划和社会管理等制度改革全面开展，阻碍城镇化健康发展的体制机制逐步消除，有利于城镇化健康发展的制度环境加快形成。

三 科学推进河南新型城镇化的对策建议

科学推进新型城镇化,充分发挥新型城镇化引领作用,合理优化城镇体系,全面提升城镇功能,加快推进城乡一体,坚持产城互动发展,推进农业人口有序转移,探索走出一条符合河南实际、具有中原特色的新型城镇化发展道路。

(一) 优化城镇体系和城镇化空间布局

1. 完善优化城镇体系

坚持核心带动、轴带发展、节点提升、对接周边的原则,按照国家级、省级和分区级三级轴带组织城镇发展网络,促进生产要素向城镇轴带和交通节点城镇集聚,以线促点、以点带面,整合优化城镇体系空间结构,形成以郑州为中心、洛阳为副中心、地区性中心城市为支点、县级市和县城为节点、中心镇和新型农村社区为基础、网络化开放式的空间发展格局。强化郑州的核心作用,推进与开封、新乡、许昌、焦作交通一体、产业链接、服务共享、生态共建,促进一体化发展。以高速铁路和城际轨道交通为重点,促进郑州、开封、洛阳、平顶山、新乡、焦作、许昌、漯河、济源9个城市融合发展,形成半小时交通圈。依托以"米"字形客运专线为基础的快速交通运输走廊,推进全省18个中心城市多层次城际快速交通网络建设,促进中原城市群扩容发展,形成以郑州为中心的1小时交通圈。

2. 加快中心城市组团式发展

(1) 完善组团式发展规划体系。统筹中心城区和各组团的功能定位、发展规模、产业发展及交通、生态等重大基础设施建设,加强与省辖市、县(市)城市总体规划、土地利用规划相衔接,全面加快各省辖市中心城市组团式发展总体规划编制工作。

(2) 加快中心城区与组团间快速交通体系建设。以国省道扩容改造和中心城区主干道路拓展延伸为重点,加快中心城区至组团之间以二级及以上公路为主的快速通道连接,全面推进中心城区与组团间交通设施建设,构建综合性、立体化、网络型的快速交通体系,打造20分钟通勤圈。

（3）推动中心城区与组团间产业发展分工合作。根据中心城区与组团的资源禀赋和产业基础，围绕产业集聚区主导产业定位，推动中心城区产业链向城市组团梯度延伸，提高产业配套的关联度，逐步构建集约发展、错位发展、链式发展、优势互补的产业格局。

（4）提升组团城市功能现代化水平。支持55个城市组团以连接新老城区快速通道建设为突破口，加快新区综合连片开发，积极引导教育、医疗等优质公共资源向新城区转移，增强新区集聚人口能力。发挥中心城市组团式发展建设示范工程。优先支持新郑、中牟、荥阳、宜阳、鲁山、汤阴、辉县、卫辉、博爱、武陟、清丰、长葛、鄢陵、临颍、镇平、唐河、虞城、商水、遂平、淮阳等20个左右与中心城区功能互补性强、产业合作基础好的城市组团，重点在快速交通体系建设、产业链接、生态共建等方面开展先行先试，率先形成与中心城区优势互补、联动互动的组团式发展格局，为其他组团发展提供示范。

3. 培育一批中小城市

实施县城提质扩容示范工程，深入推进省直管县（市）改革，进一步扩大城建、环保、金融、土地等管理权限，增强县域发展活力，使其尽快发展成为区域副中心城市。

（1）重点推动巩义、汝州、邓州、唐河、永城、项城等城区人口在25万人以上县城，提高城市规划建设标准，加快新城区连片开发，重点完善行政办公、商务商贸、居住休闲等功能，拓展发展空间；深入开展老城区环境综合整治，大力实施净化、美化工程，改善中心城区发展环境；加强县城水系、周边湿地生态系统、绿地生态系统建设，提升生态宜居功能。

（2）发展一批20万人以上的城市。综合考虑资源状况、发展基础和环境容量等因素，支持有条件的县（市）加快新城区建设，引导优质公共资源向新区转移，建设一批高品质的城市公共空间和城市建筑，增强新区集聚人口的能力。以增加就业、住房和公共服务为重点，依托产业集聚区和商务中心区，培育各具特色的支柱产业，主动承接中心城市产业辐射，吸纳农村人口转移。

（3）推动栾川、卢氏等城区人口规模在15万人以下的县城，依托产业集聚区建设，推动产城互动发展，以产业集聚发展为人口集中和城市建设提供支持，以城市功能完善为产业集群发展和人口集中创造条件，提升县域经济社会发展核心地位，建设成为宜居精品城市。

（二）推进农民工进城就业和市民化进程

1. 提高城镇产业就业支撑能力

（1）继续实施就业优先战略和更加积极的就业政策，鼓励产业集聚区特别是传统农区县的产业集聚区在经济结构调整和加快产业转移过程中，重点发展农产品加工、制造业等吸纳就业能力强的劳动密集型产业，壮大传统和优势产业，同时吸引配套企业加盟，拓展上下游产业，创造更多适合农民工就业的岗位，增强中心城市和县城吸引力和承载力。

（2）以城市服务业发展为导向，着力加快商业综合体建设和楼宇经济发展，强化特色商业街培育和现代专业市场建设，因地制宜发展增长潜力大、新增就业多的现代物流业、信息服务、服务外包、电子商务等生产性服务业，培育一批产业高集聚、产出高效益、功能高复合、空间高密度、就业高容量的服务业集群。

（3）针对生活性服务业就业门槛低、再就业周期短，且属于劳动密集型行业等特点，设立专项扶持基金，运用贷款贴息、经费补助、资金奖励等方式，大力扶持旅游、商贸、餐饮、文化、家庭服务、社区服务、养老服务等生活性服务业，努力扩大就业容量。进一步放宽服务业市场准入限制，落实服务业用电、用水、用气、用热等优惠政策。培育和发展社区服务实体，以政府购买等方式重点开发保洁、保绿、保养等技术含量相对较低的服务性岗位，并优先安排给失地农民、低收入农民和"零就业"家庭。

（4）鼓励转移农民自主创业，完善充实创业项目库，强化创业服务，为创业农民工提供创业培训、创业指导、政策咨询、小额贷款等一站式服务。优化投资环境，降低创业风险，提高创业个人小额担保贷款最高限额，为创业者提供工商、税收、信贷等方面优惠减免，使农村创业人员享受与城市创业人员同等的优惠政策。鼓励农民工回乡创业。加大对返乡农民工创办企业的政策帮扶和资金支持力度，积极探索"外出务工—返乡创业—贷款扶持—带动就业"的新模式。

2. 改善公共就业服务

（1）着眼公共就业服务均等化、制度化、专业化和信息化，加强省、市、县、乡四级公共就业服务体系建设，为农村劳动力转移就业搭建强有力的服务平台；实行乡（镇）劳动保障站（所）垂直管理、乡（镇）劳动保障事务所与乡（镇）人力资源市场合署办公的体制。加强岗位信息对接，在产业集聚区等企业密集区域开设公共就业服务窗口，及时掌握企业人力资源需求状况，根据用工需求组织定向、定岗和订单式培训，对承担培训任务的培训机构进行动态管理，对参训人员实行实名制管理，为农村劳动力就地就近转移就业提供便利。继续开展"春风行动"等，积极为农村转移劳动力提供政策咨询、岗位信息、职业介绍、技能培训、创业扶持和权益维护等服务。

（2）建立资金投入长效机制。各地要调整支出结构，加大就业资金投入力度，提前做好全年就业资金预算，并确保资金及时拨付到位。加快就业资金支出进度，确保各项补贴政策的落实和公共就业服务活动的开展。同时，加强对就业资金的使用管理，定期开展专项检查，防止挤占、挪用。

3. 加快户籍制度改革

（1）加快健全居住证制度，实行按居住地登记管理人口的办法，建立和完善流动人口社会化管理制度，统筹解决已经在城市居住生活的群众的户籍、保障和公共服务等问题，使流动人口真正融入当地社会。建立完善户籍制度改革的相关配套机制。

（2）解决进城农民最为关心的土地、住房、就业、教育等公共服务均等化的问题，建立完善进城落户农民土地处置、就业、住房、子女义务教育、社会和医疗保障等配套机制，切实保障进城农民的合法权益，解除进城农民的后顾之忧。剥离户籍制度的福利分配功能。逐步实现城乡基本公共服务一体化，增强城市对农业转移人口的吸引力，防止逆城镇化潮流的产生，确保新型城镇化建设的顺利推进。

（三）提高城镇综合承载功能

1. 增强城镇基础设施承载能力

（1）以缓解中心城市交通拥堵、改善人居环境为重点，加快中心城市基础设施和公共服务设施建设，增强城市综合承载能力和可持续发展能力。推进老城区道路改造，优化主干路网结构，城市快速通道、综合换乘枢纽和停车设施建设，优先发展城市公共交通。

（2）加快中心城市供水管网改造及南水北调配套水厂建设，推进城市集中供热设施及管网改扩建，完善郑州、洛阳等西气东输沿线城市建设燃气配套设施，提高市政公共设施支撑能力。全面推进城区河道治理，进一步拓展城市园林绿化、生态水系等绿色公共空间，加快污水垃圾处理设施建设，推动餐厨废弃物资源利用和无害化处理试点。

2. 强化城镇住房保障能力

坚持科学选址，在符合城市总体规划、土地利用规划的前提下，均衡布局保障房建设和商品房开发，统筹规划建设交通、教育、医疗、通信、商业等公共服务和社区服务设施。坚持和落实在商品房中配建廉租住房和公租房政策。支持市县在产业集聚区和开发区周边规划建设廉租住房和公租房，鼓励用工较多的企业利用自有土地建设职工宿舍，纳入保障房统筹管理。进一步改进保障方式。在继续加强实物保障的同时，进一步强化租赁保障，通过向符合条件的家庭发放租赁补贴，支持其在市场上租赁适当的住房。推进廉租房和公租房并轨运行，统一规划，统筹建设廉租住房和公租房，实行"市场定价、分档补贴、租补分离"的运行机制，将部分节余的廉租房调整作为公租房使用，根据承租人的家庭收入水平，分档将保障对象纳入廉租房或公租房保障范围。开展公租房和廉租房租售并举试点，建立保障性住房"内循环"的流转模式。

3. 增强城镇公共服务保障能力

按照城镇发展规模和市区人口分布密度，统筹布局学校、医院、文化设施、体育场所等公共服务设施。制定实施全省统一的基本公共服务设施配置和建设标准，建立完善社会公共事务协作管理机制，推进基本公共服务资源共享、制度对接和待遇趋同。

（1）推进城镇常住居民享受均等化的公共卫生服务。继续提高城乡人均基本公共卫生服务经费标准，保障非户籍常住人口持居住证在社区卫生服务中心登记享受各项基本公共卫生服务，对使基本公共卫生服务对所有常住人口实现"同标准、全覆盖"。

（2）加快建设省辖市图书馆、群艺馆、博物馆，提升县级图书馆、文化馆、乡镇综合文化站服务能力建设，继续实施文化惠民工程，继续做好公共文化场馆免费开放工作，不断完善覆盖城镇常住人口的公共文化设施。加强公共体育设施建设，鼓励学校、企事业单位体育设施向社会开放。

（3）推进城镇义务教育均衡发展。积极稳妥推进中小学布局调整，结合旧城改造和城市新区建设，配建相应规模的中小学，扩大城镇义务教育资源，实现中小学校舍、师资、设备、图书、体育场地基本达标，努力缩小校际差距。根据城镇居住区规划和居住人口规模，充分考虑进城务工人员随迁子女接受教育的需求，采取公办、民办并举的方针，改善办学条件，提升办学水平和教学质量。

4. 提升城市管理水平

树立绿色城市、低碳城市、紧凑城市、理性增长、智慧城市等新的发展理念，促进中心城市集约紧凑发展，避免出现无序扩张，环境污染和高耗低效等问题。完善规划编制体系，提高规划编制水平，加强专项规划、控制性详细规划和城市设计等规划的编制，严格规划实施，定期开展规划评估，提高规划决策科学性和透明度。突出特色，保持历史文化传统风貌，注重传统历史文化的承接、挖掘、融合和发展。

（1）加快城市管理创新，推动城市管理数字化、智能化，公共服务社会化、专业化。全面建成省辖市数字化城市管理系统，突出抓好郑州市、鹤壁市、漯河市、济源市、洛阳新区等国家智慧城市试点工作，推进中心城市管理向智能化发展。

（2）推动城市管理重心向社区下移，培育和发展社区服务组织，促进社区居民形成自我管理、自我服务，实现管理扁平化、网格化。以解决交通拥堵、占道经营、乱停乱放等突出问题为重点，在主次干道、商贸市场、居住小区等公共活动空间，开展城市环境综合整治工作，促进城区环境整洁、卫生、美观。

（四）强化城镇生态建设和资源集约节约利用

1. 积极创建生态城镇

（1）保护植被水域和自然景观，促进城镇建设、城镇化与环境保护同步规划、同步建设、同步发展。加快建设城镇生态网络。依托城区河流、干渠、道路，结合城镇水源地、湿地分布和生态隔离带建设合理布局城市生态网络，推动城镇绿化建设由平面绿化向立体绿化转变，扩大垂直绿化和立体绿化，提高城镇绿地覆盖率和人均绿地面积，增强城镇生态系统的自我调节能力。

（2）加快环境基础设施建设。积极推进城镇污水处理厂建设工程，加快城镇污水处理厂配套管网建设或实施雨污分流改造，建设提升泵站，提高污水收集率和污水处理厂负荷率，强化城镇污水处理设施运营监管。加快垃圾无害化处理设施建设，建立垃圾分类收集、密闭转运、集中资源化和无害化处理体系。提升城镇污染防治水平。优先保护饮用水源地，加大城区河段环境综合整治。

（3）加强城市公共交通建设，全面推行机动车环保标志管理，加大城市扬尘污染和机动车尾气污染监测治理力度，逐步改善空气环境质量。加强社会生活、建筑施工和道路交通噪声监管，妥善解决噪声扰民问题。

（4）开展重污染工业企业搬迁地块土壤环境调查和风险评估工作。切实加强环境安全管理。完善环境应急防范体系，建立健全统一指挥、分级负责、部门协作的全过程管理防控体系。加大环境安全监管力度，提高应急处置能力，建立健全应急预案，确保不发生重大环境污染事件。

2. 集约节约利用土地资源

统筹规划城乡建设用地，加快转变城镇发展方式，坚持管住总量、控制增量、盘活存量，合理确定城乡建设和用地规模，合理布局城市功能要素，建设功能完善、规模适度和结构合理的紧凑型城镇。积极推进人地挂钩试点。以土地综合整治为基础，以节余建设用地指标流转为突破口，积极推进人地挂钩试点工作。建立节余建设用地指标流通平台，促进土地、资金等要素合理流转和优化配置。加大土地复垦力度，提高用地效益，促进耕地规模经营和新型农业现代化发展。从严控制城镇新增建设用地规模。进一步完善各类工程项目建设用地标准，合理确定建设项目供地数量，核减不合理用地。禁止别墅类房地产、高尔夫球场、赛马场和各类培训中心项目用地。优化城镇用地布局与结构。逐步调整城镇内部用地结构，增加居住用地和绿地比重，提高基础设施水平，建造适宜的人居环境。充分利用各区及各城镇的优势条件，扬长补短，在各城镇发展区之间、城镇之间开展广泛的分工协作，协调好城镇布局、资源开发和基础设施建设。各城镇用地形态及扩展方向、区域社会服务设施建设等方面加强协调，避免重复建设。增强土地资源保障能力。以旧城镇、旧厂矿及"城中村"更新改造为重点，盘活城镇低效用地，增加城镇建设用地有效供给，腾出土地发展第三产业，或配置一定数量的公共设施等，提高土地利用的社会效益、经济效益和生态效益。合理开发未利用地和废弃地。在符合规划、保护环境的前提下，将适宜开发的未利用地或废弃地优先开发为建设用地，并安排项目建设。

3. 合理利用城镇空间资源

合理利用城镇空间资源，坚持竖向发展、产城一体、资源集约、绿色交通、智慧管理等五大策略，建设节地、节能立体型城镇。加强立体空间利用规划协调。将地下空间的规划纳入城市总体规划范畴，长远考虑、分步实施，协调发展。协调推进地上地下空间的利用。统筹地上与地下空间利用，使城市经济效益达到最大化，布局结构达到最优化、环境质量达到最佳化，同时将"平面规划"转为"立体规划"。在人防工程、市政管线、商业功能、地下停车等功能利用的基础上，积极拓展地下交通、旅游、教育、文化、娱乐等其他功能的地下空间方式。

（五）加快推进城镇行政管理体制改革

1. 分类推进直管县（市）新型城镇化进程

根据10个试点县（市）县域经济发展的特殊情况，对其进行分类指导和鼓励先行先试：对于长垣、巩义等中心城市的卫星城县（市），强化与中心城市的一体化发展，赋予与大中心城市一样的对外开放权；对于固始、邓州等边缘山区县（市），加大生态建设的财政转移支付力度；对于滑县、新蔡、兰考等农业大县，加强优质农产品生产的扶持，出台差异性支持政策，重点支持具有地方特色的种植业和畜禽养殖业；对于固始、邓州、新蔡、鹿邑等区域独立性大、区位较好的县（市），扩大公共服务权、市场监督权、经济管理权和社会管理权；对永城、汝州、鹿邑、长垣城市化发展前景好、工业发展潜力大的县（市），下放项目审批权，扩大土地征用权，支持促进地方经济社会发展采取的 BT 和 BOT 模式，并对这类项目给予政策投资，鼓励率先发展；对于永城、汝州等资源比较丰富的县（市），加强资源管理、促进资源合理开发、支持其产业结构调整和转型升级；对于兰考、邓州、固始等贫困县（市），加大扶贫和农村富余劳动力转移力度等。对于永城、鹿邑、固始等文化旅游资源丰富的县（市），放大根亲文化，出台支持台资企业进入祖居地投资的相关优惠政策。

2. 支持经济发达的小城（镇）开展扩权强镇试点

下放经济社会管理权限，赋予其部分县级经济社会管理权限，如在城建、环保、治安等城市建设和管理方面的管理权限；完善小城镇发展的财税、投融资等配套政策，安排年度土地利用计划要支持经济发达的小城镇建设发展。加大财政投入力度，在基础设施、公共服务体系建设等方面重点支持发展，完善功能配备，改善居住条件，以吸引更多的村民尽快进入镇区居住，增强小城镇的承载能力。

3. 完善城镇化成本分担机制

健全试点县（市）县级基本财力保障机制，完善转移支付制度，增强县级政府提供基本公共服务的能力。加快直管县（市）户籍制度改革，按照河南目前县城农村转移人口市民化的公共成本（包括农民工随迁子女教育成本、医疗保障成本、养老保险、城市管理费用、保障性住房支出等）的标准，参照义务教育经费的分担办法，建立多级分担机制，共同负担农村转移人口市民化公共成本，以完善的社会保障体系吸引农民进城。

4. 加快行政区划调整

稳妥推进撤县设区，完善市辖区设置标准，因地制宜推进县改区，适当增设重要中心城市的市辖区，增强区域性中心城市辐射带动作用。积极争取撤县设市，做大做强县域经济。紧紧抓住国家县改市政策有所松动的机遇期,完善城市设置标准,积极争取在3年内把长垣、西峡、武陟、鹿邑等人口、经济、财政、税收以及城市建设达到一定规模和标准的县撤县设市。优先支持省直管县(市)开展撤县设市工作。探索小县合并、联合设市等多元化设市模式,逐步增加小城市数量,提高城镇化水平。适时推动撤乡(镇)改设办事处,提升城市管理水平。积极推进城中村和城市近郊村合村并城、合村并镇工作,将城市区内已基本实现城市化的乡(镇)改设办事处,将市区周边的乡(镇)划归市区管辖,逐步优化城市内部功能分区。

(六) 加快城镇基础设施对外开放和投融资体制改革

1. 加快城镇基础建设对外开放步伐

(1) 着力推动房地产建设领域扩大开放。围绕加快城市新区开发、老城区改造、商务中心区和特色商业区建设等,以连片综合开发、商业综合体、大型商品房和保障性住房建设为重点,开展专题招商和定向对接,带动城市品位的提升。

(2) 着力推动市政设施和生态环保设施建设领域扩大开放。围绕加快城市新区、中心城区、产业集聚区和县域城镇基础设施建设,以城市道路、公共交通、停车场站、供水、燃气、供热以及垃圾、污水处理、城市生态水系建设等公共设施建设领域为重点,综合运用BT、BOT、TOT、PPP、ABS、租赁等多种融资模式,带动吸引境内外资本参与城镇基础设施项目建设、管理和经营。着力推动公共服务领域扩大开放。

(3) 实施优质教育资源引进合作计划,以高等教育、职业教育、学前教育等领域为重点,吸引国内外资本到河南投资职业教育、实训基地、学前教育和捐资助教等。着力推动卫生领域扩大开放。实施社会资本办医、办学行动计划,以引进优质医疗资源、引进境内外资本举办医疗机构或参与省内公立医院改制为重点,加强与国内外知名医疗机构、高等医学院校和战略投资者的合资合作。

(4) 着力推动养老等社会福利领域扩大开放。以供养型、养护型、医护型养老机构和疗养院、护理院等建设为重点,加强与境内外实力强的专业化机构和愿意投身公益事业的大型企业集团的沟通联系,采取公建民营、民办公助、政府购买服务、补助贴息等多种模式，吸引境内外资本投资各类养老和社会福利服务设施的建设、运行和管理。

2. 扩大城镇建设融资规模

（1）进一步完善政策法规。深入贯彻落实国家和河南已出台的鼓励和引导外资、民资的各项政策，加快建立全省城市供水、供气、供热、公共客运、垃圾和污水处理等行业特许经营制度，研究出台全省城镇基础设施领域特许经营的地方性法规，规范行业准入门槛及资本进入的途径、方式和具体配套措施等，对所有经营性项目实行竞争性配置，面向全国公开招标选择项目投资主体和经营主体。探索建立公益性基础设施和商业性基础设施开发相结合的"公商协同、以商补公"长效机制。

（2）建立项目分类融资机制。按照产品的社会属性，把城镇基础设施项目分为三类：纯公益性项目、准公益性项目和有稳定收益的经营性项目。对纯公益性项目，如城市道路、桥梁、绿化、公园、生态设施等，明确政府的投资主体地位，强化政府提供基本公共服务的责任，纳入财政预算体系，优先安排政府财政性资金支持该类项目建设。对于有稳定收益的经营性项目，如供水、燃气、电力等项目，逐步放宽对市场资金进入的限制，积极完善管理体制、运营机制，创造条件鼓励和引导市场资金积极投入该领域建设，同时加强对该类产品的成本监管，加快气、水、热等价格的改革步伐，形成科学合理的价格形成机制和运作机制。对准公益性项目，如公共交通、地铁等项目，明确市场投资主体的地位，政府要加强规划宏观管理，完善价格、收费机制，在初始建设资金投入、后期运营阶段给予财政补助、价格补贴等，既保证该类产品对社会服务的公平，又要考虑市场投资主体的合理利润回报，可通过适当补贴，制定优惠政策，对投资者予以补偿，保障其合理收益，激发民间资本投资城镇化建设的积极性。

（3）规范提高融资平台融资能力，壮大省级综合性融资平台公司，整合市县的专业融资平台公司，按照市县财政实力和城镇建设要求，设立中心城市和大县城政府融资平台。整合地方政府拥有的优质资源，将经营性资源、优质资产以及未来需要资金推动的投资项目划拨进入投融资平台公司，确保其拥有质量良好的资产和稳定的现金流及利润来源。尽快完善投融资平台的法人治理结构,明确其发展方向、主营业务和投资重点,同时有关部门要加强监管,探索建立比较完备的风险防控体系。支持县级融资平台捆绑发行集合债券。由市级融资平台牵头,联合区域内县级融资平台,捆绑发行集合企业债券。利用联合后融资主体的规模优势,合理分摊资信评级、发债担保、承销等费用,有效规避单个平台规模较小、资质较低,发债规模偏小、发行成本过高等问题。

(原载《河南城市发展报告(2014)》)

2013~2014年河南社会发展形势分析与预测

河南省社会科学院课题组[*]

一 2013年河南社会发展总体形势

2013年，河南省委、省政府坚持以科学发展观统领经济社会发展全局，认真落实中央和省一系列重大决策部署，深入实施粮食生产核心区、中原经济区、郑州航空港经济综合实验区三大战略规划，全省经济呈现出稳中趋升、稳中有进、稳中向好的态势，年初经济增速回落过大的局面逐步扭转，速度、结构、质量、效益等指标趋于协调，持续健康发展基础不断夯实。总体上看，全省综合经济实力、粮食生产能力、城镇化发展水平、基础设施建设和人民生活水平迈上新的台阶，经济社会发展呈现出好的势态，中原经济区建设迈出了坚实的一步。

（一）党的十八届三中全会对全面深化改革做出新的战略部署，为河南各项事业的发展增添强大动力

党的十八届三中全会胜利召开，全会审议通过的《关于全面深化改革若干重大问题的决定》，为河南经济社会发展注入新动力和新活力。改

---

[*] 课题负责人：刘道兴、牛苏林；执笔：牛苏林、周全德、李怀玉、刘振杰。

革开放是河南全面建成小康社会、实现富民强省的必由之路，是河南破解发展难题、实现转型升级的根本途径，是河南发挥独特优势、实现跨越发展的难得机遇。全面深化改革，对河南这样一个发展中大省，具有特别重要意义。作为人口大省，河南与全国同步全面建成小康社会任务艰巨；作为农业大省，河南既要解决好自身的吃饭问题、为经济社会发展奠定基础，又要为保障国家粮食安全做贡献；作为能源原材料大省，河南资源环境约束加剧，生态保护难度加大，调整经济结构、转变发展方式的要求非常迫切。只有全面深化改革，才能构筑充满活力、富有效率、更加开放、有利于科学发展的体制机制，才能更加有效地调结构、转方式、惠民生，促进河南经济社会持续健康发展。

党的十八届三中全会通过的《决定》用"六个紧紧围绕"描绘了全面深化改革的"路线图"，使经济、政治、文化、社会、生态文明和党的建设等各方面制度和体制机制更加科学、更加完善。河南省委、省政府结合省情和多年的发展实践，提出打造富强河南、文明河南、平安河南、美丽河南"四个河南"，推进社会主义民主政治制度建设、加强和提高党的执政能力制度建设"两项建设"。造富"四个河南"，推进"两项建设"，必须全面深化改革。围绕"富强河南"建设，就是要把握经济体制改革这个重点，充分发挥市场在资源配置中的决定性作用和更好发挥政府作用，全面实施国家批准的粮食生产核心区、中原经济区、郑州航空港经济综合实验区三项战略规划，加快培育产业集聚区科学发展载体和现代产业体系、现代城镇体系、科技创新体系，构建开放型经济新体制，加快建设先进制造业大省、高成长性服务业大省、现代农业大省，打造河南经济升级版；围绕"文明河南"建设，就是要继续推进文化体制改革，打造华夏历史文明传承创新区，推进社会主义核心价值体系建设，倡导做文明人、办文明事；围绕"平安河南"建设，就是要推进社会事业改革创新，创新社会治理体制，探索基层党组织和城乡基层群众性自治组织充分发挥作用的体制机制，坚持法治德治相结合，夯实平安建设的组织基础、群众基础、社会基础；围绕"美丽河南"建设，就是要推动生态文明制度建设，以机制创新促进资源能源节约、环境保护、生态系统建设，建设天蓝、地绿、水净的美好家园。同时，围绕社会主义民主政治制度建设深化改革，就是要加快推进社会主义民主政治制度化、规范化、程序化；围绕加强和提高党的执政能力制度建设深化改革，提高科学执政、民主执政、依法执政水平。①

（二）国家战略聚焦中原，河南社会发展获得新机遇

继"长三角""珠三角""京津冀"之后，以河南为主体的中原经济区已经成为中国第四大经济区。随之而来的则是国家有关部委"真金白银"的政策不断密集给力中原，为中原经济区建设提供政策红利。这类利好所带来的不仅仅是项目数量与投资额度的增长，更重要的是引发了诸多之变——发展理念、发展速度、发展路径、发展质量等方面的变化，为"四个河南"建设打下牢固基础。

1. 国家推动河南经济社会发展的又一重大战略部署

2013年3月7日，国务院正式批复了郑州航空港经济综合实验区发展规划。这是目前中国唯一以航空经济为主题而进入国家层面的功能区规划。无论是从大局还是从大势看，这一规划的批复对于河南未来的发展都是巨大的利好消息，都是千载难逢的历史机遇。为此，河南省委、省政府把郑州航空港区建设列为全省"一号工程"，并赋予航空港区省辖市级管理权限，这一重大举措意味着将对航空港区倾全省之力予以支持。可以断定，这一重大战略部署必将对亿万中原人民在经济、政治、社会、文化、生态等方方面面，产生不可估量的深远影响。

2. 实施国家战略举措亮点纷呈

2013年，河南全省坚持以科学发展观为主题，以加快转变经济发展方式为主线，深入实施粮食生产核心区、中原经济区、郑州航空港经济综合实验区三大战略规划深入实施，河南战略地位明显提升，发展空间不断拓展。尤其是航空港经济综合实验区规划被批复且实施建设，郑州将全力打造千万人口的繁华都市区。目前，全省正在以交通要道、生态廊道、产业集聚区等六个方面为抓手，掀起新的城镇化热潮。届时，航空、物流、电子等高新技术产业对河南经济增长的贡献度将会大幅增长。

---

① 郭庚茂：《爬坡过坎靠改革发力决定》，《人民日报》2013年11月25日。

3. 河南社会发展注入新动力

随着中原经济区和郑州航空经济综合实验区建设的逐步实施，中原这块热土再次成为国内外无数商家开拓发展空间、赢得无限商机的焦点。以郑东新区为代表的中原城市群城市新区快速发展，其综合功能和配套服务日益完善，资金、土地、人力资源等要素供给相对充裕，基础设施日趋完善，早已成为投资兴业、承接转移的圣地，从而吸引了富士康等一批重大项目落地生根发芽，使河南的外经外贸事业呈现井喷之势。伴随经济建设焕发新活力，河南社会发展也被注入新动力。

（三）经济运行总体平稳趋缓，城乡居民生活水平稳步提高

随着经济结构持续调整和产业转型升级，河南省经济增长的动力正在发生根本性的改变。尤其是"一个载体、三个体系"的完善，为河南提升创新驱动发展的能力和水平奠定了良好基础。

1. 经济运行总体平稳

当前，河南经济增长的新亮点和新动力不断呈现，经济增长仍处于较快区间，主要经济指标增速继续保持在较高平台上，总体延续了稳中有进的态势。2013年上半年，全省生产总值增长8.4%；规模以上工业增加值增长11.1%；固定资产投资、社会消费品零售总额分别增长23.5%、13.2%。随着保增长、调结构、促改革等一系列政策的实施，总体上完全可以实现全省全年GDP增长8%~9%的运行目标。尤为值得一提的是，目前河南省已初步建成180个省级产业集聚区和一批市县级产业集聚区，对全省工业增长的贡献率达到了52.7%，已经成为全省经济增长的主要载体。

2. 城乡居民生活水平稳步提高

2013年夏粮产量在高平台基础上再创历史新高，达到647.04亿斤，比上年增产8.2亿斤，实现"十一连增"。秋粮播种面积近7000万亩，比上年有所增加。主要经济作物、蔬菜等发展平稳，生猪、禽类养殖逐步恢复正常。市场物价总体稳定，居民消费价格涨幅同比回落0.8个百分点。国家统计局河南调查总队发布的调查报告显示：全省城镇居民中10%最低收入户和10%最高收入户的可支配收入之比2010年为1∶6.74，

2011年为1∶6.54，2012年为1∶6.11，收入差距连续3年缩小。2013年前三季度，全省农民人均现金收入比上年同期增长12.5%，城镇居民人均可支配收入比上年同期增长9.6%。全省城乡收入差距进一步缩小，居民幸福指数明显提升。

（四）城镇化进程加快，城乡统筹稳步推进

《国务院关于支持河南省加快建设中原经济区的指导意见》（国发〔2011〕32号）明确支持河南"积极推进城镇化，促进城乡一体化发展""有序推进农村人口向城镇转移，把符合条件的农业转移人口逐步转成城镇居民，享有平等权益"。《中原经济区建设纲要（试行）》也提出"加快农村人口向城镇有序转移，全省大中小城镇体系日益完善"。这说明，加快城镇化进程，稳步推进城乡统筹，已成必然之势。

1. 在新的起点上出台了关于加快城镇化进程的决定

河南的城镇化率一直比较低，甚至赶不上广西、青海、宁夏、新疆等西部省份。2012年，全省城镇化率为42.4%，与"十一五"末相比，年均提高近1.62个百分点，高于全国平均水平近0.5个百分点。根据河南省城乡建设规划要求，从2013年起，全省城镇化率年均应提高2个百分点以上，2015年达到48%，2017年达52%以上，2020年达到56%，从而成为新中国成立以来河南城镇化进程最快的时期（见图1）。为了科学规划、合理布局、加快推进河南的新型城镇化，近期河南出台了《中共

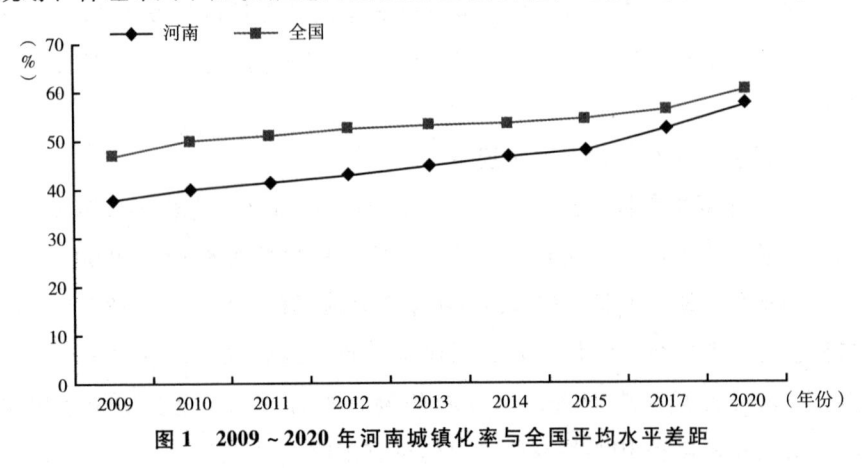

图1 2009~2020年河南城镇化率与全国平均水平差距

河南省委关于科学推进新型城镇化的指导意见》和《河南省科学推进新型城镇化三年行动计划》的有关文件。新型城镇化的快速推进，必将激活内需并持续扩大内需，使其成为全省经济社会平稳健康发展的重要支撑。

2. 全面提升了新型城镇化在中原崛起中的地位

"城市让生活更美好"。一方面为了摆脱城镇化水平低这一历史及现实困境，多年来，纯朴、厚重的中原人民始终怀揣着一个"城市梦"。从中心城市带动到大中小城市和小城镇协调发展，河南推进城镇化的探索从未停歇。确立新型城镇化的引领地位，既符合国家战略要求，又是河南发展史上一次大胆尝试；另一方面作为中原经济区建设必须遵循的基本准则，"三化"协调和"四化"同步科学发展方略要求我们：工业的主导地位不能改变、农业的基础地位不能动摇、产业的支撑作用更不能削弱。在这种情况下，河南的新型城镇化，就承载了城乡统筹、协调发展的时代重任。当前，新型城镇化的重大历史机遇已经来临，6000多万名河南农民的生产生活与城里人渐行渐近。

3. 加快农村人口向城镇有序转移步伐

城镇化的过程，就是农民转化为市民的过程。鼓励农民向城镇有序转移，既是破解城乡二元结构、促进城镇化快速健康发展的重要任务，也是从乡村型社会向城市型社会转型的一次重大社会变革。当前，全省各地人口集中态势日益凸显，人口集中步伐加快，呈现出人口流动活跃、人口流向多元且主要流向县城以上、吸纳人口向产业集聚区集中、城镇人口新增数量呈逐步加快态势的特征。从年龄结构看，劳动适龄人口继续增加，新生代农民工逐渐成为主体；产业集聚区吸纳人口快速增加，成为农民就地转移就业的一条重要渠道；举家外迁成为农村人口转移的一大特点，预期未来农民工家属将成为城市流动人口的主体（见表1）。与此同时，土地流转与农村劳动力转移也成为一对互相促进的积极因素，有利于建立健全城乡一体化体制机制。目前，全省土地流转面积达到2982万亩，约占家庭承包经营土地面积的30%，新型农业现代化发展势头正旺。

表1 2006~2013年河南省商丘市某区农业人口流动情况

单位：万人

指标\年份	2006	2007	2008	2009	2010	2011	2012	2013
劳动适龄人口	1.83	2.48	3.19	3.39	3.68	3.92	3.82	3.70
新生代民工	1.39	1.96	2.61	2.88	3.24	3.57	3.60	3.62
个人外出	1.80	2.47	3.19	3.29	3.64	3.91	3.82	3.41
举家外出	0.10	0.14	0.20	0.36	0.36	0.40	0.42	0.53

（五）民生工程惠及城乡，社会事业均衡发展

在经济增速明显放缓的情况下，河南全省各级财政仍然将大量财政投入到民生领域。尤其对社会保障的财政转移支付规模增长十分明显，成为提高全民待遇水平的有力支撑。2013年上半年，全省财政民生支出1771亿元，占公共财政预算支出的71.2%。

1. 十项重点民生工程扎实推进

2013年，河南省继续将涉及人民群众最关心、最直接、最现实的就业再就业、社会保障、住房保障、教育、医疗卫生、文化、支农惠农、环境治理、社会管理、食品药品安全等列为十项重点民生工程①，并全力推进落实。

（1）千方百计扩大就业。全省实施全民技能振兴工程，重点帮扶农村劳动力、失业人员、高校毕业生、新成长劳动力、企业职工、退役士兵、残疾人、创业人员等群体，并且重点实施农村劳动力转移就业技能培训、失业人员就业技能培训、"雨露计划"、"阳光工程"、残疾人就业培训工程等十项计划，全省全年完成各类职业技能培训300万人以上，新增农村劳动力转移就业80万人以上。建立和完善了覆盖全省城乡的公共就业服务体系和公共就业信息平台，建成10个县级就业和社会保障服务中心、40个乡级就业和社会保障服务站。

（2）实施保障性安居工程。全省保障房建设进展顺利，居民居住条

---

① 《河南省人民政府办公厅关于印发2013年河南省十项重点民生工程工作方案的通知》（豫政办〔2013〕52号），《河南省人民政府公报》2014年第15期。

件继续得到改善。全省全年新开工建设各类保障性住房40万套，其中廉租住房3.71万套，公共租赁住房22.04万套，经济适用住房1.86万套，棚户区改造12.39万套；基本建成30万套。全省完成农村危房改造20万户。在洛阳、平顶山、三门峡、南阳、信阳、驻马店等6个省辖市的24个县（市）实施边远艰苦地区，顺利实施农村学校教师周转宿舍建设工程，解决了14万多名教师周转住房问题。

（3）加强生态建设和环境保护。2013年，河南省环境保护厅研究制定大气污染物排放地方标准和灰霾天气应急预案。全省年内建成洛阳等9个省辖市PM2.5（细颗粒物）监测设施，年底前适时发布监测结果；淘汰或改造省辖市建成区天然气和供热管网覆盖范围内所有10蒸吨及以下燃煤锅炉。加快城镇生活污水处理厂和产业集聚区污水处理厂建设、升级改造及污水处理管网建设进度，现已在全省建成43个污水处理厂新改扩建工程，新增污水处理能力150万吨/日。

2. 就业形势总体稳定

针对高校毕业生、就业困难人员、农民工三大重点群体，河南省出台一系列强化就业服务和就业援助的积极就业政策，加强了产业集聚区的人力资源供求信息监测，并积极为重点企业招工用人提供人力资源服务。省内转移继续呈现出快速增长的势头，产业集聚区吸纳就业的力量越来越强，在保持全省就业形势总体稳定中发挥了重要作用。截至2013年6月，全省农村劳动力转移总量达到2647万人，其中省内转移1515万人，占转移总量的57%。[①] 虽然由于全球经济放缓，河南与全国一样也处在调结构、转方式时期，客观上会减少一些就业岗位，但多方面信息显示，今年全省就业形势与往年比持平，就业形势总体保持稳定。

3. 教育事业更注重均衡发展

2013年，河南省进一步深化义务教育经费保障机制改革，优化教育资源配置，缩小城乡教育差距，为6000所农村义务教育学校配备了图书和教学仪器设备；在全省范围内对300所城镇（含县镇）义务教育学校

---

① 郭海方：《全省农村劳动力转移总量达2647万人 过半省内就业》，《河南日报》2013年8月20日。

进行扩容改造，支持农村寄宿制学校进行附属设施建设，促进义务教育均衡发展。积极稳妥、规范有序地推进全省中小学布局调整，使学前教育、义务教育、普通高中阶段的重点推进学校布局与现有人口分布相吻合；通过实施中西部高校综合实力提升工程，着力加快推进郑州大学、河南大学建成全国一流大学的步伐。

4. 社会保障进一步扩面提标

全省进入社保制度的人数越来越多，社保覆盖面越来越大，受益人数越来越多，人人享有基本生活保障的目标不断得到推进。2013年，在初步实现全民养老的基础上，河南城镇居民基本医疗保险待遇进一步得到提高，在政策范围内住院费用支付比例普遍达到70%左右，最高支付限额也提高至不低于8万元；全省至少有2000万人用上"一卡通"社会保障卡；全省年内城镇新增就业人员在100万人以上，发放小额担保贷款力保100亿元；连续第9次为全省企业退休人员提高养老金，月人均至少增加了100元，并采取普遍调整和适当倾斜相结合的办法，具有高级职称的企业退休科技人员和高龄人员等群体还有额外补贴。退休前被聘任为企业技术管理岗位上的正高级和副高级职称专业技术人员，每人每月再分别增加200元和180元。进一步调整和提高城乡低保对象保障标准和补助水平，全省城乡低保对象每人每月平均补助水平分别提高15元和12元。提高农村五保对象供养标准，力争集中供养率达到47%，集中供养标准由2012年的2480元/年提高到3200元/年，分散供养标准由2012年的1500元/年提高到2220元/年。在机构养老层面，全省重点推进供养型、养护型、医护型养老机构建设。

5. 覆盖城乡居民的基本公共服务体系逐步完善

近年来，河南十分注重城乡一体化发展，力争做到横向到边、纵向到底。在福利保障方面，对已转移到城镇的农业人口，使他们与城镇居民一样享受各项社会福利、保障政策。积极推进基本公共卫生服务均等化，确保2013年全省城乡居民人均基本公共卫生服务经费标准不低于30元。持续开展"舞台艺术送农民"活动，全年为全省每个乡（镇）免费送一场演出。加强农村公共文化建设，对全省每个行政村实施的农村文化信息共享工程、农家书屋工程、农村电影放映工程和农村体育活动等进行补助，丰富了广大农民的文化生活。大力实施农村饮水安全工程，在全省解决了600万人以上农村居民和在校师生的饮水安全问题。加强农村公路建设，全省新建、改建县乡公路4000公里、农村公路连通工程1000公里，改造县乡公路大中危桥3万延长米。全省实施4500个农民体育健身工程、300个乡（镇）体育健身工程，现已抓好50个新型农村社区全民健身工程示范点（老年人健身基地）建设。

（六）"平安河南"建设稳步推进，社会治理能力继续提高

为了给经济建设创造良好社会环境，近年来，全省各地紧紧围绕"平安河南"创建工作，充分利用多种渠道加强平安建设，并结合网格化管理，全方位创新社会治理，为中原经济区建设营造了和谐向上的外部环境。

1. 平安创建工作稳步推进

通过开展平安单位、平安企业、平安市场、平安校园、平安医院、平安家庭等多种形式的平安创建活动，有力地促进平安建设各项措施在全省各行业、各系统全面落实；根据治安状况和工作需要，建立弹性巡逻机制，全天候、全区域开展巡逻；将出租车司机、环卫工人、小区保洁员、邮递员等社会力量纳入社会治安防控体系，根据各自的行业、职业特点，充分发挥在社会治理、治安防控中的积极作用；在各主要区域、重点部位全部安装技防监控系统，做到人防、物防、技防的有机结合；全省深入开展打黑除恶活动，使群众安全感和执法满意度得到提升。

2. 网格化管理成效显著

网格化管理模式将所要管辖的地域划分成若干网格状的单元，分专人在网格范围内实施24小时动态的全方位管理。小到社区环境卫生、居民矛盾化解，大到社区党建、社会治安维护等，凡事都可以在网格内就地办理，一旦有突发情况，网格负责人会第一时间到场处理。随着网格化管理模式的推行，河南所有城乡社区将全部纳入网格中进行管理，实行"多网合一、一网多格、一格多员"。尤其是在当前，全省把创新社会治理的着力点放在农村社区，每一个社区自动生成一个单元网格，社区内的治理模式和服务方式与城区一样实现全覆盖，这样做就有效避免了出现"真

空"和"盲区"。通过遍布全省城乡基层的网格，广大党员干部的"千里眼""顺风耳"作用也得以充分发挥。

3. 流动人口服务管理切实加强

随着城镇化进程的加快，河南城乡之间人口流动日益频繁，并且流动逐渐成为全省年轻一代主要的生活状态。随之而来的则是给社会治理工作带来了一系列难题。为了解决流动人口等相对弱势群体的就业、居住、就医、子女入学等难题，增强其归属感和幸福感，河南采取的主要措施是：以城市社区为载体，以居住地为依据，将流动人口纳入社区治理，融入社区生活，参与社区建设，享受社区服务；对流动性较强人员的管理重点放在全面登记和分类管理上，建立"谁出租、谁负责，谁用工、谁负责"的工作机制，将外来流动人员全部纳入"实有人口管理"；对常住人员、租住较固定的外来人员、重点人员，实行"以屋核人、人屋共管"。

4. 公共安全形势总体平稳

近年来，国内外、省内外社会公众谋求和平发展、合作共赢的愿望和要求普遍强烈；全省上下将主要精力用于发展社会经济、追求安居幸福方面；各级政府不断加大民生方面的投入力度，社会保障不断扩面提标，人民群众从中得到的实惠日益增多；通过打造覆盖河南全域的治安防控体系，来维护社会治安、提升公共安全感。尤其是近年全省基本上没有发生影响人民生产生活的重大事故。相对平稳的公共安全形势为河南加快发展经济、加强社会建设提供了良好的外部环境。

（七）社会体制改革步伐加快，社会发展活力进一步增强

经济社会的快速发展，必然要求破除既有体制的种种弊端，避免人为的或者体制性的发展障碍。特别是在加快推进新型城镇化、城乡统筹发展、经济社会大变迁、大转型的情况下，加强社会体制变革、实现转型升级、激发社会活力，已经成为全面深化改革中的重要方面。

1. 文化体制改革阶段性任务基本完成

在确保稳定的前提下，全省基本完成既定的文化体制机制改革任务：关停并转了一批不符合资质或严重亏损的报刊，提高报刊集中度，做大做强主流媒体；完成了155家文化院（团）的改制和第一批39家非时政类

报刊的转企改制；完成了省辖市、县区的文化、广播影视、新闻出版"三局合一"改革；改革文化市场综合执法形式，组建文化市场综合执法机构，成立了广播电视台。

2. 社会治理体制创新成效显著

近年来，有关社会管理创新的河南经验，除了享誉全国的"义马模式"、邓州"4+2"工作法、长葛"社会法庭"、洛阳的"三调合一"（人民调解、行政调解、司法调解）之外，还有全省各地正在推广的网格化管理法等。其成效主要是实现了从被动保稳定到主动创稳定的转变，真正做到了竖到底、横到边，实现了社会治理上的"无缝对接"。尤其是"社会法庭"的推广，用道德理念解决了法律不能解决又不好解决的问题，用法律尺度规范了仅靠道德不好规范的不良行为，用介于法律和道德之间的土办法化解了一大批缠访、闹访事件，其社会效果极为良好。

针对新型农村社区这一介于乡城之间、非乡非城、亦乡亦城新的社会区域，如何加强和创新社会治理，商丘永城的做法值得关注。永城把建立健全新型农村社区建设农民理事会，作为发挥农民主体作用的重要载体。新型农村社区建设理事会成员由村民代表民主选举产生，理事会在村"两委"领导下开展工作。实践证明，该理事会在新型农村社区建设中发挥了十分重要的作用，已成为联结农民与村"两委"之间的桥梁和纽带。例如，鄌城镇中心社区通过理事会做群众工作，开展拆旧建新，虽说旧宅基拆除力度很大，然而在工作中不但没有发生群众信访案件，而且得到全体村民的大力拥护和支持，建设速度很快；城厢乡沱滨社区在住宅楼建设中，通过新型农村社区建设理事会统一筹款、统一进料、统一监督、统一结算，农民按成本价住房，让群众十分满意。如今，新型农村社区建设理事会机制在河南部分地市新型农村社区建设中，正在进行试点并得到推广。

3. 医药卫生体制改革不断深化

国家基本药物制度在河南实现基层全覆盖，基层医改全面完成，覆盖全省城乡居民的基本医疗保障制度框架初步形成。全省所有政府办基层医疗卫生机构和村卫生室全部启动实施国家基本药物制度，实行药品省级集中招标采购和零差率销售。全省各级政府办基层医疗机构以破除"以药补医"机制为核心,深入推进管理体制、人事制度、分配制度、药品采购机制、补偿机制综合改革,已初步构建体现公益性、调动积极性、保障可持续的新运行机制。在全省范围内,不断优化卫生资源配置,积极推动社会力量办医;加强以全科医生为重点的人才队伍建设,有效改善基层人才不足状况,增强中医药服务能力;不断提升药品安全水平,逐步规范药品生产流通秩序、理顺医药价格体系;提高医药卫生信息化水平;不断完善监管制度,加强对医药卫生的监管。在全省范围内,完善基本医保基金管理监督和风险防范机制,防止基本医保基金透支,保障基金安全。在全省范围内,积极推行总额控制下的按人头付费、按病种付费、按服务单元付费、总额预付等复合支付方式,通过改革,使城乡居民看病负担减轻30%以上。

4. 户籍制度改革实现新的突破

近年来,河南省各地市不断深化户籍制度改革,逐步放宽农业转移人口城市落户的限制。例如,平顶山起草并实施了推进户籍管理制度改革的意见,拟准许有稳定职业或固定住所的进城农业转移人口落户,同等享受城市教育、医疗、就业、住房、社会保险等政策待遇。其下辖的舞钢市开展了全市城乡一体化户籍管理制度改革试点,积极进行一元化户口管理制度探索。在该市取消二元制分类,即:农业与非农业的户口性质的划分和城乡户口的划分,建立城乡统一的户口登记制度,按公民的实际居住地登记户口,统称为居民户口。平顶山还在户口迁移上实行户口准入制,有效引导农民向城镇集中,为在全市推行一元化户口管理制度积累了实践经验。再如,商丘放宽企业设立集体户口条件,各类企业只要拥有合法固定的厂址和职工宿舍,并且用工在20人以上的,均可申请设立城镇居民集体户;这类政策规定为在非公有企业就业的农业转移人口落户城市提供了必要条件。

二 2013年河南社会发展面临的主要问题

当前,河南社会发展仍然面临着一系列严峻挑战:社会发展总体滞后,社会体制改革呈现碎片化状态;城镇化进程加快,配套体制改革尚未实现新的突破；城乡居民收入增速趋缓，民生优先任重道远；就业总量过剩和结构性矛盾并存，就业压力增大；社会矛盾与社会风险增多，社会治理难度加大；人口老龄化进程加快，社会老化压力日趋沉重；环境资源形势严峻。

（一）经济增速进入"换挡"阶段，转变发展方式迫在眉睫

2013年，是近十年来河南省所面临的发展形势最为严峻复杂、最为困难的一年。从国际看，除美国经济走出泥潭、有所回暖外，欧元区全年预计还是负增长；日本经济在财政赤字货币化的刺激下预计能实现微弱增长；新兴经济体增长较上年逊色，光芒变淡。从全国看，中国经济已经从过去10年年均近两位数的增长降到了2012年的7.8%，2013年上半年进一步降到7.6%。从省内情况看，占全省生产总值52%的全部工业增加值从2003~2007年的年均增长18.2%，降到2008~2011年的年均增长14.1%，再降到2012年的11.8%，2013年上半年进一步降到9.1%。[①] 这些情况表明河南省经济增长的外部环境和内在动力均发生变化。按照传统的思维模式、工作方式和一般的工作力度，难以解决河南当前和以后一个时期所面临的困难、问题和矛盾。河南经济增速在换挡过程中不能失速，在加快转变发展方式过程中保持合理的经济增速仍十分重要。如果没有一定的经济速度，扩大就业、提高收入和改善民生就没有物质基础，提高社会建设质量和效益也无从谈起。对政府而言，最重要的是通过改革强化市场对资源配置的决定性作用，增强河南经济的内生动力。特别是在处理好政府与市场关系问题上，政府要勇于向自身权力"开刀"。同时，反对垄断和不正当竞争、以"人的城镇化"为核心的新型城镇化、科技创新体制等一系列改革都亟待深化，并且要搞活微观，持续释放改革红利。

（二）社会发展水平总体滞后，社会体制改革呈现碎片化状态

目前，全省社会发展领域存在诸多问题，这些问题与体制机制方面的因素是分不开的。一是体制上的问题和制度性缺陷，成为当前社会发展水

[①] 谢伏瞻同志在全省经济运行电视电话会议上的讲话，2013年7月23日。

平滞后、诸多社会问题和矛盾大量存在的深层原因。近年来,在许多重大公共安全事故背后,几乎都有政府行为和公职人员自身问题与之相联系。究其原因,社会治理体制有着浓厚的"官治"传统,这种治理方式消耗了体制本身的大量资源,不仅不能解决社会问题和社会矛盾,反而激化和加剧了社会问题和矛盾。从组织结构看,社会部门结构存在明显缺陷,政府部门大包大揽,在社会问题上几乎承揽了所有责任,而企业组织、民间组织则功能欠缺。[1] 二是社会发展领域存在明显制度"欠缺"。例如,目前较为突出的农民工权益保障制度缺失问题。事实上,造成农民工权益缺失的不是单项制度,而是一整套的制度设计和安排,包括户籍制度、社会保障和福利制度、劳动就业制度、人事制度、组织制度、人口迁移制度、教育制度、财政制度、住房制度等;它们从总体上将农民工与城市居民分离开来,使其成为一个社会边缘群体。再如,失地农民问题。由于经济建设、社会发展等需要,农民失去了自己赖以生存的土地,但我们却一直缺乏包括对其就业、社会保障等在内的制度安排。

在河南,不仅社会治理和发展水平落后于经济发展,而且社会体制也是在碎片化的改革和发展中变化迟缓,其最突出的表现在制度设计的城乡二元体制、身份和区域的分割。这种碎片化的社会政策,再次扩大了社会不平等的问题,固化和代际传承了城乡二元和阶级分层结构。同时,区域碎片化管理也存在这样或那样的问题,例如,外来人口子女在流入地接受义务教育问题。这些碎片化的政策与管理都与当地政府密切相关。因为地方政府仅向本地有户籍的居民提供社会保障和社会福利,却拒绝向外来人口提供社会保障和社会福利。

(三) 城镇化进程加快,配套体制改革尚未实现新突破

随着新型城镇化步伐加快,河南省一些配套体制改革尚未实现新突破。一是户籍制度改革面临日益复杂的局面。最为突出的是,农村人口进城落户意愿分化加剧。这个问题分为两种情况:第一种是具备条件、愿意进城落户的农村人口,第二种是常住城镇但又不愿意转户的农村人口。其

---

[1] 常兴华:《现阶段社会发展滞后的四大原因》,《宏观经济信息研究》2008年10月13日。

主要原因是，目前城市户口含金量已大幅度下降，而且农村人口一旦转为城镇人口，势必影响宅基地、承包地和林地等权益，还会失去计划生育、粮农补贴、两免一补等政策待遇。二是基本公共服务现有水平与全国平均水平尚有较大差距。河南省人均财政支出居全国倒数第2位，教育、卫生、文化、就业、社会保障等公共服务资源人均占有量居全国后位。在教育领域，农村"空心校"、城镇"大班额"问题仍很严重；在社会保障方面，城乡之间、地区之间不衔接。例如，农村居民养老保险基础养老金每人每月仅60元，与城镇企业职工月均1593元的退休金相比，差距很大且标准太低。三是多层次住房保障体系亟待完善。截至2012年底，河南省累计竣工保障性住房66.8万套，其中廉租住房16.4万套，公共租赁住房7.7万套，经济适用住房34.6万套，棚户区改造8.2万套。部分城镇低收入家庭及外来务工人员住房条件虽有所改善，但不少保障性住房的交通、基本公共服务等外部配套设施的建设相对滞后，以致建成后迟迟不能入住。建设资金筹资和征地拆迁压力比较大；有些地方的保障性住房用地未及时完成征地拆迁，拉长了建设周期。在分配和运营管理方面还存在不少问题：家庭和个人住房、收入以及金融资产等情况基础信息不足，核定有一定的难点，存在分配不公现象；有的地方保障对象尚不明确，分配退出机制也不健全。

（四）城乡居民收入增速趋缓，民生优先任重道远

目前，中原经济区建设已进入整体推进、全面实施的关键阶段，河南省经济社会发展正处于爬坡过坎、攻坚转型的关键时期。作为发展中的人口大省，河南的基本省情尚未根本改变，城镇化水平低、产业结构不合理、城乡收入差距大、公共服务不均、政府职能仍有待转变。特别是全省城乡居民收入水平不高，农村富余劳动力转移压力大，就业形势不容乐观，公共服务体系和社会保障措施远远跟不上社会发展需求，民生优先任重道远。

受经济形势影响，河南城乡居民收入实际增速均低于上年同期，农村居民人均纯收入受经济影响程度大于城镇居民。2013年上半年全省城镇居民人均可支配收入11050元，较上年同期增加了936.8元，同比增长9.3%；扣除价格因素后，实际增长6.5%，增幅较上年同期回落1.9个百分点。其中，工资性收入7435.43元，比上年同期增长9.54%，增幅较上年同期回落5.2个百分点。上半年全省农村居民人均现金收入4142元，比上年同期增加420.3元，同比增长11.3%；扣除价格因素，实际增长8.5%。其中，工资性收入1819.37元，同比增长14.30%，较上年同期回落8.2个百分点；经营性收入1917.36元，同比增长4.45%，较上年同期回落8.9个百分点，工资性收入和经营性收入增速均为2010年以来最低值。

受当前经济形势不乐观、新的刺激消费政策边际效应减弱等因素影响，全省城乡居民收入预期不乐观，进而影响居民消费能力的充分释放。河南省城镇居民收入增长难度加大，农村收入增长难度更大。部分行业特别是从事生活性服务业的从业人员收入增长压力较大。由于工资性收入和经营性收入占农村居民人均纯收入的90%以上，农村受经济形势影响尤其明显，其增收难度大于城镇。因此，逐步提高全省城乡居民的收入水平，尤其是提高农村居民的收入水平，仍然是今后的一项重要任务。

（五）就业总量过剩和结构性矛盾并存，大学生就业问题突出

一是经济下行加大了就业工作压力。受国内国外经济趋缓影响，2013年1~9月，全省城镇新增就业人数同比增长缓慢，仅达到1%，失业人员再就业和就业困难人员实现就业人数同比分别下降了0.5%和3.3%，经济增长的放缓影响了就业增长。二是结构性失业现象叠加。全省钢铁、煤炭和电解铝等传统支柱产业企业改革重组、转型升级、淘汰落后产能、部分行业持续低迷及产能过剩，这类因素造成的结构性失业和转型性失业与选择性机会增多造成的摩擦性失业等失业现象交织并存，增加了做好就业工作的难度。三是大学毕业生人数创新高，就业压力较大。截至2013年9月1日，全省应届高校毕业生就业率为80.16%，尚有10万多人未就业，足见当前各类企业所提供的适合大学生就业的岗位依然不多。加上高校专业设置与市场需求不完全匹配、部分高校毕业生消极被动的就业观念、经济下行对就业不利等因素的叠加影响，全省高校毕业生供需结构性失衡日益突出，大学毕业生就业压力日趋增大。①

---

① 河南省教育厅。

（六）社会矛盾与社会风险增多，社会治理难度加大

虽然近些年来河南经济快速发展，但一些不科学、不和谐、不可持续的负面效应和问题，却集中释放于全省社会层面，致使社会矛盾与社会风险增多，社会治理难度加大。比如，就业问题、收入分配问题、教育、医疗、住房、征地、生态环境、社会治安等热点难点问题不断集聚负能量，加上群体性事件时有发生，造成社会治理压力重重。一是人口流动加剧，网络行为活跃，需要大幅度增加社会治理和服务资源投入，但社会治理体制中多头治理与治理真空并存，拙于应对。二是征地拆迁、劳资矛盾、就业压力等社会矛盾大量产生，社会阶层固化、对立趋势逐渐形成，部分社会成员道德失范、年轻一代价值取向多元化；然而，社会治理老方法不管用、新方法不会用，执法无力与执法暴力、行政傲慢与行政无能并行。三是网络给社会治理带来难题。中国正处在工业化、城镇化、信息化、现代化的加速发展时期，社会阶层深刻变动、社会结构深刻调整、社会心理深度撞击。在传统的社会条件下，社会群体之间很难实现大范围的沟通，社会情绪的传染度较低。但在网络时代，局部冲突极易被放大，社会矛盾交织难辨，社会情绪加速感染，出现"网下冒烟网上燃烧"的新势头。[①] 一些小事情经网络迅速传播后，变成网络群体性事件。网络在成为社会治理新工具的同时，也正成为社会治理的难点。

（七）人口老龄化进程加快，社会老化压力日趋沉重

河南是全国第一人口大省，老年人口第二大省，早在1998年就进入老龄省份。根据2010年全国第六次人口普查结果，河南省60岁以上老年人口达到1195万人，占总人口的12.72%；据预测，到2015年即"十二五"末，河南60岁以上老人将达到1595万人，占常住人口的15.71%。总体上看，河南人口老龄化呈现出未富先老、规模大、增长速度快、高龄化趋势明显等特征。与此同时，全省家庭规模日趋小型化，"4-2-1"结构日益普遍，中青年一代面临着工作和生活的双重压力，造成家庭养老

---

① 《社会管理考验"中国智慧"》，《瞭望》2011年第2期。

服务功能不断弱化，导致传统养老模式难以为继，以致人们对专业化养老机构和社区服务的需求与日俱增。近年来，河南加大推进养老服务体系建设，已建成各类养老服务机构 3600 多个（含敬老院、光荣院、老年公寓），总床位 28 万张，每千名老人拥有养老床位 23.4 张。但总体而言，河南的养老服务体系建设仍处于起步阶段，还远远不能满足人民群众对养老服务的迫切需求。

"老有所养"是每一个老年人最现实的愿望，也是最直接的需求。但在现阶段，河南的养老服务体系建设力度依然不足，在全省进一步保障、改善老年人群体的基本生活，依然面临矛盾多、困难多、制约因素多等棘手问题。养老难题主要表现在以下几个方面：一是城镇养老床位严重短缺。与"十二五""每千名老人拥有养老床位 30 张"的规划目标相比，目前全省还有 17 万多张的差距，养老服务设施建设任务十分艰巨。二是现有设施简陋。全省绝大部分养老服务机构和社区养老服务设施规模小、功能少，只能提供简单生活服务，护理、康复、精神慰藉、文化娱乐等服务功能亟待加强。三是建设资金严重短缺。按照目前的建筑标准和造价，据估算，每张养老床位需资金 10 万元，全省 17 万张床位需资金 170 亿元，平均每年需投入资金 37 亿元左右，但目前每年投资额还不到 5 亿元。① 四是民间资本投资养老服务设施渠道不畅。由于受土地、融资等条件制约，再加上优惠政策落实不到位，严重影响了社会资本投资养老服务设施的积极性。

（八）环境资源形势十分严峻

河南省 2012 年城镇化率为 42.2%，比 2011 年提高 1.8 个百分点，2008~2012 年，全省城镇化率年均增长 1.8 个百分点。城镇化的快速发展，将会成为河南省调整产业结构、转变发展方式、推动经济社会发展的强劲动力，但与此同时，也将带来大量的生态问题，比如城镇污染物集中排放，资源环境超载严重；城市水资源短缺，水生态系统脆弱，机动车保有量持续快速增长，油烟污染严重，雾霾天气成为公众热议话题，大气

---

① 河南省发展和改革委员会。

污染凸显；生活污水、垃圾等废弃物产生量大幅上升，固废排放增加；噪声污染严重；等等。当前，河南面临的环境资源形势十分严峻，具体表现在以下几个方面。

1. 污染减排面临新任务

河南省四项主要污染物排放量均居全国前5位，污染物排放的存量很大；随着工业化、城镇化加速发展，经济总量、能源消耗、城镇人口快速增长，污染物排放的新增量很快很多。既要加快还旧账，又不能再欠新账，这就造成全省污染减排工作任务重、压力大。

2. 持续发展迎来新挑战

环境是发展的基本要素，是一种稀缺的战略资源。据分析测算，河南省在水环境方面基本上没有容量，部分城市大气环境容量严重不足，环境要素巨大需求与现有环境容量不足的矛盾，已成为全省经济社会可持续发展的"瓶颈"制约。

3. 环境安全呈现新情况

近年来，环境违法行为、环境污染事故在全省时有发生，不仅造成了巨大的经济损失，而且还影响了人民群众的生产生活和身体健康，致使在全省保障环境安全、维护社会和谐稳定的任务非常繁重。

4. 人民群众提出新期盼

环境状况与人民群众的要求还有不少差距，水、空气、土壤等传统污染问题尚未根本解决，PM2.5、重金属、地下水等新污染问题日益显现，环境问题现已成为社会的热点焦点话题，成为事关民生的大事要事。

三 2014年河南社会发展的基本态势与对策建议

党的十八届三中全会通过的《关于全面深化改革若干重大问题的决定》（以下简称《决定》）提出："紧紧围绕更好保障和改善民生、促进社会公平正义深化社会体制改革，改革收入分配制度，促进共同富裕，推进社会领域制度创新，推进基本公共服务均等化，加快形成科学有效的社会治理体制，确保社会既充满活力又和谐有序。"在中央关于深化社会体制改革这一科学部署的推动下，2014年河南社会建设、社会事业发展和社会治理创新将呈出新局面，但同时全省在深入推进社会领域改革发展中也将面临诸多棘手问题的严峻挑战，需要从容应对。

（一）2014年河南社会发展的基本态势

1. 贯彻落实党的十八届三中全会《决定》精神，将大大加快河南社会事业改革创新和社会治理体制创新发展的前进步伐

党的十八届三中全会《决定》在第十二、十三部分，针对社会事业改革创新和社会治理体制创新提出了许多新思想、新论断、新观点、新部署和新要求。在顶层设计方面的这五种新创造，对于推动全省各级党委政府以更大的政治勇气和智慧、更有力的措施和办法，找准工作切入点和着力点，紧密联系河南实际，加快河南社会体制改革步伐，推动"四个河南"建设，实现中原崛起、河南振兴的富民强省总目标，其意义和作用甚大。《决定》强调从九个方面推进社会事业改革创新和创新社会治理体制：深化教育领域综合改革，健全促进就业创业体制机制，形成合理有序的收入分配格局，建立更加公平可持续的社会保障制度，深化医药卫生体制改革，改进社会治理方式，激发社会组织活力，创新有效预防和化解社会矛盾体制，健全公共安全体系。从这九个方面解决好广大人民群众最关心最直接最现实的利益问题，全省上下需要深刻认识深化社会体制改革、推进社会事业改革创新和创新社会治理体制的重要性、必要性和紧迫性，需要牢固树立机遇意识、进取意识和责任意识，需要增强社会领域改革的针对性、科学性和实效性。可以预期，在新的一年，全省人民通过认真学习、贯彻和落实党的十八届三中全会《决定》精神，将大大加快河南社会事业改革创新和社会治理体制创新发展的前进步伐。

2. 实施郑州航空港经济实验区战略，将全面促进"四化"协调同步发展

近年来，河南省委、省政府积极实施开放带动战略，全省外贸进出口实现了跨越式发展。2013年前7个月，进出口总值287.8亿美元，居全国第13位；同比增长14%，增速居全国第10位，继续保持中部六省第一。2013年3月7日，《郑州航空港经济综合实验区发展规划》获国务院正式批复，郑州从51个申报城市中脱颖而出，成为全国首个上升为国家战略的航空港经济发展先行区。这是继 2012 年《中原经济区规划》之后，国家支持河南经济社会发展的又一重大战略部署。

2014 年，堪称河南经济社会发展的加快推进之年。尤其是郑州航空港区建设横空出世，成为快速而又扎实推进河南发展的最佳结合点。通过航空经济的发展，信息化和工业化可以深度融合，整个制造业和配套产业，服务体系都能按照新理念去发展。就城镇化而言，正在规划的航空都市，被定位成智能型、绿色低碳型的都市，这样的发展理念符合新型城镇化的要求；而对于农业现代化来说，一个城镇化率比较高的区域，就意味着能带动周边的农业现代化。建设郑州航空港经济综合实验区，能打破河南不沿边、不沿海的区位劣势，充分发挥航空港作为中原经济区乃至中西部地区对外开放的窗口和联系世界最便捷的通道作用，如高水平承接国内外产业转移，加速融入全球产业链和产业分工体系，吸引人流、物流、资金流、信息流在实验区集聚。尤其值得一提的是，航空港区建设不仅具有巨大经济价值，而且具有重要社会意义，因为它的成功为加快以保障和改善民生为重点的社会建设，提供了有力支撑且拓展了发展空间。

3. 经济增速回落过大，就业形势更加严峻

2013 年上半年，河南经济运行指数总体处于缓慢走低状态，5~6 月景气下降幅度略有缩小，景气下行走势稍有缓和。目前，曲线已接近绿灯区底部区域，景气得分已降到 2009 年 6 月以来的又一低点。上半年河南 GDP 增速（初步核算数）为 8.4%，为 2009 年下半年以来累计增速最低值。走向指数低于现状指数的幅度在快速扩大（见图 2），"克强指数"提示，河南经济发展将面临较大压力。在当前国家提高经济波动容忍度、改革调整为主的调控政策下，河南经济景气有可能继续下行。

目前，虽然多项经济指标有回升迹象，但对就业的积极影响仍不明显。尤其是全球经济复苏乏力，部分制造业回归发达国家，对河南就业规模扩大将产生不利影响。同时，全省传统优势产业支撑能力下降，产能过剩与订单下滑矛盾突出，企业盈利空间受原材料成本、工资上涨等多重挤压，后续发展动力不足。鉴于河南今后一个时期仍将处于经济转型、结构调整的攻坚期，各种不稳定因素和经济下行压力在一段时期内，将继续对就业规模扩大产生消极影响。

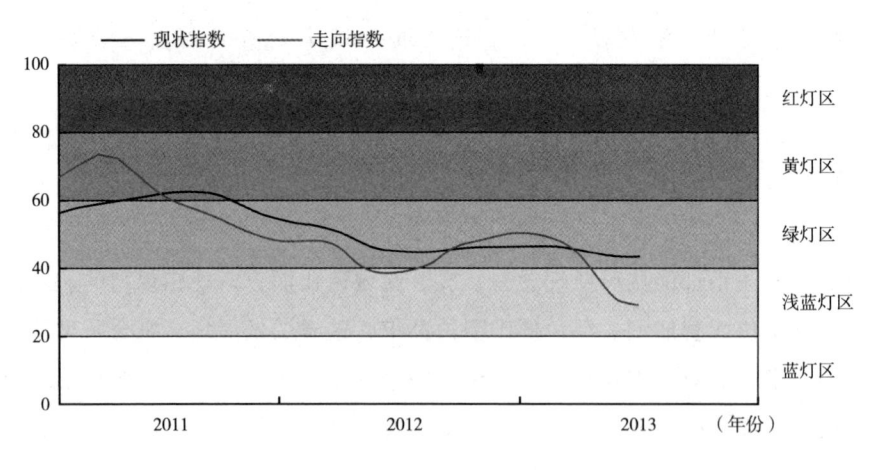

图 2 2011~2013 年上半年河南经济运行指数

经济问题与社会问题具有内在关联，经济发展的快慢或优劣必然会对以就业为本的社会建设产生巨大影响。尤其是在未来一段时期，河南就业形势面临着持续增长劳动力供大于求的压力，以及日益突出的结构性矛盾。错综复杂的劳动关系、体面就业和稳定就业难度的加大，将对人们的工作和生活产生重大影响；转变经济增长方式和调整经济结构，将给就业带来新挑战；大学生就业、农村劳动力转移和下岗失业人员再就业"几碰头"，将使就业形势更加复杂严峻，进而给社会和谐稳定增加不确定因素。

4. 城镇化进程加快，将促进多项社会体制改革

城镇化是扩大内需最大潜力之所在。挖掘新型城镇化的内需潜力，务必以人的城镇化为核心，把有序推进农业转移人口市民化作为重要任务抓实抓好。目前，河南正处于完成城镇化历史任务的加速阶段。城镇化不但能够创造供给、创造需求，还能够改善民生，提高公共服务均等化水平，逐步消除城乡二元结构。因此，伴随河南城镇化率快速提高（2014 年预计达到 4% 左右），社会体制改革应积极跟进。加快社会体制改革也是促进新型城镇化建设的必然选择，它涉及就业、收入、分配、教育、医疗、住房等多方面改革，需要慎重对待和积极推进。

5. 社会治理难度加大，政府职能转变面临新挑战

预计到 2014 年，河南城镇人口将超过总人口的 40%。随着就业困难、人们收入差距不断扩大、城市生活成本提高、公共服务滞后、公共安全风险增多等民生建设中一些问题的凸现，社会治理体制改革和创新显得尤为重要。从政府提供的公共服务和社会治理角度来看，政府职能面临新挑战。

（1）推进农业转移人口市民化，让农业转移人口享有与城镇居民相同的社会保障和公共服务，就必然大幅度增加地方政府的财政支出。但是，目前城镇公共服务经费依户籍人数而定，因此面对农业人口的巨大转移成本，一些地方政府既缺乏筹资动力，而且也不愿下大气力挖掘自身提供公共服务的潜力。其结果是尽管一些农业转移人口已在城镇就业，但他们至多只能分享城镇基础设施、公共交通、社会治安等非排他性公共服务，而不能享有与城镇户籍捆绑在一起的政府补助性住房、子女在公立学校就学等排他性的公共服务。

（2）户籍制度限制了城乡人口的流动，形成了城乡分治分割的局面，以至在当前面对上千万人的进城农民工及其家属，各地在基本公共服务供给上束手无策。其结果是让新生代农民工对于与城里人一样地工作和生活之平等地位的公民权利追求，成为当前社会发展的难点问题。

（3）由于代际关系的变化，流动人口与居住地居民的冲突日益加剧。一是利益冲突，如在平等就业、分享基本公共服务等方面的矛盾和竞争；二是认同冲突，主要是指由思想分歧和心理隔阂导致的社会融合问题。在利益冲突基础上的不同社会群体之间缺乏认同，是当前流动人口交际中地区社会冲突的基本原因。

最近几年，为适应社会治理的新形势，河南省出台了不少新举措。但在实际治理活动中，很多配套措施跟不上，在治理理念、措施、内容等方面都面临着新的挑战。尤其是自党的十八届三中全会提出"推进国家治理体系和治理能力现代化"的艰巨任务之后，全省各级政府在改进社会治理方式、提高社会治理能力和水平等方面，还需要付诸更大努力。

6. 城镇化再现热潮，警惕土地扩张和损害农民利益

近年来，河南省坚持把推进新型农村社区建设和促进城镇化发展有机结合起来，积极探索符合河南实际的新农村建设模式。河南省农委的数据显示，目前全省规划建设新型农村社区2302个，其中初步建成900个，涉及7000多个村庄，已入住111.2万人，腾出建设用地22.78万亩。但是，河南在推进新型农村社区建设中却出现了一些偏差。比如，个别地方不顾实际，盲目贪大求快，操之过急，过于简单，或埋下"推倒重来"的后患，或走入"赶农民上楼"的误区。也有一些地方借城镇化发展，大拆大建、圈占土地，出现了一些侵害和违背农民利益的不良现象。

（1）有的地方仅仅是为了解决城市用地不足，而不是从提高农民生活水平和其他社会保障出发。这种以土地为突破口的城镇化，容易造成对农民利益的侵占。

（2）土地流转和拆迁补偿偏低，公共服务设施建设不到位，并且在教育、就业、医疗、卫生、养老等基本保障方面缺乏配套措施。

（3）当前城镇化过程中农民的产权、参与权和收益分配权严重缺失。由于农村土地产权不明晰，导致农民资产得不到有效保护，以致一些地方政府的强行征地拆迁显得"堂而皇之"。宅基地虽是集体的，但其如何使用往往也是由乡村干部说了算。在一些新建小城镇中，乡镇干部采取强征强拆，甚至用在职亲戚"连带"的方式，强迫农民交出耕地、同意拆房，并收回农民的承包经营权。凡此种种，无不说明建立城乡统一的用地市场、完善城镇化健康发展体制机制、赋予农民更多财产权利、保障农民公平分享土地增值收益等，势在必行。

7. 网络对社会舆情影响扩大，政府应对能力亟待提升

随着互联网的迅速发展，网络已经成为社会生活中表达民情、畅通民意、集中民智的重要渠道。但是，由于互联网具有高度开放、互联互动、共享共用等特征，致使个人信息量和发布能力大大提高，一些网络舆情来得快、变化也快，其舆论源头难以追溯。同时，由于网络的匿名性和便捷性，网民发表言论的非理性问题也很突出。据有关部门网上舆情分析，现在中国网民每天在网上发表的言论多达数百万条。仅百度平均每天就新建贴吧8000多个，发帖200多万条。① 而且，网民往往不分青红皂白，"逢官必贬""遇富即骂"。很多突发事件只要涉及政府官员或弱势群体等敏感问题，即可迅速引爆全国舆论，把地区性、局部性和带有某种偶然性的

---

① 毛维军：《提高政府应对网络舆情的能力：现状与路径》，《理论学习》2012年第7期。

问题，变成全民"围观"的公共话题。因此，如何有效提高政府网络舆论危机的能力，已经成为政府亟待解决的难题之一。

8. 社会公共服务水平进一步提高，改善民生任务繁重

2013年，随着中原经济区和郑州航空港区的建设，河南社会公共服务水平进一步得到提高。在社会保障体系建设方面，医药卫生体制改革取得重大突破，全覆盖的公共卫生和基本医疗体系逐步建立，农村新型社会养老保险制度试点稳步推进并有望提前完成预期目标。社会事业发展方面，基本公共服务均等化的理念正成为河南各级政府转变职能和建设服务型政府的重要理念，基本公共服务均等化战略在全省各地普遍实施。在收入分配方面，进一步完善收入分配体制的政策呼之欲出。在社会治理方面，社会治理理念不断创新，社会治理体制改革和机制创新不断深化，社会秩序不断得到加强。凡此种种，都为"十三五"社会发展奠定了坚实的基础。2014年，随着实施粮食生产核心区、中原经济区、郑州航空港经济综合实验区三大战略的深入开展，河南在社会建设和社会治理方面势必持续求进。可以预期：全省社会基本公共服务将进一步增量提质，人民群众的幸福感和满意度也将进一步得到提升。与此同时，我们也要看到：全省经济社会预定发展目标的实现是一个需要不断克服困难和排除风险的辩证发展过程，需要综合考虑各种情况和因素的作用，其中就包括改善民生任务的多样性、复杂性和艰巨性。比如，城乡居民收入水平不高，农村富余劳动力转移压力大，就业形势不容乐观，公共服务体系和社会保障措施远远跟不上社会的发展需求，这些因素决定河南在现阶段仍将面临改善民生的巨大压力。新的一年，河南仍需要发动和积聚各方面力量，群策群力，尽力破解这些严重影响民生改善的社会问题。

9. 城乡结合部社会治理盲点、难点增多

随着城镇化进程的加快，农村流动人口不断流向城镇，导致社会治理难度进一步增大。虽然流动人口的增加，为城市发展建设增添了活力，但同时也给社会治理、治安秩序、生活环境等方面带来了巨大的压力和问题。

（1）流动人口众多，导致一些环境脏、乱、差。

（2）人口结构复杂，给公共服务和社会治安带来了巨大压力。如原来的流动人口由分散居住，逐渐形成了以老乡或从业为纽带的相对集中居住的趋势，在城市形成了若干个相对固定网格式群体。由流动人口引发的社会治安问题时有发生，给城市社区稳定带来了很大压力。

（3）一些群体从业面广，诸多安全隐患防不胜防。例如，在一些低端行业，如小卖部、小餐馆、小网吧、小诊所以及废品收购站等处，往往是事故多发之地。

（4）违法经营屡禁不止。由于部分流动人口没有正当的职业和固定收入，为了获取生活来源，他们或收购废品，或摆摊设点，有的人甚至从事制假、贩假、抢劫、偷窃等违法违规活动，从而严重影响了城市社会的安定和谐。

目前，在河南存在大量的发展型城乡结合部。在这些城乡结合部发生的种种问题既影响了城市面貌，又制约了城市发展，也给城市安全、卫生等方面带来不安定的因素。究其成因，从政府治理层面上来讲，主要是过去对城乡结合部地区的社区建设缺乏科学、统筹的考虑，缺乏长远的规划，加之小区建设体制不健全、监管不到位、建成后又缺少综合验收体系等，以致弊端重重。

（二）对策建议

1. 把转变社会发展方式摆在更加突出的位置

国家"十二五"规划第一次把加快转变经济发展方式作为发展"主线"，党的十八届三中全会通过的《决定》提出推进社会事业改革创新，这些无疑为转变社会发展方式和推动社会发展注入了新的动力。根据《决定》设立新的社会发展目标和原则，从市场机制和社会政策两个方面积极推动社会发展方式转型，进而推动社会可持续发展。

（1）转变社会发展方式应该更加坚持公平原则，将过去"稳定优先"原则转变为"公平优先"原则。由于在社会发展过程中需要通过大量的公共行动去处理公共问题，需要调动大量的公共资源，会涉及更加复杂的公共资源分配问题，因此公平原则显得更加重要。此外，经济和社会发展水平越高，社会福利开支越大，人们对公平的要求也就越高。

（2）推进社会事业改革创新，大力发展社会事业，让基本公共服务惠及广大人民群众。改革开放以来，河南经济获得了突飞猛进的发展，但社会事业发展却相对滞后，突出表现在教育、卫生、文化、群众性体育以及就业、医疗、养老等公共服务方面的社会事业建设没有得到相应的发展，基本公共服务体系比较薄弱。因此，当前和今后一个时期，河南要下决心推进社会事业改革创新，深化教育领域综合改革，形成合理有序的收入分配格局，健全促进就业创业体制机制，形成合理有序的收入分配格局，深化医疗卫生体制改革，并且增加对社会事业的投入，建立较完善的基本公共服务体系。

（3）加快推进社会基本民生建设，着力构建基于公民权利而不是基于城乡户籍、基于职业身份的社会政策体系。社会政策体系要体现出普遍性、统一性和发展性。不论城乡、地区、身份和职业，人人都能享有平等的社会权利和福利待遇。社会福利标准在一段时期内可以不一致，但制度必须统一，并且能推动人们之间的待遇差距不断缩小。在新的社会发展中，促进人的发展、满足人的需要和发挥人的潜能是社会发展的基本目标。因此，河南要大力投资基础教育和医疗卫生事业，全面提升人的发展能力。

2. 以城镇化为契机，全面推进和深化社会体制改革

在加快城镇化进程中，河南应紧紧围绕更好保障和改善民生、促进社会公平正义全面推进和深化社会体制改革。全面推进和深化社会体制改革是一项极具挑战的复杂系统工程。全面推进和深化社会体制改革，有利于形成公平竞争的发展环境，增强经济发展活力，有利于提高宏观调控水平和政府效能，增强社会发展活力，促进社会和谐稳定，有利于实现社会公平正义，提高党的领导水平和执政能力。全面推进和深化社会体制改革，涉及改革开放的重点、社会关注的难点、群众关心的焦点，决定着改革的前途，关系着河南的未来发展。

（1）民生保障体制方面的改革。这方面主要包括就业、住房等社会体制方面的保障措施。在就业方面，政府应在建立完善的劳动力市场体系的前提下，实行积极的就业政策，尽力满足就业者的各种需求，同时，也要积极解决弱势群体在就业中的困难问题。

（2）公共产品和公共服务供给方面的改革。这方面主要包括教育、医疗等方面的体制改革。政府不仅要加大社会事业方面的财政投入,而且还要调动和整合社会上各种力量、资源,去扩大公共产品和公共服务的供给,建立起让广大群众满意的公共服务供给体制。

(3)社会分配体制的改革。当前,不同阶层的收入差距不断扩大,引起社会矛盾和冲突不断发生。政府要通过税收、社会保障和福利等各种分配手段来调节初次分配的公平,建立健全初次分配公平机制,形成合理有序的收入分配格局。要通过制度建设,积极发挥社会救助等第二、第三次分配机制的作用,保证社会分配的基本和谐、公正。

(4)要大力推进基本公共服务均等化,通过合理配置公共资源,扩大优质服务资源的覆盖面,建立健全城乡一体的公共服务体系,统筹解决好不同地区群众的就业、看病、上学、住房、社会保障、生活环境安全等突出民生问题。要不断提高公共服务水平,通过健全政府购买公共服务制度,调动社会各方面力量,满足群众多样化需求。要加大对困难群众的帮扶和救助力度,完善城乡最低生活保障和医疗救助等制度,稳步提高保障标准和救助水平。

对解决以上问题的主要原则是:既要坚决反对和纠正对群众需求的漠不关心和麻木不仁,又要防止在关系到广大群众切身利益的重大民生问题上,不顾实际承受能力的不当做法;要做到精心谋划,统筹兼顾,着力完善保障和改善民生的各项制度安排。将社会和谐作为社会治理体制改革的创新目标。社会融合意味着每个公民都享有平等的社会福利的权利,都能够充分参与社会公共生活和享受社会公共服务资格。在这方面,政府要着力消除附加在城市户籍上各种城市市民所享有的权利和福利待遇方面的歧视与不公。

3. 进一步创新社会治理体制,提高社会治理科学化水平

社会治理主要体现在对人的服务和管理。就加强和创新新时期社会治理来说,主要体现在以下两个方面。

(1)寓提高社会治理能力于普惠民生的具体活动之中,要高度重视民生问题,积极为群众办实事、办好事、解难事,特别是要兜底补短,切实把最广大基层群众迫切需要解决的基本民生问题解决好,让广大群众共享改革成果。

(2) 要改进社会治理方式，激发社会组织活力，创新有效预防和化解社会矛盾体制，健全公共安全体系一是认真研究新形势下群众工作的新变化新特点，积极探索新形势下组织发动群众参与社会治理的新思路新方法，进一步动员群众、依靠群众参与社会治理，形成社会治理广泛参与、共建共享的良好局面。二是加快形成和着力建立各级党委正确领导、政府积极主导、社会广泛参与、法治有效保障的社会治理体制，实现政府治理和社会自我调节、居民自治良性互动。三是正确处理政府和社会关系，加快实施政社分开，推进社会组织明确权责、依法自治、发挥作用。四是建立健全群众诉求表达和反馈机制、群众权益维护机制，对群众的诉求既要抓好办理，又要及时反馈，善于运用法治思维和法治方式化解社会矛盾。五是建立健全食品药品安全监管机构和监管制度，深化安全生产管理体制改革，创新立体化社会治安防控体系，加大依法管理网络力度和加快完善互联网管理领导体制。

4. 进一步加大民生优先工程建设力度

近些年来，河南省积极落实民生资金，每年都集中财力推进十项重点民生工程。这一宏大社会工程包括就业、社会保障、住房保障、教育、医疗卫生等10个大项40多个小项。2012年，河南省在民生建设工程上投入了1000亿元，2013年上半年，已投入了1770亿元。民生优先工程解决的事情，件件都是老百姓关心的实事儿。

"十二五"末期，河南省将进一步加大民生工程保障力度，进一步完善民生工程资金管理，积极筹措资金，切实保障民生工程配套资金落实，扎实推进民生工程建设；进一步扩大民生覆盖范围，优先考虑民生，优先保障民生，不断扩大覆盖范围，解决人民群众最关心、最直接、最现实的问题，并确保配套资金的足额安排；支持建立企业职工工资正常增长和支付保障机制，提高城乡居民特别是中低收入者的收入，稳步推进事业单位实施绩效工资，推动形成合理有序的收入分配格局；支持教育优先发展，严格落实教育经费法定增长要求，确保实现财政性教育经费占GDP比重4%的目标；深化医疗卫生体制改革，加大城乡医疗救助投入力度，实现新型农村社会养老保险和城镇居民社会养老保险制度全覆盖；继续提高企业退休人员基本养老金水平，适当提高城乡居民最低生活保障标准，健全失业保险制度。全省财政将确保新增财力继续向民生倾斜，使人人都能享受到发展与改革的成果，建立更加公平、可持续的社会保障制度，努力形成保障民生、服务民生、改善民生的中原良好社会发展局面。

5. 完善人口老龄化的应对机制

老有所养是每个人的梦想。加强社会养老服务体系建设，是积极应对人口老龄化、保障和改善民生的必然要求。因此，全省各级政府必须高度重视养老服务事业的发展，大幅度提高对养老服务事业的投入。

（1）鼓励和引导民间资本投资养老服务设施。全省各级人民政府和有关部门要按照老年人口比例及分布情况，统筹安排养老服务设施建设用地和社区用房，通过用地保障、信贷支持、补助贴息和政府采购等多种形式，积极引导和鼓励企业、公益慈善组织及其他社会力量加大投入，参与养老服务设施的建设、运行和管理。支持金融机构创新信贷品种，改进金融服务，增加对养老服务企业及其建设项目的信贷投入。

（2）加大政府对养老服务设施的投入力度。建立省级民办养老服务机构建设补贴制度，对新建养老服务机构根据床位数，建议给予一次性建设补贴；建立社区日间照料中心（托老站）运营补贴制度，建议由各级财政根据其服务老年人口数每年给予一定的运营补贴；对纳入国家社会养老服务体系的建设项目，根据投资规模给予省级配套。目前，中央财政补贴标准不低于总投资的50%，建议省级财政补贴10%~20%。

（3）建立养老服务进入、退出、监管制度，规范养老服务市场。制定和完善居家养老、社区养老服务和机构养老服务的相关标准，大力推动养老服务标准化，促进养老服务示范活动深入开展。建立和完善老年人入院评估、养老服务需求评估等评估制度。加大执法力度，坚决维护老年人合法权益。

（4）加强养老服务人才队伍建设。加强养老护理员职业技能培训，推行养老护理员职业资格考试认证制度，到"十二五"末，全省养老护理人员持证上岗率力争达到90%。加快培养老年医学、护理、营养和心理等方面的专业人才，提高养老服务从业人员的职业道德、业务技能和服务水平。

6. 客观对待新型农村社区建设的成效与问题

新型城镇化道路是贯彻科学发展观的必然要求，从世界范围看，不全面的城镇化模式具有同样的弊端，就是忽视农村地区发展，漠视农民的感受，以至在一定程度上让农民成了城镇化的受害者而不是受益者。因此，要客观看待当前新型农村社区建设的成绩或不足，加强引导，因地制宜，积极稳妥地推进，切不可不问青红皂白盲目效仿，在各地单纯以行政化手段全面拆迁推进。对待新型农村社区建设，有条件的地方等不得，不具备条件的地方急不得，必须结合当地实际，既因势利导，努力去做，又要把推进的力度、节奏和群众的接受能力统一起来。尤其是应当注意以下几个重要问题。

（1）控制社区数量，扩大人口规模。土地节约利用程度，人均基础设施建设投资，都要与社区人口规模成正比。

（2）尊重农民的财产权利，提高对农民的补偿标准。加快农民腾退土地，关键是要解决"钱从哪里来"的问题，可行的办法是将复垦增加的建设用地大部分"漂移"到中心城市或县城，利用级差地租原理，使土地收益最大化，并将这部分收益全部补偿给农民。

（3）合理规划第二、第三产业，有效解决"人往哪里去"的问题，同时坚决避免乡镇企业"村村点火，户户冒烟"的大呼隆现象再发生。

（4）创造条件，逐步过渡。新型农村社区究竟是农村还是城镇？还要继续深入观察，分类指导。部分基础好，发展态势好的社区，当然有望成为小城镇；然而，也不排除个别新型农村社区由于多方面原因，经过若干年的发展后还是农村，只不过是规模大一点的农村而已。在促进城镇化和新农村建设协调推进中，我们应立足现实，充分发挥新型农村社区这一结合点和着力点的作用，同时，也应着眼于发展，大力拓展其增长点和创新点功能，适时将其转变为具有集约、智能、绿色、低碳、人文等时代特质的新型城镇。因此，在户籍管理问题上，有关方面还是要实事求是，宜城则城，宜乡则乡，并且要高度尊重农民的意愿，切忌搞一刀切。

7. 全面提升政府应对网络事件能力

现代社会是一个信息高度发达的社会，面对网上各种信息，社会公众往往无所适从，难以鉴别真伪。客观地看，各级党组织和政府掌握着大量的社会、经济、文化信息以及全部的政策和法律信息。这就要求各级政府要相应地树立信息源权威，针对网络中刚刚出现的网络事件、谣言苗头，要准确、及时、详细地在网上公布政府所掌握的信息，以便抑制网络事件的恶性循环及网络谣言的影响和泛滥，确保公众掌握信息的客观性和真实性。

（1）政府要建立信息发布公开机制，增强信息透明度，利用包括网络在内的各种媒体，全面、及时、客观、公正地发布权威信息、公布真相、引导舆论。

（2）政府要增强对社会舆情的敏感度、关注度，建立防范网络事件的预防机制，建立专门机构，配备专门人员，建立网络舆情预警机制，信息、舆情的检测、分析机制，做到面对网络事件能够及时发现，迅速处理。

（3）主动出击，消除网上事件谣言生存的空间。在第一时间发布事件真相后，政府还要努力保持主要转播渠道的畅通，及时向社会民众公布最新的发展动向，以及政府所采取的对策，并且与民众进行良好的互动交流，以保障信息畅通无误地到达民众，促使民众需求得到充分表达，民众心理信任危机得到及时化解。

（4）加大依法管理网络力度，确保网络和信息安全。

8. 加强对流动人口、城乡结合部的社会综合治理

（1）要进一步规范流动人口信息建设。建立完善包括暂住人口、出租房屋、房屋租赁登记备案、税收征管、劳动就业、用工单位、旅馆业、育龄妇女等在内的流动人口综合管理服务信息系统，为及时、准确掌握流动人口底数及相关情况提供服务，不断提高流动人口服务管理水平。

（2）要进一步强化"源头"管理。继续坚持"谁用工谁负责、谁出租谁负责、谁经营谁负责"的原则，加强宣传指导，督促落实房屋出租人、用工单位的主体责任，完善治安管理制度和措施。

（3）进一步强化治安管理，创新立体化社会治安防控体系，依法严密防范和惩治各类违法犯罪活动。强化对流动人口中可能危及社会治安的高危人员的管理控制，加大对中小旅馆、美容美发、建筑工地、废品收购站点、房屋中介、娱乐场所等流动人口容易聚集的场所的日常检查力度，坚决取缔非法经营场所，严肃查处违法经营行为，严格规范中介市场的经营秩序。

（4）要加快城乡结合部旧村改造进程，提高流动人口生活及创业环境。要以综合配套改革为契机，加快推进旧村改造进程，建立专门的流动人口居住地，建立务工人员合法经商场所，实行统一管理和服务，以减少流动人口从事各种活动的盲目性，以及减少矛盾纠纷和杜绝安全隐患。

9. 适时制定和实施"一方是独生子女的夫妇可生育两个孩子的政策"

党的十八届三中全会通过的《决定》明确提出："坚持计划生育的基本国策，启动实施一方是独生子女的夫妇可生育两个孩子的政策，逐步调整完善生育政策，促进人口长期均衡发展。"在河南适时制定和实施"夫妻一方为独生子女可以生育第二个子女"的政策，与全国性基本生育政策调整的战略谋划适时接轨，能够顺应群众生育心理需求，缓解群众生育意愿与现行生育政策之间的矛盾，有利于实现稳定低生育水平与兼顾群众生育意愿的双重社会效应，有利于有效遏制出生性别比偏高和积极应对人口老龄化。在河南适时制定和实施"单独两孩"政策具有可行性，不会引起人口大幅度增长，不会对全省"两高一低"发展目标的顺利实现产生不良影响。相反，如果在河南不适时制定和实施"单独两孩"政策，则不利于化解独生子女成长的家庭风险，不利于"单独"家庭提高发展能力和解决养老问题，不利于积极适应劳动力供给由"无限供给"变为"有限剩余"的人口发展的新变化，不利于留住本省人才和引进外来人才，不利于走向生育政策的城乡一体化，不利于体现全国范围内计划生育政策的统一性和公平性。地方政府在人口问题上的职能，主要是把国家统一的人口政策执行好。像基本人口政策这样的重大问题，必须全国政令统一，地方政府的职责就是要把国家政策真正贯彻好，落实好。近些年来，河南周边的人口大省如山东、河北、安徽、湖北等均比河南提前实行"双独两孩"政策且正在积极谋划实行"单独两孩"政策，同时更为严格地控制三胎和多胎生育。有鉴于此，河南应当积极跟进兄弟省份的适宜做法。

（原载《2014年河南社会形势分析与预测》）

2014年河南文化发展态势分析与展望

——全面深化改革背景下的文明河南建设

河南省社会科学院课题组[*]

2014年,既是河南省深入贯彻党的十八届三中全会精神,全面深化改革的第一年,也是推进文明河南建设的第一年。在全面深化文化体制改革的推动下,河南省广泛深入地开展了"践行价值观,文明我先行""欢乐中原·文明河南"等文化活动,在公共文化服务体系建设、文化遗产保护、文艺精品创作、对外文化交流等方面做出了可喜的成绩。文化产业也取得了突飞猛进的发展,逐渐形成了传统产业、特色产业、新兴产业三分天下的良好发展态势,动漫产业的发展尤为突出,郑州动漫已晋升到中部地区第一、中国十强的地位。

一 文明河南建设精彩开局

2013~2014年,河南省出台了一系列文件,提出了建设"四个河南"的宏伟目标,其中与文化发展息息相关的是文明河南建设。2013年9月24~25日,河南省委召开《全省宣传思想工作会议》,省委书记郭庚茂提

---

[*] 课题组负责人:卫绍生、李立新;课题组成员:孔令环、宋艳琴、杨波、郭艳、郭海荣;执笔:孔令环、宋艳琴。

出：要把党的十八大"五位一体"的总体布局在河南具体化，就是要"大力推进文明河南建设"。11月，郭庚茂在全省领导干部会议上明确提出要建设四个河南，即富强河南、文明河南、平安河南和美丽河南，"文明河南"是"四个河南"的重要组成部分。2014年6月，中共河南省委、河南省人民政府专门下发了《中共河南省委、河南省人民政府关于推进文明河南建设的若干指导意见》，对"文明河南"建设的重要意义、总体要求、工作重点、推进措施作了详细的阐释，指出"文明河南"建设的工作重点包括道德建设、法治建设、诚信建设、服务型机关建设，推进措施包括加强教育引导、营造舆论氛围、抓好创建活动、完善法规制度等。

宣传部门对于"文明河南"建设十分重视，河南省委宣传部部长赵素萍在2013年12月9日召开的第五届河南公民道德论坛的讲话中指出，"文明河南"建设是落实"五位一体"总体布局的重要举措，是推动社会主义核心价值体系从理论形态向社会实践转化的重要载体，是精神文明创建活动的拓展、深化、提升。在全省宣传部部长会议上，把"扎实推进文明河南建设"作为2014年宣传思想文化工作的一个要点。2014年4月，河南省委宣传部、省文明办召开电视电话会议，下达《关于开展"践行价值观、文明我先行"主题系列活动的方案》，在全省组织开展"践行价值观、文明我先行"主题系列活动；6月，省委宣传部、省文明办、省文化厅、省文联四部门联合下发了《关于征集文明河南建设歌曲的通知》（豫宣通〔2014〕53号），在全省范围征集文明河南建设歌曲，助推"文明河南"建设。

2014年被称为"全面深化改革元年"，2013年，党的十八届三中全会通过《中共中央关于全面深化改革若干重大问题的决定》，为中国绘就了全面深化改革的蓝图，是中国的"历史性转折年"。2014年8月河南省召开了全省文化体制改革工作会议，通过了《全省文化体制改革实施方案》，对河南文化体制改革的工作做了全面安排部署。改革目标是，到2020年，建立充满活力、富有效率、有利于文化繁荣发展的体制机制，增强中原文化的凝聚力、竞争力、创新力和影响力。主要有六个方面的工作：完善思想道德建设体制机制、完善文化管理体制、深化国有文化单位改革、健全现代文化市场体系、构建现代公共文化服务体系、完善华夏历史文明传承创新体制机制。目前，新闻单位的改革已经取得重大突破。河南省新闻出版局与广电局合并，成立河南省新闻出版广电局（河南省版权局），为省政府直属机构。根据政府职能转变的要求，取消了25项职责，下放5项职责，承担13项职责，主要负责起草新闻出版广播影视、著作权管理的地方性法规和规章草案，拟订管理办法和相关技术标准，并组织实施和监督检查；负责制定全省新闻出版广播影视领域事业发展政策和规划，组织实施有关重大公益工程和开展公益活动，扶助贫困地区新闻出版广播影视建设和发展，负责制定全省古籍整理出版规划并组织实施；负责统筹规划全省新闻出版广播影视产业发展，制定发展规划、产业政策并组织实施；推进全省新闻出版广播影视领域的体制机制改革；依法负责全省新闻出版广播影视统计工作等。

"文明河南"建设，是建设中国特色社会主义"五位一体"总布局中文化建设在河南的具体化，是全省宣传思想文化工作的统领，是推动人的全面发展的重要途径。"文明河南"建设，就是要通过培育和践行社会主义核心价值观，不断提高公民道德素质和河南社会的文明程度，引导全省人民"做文明人、办文明事"，努力形成健康向上的社会氛围，为"中原崛起、河南振兴、富民强省"提供强大的精神支撑。全面深化文化体制改革为"文明河南"建设提供了强有力的制度保障和精神动力，在省委、省政府的正确领导下，在全省人民的共同努力下，"文明河南"建设在广阔的中原大地上轰轰烈烈地展开。

二　文明河南建设亮点纷呈

（一）"践行价值观、文明我先行"主题系列活动拉开序幕

2014年4月，河南省委宣传部、省文明办召开电视电话会议，下达《关于开展"践行价值观、文明我先行"主题系列活动的方案》，在全省组织开展"践行价值观、文明我先行"主题系列活动。此项活动是培育和践行社会主义核心价值观、推进文明河南建设的重要举措，主要围绕文

明服务、文明执法、文明经营、文明交通、文明旅游、文明餐桌6个方面组织开展,力图在全社会形成"做文明人、办文明事"的风尚。主要内容有:在全社会开展思想教育活动,大力开展"讲文明,树新风,做文明人办文明事"公益广告宣传活动。组织开展"道德模范""我推荐我评议身边好人"等学习宣传活动;以组织第四届全国和全省文明城市评选为重点,深化文明城市、文明村镇、文明单位等群众性精神文明创建活动;大力弘扬志愿者精神,加强和改进志愿服务工作;通过"道德模范进基层""道德讲堂""我们的节日"等各种形式,引导人们增强文明意识;在机关开展"两争两提,争当人民满意公务员"活动,在工商企业开展"诚信经营,文明服务"活动,在窗口单位开展优质服务活动,在全社会组织开展文明职工、文明教师、文明医生、文明警察等创评活动。

为了扎实推进文明河南建设,省委宣传部专门组织宣讲团,开展"文明河南宣讲走基层"活动。各地纷纷响应,结合本地实际,通过各种载体开展"践行价值观、文明我先行"主题系列活动。鹤壁市先后举办了"出行文明大家行"活动、"餐桌文明人人行"活动、"文明旅游树形象"活动、诚信体系建设活动、普法宣传活动、"一联四包"活动。汝州市着力打造"四个一工程"——宣传表彰一批先进典型,打造"六文明"公益广告特色一条街,组织"六文明"歌曲、歌手大奖赛,开展"一个"系列活动(节俭养德全面节约活动)。新乡市在城区推行"文明知行五个一"活动,把人们的日常文明习惯细化为:"每天送一个微笑、每周行一件善事、每月读一本好书、每季陪一天父母、每年做一项公益。"在农村开展以"四美"("美丽乡村、美好乡风、美满家庭、美善人生")为主题的实践活动。信阳开展了信阳市"十佳文明行业和十佳行业标兵"评选活动、"最美信阳人"系列活动等。商丘市开展了"欢乐中原文明商丘"大型文化广场主题活动、"文明河南做表率"知识竞赛和主题党课等系列活动。为了加强各级爱国主义教育基地建设,河南省爱国主义教育基地网上展馆建设,建成并上线5~6家模拟展馆;在未成年人思想道德建设方面,组织开展"认星争优,做美德少年""争做文明河南小使者"等活动;在全省逐渐形成了从自己做起争做文明河南人的良好氛围。

2014年,"学雷锋"志愿活动也分外活跃。成立了河南省志愿服务联合会，全省共成立"文明使者"志愿服务站2280多个，形成了"社区邻居节""心灵花园""一个鸡蛋工程"等一批优秀活动团队和品牌。志愿服务活动进入常态化运行阶段，各地开展了"邻里守望""爱心早餐""守护母亲河""阳光行动"等多种形式的志愿活动传递正能量，为文明河南做出了巨大贡献。至今，全省共评选出优秀"文明使者"志愿服务站73个，"文明使者"志愿服务之星团队18个、个人76人，全国百名优秀志愿者12人。郑州市已有文化志愿服务队300余支，志愿者达4万余人，其中市级服务中心备案7000余人。在第28个国际志愿者日，郑州市被授予"全国文化志愿服务优秀单位"荣誉称号。洛阳市志愿者联合会被表彰为"全国优秀志愿服务组织"，濮阳市"送光明"志愿服务队被表彰为全国志愿服务先进集体。[①] 邓州的"编外雷锋团"至今已拥有13个营4500余名成员，是全国最大的学雷锋志愿者团体，被中宣部授予"时代楷模"的荣誉称号。鹿邑县获得文化部"文化志愿者基层服务示范项目"奖。巩义市举办了"我们的中国梦·文化志愿者服务基层行"系列活动。好人好事层出不穷。2014年1~10月共有58人荣登"中国好人榜"[②]，其中仅6月一个月就有13人上榜，有淮阳英雄少年团体，有在昆山爆炸中勇救伤员的"板车哥"邹令冬，有捂着肠子勇斗歹徒的农民工黄春刚，有河南"托举哥"贾晓玉、刘新军和杨明，一个个英雄群体、一桩桩感人事迹为河南人增光添彩，这对于重新塑造河南人形象，传递正能量，推动文明河南建设做出了巨大贡献。

（二）公共文化服务体系建设提档升级

河南省的公共文化服务体系建设从普及阶段进入全面提高的阶段。目前，全省共有文化馆186个，公共图书馆157个，博物馆222个。其中，139个博物馆（纪念馆）、6个美术馆、145个公共图书馆、2072个文化馆（站）免费开放。广播电台18座，中、短波广播发射台和转播台30座；电视台18座，教育电视台10座；有线电视用户888.49万户。广播

---

① 《河南宣传》2014年第6期，第15页。
② 中国好人榜，中国文明网，http://www.wenming.cn/sbhr_pd/zxtj/index_7535.shtml。

人口覆盖率与电视人口覆盖率均为98.1%。省广播电台推出了手机台，省电视台开办了微博发布厅和微信公众平台，开启了传统媒体与手机、互联网的合作新模式。全年图书出版总印数为2.39亿册，期刊出版总印数为0.97亿册，报纸出版总印数为21.42亿份，综合档案馆有177个，已开放各类档案328.26万卷。全省文化共享工程初步建成覆盖全省的五级网络体系，包括1个省级分中心、15个市级支中心、159个县级支中心，1795个乡（镇）基层服务点、47533个村级基层服务点，实现了县县建成支中心和"村村通"，全省有9个数字图书馆、1950个公共电子阅览室，信息存储量达到80TB，民办博物馆44家。

（三）各类群众文化活动精彩纷呈

从2014年1月开始，由省委宣传部、省文明办、省文化厅、省广电局、省公安厅、省文联等联合举办的"文明河南·欢乐中原"群众文化活动在全省展开。"舞台艺术送农民""百场电影送民工""教你一招""百城万场""高雅艺术进校园"等大型文化活动在中原大地上遍地开花。在活动内容上，推行"菜单式"服务，由"我给你接"变成"你需我送"，群众满意度大大提升。甲午年黄帝故里拜祖大典、第32届中国洛阳牡丹文化节、开封的中国（开封）宋韵端午文化节、菊花文化节、中国·宝丰马街书会、中国（淮阳）非遗展演、中国（鹤壁）民俗文化节等富有浓郁地方色彩的文化活动把人们带进民俗文化的天地之中。河南省博物院"鼎盛中华—中国鼎文化"获得"全国博物馆十大陈列展览精品奖"。河南还举办了各种文化赛事活动，规模最大的要数第三届中国豫剧节、第十三届河南省戏剧大赛等。全民读书活动也在火热进行中。"2014河南省少儿经典诵读大赛"、校园图书漂流活动、"全民阅读月"、"4·23世界读书日"等活动惠及众多读者，使许多读者开阔了视野，增长了知识。

（四）文化遗产保护佳绩频传

大运河、丝绸之路双双入选世界遗产是河南省文物保护工作中的一大盛事，双申遗的成功使河南省成为全国唯一同时成功"双申遗"省份。

如今，河南省已拥有洛阳龙门石窟、安阳殷墟、登封"天地之中"历史建筑群、大运河、丝绸之路5处世界文化遗产。洛阳汉魏洛阳故城考古遗址公园、新郑郑韩故城、偃师商城、信阳城阳城等4处大遗址入选第二批国家考古遗址公园，新安汉函谷关遗址入选2013年度"全国十大考古新发现"。舞阳贾湖新石器时代遗址第八次发掘、新安县汉函谷关遗址、汉魏洛阳城宫城四号建筑遗址、洛阳衡山路北魏大墓、禹州神垕建业钧都新天地钧窑址等五项荣获第六届"河南省五大考古新发现"称号。遂平县嵖岈山镇、滑县道口镇、光山县白雀园镇入选第六批中国历史文化名镇（村）名单，至此，河南省中国历史名镇（村）达到12个。在非物质文化遗产保护方面，河南省已经形成中国·宝丰马街书会、中国（淮阳）非遗展演、中国（鹤壁）民俗文化节这三大非遗展演品牌，为河南省非物质文化遗产的展示提供了平台。汝州"朱氏汝瓷"获评第二批国家级非物质文化遗产生产性保护示范基地，"开封朱仙镇木版年画保护"项目成为2014年度全球43个成功获得AFCP基金支持项目之一，也是中南六省区[①]迄今为止第3个获批项目。

（五）原创性文艺精品频获大奖

文艺精品创作也风生水起，频频在国际、国内斩获大奖。电影《永远的焦裕禄》、电视剧《大河儿女》等8部作品喜获全国第十三届精神文明建设"五个一工程"奖，舞剧《水月洛神》入选2013年度"国家舞台艺术精品工程剧目"；原创话剧《老汤》、豫剧《魏敬夫人》《游子吟》《清水湾》等12部作品在第十三届河南省戏剧大赛中获得"河南文华大奖"；《魏敬夫人》《穆桂英挂帅》《杨开慧》《琵琶记》《女人是座山》等5台剧目获得第三届中国豫剧节优秀剧目奖；郑州"神曲"《白搁这儿乱了》在2014年全国文明交通宣传作品评选中获得文学文艺类作品一等奖。这些获奖作品的一个显著特点就是原创作品占绝大比例，在题材的选择和艺术手法的运用上有较大突破，显示出文艺创作开始了从着力挖掘传统文化向注重创新意识的可喜转变。以南水北调工程为题材的豫剧《家园》、

---

① 中南六省区指河南、湖北、湖南、广东、广西、海南。

以反腐倡廉为题材的豫剧《全家福》等紧扣时代脉搏，为豫剧这一古老剧种注入了新鲜的时代气息。开封市精心打造的大型歌舞剧《千回大宋》，采用当今世界最先进的全屏舞台特效、全息技术等创意手段和高科技，将现代时尚元素融入历史传统文化中，以恢宏的气势、绚丽的色彩，再现汴京繁华。《银基O秀》以一个直径36米、高46米的钢结构圆环为载体，在其上面进行超级震撼的声光电、喷泉秀、喷火秀等表演为主，并辅以让人耳目一新的舞台秀、音乐水秀、音乐烟花秀、激光秀等表演，堪称目前世界上最震撼、最时尚的室外大型高科技旅游文化演艺项目；与原来的《东京梦华》合称三秀，成为开封市亮丽的城市名片。

（六）文化产业蓬勃发展

2014年，河南省出台了一系列文件，大力支持文化产业的发展。1月，省科技厅、省委宣传部等六部门联合下发《河南省文化科技创新工程实施方案》，提出力争到2015年年底培育5家以上省级文化科技融合示范基地，争创1家国家级文化科技融合示范基地，重点扶持20家骨干文化科技企业；建设10家以上文化科技工程技术研究中心，加强文化科技重点攻关，取得20项以上重大文化科技成果并推广示范，到2020年，将河南省建设成在全国有较大影响力的区域文化科技融合中心。6月，省财政厅出台《河南省新型文化业态发展专项资金管理使用办法》，设立新型文化业态发展专项资金，每年资金规模为2000万元，用于支持动漫游戏及软件设计，数字内容服务，文化传译，新型文化休闲娱乐，新型演艺及其他新型文化业态。对于促进创意文化产业的发展起到了有力的推动作用。

1. "双十"工程取得新进展

2013年河南省政府颁布了《河南省文化产业"双十"工程实施方案》，旨在培育壮大文化市场主体，提升文化产业集聚发展水平，增强文化产业整体实力和核心竞争力，河南省将着力培育和扶持一批重点文化产业园区和重点文化企业。经各有关部门申报，在实地考察和专家评审的基础上，河南省人民政府最终确定了3个重点文化产业园区和10家重点文化企业，并发出《关于公布河南省重点文化产业园区和河南省重点文化企业名单的通知》（见表1）。这些重点文化产业园区在文化产业集聚发展方面有各自的新特点、新成就、新经验，具有推广和示范意义；重点文化企业大多是河南省国有大型文化企业或近些年发展起来的有广泛影响的大中型文化企业，对河南省文化产业的发展具有举足轻重的地位，带动示范效应非常明显。

表1　河南省重点文化产业园区和重点文化企业名单

河南省重点文化产业园区(3家)	1. 开封宋都古城文化产业园 2. 许昌钧瓷文化创意产业园 3. 镇平县玉文化产业园
河南省重点文化企业(10家)	1. 河南日报报业集团有限公司 2. 中原出版传媒投资控股集团有限公司 3. 河南有限电视网络集团有限公司 4. 河南文化影视集团有限公司 5. 郑州华强文化科技有限公司 6. 开封清明上河园股份有限公司 7. 洛阳日报报业集团 8. 河南省森润工艺品有限公司 9. 焦作云台山旅游发展有限公司 10. 河南大宋官窑瓷业有限公司

2. 加强文化产业园区和基地建设

2014年，洛阳国家级文化和科技融合示范基地入选第二批国家级文化和科技融合示范基地，成为河南省第一家国家级文化和科技融合示范基地，这标志着河南省文化产业基地建设迈上一个新台阶。根据规划，洛阳市将突出"数字龙门""青铜文化""三彩文化""牡丹文化"等特色项目建设，做大产业园区，做强企业集团，着力提升传媒、演艺娱乐、会展、文化用品设备制造四大重点产业。第五批"河南省文化产业示范基地"评选活动揭晓，郑州华强文化科技有限公司、开封市万岁山旅游区有限公司、洛阳牡丹瓷股份有限公司等24家企业入选（见表2）。同时，为规范文化产业园区和基地的管理，根据《河南省文化产业示范园区认定办法》《河南省文化产业示范基地评选命名管理办法》，对个别存在管理不规范、发展缓慢、违法经营等现象的文化产业示范园区和基地，则撤销了称号。

表2　第五批"河南省文化产业示范基地"名单

第五批"河南省文化产业示范基地"（24家）	1. 郑州华强文化科技有限公司 2. 开封市万岁山旅游区有限公司 3. 洛阳牡丹瓷股份有限公司 4. 洛阳市富宁家居文化艺术有限公司 5. 平顶山凌云大香山国学文化传播有限公司 6. 郏县任氏瓷业责任有限公司 7. 沁阳市檀溪堂文化产业园有限公司 8. 河南省森润工艺品有限公司 9. 河南三阳光电有限公司 10. 鹤壁银兴文化广场管理有限公司 11. 渑池县韶韵轩旅游商品开发有限公司 12. 河南瑞贝卡发制品股份有限公司 13. 禹州市金鼎钧窑有限公司 14. 漯河市小商桥文化旅游开发有限公司 15. 镇平醒石工艺品有限公司 16. 内乡县衙历史文化街区旅游开发管理有限责任公司 17. 潢川县永江羽毛制品有限责任公司 18. 信阳华信文化传媒公司 19. 驻马店市九竹文化发展有限公司 20. 周口市新农村数字电影院线集团有限公司 21. 周口市华威实业有限责任公司 22. 天马文化传媒有限公司 23. 固始县恒达工艺品有限公司 24. 兰考县成源乐器音板有限公司

3. 传统文化产业势头不减

截至2013年年底，中原出版传媒集团完成资产总额与营业收入"双百亿（元）"目标，集团资产总额达到116.83亿元，实现营业收入113.44亿元，成功跨入"双百亿（元）出版企业俱乐部"行列，经济规模迈入全国出版传媒行业前10名，进入全国出版集团第一方阵。2014年5月28日，该集团控股的中原大地传媒股份有限公司重大资产重组事项经中国证监会审核获得无条件通过，标志着该集团包括发行在内的整体上市取得圆满成功。中原出版传媒集团近年来大力实施从内容资源到印刷的整个产业链数字化，推进产业转型升级。中原出版传媒集团全媒体数字加工中心现已建起中原文化、医学、婴幼儿、馆藏、手工等5个数据库，年加工文字20亿字、图片100余万张。集团下属的云书网电子商务平台已于2014年1月10日正式上线运营,目前已上线纸质图书80余万种、电子书10余万种,文教产品和手工艺品、艺术品数千种。该集团推出了"焦裕禄精神书系"等一大批脍炙人口且时代感强的"正能量书籍"。在2014年全国第十三届精神文明建设"五个一工程"奖评选中,该集团所属海燕出版社的《念书的孩子》、河南科学技术出版社的《玉米人》等4部作品获奖。

4. 特色文化产业风生水起

河南省对于特色文化产业的发展十分重视,2013年,河南省文化厅、省文联联合举办首届"河南省特色文化基地"评选活动,共评选出"河南省特色文化基地"18家,包括朱仙镇木版年画、项城市汝阳刘笔业有限公司、禹州市神垕镇、宝丰县马街书会、濮阳市东北庄杂技文化园、镇平县石佛寺镇等具有特有的文化品牌和产业优势的文化基地。2014年8月,为了推动特色文化产业健康快速发展,文化部、财政部印发《关于推动特色文化产业发展的指导意见》,为河南省着力打造特色文化示范区、特色文化城镇和乡村提供了政策指引。

5. 动漫产业竞争力明显提升

"河南动漫看郑州"。据统计,截至2013年年底,落户郑州市的动漫企业有98家,是2008年的10倍,占全省动漫企业的95%,形成了国家动漫产业基地(河南基地)和郑州动漫产业基地两大产业聚集区,相关从业人员多达3万人,塑造了少林海宝、小樱桃、二兔等一批极具中原特色的动漫形象。[①] 2009～2013年,郑州动漫企业共发行动画片54部,总时长达到28325分钟。有16部被国家广电总局评为国产优秀动画片。截至2013年年底,全市共有17家动漫企业通过文化部认证成为全国动漫企业,其中漫画时代传媒有限公司被文化部列为全国重点动漫企业、"小樱桃"品牌入选文化部国家动漫品牌建设和保护计划。形成了以国家动漫产业基地(河南基地)和郑州动漫产业基地两大产业聚集区。"动漫嘉年华"、动漫舞台剧、动漫体验馆等越来越受到孩子们的欢迎。郑州动漫还摸索出"商业定制模式""品牌营销模式""历史文化传承模式""线上

---

① 刘洋:《中原动漫再起航》,《河南日报》2014年4月29日。

线下互动模式"、动漫文化出口模式等多种营销模式，大大促进了动漫产业的发展。河南约克信息技术股份有限公司在全国中小企业股份转让系统挂牌，顺利完成企业新三板上市工作，成为全省首家上市的动漫企业。

6. 项目带动战略成效明显

为推动文化产业快速发展，开封以"千回大宋"暨小宋城项目为契机，打造集旅游演艺、特色小吃、商业街区、院线电影、娱乐休闲以及商务会所等文化新业态的文商旅综合体，逐渐形成剧本创意、演出策划、剧场经营、市场营销、演艺产品开发等紧密衔接、相互协作的演艺产业链，有力地推动了整个开封市文化产业的发展。开封御河、鼓楼复建、小宋城等文化项目均已结出了累累硕果，一些在建项目如东京梦华苑、清明上河城等正在按计划积极推进。各地市积极实施项目带动战略，文化产业项目取得了喜人成就。2013年，开封旅游接待总量为5112万人次，文化旅游综合经济收入达到210亿元，文化旅游产业收入额度占到当年开封GDP的7%，远远高于文化产业在全国GDP中3%的比重。许昌钧瓷文化创意产业园园区已入驻钧瓷文化企业48家，吸纳就业人员8500多人，2013年实现税收2040万元，总资产达到37亿元，园区经济效益与社会效益凸显。安绣文化产业有限公司年产65万件工艺品项目入选国家特色文化产业重点项目库，发展前景可期。

7. 文化产业推介平台建设迈开步伐

2014年11月召开的首届中原（鹤壁）文博会是中原地区举办的第一次文博会，既是中原地区文化产品集中展示的盛会，也是对中原地区文化产业的一次大检阅。现场交易额达1.18亿元，合作协议或意向性协议金额为3.27亿元。开封参展的有汴绣、北宋官瓷、菊花瓷、朱仙镇木版年画等展品，也有珠玑巷、古城文化客厅、小宋城等文化产业项目，其他如焦作市的天目瓷、信阳的郑铁桥布雕、鹤壁泥咕咕、汴绣、唐三彩、钧瓷、汝瓷，还有邯郸的磁州瓷、长治的仿青铜器等特色文化产品也在这里纷纷亮相。

8. 文化产业理论研究提上议事日程

为了更好地促进文化产业的健康发展，河南省非常注重文化产业的理论研究，通过理论与实践的结合，探索文化产业发展之路。经过单位申报和专家评审,命名了10个省级文化产业研究基地,分别是省政府政策研究室、省社会科学院、郑州大学、河南大学、河南师范大学、郑州轻工业学院、洛阳师范学院、南阳师范学院、商丘师范学院、平顶山学院。省级文化产业研究基地重点研究河南省文化改革发展中的全局性、战略性、前瞻性问题,研究促进文化产业健康发展、推动文化产业融合发展的政策和措施。省级文化产业基地的设立,对于推进河南省文化产业发展、提升中原文化软实力、实现中原崛起河南振兴富民强省将起到积极推动作用。

(七) 华夏历史文明传承创新区建设先行先试

华夏历史文明传承创新区建设迈出坚实步伐。为推动华夏历史文明传承创新区建设,河南省人民政府出台了《河南省人民政府关于支持登封市建设华夏历史文明传承创新示范工程的指导意见》,明确把登封市作为华夏历史文明传承创新区建设的试点,重点围绕具有广泛国际影响的文明对话交流平台、华夏历史文明传承创新先行先试区、世界历史文化旅游名城和资源型城市转型发展示范区四大定位,打造华夏历史文明传承创新示范工程,将登封建设成重要的华夏历史文明传承创新基地。目前,项目推介和相关招商引资工作已经陆续展开。

(八) 中原文化影响力逐渐彰显

2014年,河南组派多个艺术团体赴亚洲、非洲、欧洲、中东等国家以及中国台湾地区开展海外"欢乐春节""2014泰国·中国河南文化年"等系列活动,参与了越南顺化国际艺术节、加拿大第十三届利物浦国际戏剧节、意大利那不勒斯国际戏剧节、美国国际戏剧节、"台湾佛光山·2014河南文化季"等文化活动,受到国际友人、台湾同胞的热烈欢迎,提升了中原文化在国际上的地位和影响力。

三 2014年文明河南建设呈现出的显著特征

(一) 文明河南建设全省上下联动

2014年5月,习近平总书记视察河南期间,对河南省提出的建设

"四个河南"（即富强河南、文明河南、平安河南、美丽河南）的目标给予充分肯定。省委主要领导多次就文明河南建设作出部署。2014年3月，郭庚茂书记在接见河南省第十一届见义勇为模范和先进个人时，阐释了省委提出以道德建设、法治建设、诚信建设、服务型机关建设打造文明河南的历史背景，阐明了推进这"四个建设"对于培育和践行社会主义核心价值观，大力倡导"做文明人、办文明事"，打造文明河南的重大意义。2014年6月，河南省委、省政府出台了《中共河南省委、河南省人民政府关于推进文明河南建设的若干指导意见》，强调打造文明河南，是中国特色社会主义事业"五位一体"总布局中文化建设在河南的具体化，是一项全局性工作，需要作为当前全省宣传思想文化战线的一项重要任务来积极推动。省委组织了多个文明河南建设专题调研组赴各地市进行相关调研，查找问题，总结经验，为进一步推进文明河南建设出谋划策。各地市也把创建文明城市作为文明河南建设的主要抓手，从多个方面着手推进，形成了全省上下联动推进文明河南建设的新格局。

（二）文明河南建设舆论氛围浓厚

全省宣传思想文化系统发挥阵地、队伍、人才等优势，将文明河南建设融入理论、新闻、文艺、社会活动、网络宣传等多个领域，形成了文明河南建设的浓厚氛围。河南省社会科学院以《"四个建设"：打造文明河南的切入点》为标题在《河南日报》上发表长文深刻阐述了文明河南建设的意义、内涵和途径；河南省社科联、河南日报报业集团、省直工委、省文明办联合召开"践行核心价值观打造'文明河南'"理论研讨会，与会专家认为积极推进文明河南建设，是推动社会主义核心价值观从理论形态向社会实践转化的重要抓手，是践行社会主义核心价值观的生动实践。省市各级媒体都对当地的道德典型、凡人善举等进行追踪报道，推出了一批"好人"，如商丘市积极选树、宣传"商丘好人"，2014年上半年就有21人荣登中国好人候选榜，其中3人（王军章、黄圣涛、许凤勤）荣登中国好人榜，使得各大媒体如《人民日报》、中央电视台、《河南日报》、河南电视台等纷纷聚焦商丘解读"好人"现象，彰显了讲正气、做奉献、促和谐的社会新风。各地市积极组织文明城市、文明社区、文明乡镇、文明窗口、文明家庭等各层级的创建和评比活动，提升了社会整体的文明意识。此外，各地市还在街头的大型LED屏、广告牌、公交车出租车的电子显示屏以及围墙、景区等公共场所滚动宣传文明河南的内容，使"做文明人、办文明事"的思想理念逐步融入人们的思想和行动中。

（三）文化活动和文艺精品发挥重要作用

文明河南是文化建设在实践中的具体化，是文化建设的抓手，也是文化建设的目标。以文化人、以文育人，通过文化产品作用的发挥来引导和教育群众"做文明人，办文明事"。由省委宣传部和省文联组织开展的"教你一招"已经成为群众文艺活动品牌，受到了基层群众的普遍欢迎，也成为全国交流和学习的群众文化品牌。据统计，"教你一招"活动开展以来，全省累计举办各类培训班5000余场，培训学员50多万人，吸引3000多万名群众参加活动；"教你一招"研发的多种易学、易教、易演的套路吸引了大量普通群众的参与，掀起了基层群众文化活动的热潮，减少了赌博、打架、叫骂的不良现象，多了唱戏、跳舞、打太极的活动人群，文明之风逐步形成，在改变人们生活习惯的同时也潜移默化地提升了人们的精神面貌。

2014年河南重点打造了一批文艺精品，如《大河儿女》《源水情深》等。《大河儿女》在中央电视台播出后反响热烈，该片旨在用钧瓷这一艺术国粹为题材，以小见大，将烧瓷和做人结合起来，从侧面展现出了中国人自强不息、孜孜以求、精益求精的精神，对当下极具现实意义，正是这种精神让中华文明能够延绵不绝，时至今日仍然保持着旺盛的生命力。《源水情深》反映了南水北调中线工程渠首水源地的南阳移民群众支持和服务南水北调的报国情怀，表现了移民干部和群众克服困难、忠诚奉献、大爱报国的精神。各地市结合当地传统文化，创作了多种群众喜闻乐见的文化产品，如歌曲《驻马店文明谣》《梁祝情歌》、秧歌舞《木兰情》等。这些文艺作品宣传着新事物，传递着正能量，对文明河南建设具有积极的促进作用。

四 文明河南建设的难点重点分析

(一) 文明河南建设的难点

1. 各地文化活动丰富多彩，但城乡差别较大，受益人群相对较少

目前河南各市县十分重视公共文化服务体系建设，尤其是图书馆、博物馆和文化馆"三馆"的建设相对比较完善，文化广场和综合文化活动中心在社区和乡村文化活动中发挥着重要作用，各类展览和文化活动受到人民群众的普遍欢迎。但是，这些展览和活动的受益者大多是市民和县城的居民，广大的农村人口根本不知道"三馆"的具体位置在哪里，有的人甚至根本没听说过"三馆"为何物。从各地市开展的群众文化活动情况来看，的确是丰富多彩，活动形式也多种多样，无论在传统节日如春节、端午节、中秋节，还是重大节日如"五一""七一""十一"，都会组织歌舞表演、广场会演以及各类专题文化活动，但是这些几乎仅限于城市和县城，而在乡（镇）和村庄都很少见。各乡（镇）的文化站和综合文化中心限于人才、经费、场地等多种因素，每年开展的文化活动寥寥，百万人口的大县参加过活动的群众不足10万人。

2. 艺术精品创作取得突破，但市场化程度不高，社会影响力较小

近年来，河南省加大对文艺团体的支持力度，舞台艺术精品创作取得重大收获。例如，省豫剧一团的《丹水情深》获第四届全国少数民族文艺会演创作金奖等9项大奖，豫剧《朝阳沟》和《铡刀下的红梅》入选第二届全国优秀保留剧目大奖，越调《老子》入选2012年国家十大精品剧目，《红旗渠》《苏武牧羊》等入选文化部全国优秀剧目展演，等等。这些优秀的剧目平时老百姓很难看到，多数是为了评奖而创作，公演的场次也较少，宣传力度也不够，在省内巡回演出就更少了。文化精品的市场化程度不够，导致文化消费水平整体偏低。从全国演艺市场来看，省会市郑州属于二类城市，一些高水平的演出很少到郑州，如知名钢琴家、一线歌星的演唱会等。这一方面是由于郑州缺乏一流的舞台；另一方面就是还没有形成高雅文化消费的氛围和群体。郑州的文化市场活跃度不够，没有形成文化消费的多层次结构。公共文化服务体系建设相对完善,仅仅满足了人们基本的文化需求,但是缺乏高品位、高水准的文化产品,无法在高层次上满足部分高素质和高收入群体的文化需求,从整体上抑制了人们文化消费水平的提高,从而造成郑州乃至整个河南文化市场活跃度不够,文化产业的整体发展和提升也受到一定程度的影响。

3. 文明宣传氛围浓厚,但城市综合整治难度大,不文明现象难以根除

随着城市化的快速推进,城市人口迅速增加,各种各样的"城市病"随之而来,而这些"城市病"有相当一部分都与不文明的生活习惯和行为有关。目前在城市普遍存在的问题是不文明出行、车辆乱放、占道经营、乱贴小广告、乱扔垃圾等,尤其是不文明出行已经成为阻碍城市交通最主要的问题。造成这些问题的原因一是人们的文明素质低,二是城市管理落后。人们文明素质的提升是一个相对漫长的过程,一方面需要文化的熏陶,另一方面也需要通过文明的环境来影响和约束其行为。在一个脏、乱、差的环境中,乱丢垃圾和语言粗俗比较普遍;而在一个清洁美好的环境中,人们会自觉约束自己的行为,久而久之,文明的举止和卫生习惯自然养成,正所谓"近朱者赤,近墨者黑"。因此,城市文明需要好的城市环境,而好的城市环境的塑造则需要先进的城市管理理念和方式。河南作为一个农业人口大省,农业人口快速涌入城市,促使城市"摊大饼式"的迅速扩张以及不断进行道路改造,使得河南的多数城市多年来"天天都是大工地","晴天一身土,雨天一身泥"成为市民生活的日常写照;尤其是交通方面,除牛车之外的各色交通工具拥挤在马路上,成群的"摩的"和随处乱停的车辆进一步加剧了交通拥堵。这些问题均源于城市管理的落后和缺位,这成为文明城市建设的最大阻碍。

(二)文明河南建设的重点

1. 进一步深化文化体制改革

目前,河南省文化体制改革正处在攻坚克难的关键阶段,制约文化发展的体制性、根本性问题还没有得到解决,面临的主要问题依然是改革不够深入、制约文化发展的体制机制弊端没有根本消除。传统文化体制的弊端,如文化事业固态化、所有制单一化、文化机构行政化、管理体制老化、运行机制僵化等，依然较为突出；文化产业的行业壁垒、地区壁垒较为严重，文化资源被文化、旅游、新闻出版、广播电视等部门分割使用，难以进行有效整合。从文化产业发展看，已经呈现出集聚发展的良好势头，文化产品也日益丰富；但是，总的来看，当前的文化产品与群众的文化需求难以实现有效对接，社会力量参与文化建设的渠道还不畅通，全社会的文化创造活力还没有激发出来，文化创新成果屈指可数。因此，深化文化体制改革是激发文化创造活力、推进文明河南建设的必然要求和重要途径。深化文化体制改革，要不断创新文化管理体制和文化生产经营机制，优化文化创新环境，建立有利于激发全社会文化创造活力的体制机制。2014年8月，河南省召开全省文化体制改革工作会议，通过了《河南省文化体制改革实施方案》，进一步明确了文化体制改革的目标和重点任务。深化文化体制改革是一个长期的任务，涉及文化建设的方方面面，改革任务重，要啃的都是硬骨头。因此，必须明确责任主体，明确时间节点，明确时间表和路线图，并通过加强督察，确保文化改革任务落到实处。

2. 重点抓好"四个建设"

《中共河南省委、河南省人民政府关于推进文明河南建设的若干指导意见》指出，要突出抓好道德建设、法治建设、诚信建设和服务型机关建设。可以说，加强"四个建设"是文明河南建设的内在要求，同时也是文明河南建设的切入点和具体抓手。"四个建设"相互联系、相互贯通、互为条件、相互促进，是一个不可分割的有机整体。道德建设是文明河南建设的基本任务，法治建设是文明河南建设的重要内容，诚信建设是文明河南建设的基础工程，服务型机关建设是文明河南建设的示范表率。[①] 道德建设主要包括社会公德、职业道德、家庭美德、个人品德建设几个层面，不同的层面均有不同的典型，要通过树立各种各样的典型来引导和激励广大群众形成良好的道德风尚。法治建设和诚信建设是社会主义核心价值观的重要内容。法治建设是社会层面的价值要求，是人们对美好社会的追求；十八届三中全会也对加强社会主义民主政治制度建设和推进

---

① 喻新安等：《"四个建设"：打造文明河南的切入点》，《河南日报》2014年6月19日。

法治中国建设提出明确要求。作为农耕文明比较深厚的河南，人们的法制观念相对淡薄，重人情重关系就是不重法律，而且地方性法规也相对不健全，人治大于法治现象突出，基层矛盾多因此而生。因此，文明河南建设离不开法治建设，要大力完善法律法规体系建设，营造学法、懂法、守法、用法的社会氛围，为文明河南建设和全省经济社会发展营造良好的法治环境。诚信，顾名思义，就是诚实守信，"人而无信，不知其可也。"[①]作为社会主义核心价值观的重要内容，诚信建设不仅仅指的是个人道德层面的要求，它同时也是社会层面的道德规范。社会层面的诚信主要包括政务诚信、商务诚信、社会诚信和司法公信建设等内容。政务诚信是诚信建设的标杆，具有示范表率作用。商务诚信是企业的立身之本，加强商务诚信建设是规范市场秩序的治本之策。社会诚信是整个社会信用体系建设的基础。如果社会诚信缺失，整个社会信用体系就将陷于崩溃。司法公信是法治社会的基石，没有司法公信，法律就会失去其应有的尊严和权威，使人们对社会公平正义失去信心。[②]要通过提高人们的诚信意识和信用观念来加强整个社会的诚信体系建设。服务型机关建设是文明河南建设的示范表率。服务意识和工作作风突出显示了一个公职人员的道德修养和法制观念，同时也显示了一个人的责任意识和大局意识，因此在服务型机关建设中要大力倡导"严以修身、严以用权、严以律己，谋事要实、创业要实、做人要实"的服务理念，把服务型机关建设纳入文明行业、文明单位创建活动之中，明确服务标准，加强监督考核，推动文明服务深入开展。

3. 加大优秀文艺作品的创作力度

习近平总书记在文艺工作座谈会上发表的重要讲话强调，文艺是时代前进的号角，最能代表一个时代的风貌，最能引领一个时代的风气。在多个方面，河南是全国的缩影，如历史文化底蕴深厚、农业人口占多数等，正在加速的城镇化进程、新兴的工业大省，以及人数众多的外出务工人员和留守儿童等，都是可资创作的源泉，是改革开放这一时代最鲜明的特征。因此，要引导和鼓励文艺工作者深入基层，精益求精地创作出老百姓

---

① 《论语·为政》。
② 喻新安等：《"四个建设"：打造文明河南的切入点》，《河南日报》2014年6月19日。

喜闻乐见的作品。"文学豫军"享誉全国，成为中国文坛的一支中坚力量，二月河、李佩甫、阎连科、刘震云等创作的文学作品屡获文学大奖，二月河的清朝皇帝系列小说在改编为电视剧后更是爆红。但总体来看，与改革开放前后的作品如《朝阳沟》《李双双》《倒霉大叔的婚事》等相比，20世纪90年代以后的文学作品改编为戏剧、电影和电视剧的相对较少，对普通百姓的影响也较小。与立足于东北农村的《乡村爱情》系列和立足于山东农村的《马向阳下乡记》相比，表现河南农村新世纪以来重大变革的热播剧几乎没有，关注留守儿童、留守老人以及进城务工人员生活题材的影视剧也很少，一些影视剧创作主要集中在传统题材方面，对当代广大老百姓的思想触动不大，更谈不上从道德和行为上引导他们。因此，应加大当代题材尤其是现实生活题材作品的创作，用接地气的优秀作品引导群众、鼓舞群众向善、孝亲、守法，为文明河南建设提供精神支撑。

五　加快推进文明河南建设的对策建议

推进文明河南建设，最根本的是要提升全民的文化素养和文化水平。文化建设状况决定了文明程度的高低。只有不断推动文化事业和文化产业发展，不断提升中原文化软实力，文明河南建设的成效才会越来越显著，建设文明河南的目标才能实现。为此，建议做好以下六个方面的工作。

（一）完善文化基础设施建设，夯实基层文化活动阵地

总的来看，目前河南县城及以上城市都实现了"三馆"免费开放，也兴建了若干休闲广场、公园以及规模不等的文化活动场所等，市民基本的文化生活得到保障。与之相比，乡（镇）、村的文化基础设施普遍落后，绝大多数乡（镇）没有综合性的文化广场，缺乏基本的体育设施（如篮球场、乒乓球台、健身器材等），在村庄有文化活动场地的就更少了，多数地方农民休闲的方式不外乎是聚在一起打麻将或是蹲在某个小卖部门口聊天，有些人甚至仅仅为了有个集体活动而加入某些教会。因此，要大力加强农村文化基础设施建设，夯实基层文化活动阵地，营造良好的

文化氛围。有阵地才能开展活动，才便于开展活动，才能激起人们开展活动的兴趣。通过文化宣传栏宣传文明行为、学习道德模范、普及科普知识、促进信息交流等；同时通过文化娱乐、健身活动、体育比赛等多种途径活跃农村文化生活，提升农民的文明素养和精神面貌。

（二）培育基层文化队伍，为开展文化活动提供人才保障

乡村文化生活的繁荣离不开当地文化人才作用的发挥，因而要积极探索适合基层的文化人才培养方式，培育和建立基层文化自我生长机制，变"送文化"为"长文化"，尤其是要重点培育优秀民间民俗文化的传承人，让"生于斯"的传统文化继续"长于斯"，而不至于湮没在现代文化中。对基层文艺爱好者进行培训和管理，鼓励他们组建业余文艺团体在基层开展健康的演出活动，抵制各类低俗的文艺表演，净化农村文化市场。如项城市对基层涌现出的优秀文艺人才建立人才库，收录拔尖人才100多人，这些人长期活跃在基层文化一线，有力地带动了各项文化活动的开展。

（三）创新中原优秀文化的现代表达，提升中原文化影响力和感染力

优秀中原文化是提升中原人文素质和道德水平的重要载体和支撑。中原文化是华夏文明之根、中华文化之源，是中原经济区建设的强大推动力和内生力，是文明河南建设的文化基础。对于河南而言，丰富灿烂的历史文化资源是取之不尽、用之不竭的精神宝藏，其中的根亲文化、元典文化、神龙文化、古都文化、彩陶文化、汉字文化、功夫文化等都是华夏文明不可磨灭的文化符号和记忆。此外，沉淀和蕴含在中原文化之中的爱国、包容、奋斗、和谐、共生、宽厚等精神，是建设中华民族共有精神家园的重要内容，是振奋民族精神的力量源泉，作为中原文化精神典型代表的愚公移山精神、精忠报国精神以及红旗渠精神、焦裕禄精神等，在新时代的中原大地上得到了很好的传承和发扬，一个个"感动中国"的河南人，不仅充分展示了河南的文化底蕴和人文精神，更大大增加了中原文化的感染力和感召力。因此，要积极探索历史文化资源开发利用的新思路、新方法和新途径，创新中原优秀文化的现代表达。一方面要打造一批中原

文明符号，建立一批标志性的文化景观，打造全球华人寻根拜祖圣地和世界级文化旅游目的地，不断提升中原文化的影响力；另一方面要综合运用现代科技手段和适宜方式合理开发中原文化资源，加快文化创意、文化博览、动漫游戏、数字影视、网络出版等新兴文化产业的发展，大力推动文化与科技、文化与创意、文化与旅游、文化与资本、文化与贸易相融合，变文化资源优势为文化产业优势，变文化优势为发展优势。

（四）弘扬中原特色文化，发展特色文化产业

河南拥有丰富的历史文化资源，除根亲文化、元典文化、文字沿革和功夫文化等享誉国内外的特色文化外，各地还拥有一批具有地方特色的文化优势（如朱仙镇木版年画、宝丰魔术等），这些优秀的传统文化在现代文化的冲击下成为边缘文化，部分濒临灭绝和失传的境地。近年来，特色文化产业的发展成为复兴和弘扬传统文化的重要途径之一。如黄帝故里拜祖大典和少林寺已经成为河南特色文化产业发展的两个典范，为弘扬根亲文化和功夫文化发挥了重要作用，为发展特色文化产业、弘扬特色文化提供了不少可资借鉴的成功经验。河南有不少特色文化乡镇，其中有些是历史上形成的，具有很深的历史渊源，如浚县城关镇古庙会和黄河陶艺、禹州神垕镇的钧瓷文化、宝丰县赵庄乡的魔术表演、灵宝市朱阳镇的民间工艺美术等，这些特色文化产业近年来都得到大力扶持和发展，文化知名度不断提升，当地人的文化认同感和自豪感也随之提升。还有一些乡镇近年来根据独特的资源优势和文化特色，逐渐打出了自己的特色文化品牌，如孟津县平乐镇平乐村的牡丹画、民权县北关镇王公庄村的工笔老虎和山水花鸟绘画、辉县市沙窑乡郭亮村的影视拍摄、夏邑县的宫灯制作、淮阳县临蔡镇许庙行政村的风车制作等。发展特色文化产业，不仅提高了当地群众的收入，更丰富了他们的精神文化生活，激发出蕴藏于人民群众中的文化创造力，提升了社会整体的文明素质。

（五）提高文化服务水平，挖掘文化消费潜力

文化发展最直接的推动力是民众的文化消费需求，尤其对文化产业发展而言更是如此。河南居民整体的文化消费水平均不高，文化消费支出增长缓慢。2012年，河南城镇居民人均文化消费占全部消费性支出的7.1%，农村居民为6.8%，城乡居民文化消费水平有足够的提升空间。因此，文化企业应根据市场需求来调整文化和产品供给，引导居民享受文化服务，消费文化产品，充分挖掘城乡居民的文化消费潜力。要逐步培养和引导居民形成文化自觉消费的意识和习惯，如通过开展"文化消费补贴计划"和"文化消费卡工程"等，对群众看电影、看高端演出、购买书籍与音像电子产品等文化消费进行补贴，拉动文化消费，逐步繁荣文化消费市场。各大剧院可以通过引进省、市获奖的文艺演出，以中低票价引导普通群众走入剧院剧场，从而扩大和提升高端文化消费市场。此外，要健全与完善公共文化服务体系，通过丰富的公共文化产品和服务，不断满足广大群众的文化消费需求。目前，河南文化消费服务水平整体偏低，以电影院线为例，仍主要集中在郑州和洛阳等部分地级城市，包括郑州周边的绝大多数县级市和县城根本就没有现代服务设施的电影院。因此，应根据各地人口的收入水平，将文化消费平台向基层扩展，引导人们加大文化消费，提升文化消费水平，逐步提高其文化修养。

（六）现代管理与制度建设相结合，加大对不文明行为的硬约束

文明的行为，公民个人素质的高低固然重要，但是基于现代管理的成效和相关规章制度的约束也不应有所加强。简单讲，不文明出行、乱闯红灯的人主要是行人和骑车的，而开汽车的很少有人会闯红灯，这主要是后者会因此受到惩罚，而前者则无任何处罚；没有任何约束和违规成本是造成行人和骑车人乱闯红灯的主要原因。同样，随手丢垃圾、吐痰、骂街等不文明行为也不能指望通过公民素质迅速提升来解决。要提升人们的文明素质与水平，一方面要加强文化宣传，提高人们的文明意识；另一方面，要建立和完善相应的规章制度，加大对不文明行为的硬约束。无论是奖励文明行为还是处罚不文明行为，都要"有章可循"。在这方面，新加坡的文明管理经验值得学习借鉴，新加坡就是靠教育和处罚的双重措施来提升市民素质和城市文明形象的，除教育之外，政府对不文明行为制定了相应的处罚规定，重罚违规行为，对诸如随地吐痰、乱丢纸屑等行为，都有明确的处罚标准。"只有落后的管理，没有落后的文明"。自从银行等各个

窗口单位增加了叫号机、实行叫号管理以来，不排队和插队纠纷自然就消失了，人们的行为自然就文明了，这样的文明行为可谓是立竿见影，这就是现代管理和人性化管理的成效。因此，在要求人们文明行为的同时，更要注重消除落后管理带来的不文明。双管齐下，才能事半功倍。

（原载《河南文化发展报告（2014）》）

河南法治发展状况与 2014 年展望

河南省社会科学院课题组[*]

改革开放以来，河南省坚持党的领导，注重地方实际，以保障经济社会发展为目的，全面落实依法治国基本方略，紧紧围绕中原崛起、河南振兴、富民强省发展战略，加快推进依法治省进程，科学立法、严格执法、公正司法、法制宣传教育都取得了显著成效。尤其是 2013 年以来，河南根据中央精神，结合地方实际，将保障民生作为立足点，将健全机制作为着力点，努力以改革创新精神加强和推进法治建设，有力地促进了全省经济持续健康发展与社会和谐稳定。在肯定成绩的同时，还必须清醒地认识到，同社会主义市场经济快速发展的要求相比、同人民群众日益增长的公平正义需求相比，河南法治化建设水平仍需进一步提高。2014 年，河南将全面贯彻党的十八大、十八届三中全会和习近平总书记系列重要讲话精神，坚持党的领导、人民当家作主、依法治国有机统一，紧紧围绕全省工作大局，积极推进重点领域法治工作，着力提高立法质量和执法水平，努力实现司法公正，推动全民守法，为实现中原崛起、河南振兴、富民强省的宏伟目标提供坚实法制保障。

---

[*] 课题组长：闫德民、张林海；课题组成员：万银峰、王宏源、祁雪瑞、陈东辉、王运慧、李宏伟、栗阳；执笔：王宏源、陈东辉、王运慧、栗阳。

一 改革开放以来河南法治建设历程回顾

改革开放以来,河南同全国一样,法治建设进程大抵可以分为三个阶段。第一阶段,从"文化大革命"结束到第五届全国人民代表大会第五次会议通过"82 宪法"的 1982 年 12 月。这是河南法治建设的恢复和重建时期。第二阶段,从"82 宪法"颁布到 1992 年党的十四大召开。这一阶段,河南围绕建立有计划的商品经济展开了地方立法探索与法律实施的生动实践。第三阶段,从 1992 年到今天。这一阶段,河南以发展社会主义市场经济为主线,全面落实依法治国基本方略,紧紧围绕中原崛起、河南振兴、富民强省发展战略,加快推进依法治省进程,科学立法、严格执法、公正司法、法制宣传教育都取得了显著成效。

(一)科学立法方面

党的十一届三中全会后,随着我国民主法治进程的快速推进,河南的立法工作逐步得到加强。1979 年 9 月,河南省第五届人民代表大会第二次会议决定设立常务委员会。1980 年 2 月,河南省五届人大常委会第四次会议审议通过《河南省贯彻执行〈选举法〉实施细则(试行)》。这是改革开放后河南省制定的第一部地方性法规。1982 年 12 月修订的《中华人民共和国地方组织法》赋予省级人民政府所在地的市和经国务院批准的"较大的市"拟订地方性法规草案、提请省级人大审议通过的权力。1984 年,《国务院关于批准唐山等市为"较大的市"的通知》(国发〔1984〕76 号文件)批准的 13 个"较大的市"包括洛阳市。这样,郑州市、洛阳市也成为河南省拥有地方立法权的主体。在地方行政立法方面,1983 年 7 月成立了省政府办公厅法制处,1986 年对全省新中国成立以来的政府规章进行了一次全面清理。1988 年 4 月省政府召开第一次全省政府法制工作会议,行政立法工作开始全面展开。

1. 围绕保障经济发展推进立法

20 世纪 80 年代初,河南在进行盈亏包干和矿山"扩权"试点工作的基础上,积极探索建立有计划的商品经济管理体制。这一时期,为了促进全省国民经济繁荣发展，河南制定了《河南省采矿管理条例》《河南省地方煤矿管理条例（试行）》等经济法规。1992年以后，为了适应社会主义市场经济经济发展的新要求，河南加快了经济立法工作。涉及经济领域的立法，在1994年多达17部，包括《河南省期货市场管理条例（试行）》《河南省鼓励外商投资条例》《河南省开发区条例》等，1995年有《河南省制止不正当价格行为和牟取暴利条例》《河南省经纪人条例》等9部。近年来，围绕实施"三大国家战略规划"，审议通过了《河南省促进高新技术产业发展条例》《河南省信息化条例》等，为加快信息化与工业化深度融合、扶持民营经济、促进新兴战略产业发展等提供了法律依据。

2. 围绕民主政治建设推进立法

河南民主政治建设方面的立法多是根据上位法精神进行的。例如，根据《中华人民共和国全国人民代表大会和地方各级人民代表大会选举法》，结合具体省情制定了《河南省选举实施细则》；根据《中华人民共和国村民委员会组织法》，制定了《河南省实施〈中华人民共和国村民委员会组织法〉办法》；根据《中华人民共和国宪法》《中华人民共和国地方各级人民代表大会和地方各级人民政府组织法》及国家有关规定，制定了《河南省行政机关执法条例》。河南在民主政治建设方面立法的一个鲜明特点是突出对个人权益的保护，这方面的立法包括《河南省〈归侨侨眷权益保护法〉实施办法》《河南省少数民族权益保障条例》《河南省进城务工人员权益保护条例》《河南省企业职工民主权利保障条例》等。

3. 围绕文化保护与文化发展推进立法

河南是文化资源大省，历史文化根基深厚。为了有效保护文化遗存，推动文化大发展大繁荣，河南在文化立法方面做了很多工作。一方面是关于规范文化市场的立法，包括《河南省文化市场管理条例》《郑州市文化市场管理条例》《洛阳市文化娱乐市场管理条例》；另一方面是对文化遗产保护的立法，包括《河南省历史文化名城保护条例》《河南省安阳殷墟保护管理条例》《洛阳市龙门石窟保护管理条例》《郑州市嵩山历史建设群保护管理条例》《河南省新乡潞简王墓保护管理条例》等。2013年，又通过了《河南省非物质文化遗产保护条例》，明确了政府对非物质文化遗产的保护职责,强化了对非物质文化遗产的资源管理。

4. 围绕保障和改善民生推进立法

河南十分注重重大民生问题的立法工作。2009年,出台了《河南省就业促进条例》,为推动统筹城乡就业和维护社会公平就业提供了法律保障。为保障食品安全,先后制定了《河南省〈食品卫生法(试行)〉实施办法》《河南省食品卫生条例》《河南省食品安全举报奖励办法(试行)》《河南省食品安全地方标准管理办法》《河南省食品生产加工小作坊和食品摊贩管理办法》等法规和规章。此外,河南还围绕教育、医疗、住房保障、安全生产等重点领域开展了地方法的"立、改、废"工作,体现了以人为本的立法理念,促进了社会的和谐稳定。

5. 围绕生态文明建设推进立法

工业化进程往往伴随着资源过度开采和环境破坏。河南强调发展经济不以牺牲生态和环境为代价,因此在立法方面十分重视对生态的保护。1983年就制定了《河南省征收排污费实施办法》,后来又多次进行修订。为了有效防治建设项目产生的新污染对生态环境造成的破坏,出台了《河南省建设项目环境保护条例》。此外,还及时制定和修订了《河南省水污染防治条例》《河南省森林防火条例》《河南省固体废物污染环境防治条例》《河南省气象灾害防御条例》《河南省地质环境保护条例》《河南省防震减灾条例》等法规和规章,为推进生态文明建设,打造"美丽河南"提供了立法支撑。

河南改革开放以来30多年的立法实践,经历了一个由封闭向开放逐步规范化科学化的过程。2003年,河南首次公开征集地方立法规划项目;2004年,首次召开立法听证会。2006年,郑州市人大常委会采取"立法公开招标形式"委托河南文丰律师事务所负责立法起草工作,第一次引入社会力量参与立法。在立法过程中,河南全面落实国家法治精神,坚持开门立法、民主立法,结合基本省情,广泛征集民智,采取制定、修订、废止,以及批准较大市立法等形式积极推进地方立法工作,立法内容涵盖了经济建设、政治建设、文化建设、社会建设、生态文明建设各领域,为推动全省经济社会又好又快发展提供强有力的立法保障。

（二）严格执法方面

改革开放以来，河南行政执法部门牢记以人为本、执法为民理念，围绕服务基层、服务群众、服务企业，切实加快了行政执法方式的转变。特别是2008年以来，河南深入开展了以加强政府自身建设，建设服务型政府为目标的"转变政府职能、转变工作作风、提高行政效能、提高公务员素质"的"两转两提"活动，行政机关和执法人员的服务意识明显增强，服务能力有效提升。回顾30多年的执法工作，河南各级各类执法主体坚持原则性和灵活性相结合，严格依法行政，不断改进和创新执法方式方法，大力推进文明执法、规范执法，全面履行执法职责，充分发挥行政执法的保障和促进作用。

1. 深化行政执法改革

（1）探索建立行政执法责任制。2005年，河南成立了省推行行政执法责任制工作领导小组，下发了《河南省人民政府办公厅关于贯彻国办发〔2005〕37号文件认真推行行政执法责任制的通知》。之后，河南在行政执法中认真梳理了执法主体和执法依据，逐步明确了"权利清单"，在此基础上进一步建立起责任目标考核机制，确保了行政执法评议考核结果的客观性、准确性、实效性，为落实执法为民理念提供了坚强的组织保证。

（2）围绕重点领域积极推进行政执法。比如，郑州火车站客流量大，关系河南整体形象。20世纪80年代，火车站附近坑蒙拐骗、强买强卖、敲诈旅客现象时有发生，败坏了社会风气。针对这种状况，政府采取综合执法行动。仅1988年，公安部门在火车站区域就抓获各种犯罪分子4587人，端掉淫乱窝点9个；工商、税务部门查处各种违章非法经营活动9345起。

（3）围绕改革发展中出现的突出问题强化行政执法。比如，1988年的"价格闯关"带来了席卷全国的"抢购风"，河南组织有关部门集中力量进行物价大检查，切实整顿市场和价格秩序；是年，全省共自查、抽查出违价案件11125起，违价金额9800万元，收缴入库5402万元。通过高效的执法行动，河南迅速平息了抢购商品风，遏制了物价上涨过猛的势头,纾解了群众的紧张心理。

(4)努力发挥行政执法的示范带动作用。为了深入落实《全面推进依法行政实施纲要》(国发〔2004〕10号),河南开展了依法行政示范单位创建活动,取得了良好效果。比如,漯河市国税局将征管业务的九大项权力、73个权力点、1688项子权力分解到177个执法岗位,明确了执法责任,公开了执法流程,使行政执法的规范性显著提高。

2. 做好行政复议工作

(1)建立行政复议机构。20世纪80年代末,河南省政府法制局设立了行政复议应诉处,省税务局、卫生厅等7个省政府职能部门建立了复议委员会。与此同时,在地市和县(区)的一些政府和政府的许多部门陆续建立了行政复议机构。到1991年全省17个地市全部建立了行政复议应诉工作机构,140多个县(市、区)成立了复议委员会或办公室。

(2)完善行政复议制度。在省级层面,河南围绕行政复议工作出台了行政复议申请接待制度、行政复议案件卷宗管理制度、案件定期统计及分析报告制度等制度,探索实行了行政复议接待值班制度和办案周例会制度。各地在此基础上也对相关制度建设进行了实践探索。比如,濮阳市台前县建立了复议案件二次集体讨论制度,确保了行政复议工作有序开展,杜绝了单独办案可能出现的关系案、人情案。

(3)规范行政复议程序。出台了行政诉讼应诉工作规则、行政复议调查程序规则、行政复议案件质证规则等相关规章。漯河市在行政复议听证过程中,还明确需要听证的情形及听证启动方式,赋予申请人和第三人启动听证程序的主动权。

(4)创新行政复议案件审理模式。平顶山市鲁山县结合工作实际,探索出了巡回式案件审理的复议模式。他们为方便复议当事人参加复议活动,积极借鉴人民法院巡回法庭工作模式,将马锡五审理方式应用到行政复议活动中,选择当事人所在地、案件发生地或其他方便复议当事人的地点开庭审理行政复议案件。这样的行政复议模式不仅可以节约当事人的复议成本,而且有利于了解案情,同时还能发挥复议活动的普法宣传教育作用。

3. 加强行政执法监督

（1）开展行政执法大检查。1990年8~9月，为了迎接《中华人民共和国行政诉讼法》的实施，河南展开全面的行政执法大检查，重点检查了与治理整顿、深化改革、治理"三乱"、廉政建设、社会稳定等密切相关的法律、法规、规章的执行情况。通过检查，共清理出规章和规范性文件780件，容易引起行政诉讼的收费、罚款、吊销许可证、执照等具体行政行为88132起。

（2）不断强化行政执法监督的制度建设。1991年，河南开始着手推进行政执法监督由集中突击检查向制度化、常态化监督过渡。1992年，探索并初步建立了规范性文件备案审查制度、具体行政行为备案审查制度，以及行政处罚程序、行政案件查处程序、法规性文件实施情况报告制度和行政执法责任制。1995年，一些省直部门以及郑州市推行了执法责任制和错案责任追究制度。这些制度的建立有力地促进了河南行政执法监督的规范化。

（3）努力推进持证上岗、亮证执法工作。1998年，下发了《河南省人民政府关于实行持证上岗、亮证执法的通告》，要求行政执法人员必须持"两证"（《执法证》和《监督证》）上岗执法。为此，河南采取多种措施完善证件管理办法，在对符合条件的办理和换发新证件时，有效杜绝了乱发和滥发执法证件的行为。持证上岗、亮证执法的开展，使执法行为置于社会监督之下，有效保证了执法人员依法行政、按规办事。

（4）切实完善行政权力监督制约机制。2000年，河南省政府办公厅转发省政府法制办《关于加强行政执法监督预防行政执法人员渎职侵权犯罪的通知》，提出了一系列监督行政权力运行的措施和办法。之后，加大了对行政执法过程中因权力变异而产生的乱收费、乱处罚，以及粗暴执法等行为的查处力度。仅2009年就立案相关案件省本级20件、各地各部门81件，吊销执法证件93个，调离执法队伍33人。

（三）公正司法方面

党的十一届三中全会后，河南司法机关相继恢复重建。30多年来，河南公安机关严厉打击犯罪分子，切实保障人民群众生命财产安全，在维护社会稳定方面发挥着重要作用；检察机关认真履行审查批准逮捕、审查起诉、查办职务犯罪、诉讼监督等法律监督职责，确保了准确执法；审判机关认真落实司法为民要求，切实保障人民群众的合法权益，为完善社会主义市场经济体制、推动河南经济社会又好又快发展提供了坚强的司法保障；司法行政部门积极履行法律保障、法律服务、监管教育改造等职能，在维护社会和谐稳定、全面深化改革开放和推动经济发展中发挥着不可替代的作用。

1. 以打击刑事犯罪为重点　发挥公安机关作用

（1）严厉打击刑事犯罪。改革开放初期，河南同全国一样社会治安出现一些问题。1983年8月，河南开展了全面的打击刑事犯罪分子斗争，重点处理了一批严重危害社会秩序的犯罪分子。当年9~12月，全省刑事案件的发案数比前4个月下降57.3%。此后，河南一直对保持打击犯罪分子的高压势头，治安状况和社会秩序持续好转。

（2）加强社会治安防控体系建设。全省共安装巡更设备和视频监控系统1238套，各种监控探头12335个。截至2007年年底，全省巡逻警力达16470人，参与四级网格化巡逻的社会力量达69085人、车辆3258台。

（3）创新社会治理和公安行政管理。组建流动（暂住）人口管理服务站500余个，在全国率先建成省级"流动人口综合信息管理服务系统"。深入开展了"三深入、四进、四送"活动，即深入基层、深入实际、深入群众，进农村、进社区、进企业、进家庭，送温暖、送平安、送法律、送服务。设立了"厅长信箱"，开通接受群众监督的直通车，仅2009年就通过电话、网络受理群众各类举报投诉和咨询19202件，办结后群众满意率达99.1%。

（4）推动"三基"工程，狠抓"三项建设"。着力推进"抓基层、打基础、苦练基本功"的"三基"工程建设，基层警力不足问题得到有效解决，大要案准备金和基础派出所专项经费落实基本到位。推动信息化、执法规范化、和谐警民关系"三项建设"，有效遏制执法的随意性，促进了警民关系和谐。

2. 以履行法律监督职能为核心　发挥检察机关作用

（1）依法履行审查批准逮捕、审查起诉职责。根据不同时期的社会热点问题重点开展相关领域的批捕起诉工作。1994年,配合相关部门开展"打拐"和打击"车匪路霸"等专项斗争,全年共批捕拐卖妇女儿童案犯968人,"车匪路霸"案犯2537人。2007年,突出打击严重危害社会治安的刑事犯罪,共起诉"黑恶势力"犯罪等严重暴力犯罪9988件。

(2)严查贪污贿赂、渎职等职务犯罪。查处了平顶山市原政法委书记李长河受贿案,漯河市原市委书记程三昌腐败案、省电力公司原副总经理李俊杰贪污受贿贪污、省水利厅原厅长张海钦受贿和巨额财产来源不明案等一批大案要案。2001年,结合"严打"整治斗争,深挖黑恶势力的后台和保护伞,受理渎职侵权案24件,查处公安局长等各类渎职分子28人。

(3)加强对诉讼活动的法律监督。按照有罪追究、无罪保护、严格依法、客观公正的要求,规范立案监督和侦查活动监督。2001年,在刑事立案监督中要求公安机关说明不立案理由2920件,依法监督公安机关立案247件。2009年,在侦查活动监督中追加逮捕犯罪嫌疑人2057人,书面纠正违法223件次,批准延长羁押530人。

(4)依法履行控告申诉检察职责。坚持以群众满意为标准,不断完善涉检信访处理工作机制,探索建立了信访人和承办检察机关"双向承诺"制度。推动接访与主动下访、带案下访相结合,实现了"关口前移、重心下移",满足了群众的合理诉求。

3. 以维护司法公正为根本　发挥审判机关作用

(1)围绕大局履行审判职能。20世纪80年代初,刑事犯罪较为猖獗。河南坚决贯彻执行中央依法"从重从快"方针,严惩了一批杀人、强奸、抢劫、重大流氓行为等严重刑事犯罪分子。随着社会主义市场经济的发展,经济纠纷逐渐增多,河南着力强化民事和经济审判工作,依法审理了一系列权属、侵权纠纷及其他民事案件,助推了全省经济发展。

(2)探索改革审判方式。自20世纪80年代中期以来,河南各地法院就积极探索庭审方式改革。近年来,提出了"把巡回审判作为基层法院基本的办案方式"的思路,在乡(镇)政府、村委会(居委会)设置巡回审判点8530个,减少了群众诉累。从2009年开始,又创建了社会法庭工作机制，运用民间规则、伦理道德、乡土人情等化解基层矛盾纠纷。在行政案件方面，探索"圆桌"审判模式，实现了"官""民"平等。

（3）强化审判监督工作。2012年，出台了《河南省高级人民法院错案责任终身追究办法（试行）》，明确"违反规定私自办理案件或内外勾结制造假案"等7种必须追责情形。错案责任终身追究制度实施以来，全省已对10名造成错案的法官进行了问责。其中，陕县法院法官"眼睛花判错案"相关责任人和分管领导被追责。

（4）加大执行力度。重拳打击"老赖"，根据最高人民法院《关于依法制裁规避执行行为的若干意见》等法规。自2012年6月以来，先后三次集中曝光了"赖账户"，并专门针对"赖账户"发布了"限高令"，综合运用限制"赖账户"高消费、投资置产、出境等制裁手段，促使"赖账户"履行义务，取得较好效果。

4. 以营造法治环境为目的　发挥司法行政机关作用

（1）劳改劳教工作规范有序。将教育改造工作作为劳改劳教工作的主体任务，创新方式方法，努力提升对犯罪分子和劳教人员的教育改造质量。在此基础上，不断完善"分押、分管、分教"工作，推行个别化的心理矫治和行为矫治，注重对劳改劳教人员进行思想教育、文化技术教育和心理健康教育。

（2）切实加强律师管理。出台了《河南省司法厅关于进一步加强和改进律师管理工作的意见》，明确界定了省、市、县三级司法行政机关的律师管理权限职责。强化律师思想政治教育，加大对律师办理重大、敏感、群体性案件的监督。印发了中共中央组织部和司法部党组《关于进一步加强和改进律师行业党的建设工作的通知》，加强了党对律师队伍的领导，实现全省律师事务所党建工作全覆盖。

（3）积极开展法律援助。开通了全省统一的"12348"法律援助咨询电话；同河南籍农民工集中的北京、广州等省（市）签订《省际农民工法律援助协作备忘录》，强化了法律援助的省际协作；开展了"法律援助便民主题活动"，全省共依托司法所、律师事务所，以及相关群团组织设立法律援助受理点3352个。

（4）规范司法鉴定。2006年，着重规范了司法鉴定机构审批规程，完善了审批工作程序。2008年，建立了全省司法鉴定机构和司法鉴定人的诚信档案，加强审核登记和管理工作，共审批98个登记司法鉴定机构、核准514个执业司法鉴定人。近几年，探索创立了司法鉴定机构规范化执业考核办法。

（四）法制宣传教育方面

美国著名法学家伯尔曼有句名言：法律必须被信仰，否则它将形同虚设。普法宣传工作关系人民群众对法律的认知，决定着他们对法律的信仰程度。公民自觉遵守法律，在一定程度上取决于普法宣传的效果。改革开放以来，河南立足省情，突出重点，积极开展具有中原特色的法制宣传教育，普及法律知识、弘扬法治精神、增强法治理念，收到了促进公民自觉遵守法律的效果。

1. 健全法制宣传教育体制机制

（1）健全法制宣传教育组织机构。1985年，河南提出"用五年左右时间向全体公民基本普及法律常识"的工作目标。同年8月召开全省法制宣传教育工作会议，会后在成立河南省普及法律常识领导小组的基础上，各地逐步建立健全普法领导机构。1985年底，成立县级普法领导小组145个，占全省158个县（区）的91.8%。1996年，成立了河南省依法治省工作领导小组，主要负责指导各地和省直各机关的依法治理和法制宣传教育工作。

（2）完善法制宣传教育领导体制。在普法宣传的过程中，河南逐步完善了法制宣传教育和依法治理工作的领导体制和工作制度，各单位各部门之间通力配合、密切协作，形成了普法宣传的强大合力。地方各级政府都将法制宣传教育纳入当地经济社会发展规划和政府目标管理，确保法制宣传教育经费具有可持续的稳定来源。同时，还从人员、编制、教材、装备、开展活动等各个方面为全面推进法制宣传教育提供了保障。

（3）完善法制宣传教育激励机制。1998年，出台《河南省依法治理工作百分考核实施方案》和《河南省干部普法合格证制度实施方案》，要求把普法合格证作为考察干部学法用法情况的重要依据。此后，逐步建立起常态化的法制宣传教育考核评价和监督激励机制，各级人民代表大会及其常务委员会通过多种方式对普法工作进行年度考核、中期督导检查和终期评估验收，有力地促进了普法工作的顺利进行。

2. 突出法制宣传教育重点

（1）加强对领导干部的法制宣传教育。1985年，举办了省直厅（局）长以上领导干部普法学习班，省直机关110名厅（局）级以上干部参加了学习。从1986年"一五"普法教育开始，河南先后多次举行不同层次的领导干部普法学习班和法制讲座。比如，"一五"普法的第一年就基本完成了分期分批轮训县（处）级以上领导干部工作，20434名县（处）级干部学完"九法一条例"，占全部人数的84%。

（2）加强对企业管理人员的法制宣传教育。1988年，召开了全省企业法制宣传教育工作会议。1989年，对各级企业分批分期举办了《中华人民共和国企业法》学习班，推动厂矿企业的厂长经理掀起学习"十法六条例"的热潮。此后，多次组织企业经营管理人员深入学习市场经济法律、世贸组织法律、现代管理等知识，切实提高了企业经营管理人员依法经营意识，适应市场经济和参与国际竞争能力。

（3）加强对农民群众的法制宣传教育。多次召开农村普法工作会议，"二五"普法期间在全省农村设立342个法制宣传教育试点。自2000年以来，在广大农村持续开展了"村民自治""村务公开""依法治村"等普法活动。2005年，在郑州开展了加强和改进对农民进城务工人员法制宣传教育的试点工作。这一年，免费发放《农村党员干部法律知识问答》9万册和《农民进城务工法律知识问答》12万册。

（4）加强对青少年的法制宣传教育。通过开展法制宣传月、设立法制副校长、建立青少年法律学校、法制教育网络和基地等多种形式，充分调动社会家庭学校等各方面力量，建立起立体式全方位的青少年法制教育体系，全省青少年学法用法意识不断提高。

3. 拓展法制宣传教育平台

（1）开展丰富多样的法制宣传教育活动。20世纪80年代，拍摄《官司》和《刘老四失鸡》两部电视剧，以群众喜闻乐见的形式进行普法教育。进入21世纪后，组织了针对中小学生的"争做遵纪守法小公民"征文比赛活动。连续多年集中开展"12·4"法制宣传日活动，如2002年举办了"振华杯"宪法知识大赛，2003年在电视台开始了"真实再现"栏目，2005年开展了以"坚持依法治省，构建和谐社会"为主题的集中采访报道活动，2009年组织了法制文艺会演等。近年来，又扎实开展了"法律六进"（进机关、进乡村、进社区、进学校、进企业、进单位）主题教育活动。

（2）不断完善公共场所法制宣传教育阵地建设。依托学校、行政机关、党校、监狱、反腐倡廉基地，以及各类教育中心，将普法宣传教育与校园文化、机关文化、企业文化、社区文化、村镇文化建设紧密结合起来，建设了一批针对不同人群的法制宣传教育基地。比如，济源市在公路沿线、客运站场、群众文化广场等设立法制宣传公益广告，形成了有效联动的区域法制宣传网络。

（3）综合利用各种传播媒介进行法制宣传教育。例如，1988年在报刊、电台、电视台刊登或播放法制新闻13008篇。随着数字技术的飞速发展和信息化建设的快速推进，近年来河南十分注重利用互联网、移动媒介、LED电子显示屏等平台开展生动活泼的普法宣传活动，积极发挥政府网站及大河网、商都网等门户网站在法制宣传教育中的示范带动作用，扩大法治文化教育的覆盖面，收到了很好的实践效果。

二 2013年河南法治发展的现状及主要特点

（一）加强地方立法及其监督工作

2013年，河南省人大及其常委会认真履行宪法和法律赋予的职责，把促进科学发展作为履行职能的第一要务，紧紧围绕全省中心工作，重视经济立法，加强社会、文化、民生等立法，在维护群众权益、保障食品安全、保护生态环境等民生事业上积极作为，有力推动了河南省民主法治建设进程和经济社会持续健康发展。

1. 发挥地方法规的规范、引导和保障作用

河南紧紧围绕在信息化进程中持续探索"三化协调"发展，尤其是围绕推进新型城镇化、构建"一个载体、三个体系"明确立法重点。人大及其常委会在调研、监督和检查的基础上，全面了解现行相关法律法规和政策贯彻落实情况，提出完善相关法律法规制度建设的对策建议。审议了河南省国民经济和社会发展第十二个五年规划实施情况中期评估报告；建议有关部门围绕科学安排经济增长预期、着力推动经济转型发展、继续深化改革开放、积极稳妥推进城镇化、完善公共服务、合理调整收入分配格局、切实增加城乡居民收入等问题积极提出立法建议。例如，建议全省各级政府及相关部门要围绕理顺高速公路路政管理、交通安全管理体制、建立健全高速公路执法保障机制、创新高速公路运营模式等问题积极提出立法建议，切实发挥地方性法规的规范、引导和保障作用。

2. 围绕社会热点问题立法

河南省人大常委会有关部门在综合各方面意见的基础上，提出了《河南省人大常委会2014~2018年地方立法规划（草案）》。结合河南省实际，立法重点突出了社会热点问题。先后制定了《河南省企业工资集体协商条例》《河南省政府非税收入管理条例》《郑州市社会急救医疗条例》《洛阳市道路交通安全条例（修订）》《河南省非物质文化遗产保护条例》《河南省云台山景区保护条例》《河南省减少污染物排放条例》等。《河南省企业工资集体协商条例》是河南省首部关于企业工资集体协商的法规，它进一步规范了企业工资集体协商行为，维护了企业和职工的合法权益，推进了河南省经济社会协调发展。《河南省政府非税收入管理条例》加强了各级人大及其常委会对政府非税收入管理情况的监督检查，增强了政府公共服务能力。同时，进一步加大保障妇女权益"一法一办法一决定"的宣传力度，切实保护好妇女参政议政、就业创业、人身安全等权益。

3. 发挥人大及人大代表监督作用

河南省人大常委会下发《关于开展立法监督工作的通知》，对全省现行有效的170多部地方性法规适用情况开展立法监督，以进一步提高立法质量，推动地方性法规更好地贯彻执行。省人大常委会有关工作机构狠抓跟踪落实，继续加大对重点项目、重点领域、重点资金、重点部门的审计监督力度，切实保障资金安全，提高资金使用效率。针对全口径预算、决算审查监督专题调研中发现的问题,坚持一切从实际出发,抓住突出矛盾,不断强化和规范河南省全口径预算决算审查监督,努力提高监督实效,真正达到让代表满意、让人民群众满意的效果。

同时,发挥人大代表监督作用。人大常委会听取有关单位关于人大代表所提建议、批评和意见办理情况的报告,通过办理建议,一批关系发展和民生的问题得到解决。频频出现的雾霾天气引起省人大代表的广泛关注,5份建议不约而同地建议加强空气质量检测,减少雾霾污染。为此,省环保厅通过调研,组织制定了《河南省"蓝天"工程行动计划》,拟提请省政府常务会议研究并尽快实施。一些代表关注河南省金融业发展,建议设立省级银行,改善河南省融资环境。省政府金融办会同有关单位进行了调研,初步形成了关于组建省级银行的思路和方案,并积极向中国银监会汇报沟通,目前正在加速推进。针对代表在建议中反映的案件执行难问题,省高级人民法院开展了"倡导诚信、见证执行"活动,执结各类案件6253件;对规避执行者限制高消费、限制出入境;对1400名失信被执行人通过新闻媒体公开曝光;将395名拒不履行债务的"老赖"移送司法机关立案侦查,已有35人被依法判处刑罚。办理关于校园安全的建议时,省教育厅联合省公安厅等20个部门成立了河南省校车安全管理联席会议,建立校车信息管理系统,开展校车安全专项检查,有力保障了校车安全出行和学生人身安全。听取和审议省人民政府关于水污染防治情况的专项工作报告,并就水污染防治情况开展了专题询问,提出意见建议,坚决贯彻省委关于水污染防治的战略部署,采取切实有效的措施,持续改善水环境质量,为建设美丽中原提供有力的环境支撑。

(二) 法治政府建设稳步推进

2013年,河南认真贯彻落实依法治国基本方略和《2013年度河南省政府推进依法行政工作计划》,全面推进依法行政,大力提升政府工作制度化、规范化、法治化水平。

1. 继续深化行政管理体制改革

进一步深化行政管理体制改革,根据国务院批转国家发改委《关于2013年深化经济体制改革重点工作的意见》精神,提出了实现巩义市、兰考县、汝州市、滑县、长垣县、邓州市、永城市、固始县、鹿邑县、新蔡县等10个省直管试点县（市）全面由省直管的改革目标，推动试点县（市）党委、人大、政府、政协和法院、检察院由省直接管理。深化行政审批制度改革，减少微观事务管理。建立健全各种预警和应急制度，提高各级政府及其工作部门应对突发事件和风险的能力。[①] 完善各级行政机关领导干部学法制度，加强依法行政工作考核和依法行政示范单位创建工作。继续推进政府信息公开，把权力行使过程置于人民群众的监督之下。

2. 切实推进服务型行政执法建设

2012年，河南省人民政府办公厅印发《关于推进服务型行政执法建设的意见》（豫政办〔2012〕78号），确定在全省启动推进服务型执法工作。2013年，河南省十二届人大一次会议通过的《政府工作报告》把推进服务型行政执法工作列为全省推进依法行政的工作重点之一。《河南省全面推进依法行政工作领导小组办公室及时印发2013年全省推进服务型行政执法建设工作安排的通知》（豫依法行政领办〔2013〕1号）明确以服务中原经济区建设为切入点，以制度建设为抓手，大力开展服务型行政执法建设活动。稳步推进相对集中行政处罚权工作，全省继续按照"成熟一个，审批一个"原则，加强审批前考察、审批中论证和审批后监督。全年有淇县、濮阳县、汝南县、驻马店驿城区、鹤壁市淇滨区等14个县（市、区）经省政府批准开展此项工作。截至2013年11月，全省共设立包括：安阳市区、三门峡市区、柘城县、陕县、灵宝市、信阳市、林州市、内黄县、汤阴县、巩义市、延津县、长垣县、淇县、濮阳县、汝南县、原阳县、淅川县、西峡县、滑县、武陟县、新郑市、舞钢市、叶县、邓州市、鹤壁市淇滨区、驻马店市驿城区在内的26个试点地区，建立执法单位，开展相对集中行政处罚工作，占到全省市县总数的19.3%。在整体推进的基础上，确定在交通运输、公安、安全监管、住房和城乡建设、国土资源、烟草专卖、新闻出版、畜牧8个系统重点推进规范行政处

[①] 《河南省人民政府办公厅关于印发2013年度省政府推进依法行政工作计划的通知》（豫政办〔2013〕26号），2013年4月12日。

罚裁量权工作。[1]

3. 大力加强行政执法监督

组织开展执法检查，选择若干涉及社会关注和民生改善的重点领域，以及存在问题较多的系统，严肃查处检查中发现的行政执法违法案件。充分发挥社会监督的作用，在人大监督、政协的民主监督和司法机关依法实施监督的基础上，更加注重接受新闻舆论、社会舆论和人民群众的监督。充分发挥行政复议在解决行政争议中的主渠道作用；积极探索建立行政调解机制，有效利用自身资源和调解手段化解行政争议；引导当事人通过行政复议渠道，依法表达诉求、维护权益。注重运用调解、和解方式解决行政纠纷。建立群众举报投诉制度，拓宽群众诉求反映渠道。[2]

（三）公正司法得到加强

1. 审判工作得到加强

（1）加强刑事审判工作，依法严惩危害民生犯罪。2010年以来，全省法院大力开展打击安全生产责任事故犯罪专项工作，审结此类案件503起，判处犯罪分子781人。在审理平顶山"9·8"矿难案中，首次以"以危险方法危害公共安全罪"对2名主犯判刑，有力打击了黑心矿主。[3]坚持"快立、快审、快结、快执，优先立案、优先审理、优先执行"的"四快三优先"办理原则，集中办理拖欠农民工工资案，审结拒不支付劳动报酬犯罪案件14件，判处犯罪分子16人。共审结危害食品药品安全犯罪案件849件，判处犯罪分子1776人。审结拐卖妇女儿童犯罪案件1018件，判处犯罪分子1951人。

（2）把握商事审判规律，推动经济社会协调发展。全省法院商事审判工作在省高级法院党组的领导下，坚持"为大局服务，为人民司法"的工作主题，紧紧围绕执法办案第一要务，依法公正高效地审理各类商事

---

[1] 《河南省人民政府办公厅关于印发2013年度省政府推进依法行政工作计划的通知》（豫政办〔2013〕26号），2013年4月12日。

[2] 《河南省人民政府办公厅关于印发2013年度省政府推进依法行政工作计划的通知》（豫政办〔2013〕26号），2013年4月12日。

[3] 刘亚辉：《打击危害民生犯罪力度加大》，《河南日报》2013年8月1日。

案件。截至2014年3月，全省163家基层法院均成立了金融审判庭或者设立了专门合议庭，全省法院实现对金融案件的统一管辖，集中审理，保障了河南金融法治环境健康有序。先后与中国政法大学和中国人民大学签署院校合作协议，为河南法院工作提供了强大的理论支持，更好地提升了河南法官的工作能力和水平。设立金融案件专家咨询库，推动河南省法院化解金融纠纷向着专业化、精细化方面迈出了一大步。积极创新金融纠纷化解机制，2013年6月和9月，省高院积极与省银监局、省保险行业协会沟通，在省银行业协会、省保险行业协会分别设立银行业和保险业社会法庭，选任多年从事金融工作的业务骨干和专家担任社会法官，社会法官对金融纠纷进行诉讼外调解，调解达成的调解协议，法院及时进行司法确认，与法院判决具有相同的法律效力，保障了当事人的合法权益。[①]

（3）推动司法透明，树立司法权威。依据最高人民法院下发《关于推进司法公开三大平台建设的若干意见》《关于审判权运行机制改革试点方案》，河南省高院和洛阳市中院分别被确定为试点法院。河南省高院通过打造审判流程公开平台、裁判文书公开平台和执行信息公开平台，全力推动司法公开透明，为社会公众和当事人及时、全面、便捷地了解司法、参与司法、监督司法提供了服务与保障。洛阳市中院作为审判权运行机制改革试点单位，从2013年12月正式开始试点，为期2年。通过建立符合司法规律的审判权运行机制，优化配置审判资源，严格落实独任法官、合议庭、审判委员会的办案责任，最大限度地满足人民群众对公平正义的需求，提高司法公信，树立司法权威。充分发挥"豫法阳光"手机报的作用，及时向人大代表、政协委员通报工作；深入走访代表所在企业，积极为他们排忧解难；进一步加强与代表委员的联络沟通，争取代表的理解和支持；认真办理好代表委员关注案件，让代表委员满意。新浪微博联合人民网舆情监测室共同发布的《2013年新浪政法微博报告》显示，河南省高级人民法院官方微博@豫法阳光在十大法院微博榜单中排名第1位，同时成功入选"十大政法机构微博"。@豫法阳光微博"粉丝"数和影响力在全国法院微博中均排名第1位，有效推动了司法公开，拉近了与民众的

---

① 谢建晓：《我省法院创新金融纠纷化解机制》，《河南日报》2013年11月15日。

距离,塑造起更强的舆论引导力和公信力。

(4)实行错案责任终身追究制,确保司法公正。河南省高院在总结冤错案件教训的基础上,进一步牢固树立无罪推定理念,在全国法院率先提出建立错案终身责任追究制度。对办错了案件的法官,不论调整到哪个工作岗位,不论在职还是离岗,只要认定为错案,都要问责到底。在具体操作层面,特别注意把握好四个问题:准确界定错案范围,严格错案认定程序,厘清错案责任主体,明确责任追究方式。自错案终审责任追究制度实施以来,全省法院已经对10名法官进行了问责。通过严格责任追究,广大法官恪尽职守,公正裁判,责任意识进一步得到强化,行使审判权更加认真、慎重,案件审判质量进一步提高,切实防范了冤错案件的发生。

2. 检察工作得到加强

(1)深化检务公开制度试点工作。根据最高人民检察院决定,河南省检察院在深入调研、认真研究、充分酝酿的基础上,制定了《河南省检察机关深化检务公开制度改革试点工作方案》,决定从2013年11月中旬至2014年11月,在省检察院和郑州、许昌、南阳3个市的检察院及其所属全部基层检察院开展深化检务公开制度改革试点工作。就查办职务犯罪案件方面、诉讼监督方面、控告申诉方面、队伍建设方面等内容,通过试点院门户网站、"一站式"检务公开大厅、信访接待大厅等形式,向社会公开。省检察院还将进一步健全法律文书说理、公开审查公开答复、新闻发言人制度等工作制度,建立检务公开考评机制、完善民意收集机制、加强新媒体信息公开平台建设,以确保试点工作顺利进行,取得实效。

(2)加大反贪污贿赂工作力度。认真贯彻标本兼治、综合治理、惩防并举、注重预防的方针,坚持把反贪污贿赂工作放在全国、全省工作大局中谋划和部署,进一步突出办案重点。重点查办招商引资、重点项目审批、企业改制重组、能源资源、生态环境、新型城镇化建设、产业集聚区建设等领域和环节的贪污贿赂犯罪,优化了经济发展环境。在全国率先开展了中储粮系统"转圈粮"专项治理活动,查办了一批中储粮系统案件。立案侦查了一批组织人事、行政审批、执法司法等重点领域和关键环节的贪污贿赂犯罪,促进了廉洁政治建设。坚决查处危害民生民利贪污贿赂犯罪案件,立案查办农田水利、退耕还林、农机补贴等涉农惠民领域贪污贿赂犯罪，保障了群众切身利益。严肃查处重大信访、群体性事件、黑恶势力犯罪等影响社会和谐稳定的贪污贿赂犯罪，促进了平安河南建设。

（3）切实改进执法监督。建立廉政风险防控机制，实行下级院反贪局长向上级院反贪局述职述廉制度。全面推行反贪部门领导干部廉政档案制度和侦查干警执法档案制度，加强对侦查办案重点岗位和关键环节的监督和管理，防止和减少反贪干警违法违纪，提高反贪队伍的社会公信力。大力推进专业化建设，省市检察院分类建立了20个侦查人才库，入库专业侦查人员350名，全省统一调配使用。有针对性地开展业务培训和技能竞赛、岗位练兵，提高检察人员发现犯罪、侦破案件、收集证据、运用法律、把握政策等能力。

（四）司法行政工作得到强化

2013年，河南省各级司法机关充分发挥司法行政工作职能作用，进一步提高了行政效能和服务质量。

1. 围绕经济发展和民生改善开展司法行政工作

组织全省814家律师事务所的执业律师万余人次深入916个社区、乡村，面向基层群众开展便民法律服务，共接待法律咨询8万余人次，调处各类矛盾纠纷近千起。积极开展公证法律援助，共办理公证法律援助1758件，涉及金额1100万元。全省公证行业共面向社会办理各类承诺事项公证10236件；向残疾人、外出（来）务工人员、下岗职工提供免费公证法律咨询服务3619件；对老年人、残疾人等当事人实行公证预约服务4500件，涉及金额50000元，对残疾人、外出（来）务工人员、下岗职工的公证事项，减收20%的费用，共计30000元。法律援助工作进一步完善服务窗口，改进服务措施。省司法厅和省教育厅联合下发《关于开展法律援助进学校工作的意见》，各地司法行政机关结合当地实际，积极与政法院校或高校法学院（系）协同合作，在高校法学院（系）设立高校法律援助工作站，打造集法学实践教学、学术研究和大学生法律援助志愿服务为一体的合作平台。组织法律援助机构工作人员、律师、社会志愿者，走进中小学校园，开展"关爱中小学生——'1+1'法律援助常识普及行动"，宣讲法律援助制度和常识。2012年至今，全省共受理法律援助案件12.03万件,接待群众咨询和代书69.1万人次;为受援人挽回经济损失和取得利益6.7亿元;"12348"法律援助电话人工接听率由26.1%提高到59.3%;法律援助覆盖人群由3500万人提高到4000万人,占全省人口总数的近40%。全省司法鉴定机构办理残疾人、外出(来)务工人员、下岗职工、丹江口库区移民司法鉴定事项9347件,减收金额约409万元,减收幅度为21%。

2. 组织开展各类专项依法治理活动

完善领导和工作推进机制,实行依法治省工作联席会议制度,完善考核考评机制,完善和落实督查和通报制度。针对社会热点、难点问题和社会管理薄弱环节,选择扰乱市场经济秩序、影响社会和谐稳定和公民生命财产安全的突出问题,组织开展各类专项依法治理活动。组织四批罪犯职业技能鉴定,全省有13678名罪犯考取国家职业技能资格证书;认真落实监狱长、劳教所长接待日制度,共组织"监狱长、劳教所长接待日"活动608次,累计接待社会群众1378人次,接待罪犯851人次,共接受咨询问题1826件次,反映问题307件次,所有咨询问题都给予了解答,反映的问题多数已经妥善解决。

3. 扎实开展法制宣传教育主题活动

扎实开展"深化'法律六进',推进法治河南建设"法制宣传教育主题活动。突出抓住领导干部、公务员、青少年和农民等学法用法的典型,带动全民普法工作的深入开展。开展对外出(来)务工人员免费法制培训600余场次,发放各种法制宣传书刊、挂图和音像资料360余万份。认真落实省政府办公厅《关于深入开展法治文化建设活动的意见》,加强法治文化公园、法治文化广场等法治文化阵地建设,按照"一市一特色、一县一品牌"的要求,繁荣法治文艺作品创作和推广。组织法治文化成果展、学法用法示范单位(户)评选等法治文化活动。发挥报纸、电台、电视台、网络、手机报等媒体优势,开设专版、专栏、专题,增强法治文化辐射力和影响力。

4. 深化提升法治创建工作水平

深化部门行业法治创建,开展法治单位创建活动。完善法治城市、法治县(市、区)和部门行业法治创建工作的指标评价体系,持续在全省开展公众法治环境满意度调查。注重典型引路，突出抓好 20 个县、50 个乡（镇、街道）、100 个行政村（社区）示范单位创建工作，表彰一批法治市、县（市、区）、法治乡（镇、街道）、民主法治村（社区）、法治单位创建工作先进集体。鹤壁市、焦作市、漯河市 3 个省辖市和新郑市、通许县、平顶山市湛河区、林州市、辉县市、清丰县、鄢陵县、灵宝市、西峡县、民权县、信阳市平桥区、沈丘县、滑县、汝州市、遂平县、宜阳县 16 个县（市、区）被全国普法办公室命名为"全国法治城市、法治县（市、区）创建活动先进单位"。[1] 35 个市（县、区）荣获全国法治创建先进单位，226 个村、42 个社区被表彰为全省民主法治村或民主法治社区。

三　2013 年河南法治发展面临的主要问题

近年来，各级党委、政府坚决贯彻落实中央依法治国的基本方略，并结合本省实际在立法、行政、司法和法治宣传教育等各方面取得了显著成效，法律法规不断健全，公民权利得到有效保护，执法水平不断提高，司法公正得到加强。但是总体来看，河南的法治化水平仍需进一步提高。

（一）立法方面

从总体上说，河南省每年立法数量和质量都在提高，基本上满足了经济社会发展需要，但是还存在立法滞后，立法机制不够健全，立法方法不够科学等问题。

1. 立法存在滞后现象

河南立法工作长期以来形成一个思维定式，即当经济社会发展中出现重大问题时，开始出台政策并进行试点，然后再总结经验开展立法。这种过分求稳的立法原则使得立法速度跟不上经济社会发展的需要，导致很多亟须法律规制的问题"无法可依"。同时，由于各部门针对同一事项制定

---

[1] 谢建晓、王婷婷：《全国法治城市、法治县（市、区）创建活动先进单位我省 3 市 16 县（市、区）获殊荣》，《河南日报》2013 年 3 月 22 日。

出各类名目繁多的行政规章，执行起来又缺乏统一性，极大降低了法治的权威性。

2. 立法存在利益化现象

由于立法机制不健全，很多法律由行政机关根据实际工作中面临的问题制定出行政规章，后来又常常经由这些部门推动上升为法律，因此这些立法草案难免有偏向该部门利益的倾向性，如果得不到纠正，那么出台的法律将有失公正。当前，河南地方性法规的制定有时候还避免不了地方保护的倾向，如地方在招商引资中为了吸引外来投资，在减免税和其他优惠措施方面任意开口，与上位法相关规定不一致，违反了法制统一原则。

3. 立法效果存在打折扣现象

河南省的法律体系尚不完善，上位法与下位法、不同部门法之间、法律与行政法规之间还存在很多不一致的地方，亟须完善和改进。目前河南总体立法数量尚可，但是有些立法的可操作性不强，有的规定过于原则和笼统，有些法律条文不够严密、自由裁量范围过大。还有一些道德指引式的法律条文，由于没有规定具体的罚则，使得法律的威慑力不够，不能收到预期效果，甚至使法律形同虚设，有损法律权威。

（二）执法方面

立法是前提，执法是关键。法律被制定颁布出来后，能否被严格执行，能否被落到实处是核心问题。目前，河南省在法的执行环节取得了较大进步，但执法不严现象时有发生。

1. 依法办事观念没有完全形成

由于长期以来"人治"观念的影响，一些政府机关工作人员在解决问题时不严格依据法律来进行，有的行政相对人则采用找熟人朋友、托关系等方法寻求帮助，因此，关系和人情干扰执法的情况时而发生，依法办事的习惯难以养成，法治的权威始终难以树立。

2. 干涉执法现象没有彻底改变

所谓行政权干涉阻碍执法是指，有的领导和部门不深入践行科学发展观，片面追求政绩，追求GDP，对国家法律置若罔闻，对一些项目不合法的地方高抬贵手，导致执法不能严格依照法律规定，有失公正。究其原因，腐败是造成执法不公的罪魁祸首，而要惩治腐败必须加强监督，监督不力则会造成行政执法不作为，或者执法不严、执法错误等。当前，河南对于行政执法中的错误和违法行为的追责机制还不够完善，这也是导致执法不严的关键因素。

3. 执法人员素质问题没有完全解决

高素质的执法人员是严格行政执法的关键，当前河南行政执法人员在政治素质和业务素质方面均有待提高。造成这一问题的主要原因，一是执法人员逢进必考的进人机制还不够健全，二是执法人员的考核和培训机制尚不完善。只有把好执法人员入口关和加强执法人员政治素质和业务素质培训，才能切实保障执法人员素质适应当前法治化发展水平。

（三）司法方面

总体来看，全省司法机关树立了司法为民的思想，自觉抵制司法腐败，极大地维护了司法权威，有助于进一步实现司法公正。但是，我们正处于社会转型期，制度的不完善造成各种复杂疑难案件和各种矛盾难以化解，司法公正还有待加强。

1. 独立审判还有一定差距

在目前体制下，法院的各个方面受制于地方党委和政府，很难不受地方政府的干扰而真正实现独立审判。在某些地方，尤其是经济欠发达和法治意识淡薄的地方，少数人仍然敢于干涉司法，给案件的审判施加压力。媒体监督对于预防和揭露司法腐败、促进司法公信力提升有积极作用，但有些时候由于媒体追求轰动、快速的新闻效应以及利益驱动造成的不当监督，还会对审判独立和司法权威起到破坏作用。

2. 司法人员业务素质还有一定差距

法官和检察官作为法律专业人士，应该具有更高的道德水准，具备过硬的业务素质。目前全省的司法工作人员整体素质虽然较以前有很大提高，但还不够。司法资格证普及率还需提升，对法律的精通程度还不够，对立法精神和司法解释的理解还需要进一步提升。同时，司法工作人员的程序意识不够强，重实体轻程序的情况仍时有发生。

(四) 法治观念和意识方面

随着依法治国、依法治省的有序推进,以及法治宣传教育的不断强化,全省人民的法治观念不断加强,但仍存在不少思想认识上的障碍,群众的法治信仰尚未建立起来。

1. 良好的法治氛围还未真正形成

某些群众遇事"信访不信法",认为法治专治老百姓,对当官的无可奈何。面对普法教育,很多群众认识不到重要性,并且认为当官的守法了,群众自然就会守法。群众普遍有仇官、仇富心理,认为为官必然腐败,为富必然不仁。一些正常的工程招投标也被一些群众认为存在权钱交易、暗箱操作。由于听信"大盖帽两头翘,吃完原告吃被告",一些上访群众认为坚决不能去打官司,造成涉法涉诉信访案件连年攀升,法治的权威受到极大影响,良好的法治氛围还未形成。

2. 全民守法、依法办事尚未形成一种自觉

法治宣传教育是一项系统工程,其成效不在一朝一夕,而要放眼长远。当前,很多进行法治宣传教育的干部对这项不能立竿见影取得效果的工作认为没有必要,在工作中不够重视。加上法治宣传教育经费短缺,人员不足,手段陈旧,形式枯燥,致使法治宣传和教育的成效不够明显。另外,法律服务体系不健全,服务不到位,法律援助的适用范围还不够广泛。一方面许多群众不懂法,不敢打官司;另一方面有的群众由于经济原因打不起官司,于是选择信访。这些问题的存在使得全民守法、依法办事尚未形成一种自觉,法治信仰基础依然薄弱。

四 2014年河南法治建设展望及对策建议

党的十八届三中全会做出了《中共中央关于全面深化改革若干重大问题的决定》,法治是贯穿这一《决定》的内在逻辑。2014年,是河南在新的历史起点上全面深化改革、实现跨越发展的重要节点,法治建设的有序推进将为河南经济社会的繁荣发展保驾护航。

（一）完善民主立法

河南全面深化改革涉及经济社会等方方面面的问题，都必须通过地方性法规和政府规章的立、改、废等手段加以解决。因此，2014年，河南要进一步完善民主立法，动员人民群众通过各种途径积极参与立法，使立法汇聚民智，彰显民意，从整体上提高立法的质量，保障改革"有法可依"，促进发展稳妥有序。具体而言，应从以下几个方面完善河南民主立法。

1. 完善立法听证制度

举行立法听证是征求法规草案意见的一种民主形式，一般涉及公共利益的法规都应当召开听证会，通过听证可以达到法制宣传目的的法规草案。立法听证会是民主立法的重要表现，只有给予各界代表充分畅达胸臆的机会，才能让讨论的问题更具有针对性和深刻性，也才能更好地发现法规案中的失误与疏漏，找到解决问题的现实路径。此外，还可以通过报纸网络公开征求立法意见、邀请各界群众旁听法规案的审议，真正实现立法与民众"零距离"，达到提高立法质量和奠定立法社会基础的双重目的。

2. 整合利用社会立法资源

立法虽然是一种国家行为，但并不意味着一切立法活动都应由立法机关和行政机关包办。今后地方立法可继续委托科研院所、社会团体或专家学者起草立法草案，因为委托立法不受部门利益的局限，比较客观、超脱，可以避免地方利益和部门利益法制化。加之专家学者们的立法业务水平和专业水平能够保证立法的质量，在提高立法效率的同时，也节约了立法成本。同时，为了增强法规草案的公正性和科学性，应进一步建立和完善立法专家咨询库，邀请资深专家学者参与相关法规草案的制定和修改。

3. 加强立法质量评估

随着我国依法治国进程的推进，"良法善治"的理念越来越深入人心。目前，河南省各项法规出台后，对法规适用的具体效果，除了各级人大常委会监督的执法检查以外，法律法规是否达到立法的预期，则没有更多更好的渠道。2014年，河南立法工作应当在立法质量评估方面下足功夫，评估内容具体包括对业已颁布施行的法律法规的立法成本和实施效果、法律法规所规定的责任主体的责任落实情况、法律法规在制定时争议的焦点问题及其解决方案的公正性与可行性等方面。评估方法要做到倾听群众意见与咨询专家并重,坚持实地调研与理论论证并重,充分运用一切媒介和载体及高科技手段,让立法之门向社会充分打开,尽可能广泛收集各方面的评估信息和反馈资料,让每一部新法都接受民众的打分和挑剔,让民众对法律文本行使充分的话语权和评估权。①

(二) 改革行政执法体制

坚持依法行政是依法治国应然要求,法治政府的建设直接关系法治国家建设的成败,深化行政执法体制建设是法治政府的重要特征。2014年,河南法治建设要强力推进行政执法体制改革,以建设法治政府和服务型政府为目标,深入践行执法为民这一理念,把人民群众的根本利益作为出发点和归宿,转变政府职能,优化政府组织结构,提高执法和服务水平,真正把人民群众的根本利益体现在改革的设计和体制的运行上,切实体现人民群众当家作主的主体地位。为此,要调整行政执法的权力分配,理清执法部门职责,集中行政执法权,推进综合执法。要严格行政执法主体制度,加强行政执法机构编制管理建设,建设一支专业化、高素质、法治化的执法队伍。长期以来,因为编制和经费保障等问题,使行政执法尤其是基层城管执法处于十分被动的局面。为此,党的十八届三中全会提出要进行包括整合执法主体、相对集中执法权、推进综合执法权的行政执法体制改革。要进一步规范行政执法程序,完善行政执法监督监控机制,用程序的公平正义和监督的有效保障促进和推动法治政府的建设。要完善责任追究制,强化执法培训和责任考核。责任担当和责任追究意识,是认真规范行政执法行为的前提和保证,而行政执法的效能要依靠科学有效的激励机制激发出来,因此,要科学建立执法考评体系,突出执法效能评估,将评议与升迁、薪金、奖励等利益机制挂钩,从而充分调动行政执法主体的积极性和责任感。②

---

① 刘武俊:《民间给新法打分是民主立法的新思路》,《法制日报》2013年5月14日。
② 王金丽:《对河南省行政执法体制改革发展问题的思考》,《黑河学刊》2011年第12期。

(三) 确保依法独立公正行使审判权和检察权

司法是法治这个大系统中的一个子系统，具有相对独立性。我国目前司法存在的问题和症结并非是细枝末节的事项，而是事关全局，涉及诸多方面。因此，司法改革必须着眼于整体，以实现司法的公平与正义为目的，针对司法体制中的疑难杂症有的放矢，确保依法独立公正行使审判权和检察权。2014年，河南的司法工作要在全国逐步解决制约司法公正的体制性障碍。一是在司法地方化和司法行政化的大趋势下，进一步实行司法公开，通过广泛实行人民陪审员、人民监督员制度和开展"倡导成效见证执行"活动，拓宽人民群众有序参与司法渠道。二是进一步推进和完善错案终身责任追究制度，使之真正对法官和案件起到事前警示与预防、事后惩治与纠正的作用，提高案件审判质量，提升司法公信力。三是为消除"审者不判、判者不审"的不合理现象，尝试推行审判委员会制度改革；严格落实独任法官、合议庭和审判委员会办案责任，以法官审判权的落实，实现审判的责任化和公正性。[①]

(四) 培养公民法治精神

2014年，河南的法制宣传教育要把进一步培养公民法治精神、提高公民法治意识、维护宪法法律权威作为一项重要工作抓紧落实，大力宣传国企改制、劳动就业、教育医疗、治安管理等方面的法律法规，引导广大人民群众通过法治途径合理反映利益诉求、促进纠纷解决，把社会矛盾和冲突遏制在萌芽状态，防患于未然，维护社会和谐稳定。扎实推进多层次多领域依法治理工作，全面开展法治城市、法治县（市、区）创建活动，继续推进民主法治社区、民主法治村建设活动，进一步巩固普法工作成果、提升社会法治化管理水平。要大力开展"法律走基层"活动，注重发挥各级领导干部和全体公务员学法用法的带动作用，继续把司法执法人员、青少年、企业经营管理者作为重点对象，不断提高法制宣传教育的针对性和时效性。在具体实践中，要以创建以"民主法治村"为载体，大

---

① 傅达林：《司法体制改革没有退路》，《中国青年报》2013年11月19日。

力推进村民自治,不断增强农民依法自律、自治和维权的能力;大力推进和谐社区建设,把城乡社区建设成为管理有序、服务完善、文明祥和的社会共同体,保证社区法治建设与社区整体建设同步发展;进一步完善以职工代表大会为基本形式的民主管理制度,提高企业依法决策、依法管理、依法经营能力;切实强化校园法治建设,依法整治和净化校园及其周边环境工作,努力构建学校、家庭、社会"三位一体"的工作体系,为青少年健康成长营造法治文明环境。

总之,建设法治河南是一项立法、执法、司法和守法共同推进的综合性系统工程,需要通过科学立法、民主立法提高立法质量、树立法律权威,依靠严格执法、公正司法推动法治有效运转,通过法治宣传培养自律与他律并行的法治精神,努力让法治成为现代文明生活的一种习惯和方式的同时,也让法治成为建设富强河南、文明河南、平安河南、美丽河南和推动河南全面深化改革的坚强保障。

(原载《河南法治发展报告(2014)》)

新常态 新谋划 新发展

——2014~2015年河南省经济发展分析与预测

河南省社会科学院课题组[*]

2014年,在世界经济复苏缓慢曲折、全国经济处于新常态"三期叠加"阶段的复杂形势下,全省上下认真贯彻落实中央和省委省政府的决策部署,坚持调中求进、变中取胜、转中促好、改中激活,统筹稳增长、促改革、调结构、强基础、控风险、惠民生各项工作,确保了经济运行总体平稳、稳中趋好的态势,各项指标比较协调,发展的科学性继续增强。但是同时也要清醒地看到,在自身结构性矛盾与外部严峻复杂环境交织叠加作用下,经济下行压力依然较大,新常态下既要坚定信心、谋划发展,也要增强危机感和紧迫感,不掉以轻心,确保实现河南经济稳增长保态势目标。

一 新常态下2014年河南经济形势及特点分析

2014年以来,国际国内形势日趋复杂严峻,经济下行压力不断增大。河南认真贯彻落实中央决策部署,在经济新常态下坚持调中求进、变中取胜、转中促好、改中激活,有效促进了经济平稳较快增长。同时,新常态

---

[*] 课题组组长:喻新安、完世伟;课题组成员:王玲杰、唐晓旺、袁金星。

下河南经济运行也表现出一些新变化新特征,既要坚定信心进一步做大新亮点、新优势,也要充分认识面临的风险问题,不可掉以轻心,把握机遇、应对挑战,努力实现2015年河南经济稳增长保态势各项目标。

(一) 2014年河南经济发展的总体评价

从前三季度河南经济运行主要指标变化趋势来看,表现出总体平稳、小幅波动、缓中趋升等特点。稳增长体现在几大主要经济指标增速上。据初步核算,2014年前三季度全省实现生产总值25445.43亿元,按可比价格计算,比上年同期增长8.5%,虽然较上季度放缓0.3个百分点,但与全国平均水平相比,快了1.2个百分点(见图1),规模以上工业增加值增速、固定资产投资增速、社会消费品零售总额增速等主要经济指标在全国的位次也均处在前15位以内,依然属于增速较高、回落较少的平稳运行省份之一。同时,农业和粮食生产在遭受63年以来最严重干旱的情况下,全年粮食总产仍有望实现"十一连增";地方公共财政预算收入和城镇居民人均可支配收入、农民人均现金收入均保持稳定增长;经济减速换挡的同时就业指标好于预期,城镇新增就业113.13万人,超额完成全年新增就业100万人的目标任务。

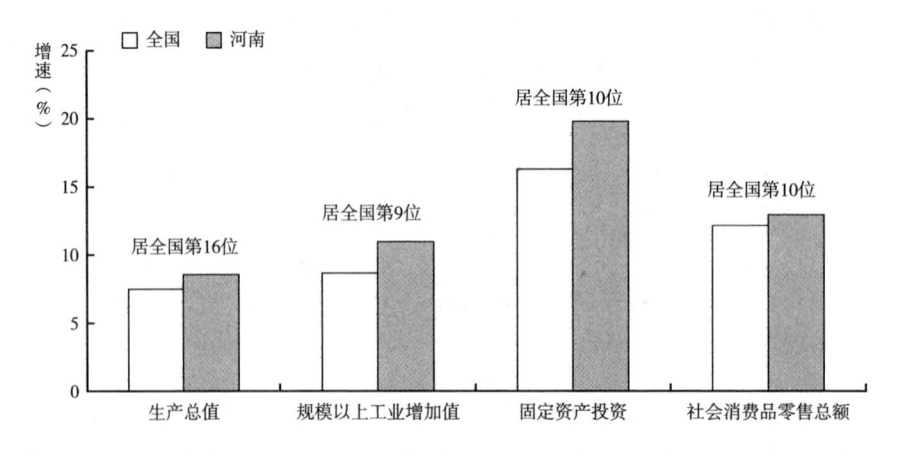

图1 2014年前三季度河南主要经济指标增速与全国平均水平比较

2014年前三季度河南经济运行的质量效益和科学性在持续提升。河南先进制造业大省、高成长性服务业大省和现代农业大省三个大省建设不断深化，经济发展的抗压性不断增强，在秋粮遭受63年以来最严重干旱的情况下，持续加强粮食生产核心区建设，高标准粮田和抗旱保丰收措施得力，全年粮食总产有望实现"十一连增"；规模以上工业增加值同比增长11%，在全国位次前移了6位；服务业增加值同比增长8.7%，占生产总值比重提高0.6个百分点。从发展效益来看，前三季度河南地方公共财政预算收入增长13.1%，高于全国地方级平均收入3个百分点；城镇居民人均可支配收入、农民人均现金收入同比分别实际增长7.3%和10%，均提高0.6个百分点。

从指标波动情况来看，2014年三季度末规模以上工业增加值、固定资产投资、社会消费品零售总额增速、地方财政总收入等指标均出现小幅回调情况，增速分别比上半年回落了0.2个百分点、1.4个百分点、0.1个百分点和1.0个百分点（见图2）。虽然出现增速回落，但均为小幅缓降，且均处在可控范围之内，不会出现失速风险，经济运行的基本面是好的。

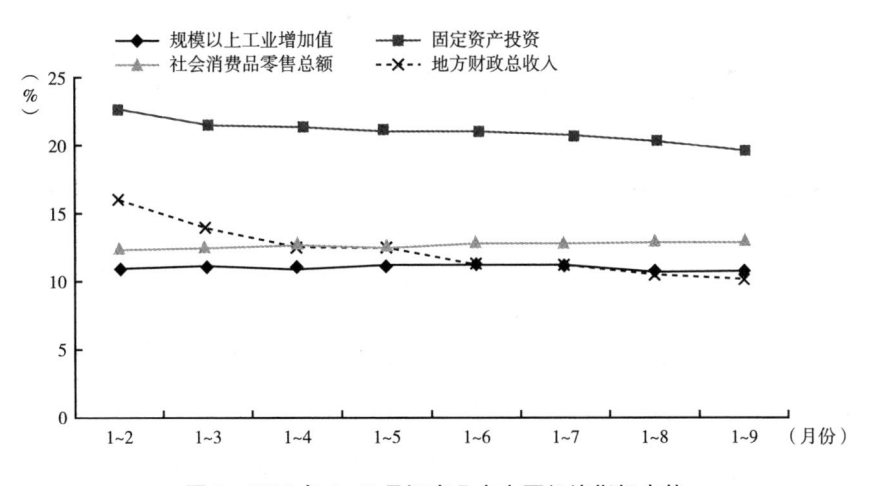

图2 2014年1~9月河南几个主要经济指标走势

从上述对于河南经济运行出现增速回落、缓中趋稳的特点分析中不难发现，在总体上，河南经济进入新常态的特征明显，一方面随着河南转型升级和结构调整的不断深入，一些经济指标出现增速回落符合经济新常态的内在规律；另一方面经济减速换挡也为河南加快推进转方式、调结构、促改革提供了空间。

根据河南省宏观经济数量预测模型并结合各类影响变量的综合评估,预计2014年河南省生产总值比上年增长8.6%左右,其中第一、第二、第三产业分别增长4.0%、11.8%、8.9%;规模以上工业增加值增长11.2%;固定资产投资增长20.5%;社会消费品零售总额增长12.9%;居民消费价格指数为102(以上年为100);出口预计增长8%,进口预计增长7.5%(见表1)。

表1 2014年河南主要经济指标预测

单位:%

指标	1~9月	全年(预测)
1.生产总值增长率	8.5	8.6
其中:第一产业增长率	4.3	4.0
第二产业增长率	9.4	11.8
第三产业增长率	8.7	8.9
2.规模以上工业增加值增长率	11.0	11.2
3.固定资产投资增长率	19.7	20.5
4.社会消费品零售总额增长率	12.8	12.9
5.居民消费价格指数(以上年为100)	101.9	102
6.出口增长率	7.8	8
7.进口增长率	7.1	7.5

(二)新常态下2014年河南经济运行的新特征

经济新常态的外在表征是由高速增长转向中高速增长,转型与调整这两个新常态的根本要求也使得河南经济在减速换挡的同时,要以提高发展质量和效益为核心,表现出一些快与慢、增与减并存的新变化、新特征。

1. 增长速度中的慢与快

2014年,河南生产总值增速放慢,前三季度生产总值增速分别比一季度末、二季度末和上年同期慢了0.2个百分点、0.3个百分点、0.2个百分点。在生产总值增速"下台阶"的同时,河南居民收入稳定增长、服务业加快发展,城镇居民人均可支配收入增速、农民人均现金收入增速和服务业增速等一些体现民生改善、体现调整升级的指标增速均快于在生产总值的增速（见图3），这也是河南大力推进调中求进、转中促好的现实体现。

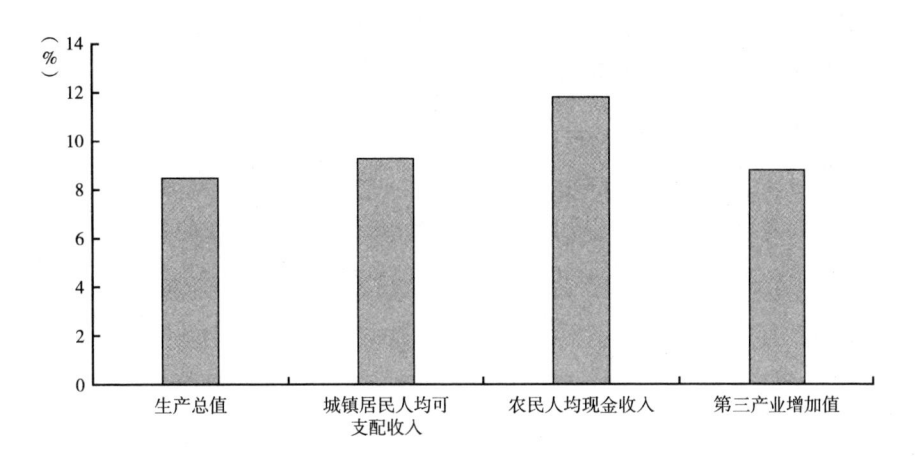

图3 2014年前三季度河南生产总值增速、人均收入和第三产业增速对比

2. 结构调整中的退与进

新常态下的结构调整，要求经济结构中不协调、不可持续内容的"退"，更高质量、更利民生内容的"进"。从产业结构来看，前三季度河南第二产业增加值的增速和占生产总值比重分别由一季度末的9.6%和61.05%，降至三季度末的9.4%和54.2%；而第三产业增加值的增速和占生产总值比重则分别由一季度末的8.2%和30.3%，升至三季度末的8.7%和31.2%，河南服务业发展明显滞后的问题有所缓解。从投资结构来看，三季度末工业、建筑业投资增速分别比上年同期降低了0.9个和35.1个百分点；同时，教育、水利环境和公共设施管理业投资增速分别比上年同期提高了13.4个和18.4个百分点，民生领域、公共服务领域投资在优化投资结构、提高投资效益中的作用得到显著提升。

3. 发展动力中的减与增

经济新常态需要形成新的动力机制，改变过去投资依赖型增长方式，不断增强消费的拉动作用。2014年前三季度，河南投资增速趋缓，9月末增速不仅比2月末增速减少了3个百分点，而且是近年来首次低于20%。在投资拉动作用趋减的同时，消费的拉动作用在不断增加，投资与消费、出口对拉动经济发展的协调性稳步增长。2014年以来，社会消费品零售总额增速稳中有升,9月末增速比2月末增速快了0.4个百分点;第三产业对生产总值增长的贡献率为28.6%,同比提高0.7个百分点;外贸出口增长7.8%,高于全国平均水平2.7个百分点。

4. 优化升级中的下与上

河南经济保持总体平稳运行的同时,在产业优化、发展升级等方面都表现出一些新的特征。2014年前三季度,河南高成长性制造业增加值增速高于规模以上工业增加值增速1.7个百分点,高于传统支柱产业增加值增速3.2个百分点,高成长性制造业已经成为河南经济增长和产业升级的新亮点。在促进经济平稳健康发展的同时,河南经济增长也逐步下降,前三季度六大高载能行业增加值增速分别比一季度末和二季度末降低了0.2个百分点和0.3个百分点。

(三)新常态下2014年河南经济运行的新亮点

2014年以来,河南经济运行中涌现出的一些新亮点,成为增创发展新优势、让中原更出彩的重要支撑。

1. 郑州航空港建设全面发力

郑州航空港经济综合实验区作为战略突破口和核心增长极,一年多来,随着实验区建设全面展开,表现出了好的趋势、好的态势、好的气势,几个主要经济指标增速均明显高于全省平均水平,2014年前三季度航空港的生产总值、规模以上工业增加值、固定资产投资、社会消费品零售总额、实际利用外商直接投资、地方公共财政预算收入6个指标的增速分别高出全省平均水平6.1个、6.4个、64.9个、2.5个、47.6个和48.1个百分点(见图4)。在下行压力持续增大、全省主要经济指标均出现趋缓回调的同时,郑州航空港以其独特的战略优势、优良的发展环境、高端的产业体系和先行先试的政策优势成为领先发展的热点亮点。

2. 先进制造业成长性增强

2013年12月《河南省人民政府关于加快推进产业结构战略性调整的指导意见》发布,提出要突出发展电子信息、装备制造、汽车及零部件、食品、现代家居、服装服饰等高成长性制造业,着力扩大产业规模,成为引领带动工业结构升级的核心力量。2014年前三季度,河南高成长性制

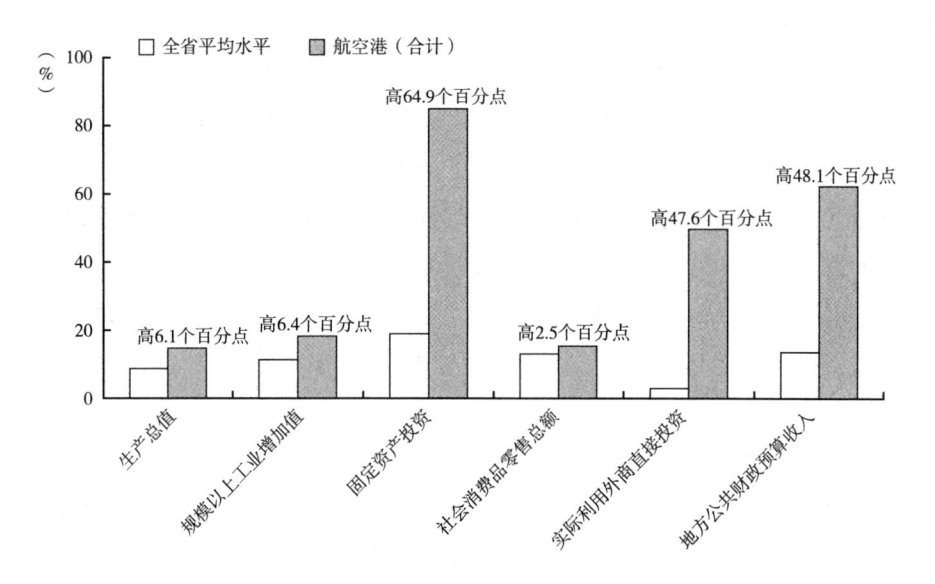

图4 2014年前三季度郑州航空港主要经济指标增速与全省平均水平对比

造业增速比规模以上工业增加值增速快了1.7个百分点，尤其是汽车、电子信息、装备制造等几大先进制造业，随着集群发展、基地建设等快速推进，呈现突出的高成长性，汽车、电子信息、装备制造业的增速分别比高成长性制造业增速快了3.7个、8.8个、2.4个百分点（见图5）。

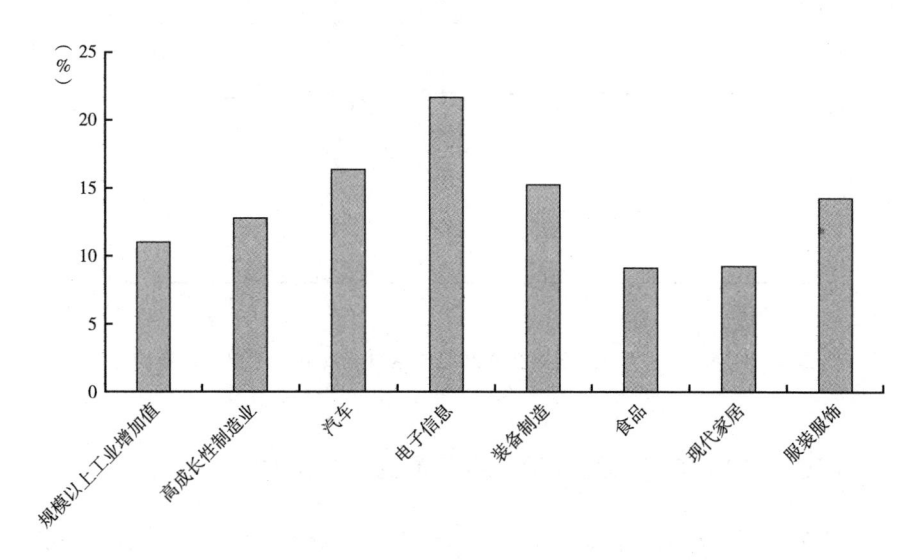

图5 2014年1~9月河南高成长性制造业增长速度

3. 金融业呈现较快发展态势

2014年前三季度，河南金融业产值增速达到13.9%，在第三产业分行业统计中，是增速唯一达到两位数的，比生产总值增速和第三产业增速分别快了5.4个百分点和5.2个百分点。金融市场健康较快发展还体现在一改短期贷款多于中长期贷款的情况，中长期贷款出现了较大增长，到9月末新增中长期贷款额达到1927.12亿元，比上年同期多增了693.16亿元，其中无论是个人贷款还是单位贷款都出现较大增长，尤其单位中长期贷款的新增额度达到了上年同期新增额度的210%。

4. 产业创新发展能力持续提升

河南在做强工业、建设先进制造业大省中大力发展技术含量高、市场潜力大的高成长性制造业，不断强化产业创新发展能力。2014年以来，河南高技术产业保持了平稳较快发展态势，至三季度末增速达到18.8%，比同期规模以上工业增加值增速快了7.8个百分点（见图6）。

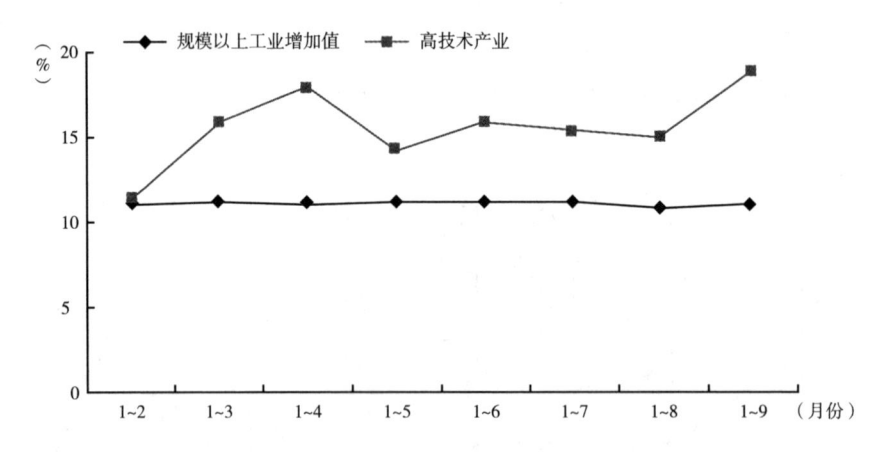

图6 2014年1~9月河南高技术产业增速与规模以上工业增加值增速

（四）2014年河南经济运行中凸显的主要问题

新常态下，河南经济运行表现出一些增强发展科学性的新特征、新亮点，在坚定发展信心的同时也要清醒地看到，在自身结构性矛盾与外部严峻复杂环境交织叠加作用下，经济下行压力依然较大，对于一些矛盾问题不能掉以轻心，应增强危机意识和风险防范意识。

1. 工业企业运行困难

从2014年工业经济运行及企业经营效益情况来看，去产能、去库存以及市场需求不足、价格波动等问题都使得工业企业运行更加困难。从统计数据来看，2014年1~8月，规模以上工业企业主营业务收入增速比年初和上年同期分别下降了0.7个、2.7个百分点；利润总额增速分别比年初和上年同期下降了2.2个、4个百分点；应收账款增速已经连续5个月环比增加；产成品库存增速则也在不断加快，分别比年初和上年同期增加了7.3个和11.2个百分点。

2. 投资增长活力不足

2014年前三季度，全省固定资产投资同比增长19.7%，比上半年和一季度分别回落1.4个和1.8个百分点。其中，工业投资和基础设施投资分别比前8个月回落0.7个和3.5个百分点，住宅投资比1~2月减少了12.1个百分点。民间投资作为优化投资结构、激发投资活力的重要力量，1~9月，虽然总体增速保持在较快水平，达到23.8%，但是比二季度末、一季度末和上年同期分别降低了1.2个、3.3个和1.1个百分点，增速下滑趋势较为明显。

3. 财政减收压力增大

2014年以来，河南地方财政总收入增速回落，从1月的19.3%降至9月末的10.3%，增速低于上年同期1.2个百分点。从几大税种情况来看，国内增值税和营业税都出现增速回落情况，国内增值税9月末增速为0，且分别比1月和上年同期降低了5.9个、0.5个百分点；营业税9月末增速4.9%，分别比1月和上年同期降低了11.8个、20.9个百分点（见图7）。

4. 对外开放发展增长放缓

河南进出口增速虽然比全国平均水平快，但是从主要指标走势来看，回调压力正在不断增大。1~9月海关进出口总值增速虽然比2月末快了5个百分点，但是比上年同期减少了6.9个百分点；外商实际投资额增速连续8个月出现负增长，虽然在9月末恢复至2.4%，但是依

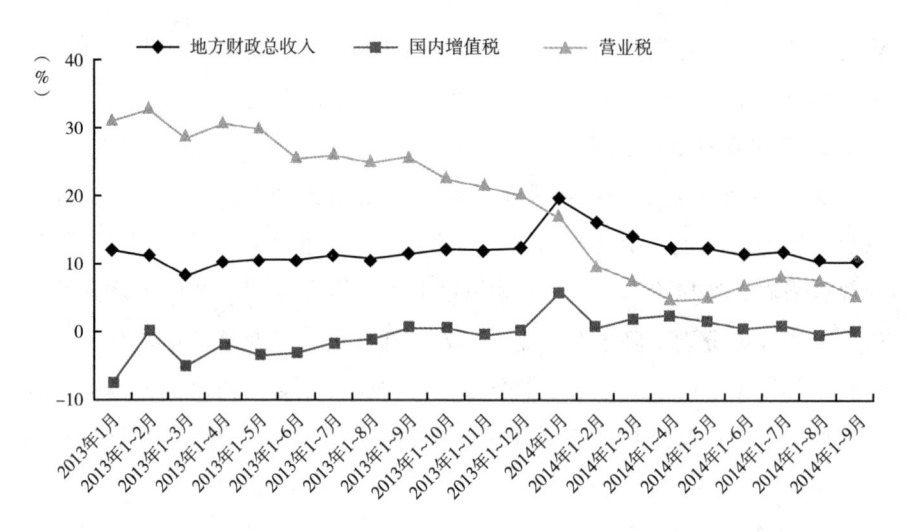

图7 2013年1月至2014年9月河南地方财政总收入、国内增值税、营业税增速

然比上年同期降低了4.8个百分点,持续保持扩大开放良好态势面临严峻挑战。

5. 运输邮电业增速回落

河南推进三大国家战略规划的一大战略定位和目标要求就是要打造交通运输和现代物流中心枢纽。近年来,随着郑州航空港和现代综合交通运输体系建设不断推进,河南运输邮电业得到快速发展。从2014年开始,对于运输邮电的统计数据调整为公路、铁路、水路和航空四种运输方式之和,更能体现公铁水空综合交通运输体系发展状况。但是从前三季度统计数据来看,河南货物运输量、货物周转量均出现较为显著的增速回落情况,至2014年9月末,货物运输量和货物周转量增速分别比年初降低了18.9个和13.3个百分点(见图8)。

6. 房地产业活跃度降低

2014年前三季度,河南房地产市场虽然总体平稳,但是出现了土地购置面积和新开工面积"双负增长",同时竣工面积增加与商品房销售面积降低"一升一降"并存等现象,房地产库存水平不断提高,销售则出现回落,市场活跃度明显减低,保持房地产业健康运行面临的压力不断增加。其中,截至9月末购置土地面积增速、新开工面积增速、住宅新开工面积增速均为负值,分别为-20.3%、-15.2%、-19.4%;竣工面积增

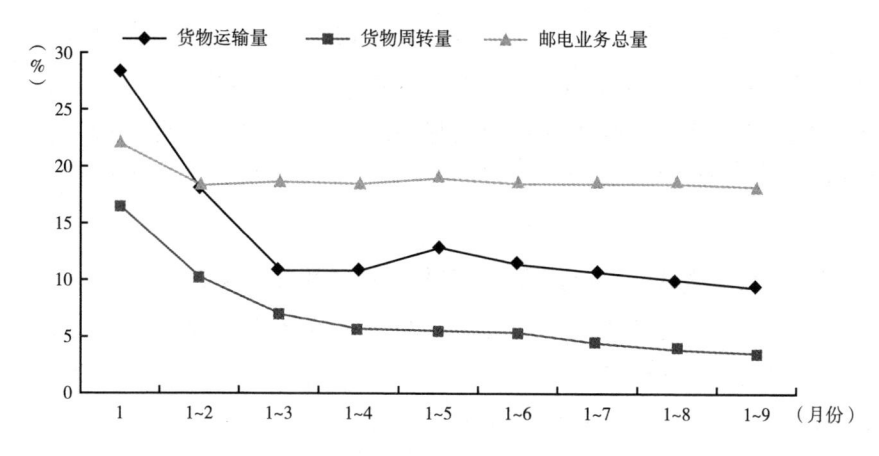

图 8　2014 年 1~9 月河南货物运输量、货物周转量、邮电业务总量增速

速达到了 22.9%，比上年同期增加了 15.5 个百分点；商品房销售面积增速则由年初的 25% 下降至 9 月末的 11.7%。

二　2015 年河南经济主要指标及总体走势展望

（一）2015 年河南主要经济指标分析

1. 工业增速趋缓，下行压力持续增大

在全国经济持续下行的背景下，河南工业生产增幅也持续下滑，部分行业经营困难较大。1~9 月，全省规模以上工业增加值增长 11.0%，同比下降 0.6 个百分点。化工、冶金、建材、轻纺、能源五大传统支柱产业和六大高载能产业增加值增速持续回落，企业经营压力较大。在当前有效需求不足、行业竞争加剧的情况下，作为河南经济增长最重要动力的工业生产面临较大困难，2015 年河南经济仍将在较大程度上受到工业产出低迷的影响。

针对经济下行暴露出来的问题，河南加快工业结构调整，大力发展高成长性制造业和战略性新兴产业。电子信息、装备制造、汽车及零部件、现代家居、食品、服装服饰等高成长性制造业，正逐步取代能源原材料产业成为河南经济增长的主要增长源，形成对 2015 年工业生产的支撑。同时，随着经济持续下行，央行有可能推出定向降准、再贷款、抵押补充贷款（PSL）等精准刺激、微刺激政策，有利于降低贷款成本，减轻企业负担，刺激工业投资，推动2015年全省工业生产发展。综合分析，预计2015年工业增长仍将面临较大压力，规模以上工业增加值增长在11%左右。

2. 资金紧张状况持续，固定资产投资增长面临较大压力

在工业增速持续下行的压力下，2014年全省企业赢利水平普遍下降，众多企业出现亏损，自有资金不足，投资扩张动力减弱。由于市场资金面紧张，资金成本上升，企业获得贷款的难度也明显增加，2015年全省工业投资增长的压力较大。与此同时，房地产业投资也面临着较大的下行压力。2014年前三季度，房地产开发投资增长16.9%，比上年同期回落7.4个百分点。尤其是房屋新开工面积、土地购置面积持续负增长，对于2015年的房地产投资增长将产生重要影响。按照目前中央调控经济的思路，预估2015年中央不大可能出台大规模的刺激政策，省政府也不大可能出台临时性的帮扶措施，固定资产投资增长面临较大的压力。

针对经济持续下行，2015年中央可能会出台一些刺激政策。尽管全面降息、降准的可能性不大，但是通过定向降准、再贷款等方式，向市场注入流动性，还是值得期待的。2015年河南工业融资环境将有所改善、企业利息负担也将有所减轻，工业投资增长压力将会得到一定程度的缓解。同时，河南加大基础设施投资力度，以弥补工业投资和房地产投资的下滑。2015年河南将加快推进郑州航空港、新郑机场二期工程、"米"字形高铁等一批重大基础设施建设项目，对投资增长形成一定的支撑。综合预计，2015年全省固定资产投资增长在20%左右。

3. 扩大消费政策发酵，消费增长将保持基本稳定

当前，河南经济增速放缓，下行压力持续加大，对居民收入增长形成了较大压力。受生产成本上升、下游需求不振等因素的影响，自2014年年初以来，河南企业经济效益不断下滑，导致居民收入增速放缓。1~9月，全省城镇居民可支配收入和农民人均现金收入分别增长9.3%、11.8%，增速同比分别下降了0.6个和0.7个百分点。与此同时，经济增速放缓对就业的影响开始显现。全省城镇新增就业增幅逐步下降，企业招聘岗位减少，登记失业人数增加，形成居民收入增长的制约因素。2015年，全省经济增长仍将面临较大压力，企业经营困难依然较多，新增就业增幅下滑幅度将加大，居民实际收入增长的困难增加，对全省社会消费品零售总额增长形成制约。

尽管国内消费增速放缓，但网上零售等新商业模式带来的增量不容小觑，消费增长仍有巨大潜力。郑州是我国首批跨境贸易电子商务服务试点城市，目前E贸易试点运行良好，发展潜力较大。与此同时，2014年河南出台了一系列促进消费的政策，扩大信息消费、养老消费、健康消费、节能环保消费等需求，大众化的餐饮、休闲、娱乐、网络消费等热点正在形成，消费市场继续保持稳定快速的发展态势。预计2015年消费市场还会保持稳定快速增长的势头，全年社会消费品零售总额有望实现13%以上的增长速度。

4. 外部环境更趋复杂，出口增长面临较大挑战

2014年以来，河南外贸形势严峻复杂，下行压力较大，对2015年河南的出口增长形成了威胁。一是世界经济发展分化加剧，外需不振持续。伴随着美国经济强劲复苏，美国退出量化宽松导致资本大量回流，各新兴经济体经济持续下滑，外需不振的局面将继续存在，对2015年河南出口形成严峻挑战。二是贸易保护主义加剧。欧美国家针对中国的贸易摩擦频发，河南光伏、新能源、纺织品、农产品等传统出口商品受阻，对河南2015年出口增长形成利空。三是随着经济持续下行和劳动力成本的不断上升，河南对外出口低成本优势逐步削弱，对2015年出口形成不利影响。

为应对出口增长的不断下滑，河南加快对外贸易的载体和平台建设。通过郑州航空港，积极发展国际航空货运，促进智能手机、生物医药等产品出口；通过开行"郑欧班列"，打通了河南商品对出口中亚乃至欧洲的通道；通过跨境电子贸易平台，积极开展网上出口业务。明年河南将继续大力发展外向型经济，引进"两头在外"的加工贸易项目，形成2015年河南进出口增长的重要支撑。预计2015年河南出口增长10%，与2014年相比略有增加。

5. 物价水平低位运行，工业领域通缩风险隐现

2014年以来，河南居民消费价格总水平（CPI）低位运行，而工业生产者出厂价格（PPI）跌幅则持续扩大。2014年1~9月，全省居民消费价格指数同比上涨1.9%，工业生产者出厂价格同比下降1.8%，通货紧缩压力隐现。2015年，随着国际资本外流以及国内流动性紧张状况的持续，CPI将进一步下探，预计2015年CPI或将步入"1"时代，通缩已成为威胁。从目前上游产业产能严重过剩、下游生产行业依然疲弱的情况来看，PPI在短期难以出现转正的动力，工业领域的通缩风险需要警惕。同时，欧洲通缩风险持续加重，日本经济依然乏力，美元指数走高，国际大宗商品价格下跌压力不减，导致中国购进价格跌幅持续扩大，输入性通缩压力加大。总体看，物价通缩压力上升，预计2015年全省居民消费价格指数同比上涨1.6%左右。

（二）2015年河南经济运行环境与总体走势判断

1. 有利条件

（1）货币政策或将适度放松。当前我国经济增长正处于"弱平衡"格局，内生动力匮乏、风险仍趋下行。随着未来增长形势进一步恶化，预计2015年央行将适度放松货币政策，以降低实际利率、防止不良贷款激增。由于央行退出常态干预，2015年全面降息的可能性不大，但是通过定向降准、再贷款、PSL等方式注入了流动性的力度将会增加。而未来一年随着美联储加息、美元升值而加剧跨境资本波动，央行在面对资本大规模外流的冲击时也可能会考虑降准。货币政策的适度宽松，有利于缓解企业"融资贵""融资难"的压力，对工业发展具有一定的刺激作用，同时也有利于刺激投资和消费，对2015年河南经济增长形成实质利好。

（2）改革红利持续释放。2014年以来，中央全面深化改革，出台了一系列重大改革举措，在政府职能转变、市场体系完善、金融财税体制改革等关键领域和环节寻求突破。在这一背景下，河南突出抓好简政放权、工商登记制度改革、国有企业改革、投融资体制改革等9个方面35条重点改革事项。在此基础上，2015年河南将继续推进农业农村、财税金融、价格、医药卫生体制、党政机关公务用车、交通执法以及社会事业领域改革。这些改革措施对激发市场主体活力、增强经济发展内生动力、解决政府干预过多等问题具有积极作用。随着这些改革措施的逐步落实到位，河南经济发展的动力将明显增强。

（3）结构调整成效凸显。近年来，在经济增速逐步下行的同时，河南经济结构调整持续加快。全省六大高成长性制造业比重稳步上升，五大传统支柱产业和六大高载能产业比重日益下降。2014年1~9月，汽车、电子信息、装备制造、食品、现代家居、服装服饰六大高成长性制造业增加值增长了12.7%，对全省工业增长的贡献率超过60%，成为拉动经济增长的主体力量。与此同时，全省现代物流、信息、金融、文化、旅游等高成长性服务业也快速成长，成为经济稳定增长的重要力量。2014年1~9月，全省服务业占GDP的比重达到31.1%，同比增加0.6个百分点。高成长性制造业和高成长性服务业"双轮"驱动，已成为当前河南经济运行的重要特征，经济发展的抗风险能力显著增强，形成了全省经济稳定发展的重要支撑。

（4）"四个效应"持续发酵。近年来，国家粮食核心区、中原经济区、郑州航空港经济实验区等相继上升为国家战略，河南获得了在土地流转、人口转移、行政管理、海关监管、服务外包等方面先行先试的权利和政策优惠，面临的机遇前所未有。河南发挥先行先试的先发效应，打造人、财、物等生产要素的"集聚核"，继而发挥带动效应和示范效应，成为引领整个中原崛起乃至中部崛起的核心增长板块。6年来，通过先发效应、带动效应、聚合效应、示范效应，河南培育了经济发展的内生动力，全省经济获得了平稳较快的发展。"四个效应"的持续发酵，为2015年河南经济"抗下行、稳增长"提供了强大动力。

（5）对外开放的载体和平台日益扩大。近年来，郑州航空港以建设国际航空货运枢纽为依托，打通了中原地区面向世界的物流、客流新通道，通过发展航空物流和临空产业，带动河南进出口贸易的飞速发展。在此基础上，河南以"洛阳""郑州""开封"为节点，积极融入丝绸之路经济带，通过开行"郑欧班列"，河南打通了直通中亚、欧洲和大西洋的重要通道,成为新时期河南融入全球价值链、融入全球市场的重要载体和平台,对于促进河南对外贸易发展、中原文化振兴具有重要的意义。随着郑州航空物流和郑州班列的进一步发展,2015年河南对外开放的条件将更加优越,对外贸易将会有进一步的发展,形成全省经济发展的重要支撑。

2. 制约因素

(1) 国际资本加速外流。2014年以来,美国经济强劲复苏,特别是第二季度,美国GDP增速强劲反弹至4.6%,创下金融危机以来美好的季度增长数据。据此,美国于10月30日宣布正式终结其第三轮量化宽松政策,预计6个月内启动加息进程的可能性较大。受此影响,国际资本加速从新兴市场流出,进入美欧等发达经济体。巴西、印度、俄罗斯等新兴经济体市场流动性紧张状况加剧,经济持续下滑。国际金融协会(IIF)10月公布的数据显示,10月投资者从非洲、拉美、东欧、亚洲股市合计撤出90亿美元。中国作为一个新兴经济体,国际资本流出将导致未来几年国内出现持续的钱荒,投资减速、外贸下滑、产能过剩、房地产深度调整,经济面临的下行压力增大。就河南来说,2015年市场资金紧张的局面将很难有显著改善,"融资难""融资贵"的状况仍将持续,经济增长面临着较大的压力。

(2) 资源型经济持续低迷。由于进口煤炭的冲击、火电机组开工不足以及企业经济效益下滑等多种因素相互叠加,近年来,国内煤炭库存大幅增加,价格大幅下降,其紧缩效应迅速向下游扩散,资源型经济受到较大冲击。以山西为例,受国内经济下行的影响,前三季度地区经济遭遇"断崖式"下滑。尽管河南经济近年来经济结构快速调整,资源型产业占比逐步减少,但其比重仍占半数以上。煤炭、钢铁、电解铝等行业深陷困境,生产经营非常困难。虽然8月钢铁、电解铝行业生产经营形势一度有所好转,但9月以来,由于产品价格大幅下滑,企业生产经营再度陷入困境。在经济下行趋势没有明显改变的情况下,2015年河南经济仍将受到资源型经济下行的拖累,形成河南经济增长的重要制约。

(3) 房地产市场继续调整。2014年年初以来,由于市场流动性持续紧张，金融对房地产供需双方的支持力度不断下降，全国房地产进入了一个以销售疲软、价格下跌、开工不足为特征的调整期。为了刺激经济增长，各地纷纷取消限购、限贷等房地产调控政策。然而，受制于资金紧张的压力，银行仍然对两套以上住房采取限购政策，客观上抑制了居民的房地产需求。尽管2015年央行可能会出台一些货币宽松政策，但是央行极可能实施的是定向降准等精准刺激政策，对房地产的作用有限。可以预期，2015年和2016年两年全省房地产仍将持续下滑的态势。房地产开发投资占全省投资的15%，房地产市场的持续下行，将会对2015年保增长构成较大挑战。

（4）要素与环境约束趋紧。一是建设用地需求缺口较大。根据预测，2015年全省各项建设需新增用地约80万亩，而国家安排河南省的新增建设用地计划指标仅为20万亩，与实际需求相比缺口达60万亩。一批技术含量高、市场前景好的好项目难以落地，成为制约2015年经济发展的重要因素。二是人才需求缺口较大。目前，河南高成长性制造业和高技术产业发展较快，专业技术人员和技术工人短缺，高层次技术人才尤其缺乏；同时，随着经济下行压力加大，企业受到产品价格下降和用工成本提高的双重压力，企业招工难、用工贵等现象比较突出。三是支撑经济增长的环境承载力明显不足。河南钢铁、化工、有色金属等高耗能、高污染产业比重相对较大，粗、低、重、耗产品较多，污染排放强度大。2015年是"十二五"规划的最后一年，全省完成"十二五"规划节能减排目标的任务还比较艰巨，将会给全省经济增长造成一定压力。

（5）地方政府调节能力下降。在本轮经济下行周期中，房地产调整的特征相对明显。2014年前三季度，房地产开发投资增长16.9%，比上年同期回落7.4个百分点。尤其是房屋新开工面积、土地购置面积持续负增长。房地产增速的下滑，一方面房地产开发商减少土地购置，政府土地出让金收入明显下降；另一方面房地产交易额降低，也影响了政府房产税的收入。另外，随着流动性的紧张，金融机构对政府投融资平台的贷款也相对减少，导致政府可支配财力的下降，客观上降低了政府干预经济的能力，对明年河南经济增长形成一定的压力。

3. 对2015年河南经济增长的总体判断

2015年，世界经济复苏缓慢曲折、全国经济处于"三期叠加"阶段，河南经济发展面临的国内外环境仍然复杂。长期积累的结构性矛盾短期内难以根本破解，产能过剩矛盾短期内难以明显缓解，外需不足的状况短期也内难以改观，市场流动性紧张与房地产加速下行将继续存在，部分行业和企业面临的困难仍在累积加深，经济运行面临的困难具有长期性、复杂性，经济增速放缓可能还会持续较长一段时间。

应当看到，河南经济运行基本面是好的。2015年，全面推进各项改革，推进各项政策措施落实，因应形势变化，实施精准刺激，积极应对不确定因素可能带来的冲击，经济能够保持平稳较快发展。从中长期看，河南省正处于新型工业化、新型城镇化加速推进阶段，市场需求潜力巨大，区位、交通、资源、政策等优势进一步凸显，发展载体、开放平台、基础设施等战略支撑条件日趋完善，发展后劲持续蓄积，为河南经济可持续发展提供了重要支撑。

综合判断，2015年全省经济仍处于结构调整中，工业增速将趋缓，下行压力持续增大，投资、消费、出口增速均面临一定下行压力，物价水平低位运行，工业领域通缩风险隐现，经济增长与今年大体持平。考虑所处的发展阶段和潜在的不确定性，为河南经济在寻求新平衡的过程中保持稳定，并为全面改革和结构调整创造条件，预计2015年河南生产总值增长8.5%。从主要经济指标看，预计2015年全省规模以上工业增加值增长11%，城镇固定资产投资增长20%，社会消费品零售总额增长13%，出口预计增加10%，居民消费价格指数为101.5（见表2）。

表2　2015年河南主要经济指标预测

单位：%

指　标	2014年	2015年
1. 地区生产总值增长率	8.6	8.5
其中:第一产业增长率	4.0	3.9
第二产业增长率	11.8	11.5
第三产业增长率	8.9	9.2

续表

指 标	2014 年	2015 年
2. 规模以上工业增加值增长率	11.2	11
3. 固定资产投资增长率	20.5	20
4. 社会消费品零售总额增长率	12.9	13
5. 出口增长率	8	10
6. 居民消费价格指数(以上年为100)	102	101.5

三 新常态下河南经济稳增长保态势的思路与建议

2015年既是实施"十二五"规划的收官之年,也是全面深化改革的关键之年,同时还是推进中原崛起、河南振兴、富民强省的承上启下之年。在国内资源环境约束加强、国际经济复苏不稳定的双重压力下,我国经济进入了以中高速、优结构、新动力、多挑战为主要特征的新常态,适应新常态已经上升到战略高度。面对新的发展阶段,全省要深入贯彻落实党的十八大以及十八届三中、四中全会精神和习近平总书记对河南工作的新要求,适应新形势,把握新特征,抓住新机遇,以深化改革为统领,坚持顺势而为、转中求新、以改促活、速效并取,把稳增长、促改革、调结构、惠民生贯穿到全省经济发展的全过程,着力在提质增效上见成绩,在改善民生上出实招,在狠抓落实上下功夫,更好地发挥比较优势、放大后发优势、释放潜在优势,以新作为应对新常态,重塑河南发展新优势。

——顺势而为。要深刻认识新常态是经济规律变化的必然反映,把思想和行动统一到中央对新常态的科学判断和决策部署上来,保持平常心态和战略定力,将河南放在全国的大局中来定位,放在全球的大势中来考量,在错综复杂的形势中看清主流,在不断变化的环境中把握趋势,围绕"坚定总坐标、坚持总思路、完善总方略",持续推进三大国家战略,聚焦三个大省建设,全面深化改革,强化创新驱动,加快结构调整,切实改善民生,因势而谋、应势而动、顺势而为,推动全省经济爬坡而行、拾阶而上。

——转中求新。转就是转理念、转方式,新就是新举措、新动能。要转变发展理念,从思想上、思维上适应新常态,彻底摆脱速度情结和换挡焦虑,把发展的最终目的确定在生产力水平提高、人民生活水平提升、综合实力增强、整体结构优化上,形成新思路、新举措进而把握发展的主动权,应对新挑战。要转变发展方式,持续强化经济结构调整、产业结构升级,大力发展先进制造业、现代服务业、战略性新兴产业,培育新业态、新商业模式和新的经济增长点,形成推动全省经济高效率、低成本、可持续、中高速增长的新动能。

——以改促活。要把全面深化改革作为全年工作的重中之重,围绕使市场在资源配置中起决定性作用和更好发挥政府作用,坚持问题导向、需求导向和民生导向,抓好中央和省委已经出台的各项改革举措落实,重点在国企改革、投融资体制、行政管理体制、新型城镇化及民生等领域找准改革的发力点、突破口,力求尽快释放改革红利,见到改革成效。用全面深化改革的办法,激活资金、资源、人才、技术、信息等要素市场,激发和释放更大的市场活力、社会活力和企业活力,迈出适应新常态的新步伐。

——质速兼顾。要全面认识持续健康发展和生产总值增长的关系,兼顾发展速度和发展效率。发展不足是河南面临的最大问题,新常态下要坚持发展是第一要务,以经济建设为中心,保持合理速度、继续做大规模和总量,避免经济增长"失速""掉挡",引发房地产、金融等潜在风险;同时,更要持续强化创新驱动、深化改革等对经济增长有"加法效应""乘法效应"的政策组合和有效举措,追求有效益、有质量、可持续的经济发展,使做大经济总量和规模与提高经济增长质量和效益统一起来,助力全省经济行稳致远。

应对经济新常态、确保实现2015年河南经济稳增长保态势目标,提出以下建议。

(一)以全面深化改革为引领,先行先试抢占先机

改革催生的竞争优势最全面、最稳定、最持久。全省各项工作都要坚持以深化改革为统领,在改革上动真格、来硬的,用改革的思路

和办法破解难题，制定和落实好改革的时间表、路线图和任务书，统筹谋划、重点突破，切实把改革贯穿到全省经济社会发展各领域各环节。

1. 加快政府简政放权，建立权力清单制度

按照"能放则放，能简则简，能联则联，能快则快"的原则，扎实推进审批权力下放；对没有法律法规依据的，一律取消；对一些虽有法律法规依据，但不符合改革精神和发展实际的，要认真评估，予以严格管理；对直接面向基层、量大面广、由地方管理更方便更有效的经济社会事项，一律下放给市县；通过清权、减权、制权，减少政府对微观事务的管理，激发民间活力。

2. 要切实加快市场化改革，更大程度地发挥市场在资源配置中的决定性作用

着力建立统一开放、竞争有序的市场体系，着力清除市场壁垒；在激活非公经济活力和创造力上下功夫，在鼓励民间投资上下功夫；在投融资体制改革、农村集体土地改革、金融改革和国有企业改革方面取得突破性进展。以改革的主动赢得先机，以改革的成效取信于民。

（二）以关键环节突破为抓手，加快郑州航空港经济综合实验区建设

把郑州航空港经济综合实验区建设摆在全省工作的突出位置，围绕机场建设、产业支撑、体制机制、对外开放等关键环节，多措并举，力促软、硬件共同提升。

1. 加强基础设施建设

抓好机场二期、口岸通关及物流设施等基本能力建设，实现机场二期于2015年年底投入运营，完成郑州至机场城际铁路和机场高速改扩建、国道107和省道102等配套项目建设。

2. 强化产业支撑

大力发展航空物流，加快机场核心区物流园区和功能区布局，加强与菜鸟科技、京东商城等国内外知名电商合作，实施航空偏好型产业重大项目，加快建设全球重要的智能手机生产基地，积极引进培育

以郑州机场为基地的大型货运承运商和物流集成商，形成高端产业集群。

3. 理顺管理架构

建立"两级三层"的管理体制，设立实验区管委会，建立联席会议制度，形成省市联动机制。搞好郑州市跨境贸易电子商务服务试点。建成以郑州国际陆港、郑州航空港和重点物流园区为基础的全省物流信息公共服务平台，实现各物流节点设施信息实时共享。

4. 大力扩大对外开放

发挥航空港开放龙头作用，提升郑州、洛阳作为新亚欧大陆桥经济走廊重要节点城市支撑作用，强化"郑欧班列"纽带功能，全面融入丝绸之路经济带建设；加强各类开放载体平台建设，开展"全链条、全要素、全服务、无障碍"立体招商，形成"一港带全局"局面。

（三）以重大项目建设为手段，持续扩大有效投资

项目是发展的引擎，是有效拉动经济增长的主要因素，经济进入中高速增长时期，要坚持把抓项目、扩投资作为稳定经济增长的关键举措，始终把项目建设作为推动"四化"同步发展、富民强省的关键抓手，保持适度的投资规模和合理的投资增速。

1. 全力推进重大项目建设

要继续在交通、能源、生态环保、健康养老、粮食水利等领域推出一批带动作用强、事关全省长远发展的重大项目，加强与国家有关部委的对接，力争获得国家支持。

2. 加强重大项目建设调度

严格落实重大项目协调联动推进机制，对计划开工项目，加快推进联审联批，力争早日开工；对在建项目，落实好"周协调、月督促"制度，协调解决项目实施中的征地拆迁等问题，确保项目顺利推进。

3. 着力扩大民间投资

通过多渠道将国家、省重大项目向省内外社会资本推介；创新重点领域投融资机制，建立健全合理利益补偿机制，推行政府和社会合作模式，

向社会资本开放更多投资领域,增强投资稳定增长的内生动力。

4. 实行项目建设推进责任制

各级政府负责的项目推进情况统一纳入省、市、县责任目标考核范围,加强对项目资金落实、征地拆迁等方面的考核,确保项目早日落地、达产和增效。

(四) 以"三个大省"建设为目标,推进产业转型升级

经济增速放缓,发展面临的外部约束越来越多、越来越严格,要充分利用外部倒逼时机,围绕"三个大省"建设,加快产业转型升级,带动全省经济提质增效。

1. 加快构建现代服务业体系

现代物流业要突出航空港、无水港、国际物流园区以及区域物流节点建设。金融业要实施引金入豫、金融主体培育、地方金融体系建设以及金融集聚工程,加快龙湖金融中心建设。信息服务业要着力加快"宽带中原"建设、"三网融合"步伐、各类服务平台建设以及打造呼叫服务基地;加快旅游业、商贸等消费服务业提升以及文化产业、养老及家庭服务业等公共服务业发展。全面推进"两区"建设成规模、见效益,同时推进国家级、省级服务业综合改革试点,发展服务贸易和服务外包。

2. 加快构建新型工业体系

以产业集聚区为平台载体,加大承接产业转移力度,围绕电子信息、装备制造、汽车及零部件、食品加工等高成长性制造业,引进一批基地型、龙头型项目,通过建链、补链、延链和强链,提升竞争力。坚持运用高新技术、先进适用技术和信息化技术改造提升化工、有色、钢铁、纺织等传统优势产业。实施重大应用示范工程,壮大新能源汽车、新材料、生物医药等战略性新兴产业规模。

3. 大力发展现代农业

切实加强粮食生产、流通、储备、调控体系建设,做到"产粮于田""购粮于市""储粮于库""稳粮安民";持续实施高标准粮田"百千万"工程和现代农业产业化集群培育工程,构建新型农业经营体系。

（五）以城乡统筹发展为导向，构建现代城镇体系

推动城乡统筹发展、构建现代城镇体系是破解河南发展难题、谋位新棋局、优化资源配置的必由之路。

1. 要科学推进新型城镇化

重点要围绕"产业集聚、人口集中、土地集约"形成有利于新型城镇化发展的体制机制，在省直管县体制、户籍制度、农业转移人口市民化成本分担机制、农村产权制度、建立城乡统一建设用地市场等方面取得更大突破。抓住中原城市群列入国家重点培育发展的跨省级行政区的国家级城市群的机遇，建立五省省级政府联动协调发展机制，加快打造大郑州都市区，培育洛阳、南阳、商丘、安阳四大副中心城市，推进郑州与开封、新乡、焦作、许昌对接融合，打造一批跨区域战略合作示范区，全面提高中原城市群综合实力。

2. 要扎实推进新农村建设

围绕以人为本、产业为基、城乡统筹、"五规合一"、因地制宜、分步实施的基本思路，完成"十三五"新农村建设规划。按照"农业强、农村美、农民富"的要求，加快改善农村人居环境，不断提高美丽乡村建设水平。加大农民转移就业扶持力度，积极培养新型职业农民，不断完善农民收入较快增长机制。深入推进城乡一体化示范区和试点建设，深化统筹城乡综合配套改革，总结一批成功典型、推广一批可行经验、突破一批制度瓶颈。

（六）以创新能力提升为核心，实施创新驱动战略

经济进入新常态背景下，通过创新促进经济发展已成为关键因素，要紧跟国内外科技发展新形势，以提升全省创新能力为核心，深入实施创新驱动战略，全面建设创新型河南。

1. 强化科技战略谋划

大力支持平顶山、焦作高新区升格为国家级高新区，连同郑州、洛阳、新乡等国家级高新区实现连片联动发展，争创国家自主创新示范区。组织开展规划战略研究，完成"十三五"科技规划编制。

2. 加强技术创新体系建设

继续实施产业技术创新战略联盟发展工程。巩固企业创新主体地位，强化企业与高校、科研院所联系，形成以企业为中心的、具有河南特色的"企业出题、政府立项、共同破题"的产学研用协同创新模式。

3. 实施重大科技专项

依托重大科技专项整合科技资源，完善重大专项决策、执行、评价机制，加强过程管理，重点在战略性新兴产业、高成长性产业、传统优势产业以及现代农业领域组织实施，在关系全省创新发展的基础性、战略性、前瞻性重大科技问题上力争突破。

4. 深化科技体制改革

出台《河南省关于全面深化科技体制改革加快创新驱动发展的决定》，加快科技管理体制、成果转化机制、协同创新机制、经费管理机制等改革，全面激活创新活力。

（七）以完善支撑条件为重点，提高综合竞争优势

完备的基础设施支撑和有力的要素保障是加快经济社会发展的基础和先导，要突出重点、弥补短板、强化弱项，全方位提高基础支撑和要素保障能力，推动局部优势向综合优势转变。

1. 加快现代交通体系建设

全力推进"米"字形快速铁路网建设，力促郑万铁路早日开工、郑焦城际铁路年（2015年）底通车运营；抓好航空港、铁路港、公路港等枢纽场站建设，开拓国际货运航线，进一步完善高等级公路网，形成大交通格局。

2. 完善信息网络系统

以打造全国重要信息网络枢纽为目标，大力支持信息服务业，加大农村信息化示范省建设、"两化融合"示范工程投入力度，发展电子政务，不断推进全省信息基础设施建设。

3. 提高水利保障能力

推进大中型防洪、灌排工程建设，建设一批抗旱应急水源工程，强化城市供水、排涝以及生态水系建设。

4. 提高能源保障能力

大力推广节能技术，重点推进"一枢纽两中心"建设。

5. 持续改善生态环境

继续实施蓝天工程、碧水工程、乡村清洁工程，打造"美丽中原"人居环境。

6. 深入挖掘人力资源红利

加快国家职教改革实验区建设，深入实施全民技能振兴工程和职业教育攻坚二期工程，不断提高劳动者素质。

7. 提高资金支撑能力

以解决融资问题为重点，积极落实国家融资政策，继续实施银企对接等措施，加快发展多层次资本市场，在股票市场、债券市场、保险市场、区域股权市场等领域多做探索，扩大直接融资规模。

（八）以分享发展成果为目的，保障改善民生福祉

民为邦本，本固邦宁，民生福祉是改革发展最鲜明的价值取向，要坚持把保障和改善民生作为一切工作的出发点和落脚点，优先解决人民群众最关心、最直接、最现实的问题，实现城乡居民共享发展红利。

1. 大力发展社会事业

按照"保好基本、放开非基本"的原则，推进义务教育和高中段教育均衡发展、职业教育加快发展、高等教育提质发展，推动优质医疗资源向基层倾斜。加大社会事业对外开放，大力发展民办教育、民办医疗、民办养老、民办文化、民办体育等，促进全省社会事业大发展、大提升。

2. 加大扶贫开发力度

扎实推进黄河滩区居民迁建试点工作，积极争取国家支持，完善试点方案，适当扩大迁建试点范围，建成一批移民迁建示范社区。

3. 确保房地产行业健康发展

加快保障性安居工程项目建设进度，高质量完成年度建设任务。全面落实国家有关房地产领域的信贷、税收优惠政策，支持居民合理住房需求。

4. 加快完善社会保障制度

进一步提高城镇职工和城乡居民养老、医疗、失业、工伤、生育等各项基本保险的覆盖面，推动社会保障"一卡通"试点实现社会保障卡对参保人员、人社业务全覆盖。

5. 深化"平安河南"建设

加强社会治安综合治理，完善立体化社会治安防控体系，依法严密防范和严厉打击各类违法犯罪活动，确保居民安居乐业。

（原载《呈阅件》2014 年第 23 期）

◀◀◀ 推动科学发展篇

让中原更出彩的战略谋划与总体设计
——"坚定总坐标,坚持总思路,完善总方略"的全局意义和实践价值探索

河南省社会科学院　河南日报社课题组[*]

习近平总书记在河南考察时强调,实现"两个一百年"奋斗目标,实现中华民族伟大复兴的中国梦,需要中原更出彩。让中原更出彩,是中央的期望、时代的要求、河南的担当。郭庚茂同志最近在全省市厅级主要领导干部学习贯彻习近平总书记系列重要讲话和党的十八届三中全会精神研讨班上的专题辅导报告中指出,要深入学习贯彻习近平总书记系列重要讲话特别是调研指导我省工作时的讲话精神,坚定总坐标,坚持总思路,完善总方略(以下简称"三个总"),加快中原崛起、河南振兴、富民强省,让中原在实现中国梦的进程中更出彩。这是回应习近平总书记殷切期望的"河南声音",是让中原更出彩的战略谋划与总体设计,对深入贯彻习近平总书记重要讲话精神,加快中原崛起、河南振兴、富民强省,具有十分重要的现实指导意义。

一　"三个总"的战略谋划内涵丰富、意蕴深远,是有机统一的整体

"三个总"的战略谋划,既有战略层面的宏观指导,也有实际层面的

---

[*] 课题组组长:喻新安、张建、赵铁军、魏一明;成员:谷建全、张光辉、王建国、孙德中、陈明星、赵西三、刘玉梅、左雯、王新涛、郭志远、赵然、袁凯声、石玉华、毛兵、完世伟、王玲杰、李怀玉、杨兰桥、刘晓萍、王丹。

具体部署和要求，内涵丰富、意蕴深远，是一个层层递进、环环相扣、内在关联紧密的有机统一体。

（一）"坚定总坐标"就是坚定地同以习近平同志为总书记的党中央保持高度一致

总坐标是政治上的基准，是管根本、管方向、管原则、管定位的。"坚定总坐标"就是要坚定正确政治方向，坚持和发展中国特色社会主义，不断增强"三个自信"；端正根本政治立场，坚持以人民群众为本，始终与人民心连心、同呼吸、共命运；把握科学的思想方法，坚持实事求是，遵循客观规律。

"坚定总坐标"，不仅具有系统指导性，而且具有现实针对性，意义十分重大。总坐标解决了我们"从哪里来，到哪里去"的方向问题，明确了中国特色社会主义是我们党团结带领全党全国各族人民长期艰辛探索和成功实践的结果，坚持和发展中国特色社会主义不仅是重大理论问题，而且是关系党和国家前途命运的重大现实问题。地方与中央保持一致，首先要在这个重大问题上保持一致。各级领导干部要克服糊涂认识，明辨政治是非，坚定政治立场，绝不许对中央决策部署搞变通、打折扣。总坐标解决了"发展依靠谁，发展为了谁"的立场问题，重申了人民利益高于一切是党始终秉持的执政理念，全心全意为人民服务是我们党的最高价值取向。各级干部要在实践中克服认识偏颇、误区和盲区，严禁热衷造"盆景"、粗放增长、野蛮拆迁等损害群众利益的不良倾向和行为。总坐标解决了"实现什么样的发展、怎样发展"的认识论和方法论问题，强调实事求是是我们党的基本思想方法、工作方法和领导方法。党员干部要克服唯GDP、片面追求政绩的倾向，力戒急于求成、盲目蛮干，防止机械照搬、"刻舟求剑"。

总之，"坚定总坐标"不是抽象的，而是体现在具体工作之中。各级干部要自觉主动地坚定总坐标，廓清迷思、增强定力，在政治方向、政治立场、思想方法等方面不断引正纠偏。

（二）"坚持总思路"就是把河南近年来已被实践证明正确的总体思路坚持下去

总思路是思想上的指针，是对目标取向和道路选择的战略设计。"坚持总思路"就是"确立总目标、把握总布局、聚焦三战略"。"确定总目标"就是加快中原崛起、河南振兴、富民强省进程,让中原更出彩,为实现"两个一百年"奋斗目标、实现中华民族伟大复兴的中国梦做出更大的贡献;"把握总布局"就是把中国特色社会主义事业"五位一体"总布局和全面推进党的建设新的伟大工程在河南具体化,打造"四个河南"、推进"两项建设";"聚焦三战略"就是持续实施粮食生产核心区、中原经济区和郑州航空港经济综合实验区三大国家战略规划,推动河南经济社会持续健康发展。这一总思路是把河南近年来已被实践证明的正确思路系统化,是将服务全国大局的责任和推动河南发展的使命有机结合起来,是对加快中原崛起河南振兴富民强省的再部署、再动员。

"坚持总思路"就是要进一步强化目标意识,在充分肯定近年发展成效的同时,认清差距、增强危机感,明确目标、增强紧迫感,明晰责任、增强使命感;就是要进一步优化总体布局,各个局部都要提升认识,自觉站位全局、融入全局、服务全局,实现思想上、行动上、措施上全方位跟进;就是要进一步彰显综合优势,注重统筹兼顾,努力实现全省各地区、各行业联动发展,使三大国家战略规划显现更大效应,进一步提升河南发展的战略优势。

(三)"完善总方略"就是对行之有效的发展思路和举措因应形势变化加以完善和提升

总方略是行动上的遵循,是实现目标的基本途径和重大举措的系统集成。"完善总方略"就是"完善一个载体、构建四个体系、夯实五大基础、强化六个保障"。"一个载体",即科学发展载体,包括产业集聚区、商务中心区和特色商业区(街);"四个体系",即现代产业体系、现代城乡体系、自主创新体系、现代市场体系;"五大基础",即现代交通、信息网络、水利支持、能源支撑、生态环境;"六个保障",即开放、改革、人力资源、思想文化、社会和谐、干部队伍。这一总方略,不仅是对原有举措的扩充与完善,更是根据国内外形势新变化和区域经济社会发展新阶段,赋予了新内涵、新意蕴、新要求,并就各领域、各方面提出了新的举措和新的部署。比如,产业集聚区总体态势良好,但还需要在提质发展、转型发展、创新发展方面进一步完善提升;"四个体系"均有突破性进展,但还需要进一步互动协调、联动发展。

因此,"总方略"准确把握了近期目标和长期发展的平衡点、改革发展的着力点、经济社会发展和改善人民生活的结合点,是对河南今后一个时期经济社会发展的全方位战略部署。

(四)"三个总"的战略谋划层层递进、环环相扣,是一个内在关联紧密的有机统一整体

"三个总"的战略谋划,从坚定政治方向、站稳政治立场到把握科学思想方法,从确定"总目标"、把握"总布局"到"聚焦三战略",从"一个载体、四个体系"到"五大基础、六个保障",既有关乎方向、定位层面的宏观把握,也有囊括目标和布局的总体考量,还涉及具体路径、举措的战略部署。"总坐标"是让中原更出彩的根本前提,"总思路"是让中原更出彩的总体目标和战略布局,"总方略"是让中原更出彩的基本途径和重大举措。"总坐标"决定"总思路","总思路"引发"总方略",三者层层递进、环环相扣、缺一不可,是一个内容全面丰富、前后逻辑一致、内在关联紧密的统一整体。

"三个总"的战略谋划符合马克思主义唯物辩证法的基本原理,体现了推进国家治理体系和治理能力现代化的基本要求,反映了地方党委在治国理政方面的政治自觉与方式方法创新,使中国特色社会主义在河南的实践具体化,使实现中华民族伟大复兴的中国梦在中原的演绎具象化。"三个总"的战略谋划站位高远、统揽全局,对深入贯彻落实习近平总书记重要讲话精神,加快中原崛起、河南振兴、富民强省,做好河南的各项工作,具有十分重要的现实指导意义。

(五)"三个总"的战略谋划是对中原崛起、河南振兴、富民强省丰富实践的最新总结和系统集成

改革开放以来特别是20世纪90年代以来,河南省委、省政府始终与党中央保持高度一致,始终坚定正确的政治方向,自觉践行中国特色社会主义。十分注重立足基本省情,把握阶段特征,遵循发展规律,谋划实施

了管全局、管长远的重大方略，先后提出"解放思想是总开关"，克服"一'左'一旧"，制定了"一高一低"、"两个较高"、科教兴豫、可持续发展、开放带动、"三化"协调、"两大跨越"、"两不三新"等关乎全局的总体思路和战略举措，在促进河南经济社会发展中发挥了重要作用。特别是2008年以来，积极实施三大国家战略规划和以"一个载体、三个体系"为中心的固本强基工程，坚持抓好产业集聚、人口集中、土地集约，持续推进以业立城、以业兴城，实施职业教育攻坚计划和全民技能振兴工程，探索内陆地区打造国际陆港、空港、国际货运枢纽的大战略、大格局，建设"四个河南"，在"做对事情"和"把事情做对"方面都有上乘的表现。

"三个总"的战略谋划是中原崛起河南振兴战略思路的延续、拓展和提升，是对中原崛起河南振兴丰富实践的总结、升华和集成，尤其是在原来"三个体系"基础上，把现代城镇体系拓展为现代城乡体系，把现代市场体系纳入进来，成为"四个体系"；在"五网一系统"的基础上，把快速铁路网、高速公路网合并拓展为现代交通系统，把坚强智能电网纳入能源支撑系统，规范为现代交通、信息网络、水利支持、能源支撑、生态环境"五大基础"；把开放纳入保障性措施，构成"六个保障"，从而形成"一、四、五、六"总方略，使河南发展的指导思想、发展定位和目标、发展战略和举措更加科学完善，更加清晰明确，更加系统配套，更加凝练聚焦，为今后一个时期特别是"十三五"发展确定了基调，打下了坚实基础。

二 "三个总"的战略谋划是贯彻习近平总书记重要讲话精神的再动员、再部署，对河南今后一个时期的工作具有重要指导意义

在实现中华民族伟大复兴的中国梦进程中让中原更出彩，任务光荣而艰巨，"三个总"的战略谋划立足现实、放眼长远，是贯彻习近平总书记重要讲话精神的再动员、再部署，将对河南今后一个时期的工作发挥重要引领作用，产生持久而深远的影响。

(一)"三个总"的战略谋划接天立地,体现了中央的精神和对河南的要求

1. 彰显河南和中央保持一致的坚定决心

党的十八大以来,习近平总书记围绕改革发展稳定、内政外交国防、治党治国治军等方面发表了一系列重要讲话,提出了许多富有创见的新思想、新观点、新论断,深刻回答了新的历史条件下党和国家发展的重大理论和现实问题,进一步深化了我们党对中国特色社会主义发展规律和马克思主义执政党建设规律的认识,丰富和发展了中国特色社会主义理论体系。"坚定总坐标",体现了河南坚定地同以习近平同志为总书记的党中央保持高度一致的政治自觉、思想自觉和行动自觉,对于全省党员干部群众增强政治意识、"看齐"意识、坐标意识,坚定方向、消除疑惑,在一系列重大问题上统一思想、统一行动,能起到至关重要的把关定向、凝心聚力的作用。

2. 回应总书记殷切期盼的"河南声音"

习近平总书记关于实现中华民族伟大复兴的中国梦需要中原更出彩的讲话精神,是中央对河南的殷切期盼。习近平总书记对事关河南发展大局和长远的重大问题提出了明确要求,从战略和全局方面给我们指明了方向,指出"做好河南改革发展稳定各项工作责任重大",要努力建设"四个河南",围绕加快转变经济发展方式和提高经济整体素质及竞争力着力打好"四张牌"。"坚持总思路"从奋斗目标、总体布局、努力方向等方面谋篇布局,"完善总方略"从载体、体系、基础、保障等方面完善提升发展举措,体现了中央对河南的要求,落实了习近平总书记的讲话精神,是回应习近平总书记殷切期盼的"河南声音",实现了中央精神和河南实际的有效结合。

3. 践行科学发展主题的河南实践

让中原更出彩,必须紧紧扭住发展不放松,切实把发展的立足点转到提高质量和效益上来。当前河南经济社会发展态势良好,但外部环境变化和自身结构性矛盾相互交织,也在倒逼我们转变观念,从战略上解决经济增长动力源、资源环境约束、竞争力、人口压力等四大问题,不断探索科

学发展的途径与举措。"一、四、五、六"总方略,顺应了科学发展的新要求,既坚持了行之有效的发展思路和举措,又顺应形势变化不断完善和提升;既注重统筹兼顾、体现系统性全面性,又注重突出重点、体现针对性可操作性;既着眼破解当前突出难题,又努力为长远发展夯实基础,是科学发展主题和加快转变经济发展方式主线在河南的具体实践形式。

4. 指明让中原更出彩的努力方向

国际金融危机以来,河南省委省政府努力谋发展促崛起,实施了一些重大战略举措,在产业转型升级、新型城镇化、文化强省、生态建设等方面出台了一系列卓有成效的措施。放眼未来,河南如何应对外部环境的挑战,发展的出路在哪里,需要有大视野、大气魄、大思路、大手笔的谋划和设计。"三个总"的战略谋划,正是在梳理总结既往发展战略、准确判断未来趋势的基础上,对河南今后一个时期的发展,从宏观到微观、从方向到路径、从战略到举措的谋篇布局,不仅是对原有战略的扩充、完善和提升,更是根据国内外形势变化赋予了新内涵,体现了实事求是、遵循规律、长短结合、民生为本的战略思考,使河南的发展定位更加清晰,发展目标更加明确,发展路子更加科学。

(二)"三个总"的战略谋划统揽全局,彰显了河南决策层面向未来使命的担当

1. 践行新使命

习近平总书记指出,河南是人口大省、产粮大省,又地处连接东西、贯通南北的战略枢纽,在中华文明发展进程中占有重要地位,做好河南改革发展稳定各项工作责任重大。因此,让中原更出彩,不仅仅是河南一个省的事,而是关乎全国大局,是亿万中原儿女必须践行的新使命。河南广大党员干部必须增强大局意识、把握发展定位、认清历史使命、强化责任担当,更好地肩负起服务全国大局和推动河南发展的双重责任。"三个总"的战略谋划既有管方向的坐标定位,也有目标和布局上的基本思路,更有路径和举措上的具体部署,是用习近平总书记重要讲话精神指导河南实践的总体设计,明确了河南发展的方向和重点,找准了工作的突破口和切入点,有利于河南在原有的基础上实现更好更快的发展。

2. 应对新形势

当前世界政治经济形势错综复杂，一些人有意贬低中国特色社会主义的优越性，国际上"唱衰中国"、鼓吹"中国崩溃论"等论调不绝于耳。在新的形势下，情况越复杂，越需要我们坚定总坐标，永远保持共产党人的高尚情怀，任何时候都要做到政治方向不偏离、政治立场不动摇、思想路线不岔道。从经济层面看，发达国家的"再工业化"正在重塑国家比较优势，我国面临来自发达国家高端压制和发展中国家低端承接的"双向挤压"，如果我们不能在技术创新、组织创新和制度效率方面取得突破，在全球竞争中就会陷入被动。"聚焦三战略""完善总方略"，进一步放大"三大国家战略"总体效应，促进产业高效集聚，提升区域整体竞争力，就能赢得在经济发展上的主动和国际竞争中的主动。

3. 适应新常态

"新常态"一词由美国太平洋基金管理公司总裁埃里安最早提出，含义是危机之后经济恢复缓慢而痛苦的过程，表现为经济增长在低水平上波动、全球流动性过剩、贸易保护主义升温等。从国内看，中国式"新常态"则表现为经济从高速增长放缓到中高速增长，增长模式从粗放式变成创新和消费驱动式。我们要从我国经济发展的阶段性特征出发，适应新常态，保持战略上的平常心态。同时，作为发展中的大国经济体，我国区域异质性强，内需和消费空间潜力巨大，某个区域只要做好工作，完全可能在"好"的前提下实现逆势"超常"增长。"完善总方略"意味着转变立足点，弥补短板、强化弱项，确保河南在转方式、调结构、保民生等方面不断取得新成效。

4. 谋位新棋局

当前我国由东向西、由沿海向内地，依托大江大河和交通干线，发挥航空、高铁等综合带动效应，中央和地方正合力构建沿海与中西部相互支撑、良性互动的新棋局，特别是丝绸之路经济带、海上丝绸之路"一带一路"将重构我国对外开放格局。习近平总书记强调，希望河南建成连通境内外、辐射东中西的物流通道枢纽，为丝绸之路经济带建设多做贡献。"聚焦三战略"，有利于把握新机遇，发挥好郑州"一带一路"重要节点城市和国家级互联网骨干直联点的作用，探索航空经济驱动型发展模式,促进航空港航空物流、高端制造、现代服务三大主导产业借势发力,推动电子商务、物流快递、国际航空网络和金融结算"四位一体"跨越式发展,在区域发展新棋局中占得先机,实现河南在国家区域战略重构中由内陆"腹地"到"核心"区域的涅槃重生。

(三)"三个总"的战略谋划符合省情民意,有利于河南保持良好态势实现更好更快的发展

1. 符合省情实际

河南近几年虽然经济社会发展持续保持好的趋势、好的态势、好的气势,在全国大局中的地位和影响进一步提升,但人口多、底子薄、基础弱、人均水平低、发展不平衡的基本省情没有根本改变,传统优势减弱消失而新的支撑力量尚在形成之中,深层次矛盾正在破解但还没有根本缓解,影响社会和谐稳定的因素依然较多。把河南省情放在国际国内经济社会发展新形势下审视,我们面临问题的难度越来越大,涉及的领域越来越复杂,围绕打造"四个河南",继续完善科学发展载体,强化"五大基础、六个保障",正是我们在认清差距基础上对发展思路、发展方略的创新和探索,是对未来发展的总部署。

2. 契合发展阶段

河南正处于工业化、城镇化中期阶段,经济发展方式转变阻力较大,面临着"赶"和"转"的双重任务,但同时也意味着巨大发展潜力,信息技术、"四港"合一、航空经济正在重塑中原的时空距离,农业社会、工业社会与信息社会在中原大地快速交汇融合,为"四化"同步发展提供了更大空间。面对河南发展新阶段,把科学发展载体扩展到商务中心区和特色商业区,变"三个体系"为"四个体系",把"五网一系统"规范成"五大基础",正是在深刻认识区域发展阶段性特征的基础上,抢抓发展新机遇,完善提升思想、方法、举措和手段,突出解决"桥和船"的问题,将为中原更加出彩提供强大的战略支撑。

3. 推动改革创新

造成目前河南与沿海地区发展差距大的根本原因是体制机制改革滞后。河南能否争创发展新优势,关键要看能否以经济体制改革为重点,努

力推动重要领域、关键环节改革取得新进展。把现代市场体系纳入"四个体系"之中,体现了以市场为取向的改革方向。把改革作为"六个保障"之一,突出务实改革,把产业集聚区作为深化改革、创新体制机制的试验示范区,准确把握了改革发展的着力点。要提高认识,推动改革向深度和广度拓展,做到"两放活、两提升",即把市场主体放活、把生产要素放活,提升公共服务能力和服务效率、提升资源配置科学化和集约化水平,持续释放改革红利,不断增添发展动力。

4. 保持发展态势

近几年河南经济社会保持了良好发展态势,特别是2014年上半年在全国经济增速放缓的背景下,河南成为为数不多经济增速同比提高的省份。成绩的取得源自近几年一系列重大探索实践综合效应的逐步显现,尤其是实施"一个载体、三个体系"为中心的固本强基工程,探索内陆地区打造国际陆港、空港、国际货运枢纽的大战略、大格局,找到了破解路径依赖的难题和结构不优、发展质量不高、开放带动能力差等痼疾的良方。在拓展提升"载体""体系""基础""保障"基础上形成的"总方略",为河南经济平稳较快增长提供了新平台、新支点、新路径和新动力,对保持河南良好发展态势有重要意义。

(四)"三个总"的战略谋划符合区域发展规律,有助于推动河南在新的起点上增创发展新优势

1. 体现了河南的后发优势

所谓"后发优势",是指后发国家或地区通过借鉴发达国家或地区的经验教训,一开始就处在较高的起点上。对河南这样一个内陆农业大省和人口大省来说,如何放大后发优势,实现跨越发展,是让中原更出彩的根本所在。按照"三个总"的要求,坚持已被实践证明正确的总体思路,高起点构筑"一、四、五、六"的发展总方略,为抢抓战略机遇明确了方向和路径。近几年,河南的后发优势正在逐步显现,"三大国家战略"规划显现更大效应,尤其是产业集聚区科学发展载体和郑州航空港经济综合实验区作用的发挥,成为河南实现跨越发展的主阵地和重要平台。

2. 符合创新驱动的战略取向

探索以发展航空经济促进发展方式转变的新模式，标志着河南在产业选择和发展上从过去单纯"跟进"到率先突破和"引领"的转变，体现了创新驱动的取向和魅力。可以预见，遵循"总思路"和"总方略"，依托航空港经济综合实验区，着力搞好电子商务、E贸易试点、"郑欧班列"等模式创新，持续加强物联网、移动互联网、云计算、大数据等新技术应用，借助阿里巴巴、浪潮、京东等第三方平台，全面推动线上与线下深入融合、硬件与软件深度融合、制造业与服务业广泛融合，大力培育一批新业态、新模式、新企业，河南区域发展模式的创新将呈现五彩斑斓的图景，为中西部地区赶超发展提供新样本和新经验。

3. 强化了区域发展的比较优势

近几年，河南的传统优势正在加速向竞争优势和发展优势转化。习近平总书记强调，粮食生产是河南的一大优势，也是河南的一张王牌，这张王牌任何时候都不能丢。习近平总书记对河南多式联运构建综合交通体系给予充分的肯定，称赞"米"字形快速铁路网"画"得好。"完善总方略"，准确把握了中央要求与河南实际的契合点，尤其是对科学发展载体、体系建设的丰富拓展，对交通、信息、水利、能源、生态环境五大基础设施的系统整合，以基础设施互联互通为纽带，以航空经济、物联网、大数据、云计算等新模式新技术为引领，推动局部优势向综合优势转变，全面强化了河南的比较优势。

4. 顺应了产业演进的根本趋势

当前，新工业革命蓬勃兴起，互联网思维全面渗透，第一、第二、第三产业界限日趋模糊，制造业与服务业、工业化与信息化深度融合，自动化、智能化、定制化等新型制造方式持续涌现，生产模式和产业形态不断创新，为后发地区产业转型升级提供了新机遇。顺应产业演进根本趋势，立足区域产业发展基础，近几年，河南坚持通过构建产业集聚区引导产业集群发展，以大集群集聚产业链，以产业链催生大产业，是区域产业转型发展的一大亮点，也是我们应对金融危机、破解路径依赖难题、推动科学招商理性引资、实现增量调整转型、打造区域经济增长极的一个秘诀。未来一段时期，河南仍处于工业化中期阶段，制造业转型升级步伐加快，服务业和高新技术产业呈扩大趋势，决策层提出完善科学发展载体，全面构建现代产业体系，着力建设先进制造业大省、高成长服务业大省和现代农业大省，加快价值升级、禀赋升级和载体升级，符合产业演进的根本趋势和内在规律，将使河南在产业发展和竞争中有较大的回旋余地和上升空间。

三 按照"三个总"的战略谋划，书写让中原更出彩的壮丽篇章

让中原在实现中国梦的进程中更出彩，使命光荣、责任重大。我们要从习近平总书记对河南工作的充分肯定、殷切期望和具体指导中增强信心、勇于担当，按照"三个总"的战略谋划，增强主动性、创造性，不断书写让中原更出彩的壮丽篇章。

（一）敢于担当，义不容辞肩负双重责任

按照"三个总"的战略谋划，我们必须敢于担当，义不容辞肩负起服务全国大局和推动河南发展的双重责任。为此，我们必须保持清醒，坚定信念，牢固树立大局观念和全局意识，深刻理解和全面把握局部与全局、眼前与长远的关系，把河南的工作置于全国发展大局中系统谋划和推进。要切实增强勇于担当的责任感和使命感，深刻理解让中原更出彩是我们的历史使命和责任所在，主动作为，敢闯敢试、敢为人先，打破思维定式，突破利益固化藩篱，努力做好河南改革发展稳定各项工作。要不断提高勇于担当的能力和水平，克服本领恐慌、能力不足，切实担当起双重责任。要积极创新勇于担当的方式方法，紧紧抓住发展不放松，不断探索科学发展的途径和举措，着力打造"四个河南"，强力推进"两项建设"，以实际行动承担起双重责任。

（二）遵循规律，一以贯之谋求科学发展

按照"三个总"的战略谋划，我们必须自觉认识和遵循规律，把干事创业热情与科学求实精神结合起来，一以贯之谋求科学发展。要自觉认识规律，坚持一切从实际出发、从省情出发，准确判断和把握当前基本省

情和所处发展阶段，在推进中原崛起、河南振兴、富民强省的实践中探索发展规律，坚持科学发展。要主动遵循规律，坚持按规律办事，不走错路、少走弯路，求实求效，多调查研究、多集思广益、多科学求证，谋定而后动，减少决策的盲目性、随意性；认真总结实践经验，把已被实践证明正确的思路坚持下去，既立足当前，又着眼长远，坚持一张蓝图绘到底、一以贯之谋发展。要善于利用规律，积极创新方法，坚持用正确的方法做正确的事，不刮风、不折腾、不蛮干，坚持因势而谋、应势而动、顺势而为，运用新思维、新方法、新措施破解发展中的难题，创造性地开展工作。

（三）万众一心，形成共推发展的强大合力

按照"三个总"的战略谋划，我们必须统一思想、凝聚共识，齐心协力谋求发展。要充分认识到中原崛起、河南振兴、富民强省是造福亿万人民的伟大事业，是一项艰巨而繁重的任务，需要全省人民共同努力、合力推进。要把思想统一到省委、省政府的战略部署上来，最大限度汇集一切有利于发展的要素，最大限度地增强社会发展活力。要坚定正确的政治立场，顾全大局，推进社会主义民主政治制度化、规范化、程序化，努力营造和谐稳定的环境氛围。要深入开展党的群众路线教育实践活动，改进作风，着眼"双安"、推进"双治"、强化"双基"，抓好信访稳定、维护公平正义，汇聚让中原更出彩的强大正能量。要做好新形势下群众工作，坚持以人为本，发展为了人民、发展依靠人民、发展成果由人民共享；统筹做好就业、收入分配、社会保障、教育、医疗卫生、住房、食品安全等民生工作，让人民群众更好更公平地共享改革发展成果，充分激发人民群众干事创业的热情。

（四）积极作为，始终保持昂扬向上的精神状态

按照"三个总"的战略谋划，我们应旦夕不可懈怠，时刻积极作为，聚神、聚力、聚焦，始终保持昂扬向上的精神状态。要进一步增强"慢不得"的危机感、"坐不住"的责任感和"等不起"的紧迫感，化挑战为机遇，变压力为动力。要有不动摇的韧劲、不懈怠的心劲，即使面临重重阻力，也不能动摇；即使承受巨大压力，也不容懈怠。要有求上进的冲

劲、思进取的拼劲，渴求上进，全面观察、科学分析，准确判断不断变化的发展形势；努力进取，不断化解矛盾、破解难题，积极探寻科学发展之路。要有不畏难的闯劲、会创新的巧劲，用新理念深化认知，用新视野审视，把握机遇，用新实践持续推进事业发展，培育形成发展的新活力、新动力和新优势。要有开拓进取、不懈奋斗、有所作为、永不满足的蓬勃朝气、昂扬锐气和浩然正气，在各自的岗位上尽心尽力，多做贡献。

（五）开拓创新，让一切推动发展的活力竞相迸发

按照"三个总"的战略谋划，我们要打开解放思想的总开关，进一步强化开拓创新精神，充分激发社会活力。要进一步全面深化改革，着力突破关键领域改革，构建有利于促进科学发展的体制机制，形成公平竞争的市场环境。要更加注重改革的系统性、整体性、协同性，加快发展社会主义市场经济、民主政治、先进文化、和谐社会、生态文明，着力解决"四个河南"建设的瓶颈制约和体制障碍，扩大增长点、转化拖累点、抓好关键点、抢占制高点，让一切创造财富的源泉充分涌流。要坚持对外开放基本省策，以扩大开放"一举求多效"，构建更高水平的开放型经济体系，加快形成全方位、宽领域、多层次开放格局，以开放促改革、促转型、促发展。要大力实施创新驱动发展战略，让一切劳动、知识、技术、管理、资本等生产要素的活力竞相迸发，形成百舸争流、竞相发展的良好局面。

让中原在实现中华民族伟大复兴的中国梦中更出彩，标注了中原崛起、河南振兴、富民强省的新高度。习近平总书记的指示，是要求，是期望，是鼓励，是鞭策！我们深知肩上的责任重大，征程中布满荆棘、充满挑战。我们坚信，有党中央的正确领导，按照"三个总"的战略谋划，全省上下不懈努力、顽强拼搏，一定能打赢让中原更出彩的"总体战"。一个勃发生机、魅力和活力的"出彩中原"，一定能在不久的将来展现在世人面前！

（原载《河南日报》2014年8月5日）

实现中国梦需要中原更出彩
——学习习近平总书记在河南考察时的重要讲话

河南省社会科学院　河南日报社课题组[*]

在一个多月的时间里,习近平总书记两次亲临河南考察指导,发表重要讲话,做出重要指示。他指出:"实现'两个一百年'奋斗目标、实现中华民族伟大复兴的中国梦需要中原更加出彩。"学习贯彻总书记重要讲话精神,对于推进河南改革开放和现代化建设,加快中原崛起、河南振兴、富民强省进程,在促进中部崛起中发挥重要作用,为国家全局做出更大贡献,具有十分重要的意义。

一　出彩中原,彰显富民强省无限魅力

在考察指导中,习近平总书记充分肯定了河南省近年来的工作,明确"中央对河南的工作是满意的",要求"中原更加出彩"。我们要珍视习近平总书记对河南工作的肯定和鼓励,深入总结,认识中原出彩的深层次原因,进一步凝聚履职尽责、干事创业的强大正能量。

1. 出彩的河南

(1)经济发展保持良好势头。自 2008 年以来,面对国际金融危机的

---

[*] 课题组组长:喻新安、谷建全;课题组成员:完世伟、王玲杰、赵西三、陈明星、唐晓旺、刘晓萍、杨兰桥、王丹。

冲击，河南省积极实施保增长、调结构、促发展的一系列举措，经济保持了平稳较快发展势头。六年来，全省地区生产总值年均增长11%，高出全国同期2个百分点，主要经济指标在全国的位次不断前移。2013年河南生产总值达3.22万亿元，成为全国第5个超过3万亿元的省份。与此同时，河南农业已经连续10年增产、连续8年超千亿斤、连续3年超1100亿斤，为国家粮食安全做出了贡献。

（2）调结构、转方式初见成效。近年来，河南省调结构、转方式持续发力，支撑发展的动力实现了根本转换。2013年全省六大高成长性产业和高技术产业增加值占规模以上工业增加值比重分别为60.3%和6.4%，分别比上年提高了2.1个和0.6个百分点，四大传统支柱产业和六大高载能行业占比分别为25.2%和37.4%，同比分别下降了0.5个和1.7个百分点。长期以来依赖资源性产业的增长方式正在向高成长性产业转换，拉动经济增长的新动力正在转向科技进步和劳动者素质的提高。

（3）改革开放有声有色。

省、市、县三级政府机构改革如期完成，省直管县体制改革、国企改革和战略重组成效明显；财税、教育、科技、水利、集体林权等改革顺利推进。2008年以来，全省实际利用境内外资金超2万亿元，占固定资产投资的1/3。2013年全省进出口总额达600亿美元，居中部六省第1位。郑州航空港经济综合实验区已成为河南省对外开放的战略高地，2013年郑州机场旅客吞吐量1314万人次、货邮吞吐量25.6万吨，分别增长12.6%和69.1%。

（4）城乡面貌不断改善。全面加强城镇建设，走出了以中原城市群为主体形态，大中小城市与小城镇、农村社区协调发展、互促共进的新型城镇化道路。2000年以来，新增城镇人口近2550万人，2013年河南城镇化率达到43.8%；全省高速公路通车里程5873公里，连续六年保持全国第1位。中原城市群综合实力明显提升，城市辐射带动能力不断增强，城乡一体化进程明显加快。

（5）城乡居民收入和生活水平持续提高。2013年，全省城镇居民人均可支配收入22398元，农民人均纯收入8475元，分别比2009年翻了一番。随着收入的增长，消费结构明显升级。手机、电脑、汽车等耐用消费品广泛进入城乡家庭，文化旅游、运动健身、休闲娱乐等新型消费已成为居民生活中的重要内容。

（6）党的建设得到加强和改进。深入开展群众路线教育活动，党员干部的思想观念、工作方式、工作作风持续转变，学习之风、创新之风、务实之风、为民之风日益浓厚，涌现出一大批焦裕禄式的好干部。"四议两公开"工作法广泛推行，基层党组织建设和党员队伍建设进一步加强。党风廉政建设责任制得到加强，惩治和预防腐败体系建设深入推进，党风政风有所好转。

2. 为什么河南会出彩

纵观近年来河南的一系列实践探索，中原之所以出彩，有以下几点值得认真总结、继续发扬。

（1）坚定不移贯彻落实中央决策部署，努力谋发展促崛起。这些年，河南在应对国际金融危机的重大考验中，认真落实中央扩内需、拓市场、保增长的方针，取得了保增长、保态势、保民生、保稳定工作的重大胜利；在加快转变经济发展方式上攻坚克难，调结构、促转型成效显著；在服务全国发展大局上勇于担当，在实施国家发展战略中发挥了重要作用；在全面深化改革开放上开拓创新，全面增强动力活力；坚持稳中求进工作总基调，在提升经济整体素质及竞争力方面发奋图强，确保经济社会持续健康发展；在保障和改善民生上真抓实干，努力让亿万河南人民过上更好生活。

（2）扎实推进"三大"国家战略规划，增创发展新优势。我们始终牢记肩负服务全国大局和推动河南发展的双重责任，聚焦"三大"国家战略规划持续发力，努力在更高起点上开辟河南发展广阔前景。立足于国家重要的粮食生产和现代农业基地的战略定位，扎实推进粮食生产核心区建设，连年实现粮食生产新突破；中原经济区在探索"三化"协调、"四化"同步科学发展路子的同时，促进国家区域经济布局进一步完善；郑州航空港经济综合实验区建设打开了中原经济区建设的战略突破口，基础设施建设、国际货运枢纽和航空物流培育、高端产业集聚取得突破性进展。随着"三大"国家战略规划的全力推进，河南的发展空间不断拓展，在全国大局中的地位和影响不断提升。

(3) 着力打造"四个河南",明确布局方向推动全面发展。站在爬坡过坎、转型攻坚的紧要关口,河南紧紧围绕中原崛起河南振兴富民强省总目标,注重科学决策、有效运作,不走错路、少走弯路,明确了打造富强河南、文明河南、平安河南、美丽河南的总体布局。着力构建现代产业体系、现代城镇体系、自主创新体系三大体系,在加快产业结构优化升级的同时培育新的经济增长点,在推进新型城镇化中全面改善城乡面貌,在实施创新驱动发展战略中强化科技支撑力量,加快推进富强河南建设。把保障和改善民生与平安河南、文明河南建设结合起来,创新社会治理方式,提升社会管理水平,促进人民生活水平提高和社会和谐稳定。把加强生态建设和环境保护与结构调整、产业升级和体制机制改革创新结合起来,努力破解资源环境瓶颈制约,建设美丽河南,推动经济社会全面协调可持续发展。

(4) 全面强化体系建设和能力建设,为长远发展积蓄后劲。河南抓住国家扩大内需、加强薄弱环节建设等机遇,通过突出重点、弥补短板、强化弱项,持续增强支撑保障能力。着力加强交通、信息、水利、能源、生态环境五大基础设施建设,航空港、铁路港、公路港、快速铁路网、高等级公路网"三港两网"建设提速推进,大型航空枢纽、"米"字形高铁框架和高速公路网联动融合,形成陆空高效衔接的多式联运新优势;坚强电网、复合型水网、互联互通信息网、"四区三带"生态网络基本建成。全国重要的现代综合交通枢纽和物流中心基本形成,增强了中原崛起的凝聚力、承载力和竞争力。

(5) 积极推进一系列重大探索实践,立足求实创新促发展。积极探索产业集聚发展和产城互动的路子。坚持抓好产业集聚、人口集中、土地集约,持续推进以业立城、以业兴城,持续强化创新能力、科技水平,产业集聚区综合效应日益显现。积极探索内陆省份以开放促发展的路子。以开放招商"一举求多效",创新性地探索内陆地区打造国际陆港、空港、国际货运枢纽的大战略、大格局,郑欧国际铁路货运班列开通并实现常态化运营,郑州跨境贸易电子商务服务试点全面启动,形成丝绸之路经济带上的新亮点。积极探索城乡一体化发展的路子。以新型城镇化"一发动全身",形成符合河南实际的城镇化体系和格局,中原城市群已成为国家新型城镇化规划中西部三大城市群之一。积极探索后发区域优化环境促发展的路子。优化软硬环境以"一优带百通",中原已经成为汇聚全球资源、集聚高端产业的快速崛起的新兴经济增长板块。

（6）加快转变政府职能,持续提高政府工作水平。近年来,河南始终坚持以改革创新精神推进政府自身建设,深入持续推进"两转两提",以深化行政体制改革、创新行政管理方式、提升公务员能力素质为着力点,加快建设法治政府和服务型政府。大力弘扬焦裕禄精神,巩固第一批党的群众路线教育实践活动成果,扎实开展第二批教育实践活动,深入落实中央八项规定和省委省政府20条意见,全面加强党员干部道德修养,提升素质能力,切实转变工作作风。河南深入推进简政放权,大力倡导务实重干,坚持忠于职守、勤政为民,提高效率、改善服务,推动政府职能向创造良好发展环境、提供优质公共服务、维护社会公平正义转变。

二 使命担当,实现中国梦需要中原更加出彩

习近平总书记关于实现"两个一百年"奋斗目标、实现中华民族伟大复兴的中国梦需要中原更加出彩的指示,标注了中原崛起的新意蕴、新高度,我们要深刻理解和领会,将其转化为做好各项工作、促使中原更加出彩的自觉行动。

1. 从中国梦基本内涵看,需要中原更加出彩

实现全面建成小康社会、建成富强民主文明和谐的社会主义现代化国家的奋斗目标,实现中华民族伟大复兴的中国梦,基本内涵是实现国家富强、民族振兴、人民幸福。作为一个拥有13亿多人口的发展中大国,实现中国梦,必须坚持中国道路、弘扬中国精神、集聚中国力量。习近平总书记指出,河南是人口大省、产粮大省,又地处连接东西、贯通南北的战略枢纽,在中华文明发展进程中占有重要地位,做好河南改革发展稳定各项工作,责任重大。虽然河南已经成为全国重要的经济大省、新兴工业大省和有影响的文化大省,但人口多、底子薄、基础弱、发展不平衡,人均发展水平和公共服务水平低,农业人口比重大,城镇化率低于全国9.9个百分点,城乡居民收入低于全国平均水平,民生投入欠账较多,农业持续

增产、农民稳定增收难度增大。小康不小康，关键看老乡，河南这个农业、人口大省如期实现全面小康，就会有力支撑、促进我国全面建成小康社会，实现中华民族伟大复兴的中国梦。

2. 从科学发展新要求看，需要中原更加出彩

习近平总书记多次强调，要坚持以科学发展为主题，以加快转变经济发展方式为主线，以提高经济增长质量和效益为中心，增长必须是实实在在和没有水分的增长，是有效益、有质量、可持续的增长。改革开放以来，我国经济高速增长，创造了中国奇迹，但是也付出了不容忽视的代价，资源消耗偏大、环境污染严重、经济发展方式比较粗放、人民真正享受到的经济增长成果大打折扣。未来必须将居民收入、社会保障、生态环境等纳入考核体系，通过全面深化改革，使市场在资源配置中起决定性作用。近些年，河南经济发展保持良好势头，但与科学发展的新要求还存在着不小差距，产业结构不合理、服务业占比低于全国平均水平10个百分点左右、能源原材料及高耗能产业占工业增加值比重超过60%、科技创新能力弱，2013年全省研发投入占国内生产总值比重远低于全国平均水平。河南必须摒弃以往过度消耗资源的发展模式，持续探索不以牺牲农业和粮食、生态和环境为代价的"三化"协调、"四化"同步科学发展的路子，在更高起点、更高层次上推进科学发展。

3. 从世界经济新形势看，需要中原更加出彩

当前国际金融危机深层次影响仍未消除，新工业革命蓬勃兴起，全球竞争呈现新格局。改革开放以来国际产业资本与中国劳动力在沿海地区结合形成的出口带动发展模式正面临深刻转型。正如习近平总书记指出的那样，我们面临的机遇，不再是简单纳入全球分工体系、扩大出口、加快投资的传统机遇，而是倒逼我们扩大内需、提高创新能力、促进经济发展方式转变的新机遇，中国经济发展必须从以往过于依赖投资和出口拉动向更多依靠国内需求拉动转变，谋求在全球价值链中的新布局，加快向国内需求寻求新动力，向内陆纵深拓展新空间，赢得在经济发展上的主动和国际竞争中的主动。河南是人口大省，内需和消费空间潜力巨大，进出口规模快速增长，与世界经济的融合逐步深入，郑州航空港经济综合实验区围绕国际航空物流中心、以航空经济为引领的现代产业基地、内陆地区对外开放重要门户、现代航空都市、中原经济区核心增长极五大战略，依托"四港一体"综合交通网络，开启了河南全方位开放新时代，更加开放的中原正在为提高我国国际竞争力做出更大的贡献。

4. 从经济发展新常态看，需要中原更加出彩

习近平总书记指出，我国发展仍处于重要战略机遇期，我们要增强信心，从当前我国经济发展的阶段性特征出发，适应新常态，保持战略上的平常心态。当前，我国经济下行压力加大，正处在经济增长速度换挡期、结构调整阵痛期、前期刺激政策消化期三期叠加的阶段，我们不再简单以国内生产总值增长率论英雄，要以经济发展质量和效益提高又不会带来后遗症的速度实现经济的增长。近年来中央政府创新宏观调控，坚持宏观政策要稳、微观政策要活、社会政策要托底的思路，保持定力，不实施大规模刺激政策，不断释放内需潜力、创新动力和改革红利，经济的内在结构与增长质量向好的方向发展。当下的河南正处于爬坡过坎、攻坚转型的关键时期，传统优势产业支撑能力急剧下降，新的经济增长点尚未形成支柱。面对日趋激烈的国内区域竞争，河南要保持平稳较快发展，为经济转型和产业升级提供战略空间，工作难度明显加大。新的增长动力不能再从传统发展方式中来，只能从改革中来，从调整中来，从创新中来。要统筹处理好稳增长、促改革、调结构、惠民生、防风险的关系，以改革开放的主动、转变发展方式的主动、调整经济结构的主动，赢得发展上的主动、竞争中的主动。

5. 从区域发展新格局看，需要中原更加出彩

近几年，国家陆续出台区域发展规划，内陆地区多个城市群上升为国家战略，丝绸之路经济带、长江经济带发展规划正在酝酿，意在运用新地缘经济和新信息技术条件下的交通、物流和信息流等综合优势，推动内陆地区与沿海、沿边地区联动发展。习近平总书记强调，河南地处连接东西、贯通南北的战略枢纽，希望河南建成连通境内外、辐射东中西的物流通道枢纽，为丝绸之路经济带建设多做贡献。位于中国的心脏地带，河南的发展不仅仅是自身的问题，对全国发展大局也具有重要意义，国家对中原的五大战略定位提升了河南在全国区域经济发展格局中的地位，也让当下的中原肩负着国家在诸多领域先行先试、探索经验的光荣使命。河南要自觉担负起支持国家大局、推动河南发展的双重责任，加快构建覆盖中西部、辐射全国、连通世界的铁路、公路、航空、信息综合枢纽，实现服务全国大局与加快自身发展的有机统一。

6. 从中部崛起新阶段看，需要中原更加出彩

国际金融危机爆发以来，国内区域产业梯度转移明显提速，中部地区成为承接产业转移的重要载体。2009年10月《促进中部地区崛起规划》发布，中部六省立足自身比较优势谋划、完善、提升区域发展思路，鄱阳湖生态经济区、武汉城市圈、长株潭城市群、皖江城市带、山西省国家资源型经济转型发展综合配套改革试验区、中原经济区等陆续上升为国家战略，中部地区在全国区域发展格局中的地位稳步提升。习近平总书记指出，河南的发展在中部地区崛起中发挥了重要作用。近些年，河南抓住产业转移的战略机遇，积极谋划适应新阶段的发展思路，2011年中部地区第一个综合保税区新郑综合保税区建成运行，2012年郑州获批全国唯一综合性跨境贸易电子商务试点城市，2013年我国第一个航空港经济综合实验区上升为国家战略。2014年5月，国家发改委正式启动新十年促进中部地区崛起规划前期研究工作。河南的区位、交通、能源、人力资源等传统优势依旧明显，航空枢纽、对外贸易、新兴产业等新优势逐步强化，更应在促进中部地区崛起中发挥更大作用。

三 铭记重托，激发中原更加出彩的强劲动力

习近平总书记考察指导河南工作时强调，要坚持稳中求进工作总基调，紧紧围绕促进中部地区崛起，深化改革、发挥优势、创新思路、统筹兼顾，确保经济持续健康发展、社会和谐稳定，努力建设富强河南、文明河南、平安河南、美丽河南。我们要铭记习近平总书记的重托，激发中原更加出彩的强劲动力，扎实推进改革开放和现代化建设，加快中原崛起河南振兴富民强省进程，为服务国家全局做出更大贡献。

1. 进一步完善和提升思路，开拓科学发展新空间、新格局

习近平总书记在河南调研期间，对河南省的发展战略、发展思路、未来努力方向给予充分肯定和直接指导。我们要用习近平总书记重要讲话精

神审视、完善、提升河南工作思路,努力打造"四个河南",全面深化改革,加快形成发展新格局。要推动粮食生产核心区、中原经济区、郑州航空港经济综合实验区三大国家战略规划的实施,打好粮食生产的这张"王牌",抓好粮食生产、现代农业、城乡一体化发展"三重点"和高标准粮田"百千万"建设工程、农业产业化集群培育工程、都市生态农业发展工程、"三山一滩"地区群众脱贫工程"四个工程",着力打好以发展优势产业为主导推进产业结构优化升级、以构建自主创新体系为主导推进创新驱动发展、以强化基础能力建设为主导推进培育发展新优势、以人为核心推进新型城镇化这"四张牌",构建现代产业体系、现代城镇体系、自主创新体系三大体系,努力推动经济持续健康发展。在推动发展的过程中,要真心实意为人民谋求发展,让发展的成果惠及大多数群众。要以保障人民安居乐业、维护社会安全稳定"双安"为基本目标,以法治、德治"双治"为基本途径,以抓好基层、打牢基础"双基"为基本保障,创新社会治理方式,提升社会管理水平,促进民生改善、社会和谐。

2. 打造"四个河南",开创经济社会发展新局面

习近平总书记对打造"四个河南"的总体布局和努力方向给予充分肯定,同时提出了新希望、新要求。我们要深入推进"四个河南"建设,不断开创经济社会等各项事业发展的新局面。

(1)树立新理念、形成新思维,在推进"四个河南"建设中,切实改变过去重经济轻社会、重建设轻民生、重开发轻生态、重速度轻效益的思维定式和传统模式,更加注重经济增长的质量和效益,更加注重经济结构的优化和调整,更加注重创新驱动的引领和支撑,努力实现速度与结构质量效益相统一、经济发展与人口资源环境相协调。

(2)认识规律、把握规律、遵循规律,多调查研究、多集思广益、多科学求证,不断提高工作的科学性、系统性和有效性,努力做到不走错路、少走弯路,使"四个河南"建设的步伐越走越稳健。

(3)突出重点、统筹兼顾,既要立足当前,突出抓好经济发展、民生改善、生态环境建设等重点工作,努力解决影响经济社会科学发展的突出障碍和群众反映强烈的突出问题;又要统筹兼顾,做到"四个河南"建设的有机统一、协同共进;同时,还要着眼长远,加快推进结构调整和发展方式转变,深化改革开放,为"四个河南"建设奠定坚实基础。

3. 打好"四张牌",加快完善"三大体系、五大基础"

当前,我国经济发展的基本面没有改变,中央的各项决策部署没有改变。要立足河南实际,按照习近平总书记强调打好"四张牌"的要求,加快转变经济发展方式,提高经济整体素质及竞争力。

(1) 加快构建现代产业体系,坚持以发展优势产业为主导,以培育"百千万"亿元级产业为抓手,加快产业结构调整,推进产业结构优化升级,建设先进制造业大省和高成长服务业大省。

(2) 加快构建自主创新体系,坚持以构建自主创新体系为主导,因地制宜推进创新,把握好先进性和经济性、当前和长远、质量和规模的关系,加快科技创新、企业创新、产品创新、市场创新,推进创新驱动发展。

(3) 加快构建现代城镇体系,坚持以人为核心推进新型城镇化,把培育产业放在首位,促进农业转移人口进得来、落得住、转得出;推动大中小城市和中心镇协调发展,构建放射状、网络化城镇空间布局;推动中原城市群交通一体、产业链接、服务共享、生态共建的机制。

(4) 强化"五大"基础,强化以基础能力建设为主导,加强交通、信息、水利、能源、生态环境等重大基础设施建设,培育发展新优势。

4. 突出"四个着力",全面提升经济社会发展实际成效

"四个着力"是习近平总书记对新时期河南工作的新要求,也是新阶段推进河南发展的新任务。要切实把工作重点凝聚到"四个着力"的重点任务上来,真正把"四个着力"落实到行动上,体现在经济社会发展的实际成效中。

(1) 着力推动经济持续健康发展,继续统筹处理好稳增长、促改革、调结构、惠民生、防风险的关系,加快完善"三大体系、五大基础"。

(2) 着力做好农业农村农民工作,在提高粮食生产能力上开辟新途径、挖掘新空间、取得新突破。突出抓好"三重点""四工程",加快建设现代农业大省。

(3) 着力保障和改善民生,推动"双安""双治""双基":完善基层便民服务网络,解决服务群众"最后一公里"问题;完善基层民主决策机制，解决群众民主权利保障问题；完善矛盾排解化解机制，解决公平正义问题。要抓好就业、民生保障、信访稳定三件事，着力解决好教育、就业、社会保障、医疗卫生等关系人民群众切身利益的问题，努力让人民过上更好的生活。

（4）着力建设德才兼备的高素质执政骨干队伍，强化思想政治建设，增强领导班子执政能力。进一步完善干部考评和选任机制，树立正确的选人用人导向。加强基层组织建设，增强基层党组织的凝聚力和基层群众性自治组织的公共服务能力。

5. 深化改革开放，激发中原大地勃勃生机

在错综复杂的形势下解决河南经济社会发展的瓶颈制约和体制障碍，激发新的发展动力活力，让中原大地充满勃勃生机，关键在于深化改革开放。

（1）充分利用国家三大战略规划提供的先行先试权利，着力深化改革，积极扩大开放，加快形成改革开放的新格局。

（2）以敢闯、敢试、敢为人先的勇气和胆识，打破思维定式，突破利益固化的藩篱，不断开创改革发展新优势。要从时间表上选择最急迫的事项改起，从老百姓最期盼的领域改起，从制约经济社会发展最突出的问题改起，推出一些立竿见影的改革。对方向明、见效快的改革，属于地方可以操作的改革，要主动设定操作方案，及时向中央报批；对涉及面广、需要中央决策的改革，可以提前研究、做好准备；对认识还不深入但又必须推进的改革，要积极争取国家支持，大胆探索、试点先行。

（3）坚持对外开放基本省策，以开放促改革、促转型、促发展。要不断拓宽开放领域、创新招商方式方法、注重招商质量、完善开放平台，积极推进郑州航空港经济综合实验区建设，推动郑州商贸物流业朝着"买全球卖全球"的目标迈进。

我们要以习近平总书记两次调研指导为契机、为动力，努力开创各项工作新局面，在实现中华民族伟大复兴中国梦的历史进程中，使中原更加出彩，向党中央交上一份满意的答卷。

（原载《河南日报》2014年5月28日）

我国经济新常态对河南经济社会
发展的影响和对策

河南省社会科学院课题组[*]

习近平总书记提出的"新常态"重大战略判断，深刻揭示了我国经济发展阶段的新特征和新变化。河南在经济发展新常态大背景下要实现全省经济的科学发展，就必须科学认识新常态、主动适应新常态、积极应对新常态，转变发展思路，顺应宏观经济调控的变化和要求，主动作为，在调整中转型，在转型中升级，推动全省经济有质量、有效益、可持续的发展。

一 经济新常态的内涵和意义

过去30多年，我国经济曾经在一定时期内保持两位数和近两位数的增长。我国已经成为世界第二大经济体，经济总量巨大，生产要素的供给已经无法应对超高速的增长。同时，长期以来依靠制造业的粗放式发展对资源和环境带来明显的问题，经济增速回落到中高速的增长空间，更加符合经济增长的规律性，更具有可持续发展的动力。经济新常态的一个重要标志是，经济增速逐渐回落到中高速增长区间，这是一种可持续的经济发展速度。

---

[*] 课题组组长：喻新安、谷建全；执笔：赵然、武文超、王芳、石涛。

（一）经济新常态的内涵

何为经济新常态？2014年5月，习近平总书记在河南考察时指出："我国发展仍处于重要战略机遇期，我们要增强信心，从当前我国经济发展的阶段性特征出发，适应新常态，保持战略上的平常心态。在战术上要高度重视和防范各种风险，早作谋划，未雨绸缪，及时采取应对措施，尽可能减少其负面影响"。并于2014年7月29日在中南海召开的党外人士座谈会上，进一步指出"新常态"："要正确认识我国经济发展的阶段性特征，进一步增强信心，适应新常态，共同推动经济持续健康发展。"依据习总书记的概述，中国经济新常态，可以理解为是中国经济增长由高速步入中高速，急需调结构、改民生、增动力，机遇与调整并存，需保持平常心，树立自信心的重要战略机遇期。

1. 经济新常态之"新"，意味着与以往不同

新，就是国内经济发生了"新"的变化。

（1）中高速。经济增速换挡回落，从过去10%左右的高速增长期转入7%~8%的中高速增长期，是经济新常态的最基本的特征。

（2）优结构。在产业结构方面，第三产业逐渐成为产业主体，2013年我国第三产业（服务业）增加值占GDP比重达46.1%，首次超过第二产业；2014年上半年，这一比例攀升至46.6%。在需求结构方面，消费需求逐步成为需求主体，消费对经济增长贡献率自2006年以来首次超过投资。从2014年上半年数据看，最终消费对GDP增长贡献率达54.4%，投资为48.5%，出口则是-2.9%。在城乡区域结构方面，城乡区域差距逐步缩小，2011年末，我国城镇人口比重达51.27%，数量首次超过农村人口。随着国家新型城镇化战略的实施，城镇化速度将不断加快，城乡二元结构逐渐打破，区域差距也将逐渐拉近。在收入分配结构方面，居民收入占比上升，更多分享改革发展成果。改革开放30多年来，我国GDP年均增长9.8%，国家财政收入年均增长14.6%，而城镇居民人均可支配收入和农村居民人均纯收入年均增长分别仅为7.4%和7.5%。在新常态下，这种情况将发生改变。瑞士信贷2011年发布的报告预测，未来5年内，中国的工资收入年均增速将达19%，超过GDP增速。

（3）新动力。制造业艰难转型的现实表明，随着土地、资源、劳动力等要素价格的上升，依靠要素低成本驱动的方式难以支撑我国经济的持续发展，中国经济将从要素驱动、投资驱动转向创新驱动。1998～2008年，全国规模以上工业企业利润总额年均增速高达35.6%，到了2013年已降至12.2%，2014年1～5月仅为5.8%。制造业的持续艰难表明，随着劳动力、资源、土地等价格上扬，过去依赖"低要素成本"驱动的经济发展方式已难以为继，必须把发展动力转换到科技创新上来。

（4）新挑战。国内经济转型发展将面临诸多风险与调整，突出表现在地方债风险、楼市风险、金融风险。近年来，楼市风险成为社会关注的焦点。一直以来，我国经济运行继续保持在合理区间，但楼市风险、地方债风险、金融风险等潜在风险渐渐浮出水面。这些风险因素相互关联，有时一个点的爆发也可能引起连锁反应。

2. 经济新常态之"常"，意味着相对稳定

常，就是保持一颗平常心，面对风险，迎接挑战。

（1）认清经济发展的"常"态。当前国内经济发展步入中高速期，面临着调结构、促发展的关键期，这是世界各国经济发展的必然时期，是经济周期发展的"常"态，中国经济仍然有巨大的前景。

（2）认清经济发展的"常"情。"常"情就是国内经济在一段时间内会处于"三期叠加"的痛苦期，发展需要一定的时间，这是当前国家经济发展的基本国情，必须着眼于这个"常"情谋划发展。

（3）保持"常"自信心态。中国的发展处于重要的战略机遇期，同时面临着经济放缓、消化产能过剩任务繁重、内生动力不足等诸多困难，尤其是面临增速换挡期、转型阵痛期、改革攻坚期的"三期叠加"的关键期，宏观调控难度进一步加大，要看清国内经济发展的良好态势，对国内经济发展充满自信心。

（4）要敢于、善于抓住机遇。目前，我们拥有"四化"融合的巨大动力、突飞猛进的技术创新、广阔的城镇化空间，巨大的劳动力潜力、土地潜力、资本潜力，需要跟得上时代步伐，继续发扬敢为人先的精神，就能够抓住机遇，实现新一轮的创新大发展。

（二）经济新常态的意义

经济新常态是一个内涵丰富、具有深意的重要表述，是国家首次以"新常态"来描述当前处于周期发展中的中国经济，深刻认知了国内经济的发展态势，并提出了相应的发展策略，具有十分重要的现实意义。

1. 新常态，利全局

以中高速、优结构、新动力、多挑战为主要特征的"新常态"，是党中央对经济社会发展阶段做出的新判断。"新常态"必然带动深刻变革。思想是行动的先导，新常态的科学内涵，有利于应势而动、因势而谋，增强化危为机的本领，为全面深化改革赢得先机。

（1）精准判断国内经济的发展形势，为经济改革发展提供了现实国情。当前国内经济处于重要战略机遇期，各种政策决策的设定都必须基于这个基本国情，因地制宜，谋定而动。

（2）新常态下的经济发展战略，既要勇于面对挑战，更要把握机遇，保持平常心，增强自信心，推动经济持续健康发展。

2. 新常态，利经济

中国的改革开放已经全面进入一个新的阶段。在支撑长期高速增长的人口红利、土地红利等日渐式微时，我们唯一的出路仍然是改革不停顿、开放不止步，继续向深化改革、扩大开放要动力，以改革开放红利开启一个提质、增效、升级的经济发展新阶段。在新常态下，通过技术创新等多种方式，经济发展更加健康。

（1）经济增长将更平稳。"旧常态"下，经济增长更多依赖投资和出口，出口需求受外部环境影响会经常变化，投资需求也会随着经济周期出现过热过冷的波动。而新常态下，更多依赖消费拉动的经济增长将相对稳定，周期性波动的波幅会明显缩小。

（2）物价将更稳定。经济平稳增长带来的后果之一就是物价相对稳定。比如，物价在 2012 年和 2013 年仅上涨 2.6%，今年上半年更是仅上涨 2.3%。

（3）经济质量将提高。新常态下，随着资源环境约束强化、中国经济转向创新驱动，经济增长的质量和效益将成为企业和社会追求的更高目标。

3. 新常态，利民生

在新常态下，中国的民生工程将更加深入，居民的民生福利水平将会显著提高。

（1）就业更加充分。在新常态下，随着第三产业占比的扩大，劳动力的吸纳水平将显著提升，可以有效改善就业状况。

（2）收入更加均衡。在新常态下，通过多种方式增加边际消费倾向更高的低收入者收入，同时，通过税率等多种方式实现向低收入者倾斜，优化收入分配结构。

（3）社会保障更加完善。在新常态下，国内的医保、社保覆盖体系将得到显著优化，居民的社会保障权益将得到进一步的巩固，经济福祉逐步走向包容共享型将是长期趋势。

二 新常态对于河南经济发展的影响分析

经济新常态是我国经济发展进入新阶段的高度概括，新常态将从方方面面影响我国经济的发展。经济新常态下的新发展目标、发展环境、发展思路对于处在全国发展大局中的河南将产生重要的影响。

（一）经济新常态对于河南经济发展的影响

中国经济新常态对于河南经济发展的影响，主要从以下四个方面进行概括。

1. 新增长目标

经济新常态最基本的特征就是经济增速换挡回落，由过去的高速增长转变为中高速增长。这是中央对于我国经济发展进入新阶段的一个重要的战略性判断。从统计数据来看，自1978年改革开放起，我国经济增长速度30多年来一直维持在10%左右甚至更高的水平上（见图1），但是在20世纪90年代初日本地产泡沫崩溃和1998年亚洲金融危机期间也出现短期的增速下滑。单从数据上来看，2012年以来我国经济增速下滑到7.5%左右的情况在过去并不是没有出现过。所以说，"经济新常态"的提出，说明中央从我国经济发展全局进行了战略性研判，认为我国经济从中长期来看已经进入新的发展阶段,将经济增长目标从高速增长调整为中高速增长。

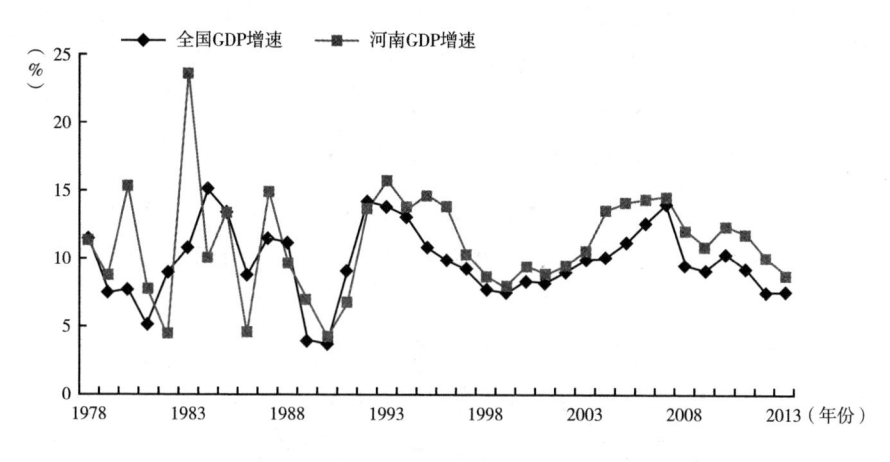

图1　1978年以来全国和河南的GDP增速

从河南来看,1993年以来一直维持略高于全国平均水平的增长速度。尤其是2004年以来,多数年份都处在高于全国平均水平2个百分点左右的增长速度。进入经济新常态以后,河南的经济增长必将伴随全国经济同步放缓,进入中高速增长阶段。目前,一些政府部门和学者认为,在经济新常态下我国经济增长将会维持在7%~7.5%的水平。对于河南来讲,我国东中西产业梯度发展和河南推进新型城镇化的需求将有助于河南继续保持略领先于全国平均水平的发展速度。我们认为,从目前到2020年,河南省的GDP增长目标将在8.5%~9%。如果从2014年起保持这一增速,那么河南将在2018年实现GDP比2010年翻一番,提前完成党的十八大制定的"两个翻番"的目标。2013年年底,河南省GDP总量占全国的5.7%,假定全国和河南的GDP增速分别维持在7.5%和8.5%,那么到2020年年底,河南的GDP将占全国的6.1%左右。

2. 新调控环境

(1) 新的经济增长目标将引起宏观调控环境的变化。进入经济新常态,我国政府不仅调整了经济增长目标,而且在宏观调控的理念方面也发生变化。具体来讲,主要表现为两个方面。一是在宏观经济指标的调控方面提出了既坚持底线思维,又坚持战略思维。一方面要避免经济出现大波动的风险，稳住保增长的下限，控制通货膨胀的上限；另一方面要摆脱对经济指标的过度追求，坚持区间调控，在能够充分就业和物价变化不给人民生活带来大影响的前提下，GDP增速和通货膨胀数据只要处在合理区间，"高一点、低一点都是正常的"。二是在经济政策的调控方面更加注重转方式、调结构。不搞"大水漫灌"式的刺激政策，既要坚持定向调控，抓住经济结构中的关键领域和薄弱环节进行"喷灌""滴灌"，调控发力更准；又要坚持"统筹调控"，统筹稳增长、促改革、调结构、惠民生。

（2）国家宏观调控思维转变将对河南经济发展产生重要影响。要适应这样的转变，大致要从以下几个方面入手：一是贯彻中央"区间调控"和"底线思维"的调控意图，不搞大面积刺激性政策，在保证增长底线的同时，摆脱对经济指标的过分关注。二是将发展重点从单一的经济增长转移到全面深化改革、激发市场主体活力、经济结构调整、产业转型升级、新型城镇化和提高民生水平等方面上来。三是积极研究和把握中央的政策意图，在全国经济结构转变过程中的关键领域和薄弱环节争取中央支持，如农业基础设施建设、产业转移、重要交通工程、新型城镇化、节能减排，以及医疗文化教育等民生工程方面。

3. 新发展方式

在经济新常态的发展阶段，我国经济的潜在增长率下降，进入中高速增长阶段。人口结构变化、要素成本上升，会倒逼经济结构优化升级、发展转向创新驱动，实现质量和效益提高的增长，没有水分的增长。未来我国经济发展将更加注重五个方面的转变：一是不断推进经济结构优化升级，提升发展的质量和效益；二是通过改革激发市场活力，释放新的红利；三是以创新作为中国发展的新引擎，打造新增长点和驱动力；四是不断扩大开放，推动国际交流和区域合作；五是城乡区域差距逐步缩小，发展成果惠及更广大民众。

河南是中国发展的缩影，在经济社会快速发展过程中自身问题和矛盾不断凸显。产业结构层次偏低，土地资源环境约束加大，城镇化率相对滞后，人口优势不能有效转化为发展动力，居民收入水平偏低等问题一直制约着河南经济社会的持续健康发展。在经济新常态下，河南要适应全国整体发展思路的转变，瞄准经济发展中的关键问题和症结，推动经济结构优化升级，使产业结构、需求结构、城乡区域结构、收入分配结构等方面不断改善，经济发展方式更加集约节约，质量更好、结构更优；加快简政放权，积极推动财税改革、价格改革、国企改革等重点领域改革，不断激发市场经营主体活力；加快科技创新和体制机制创新，以创新提升产业发展的层次和水平；坚持提高开放水平，利用丝绸之路经济带和郑州航空港经济综合实验区的发展机遇提升开放层次；坚持科学推进城镇化，实现城乡一体发展，加快社会事业发展，提高居民生活水平。

4. 新竞争动力

过去，在我国的经济发展过程中，区域之间的竞争主要比拼的是地方性优惠政策，比拼的是项目、资金、人力等资源投入。在经济新常态下，我国经济发展的宏观环境和战略思维将发生重大变化，因此区域间的竞争动力也将随之出现变化。未来我国区域间的竞争将主要体现在三个方面。

（1）比改革，比市场活力。新常态下我国宏观调控将更加强调区域协调发展，不搞"大水漫灌"式的刺激政策，不再以资源的投入作为发展动力。在这种情况下，谁改革做得及时、做得深入，谁在体制机制创新方面走在前面，谁就能够更好地完善政府职能、提高市场配置资源效率、激发市场主体活力，也就能够在新一轮的区域竞争中脱颖而出、占据先机。

（2）比禀赋，比区域特色。我国幅员辽阔，地区与地区之间有着不同的产业基础、资源环境、人文和地理等方面的禀赋，而禀赋和区域特色是一个地区发展的基础和先决条件。在改革开放的初期，我国的东部和东南沿海城市凭借优越的地理优势，率先进行改革，并在全国经济发展中走在了前面。河南是我国第一人口大省，有着丰富的人力资源和广阔的市场，是全国重要的交通枢纽，同时还是我国重要的经济大省、农业大省、新兴工业大省和有影响的文化大省。未来如何发挥河南的禀赋优势和区域特色，将成为参与区域竞争的关键。

（3）比战略，比发展思路。一个地区的发展离不开正确的思路和战略。河南要深刻把握自身阶段和发展规律，紧抓三大国家战略和产业区域性转移的机遇，着力调结构、促改革、惠民生，利用好新兴经济业态，发挥交通枢纽地位和文化资源优势，科学推进新型城镇化，重塑河南在区域发展新棋局中的战略地位优势。

（二）经济新常态下河南经济发展面临的机遇和挑战

进入经济新常态，全国经济增速放缓的情况下，区域间发展将逐渐出现分化，河南经济搞好了可以弯道超车，提升区域发展水平和地位，搞不好也可能被发达地区甩得更远。因此，新常态下既存在大好机遇，又有着诸多挑战。

1. 面临的机遇

河南面临的机遇主要有以下几个。

（1）三大国家战略的实施和丝绸之路经济带的提出为河南发展提供了关键平台。

（2）我国东中西的产业梯度转移为河南产业转型升级提供了发展机遇。

（3）互联网信息技术、金融业和商贸物流业的融合发展产生了大量新兴经营业态和商业模式。

（4）航空、高铁等新型现代交通方式的发展为郑州打造国家重要的综合交通枢纽带来了良好机遇。

2. 面临的挑战

河南经济面临战略机遇的同时，挑战也与之并存。

（1）改革进入深水区的现实对河南全面深化改革提出了更高要求。

（2）宏观经济处于"三期"叠加，问题和矛盾交织，房地产风险、地方债务风险、金融风险等隐患有所显现。

（3）土地、资源和环境的制约日益严重。面对种种机遇和挑战，河南经济要坚持走"三化协调、四化同步"的发展道路，坚持全面深化改革，不断优化经济发展结构，为实现中原崛起、河南振兴、富民强省总目标努力奋斗。

三 新常态下实现河南科学发展的对策建议

习近平总书记提出的"新常态"重大战略判断，深刻揭示了我国经济发展阶段的新特征和新变化。河南在经济发展新常态大背景下要实现全省经济的科学发展,就必须科学认识新常态、主动适应新常态、积极应对新常态,转变发展思路,顺应宏观经济调控的变化和要求,主动作为,在调整中转型,在转型中升级,推动全省经济有质量、有效益、可持续的发展。

(一) 转变观念,树立发展新思路

所谓新常态是不同以往的、相对稳定的状态,是一种趋势性、长期性、不可逆的发展状态。新常态对河南经济社会发展的影响是正面、积极的,将有利于民生改善和经济发展,有利于加快转变发展方式、调整经济结构,继续保持较长时期的中高速增长。新常态既是对我国经济发展阶段新变化的全新判断和总结,更是对传统经济发展思路、决策思维的反思,从新常态视角,看待河南经济形势也是如此。我们不能再以传统的思维来进行相关决策和治理,必须树立"新常态"思维和发展思路。具体来说,"新常态"思维下的新思路强调以下几个方面的转变:一是必须正确认识我国经济已经步入一个不可逆的新常态阶段,河南也是如此。这个新的发展阶段最直接的反映就是经济增长速度换挡,我们要摒弃"速度情结""换挡焦虑",保持平常心,主动研究、主动适应和主动应对。二是必须摒弃经济发展决策的传统思维,彻底走出 GDP 增长高于一切的思维惯性和路径依赖,将转方式、调结构放在更加突出的位置,不能寄希望于政府通过强有力的调控政策来刺激经济增长。三是必须强调通过改革来释放经济发展活力,培育经济发展的持久动力,增强经济发展后劲,使经济发展走上转型升级、提质增效的新路子。

(二) 优化结构,增强发展新优势

加快经济转型升级是实现科学发展的必由之路,更是事关未来的重大抉择,在经济新常态下,转方式、调结构的要求显得更为迫切。长期以来,河南在经济发展过程中一直沿用粗放型的发展模式,目前我们已经认识到,这种传统的粗放型的发展模式难以为继。对于河南来说,适应新常态的过程,也就是转变发展方式、调整经济结构的过程,在经济增速换挡的背景下,必须坚持不懈地在发展中促转型,在转型中抓发展,使优化结

构、转型升级成为"新常态",增强河南发展新优势。

1. 实现从要素驱动、投资驱动向创新驱动发展转型

要素供给的减少、成本不断抬升以及技术模仿空间被挤压,决定了过去依靠低要素成本驱动的经济发展方式已难以为继,我们必须接受低要素成本比较优势的逐步丧失,摒弃浪费资源、破坏环境的资源开发模式,追求基于创新的适度增长和稳定发展。

2. 实现由低成本竞争向质量、品牌竞争转型

以构建现代产业体系为目标,着力推动高成长性产业与优势主导产业、制造业与生产性服务业的良性互动,推动信息技术向工业、服务业全面嵌入,高度重视质量和品牌建设,大力培育名品、名牌、名企、名才、名家,提升产业整体综合竞争力。

3. 更加重视消费需求

要着力拓展内需市场,提升居民消费能力,培育新的消费热点,使消费成为需求增长的主体,实现内外需并重。

(三) 深化改革,拓展发展新空间

持续深入推进改革开放,是应对新常态、实现经济持续健康发展的关键环节,而经济进入新常态,意味着改革开放也进入一个全新的阶段。当前,河南深化改革的重点任务也要适应经济发展新常态的要求,注重通过问题导向的改革,破除经济发展面临的障碍和梗阻,拓展经济发展的新空间,使河南的经济焕发出新的生机和活力。

1. 从问题导向出发,全面深化重点领域和关键环节的改革

随着三大国家战略的深入推进,河南应该大胆先行先试,大力推进行政体制、财税体制、金融体制、价格机制、户籍制度、土地制度以及国有企业等重点领域的改革,继续释放改革红利,为新常态时期促进全省经济社会的科学发展积累经验。

2. 坚定不移地实施开放带动战略

河南地处内陆,开放型经济发展仍处于较低水平,为更好地促进新常态下河南经济的发展,必须充分利用国际国内两个市场、两种资源,以郑州航空港经济综合实验区建设为抓手,不断拓展新的开放领域和开放空

间,不断优化区域开放发展结构,在对外开放的广度和深度上实现新的突破。

3. 细化完善工作方案,贯彻落实好深化改革的各项决策部署

要认真研究并把握已出台的各项改革政策措施,依据省情制定出台相关配套政策,不折不扣地予以全面贯彻落实到位,打通政策落地的"最后一公里",充分激发市场活力和社会创造力,为发展赢得先机。

(四) 创新驱动,构筑发展新动力

创新驱动是加快转变经济发展方式"最根本、最关键"的力量,要把创新驱动战略摆在发展全局的核心位置,使创新贯穿于全省经济社会发展各个环节和全过程,把提高自主创新能力作为当前和今后一个时期转型升级的主要任务,着力激发创新活力,营造创新环境,在创新中推动转型发展,以创新构筑经济社会发展的新动力。

1. 切实增强全省的自主创新能力

始终把基础前沿、关键共性、社会公益和战略高技术研究作为重大基础工程来抓,强化创新驱动源头供给;坚持把促进产业转型升级作为主攻方向,推进产业链、创新链、资金链有机融合,提升产业竞争力;加快重大科技创新平台、创新载体和区域创新体系建设,并以此引领和推进产品创新、品牌创新、产业组织创新、商业模式创新等。

2. 着力深化科技体制改革

深化科技体制改革的核心是强化企业技术创新主体地位,加快构建以企业为主体、市场为导向、产学研相结合的技术创新体系,同时完善科技创新管理,优化科技政策供给,促进创新链、产业链和市场需求有机衔接,形成推进创新的合力。

3. 加强创新型人才队伍建设

始终把人才资源开发摆在科技创新最优先的位置,遵循人才成长规律,注重人才的培养与引进相结合,加强人才服务体系建设,不断完善创新团队和创新人才队伍,真正发挥科技人才在创新中的核心要素作用。

4. 营造开放协同高效的创新生态环境

通过完善科技创新基础条件和平台,健全科技创新基础制度,强化科

技资源开放共享,扩大科技开放合作等政策措施,营造一个适宜创新的生态环境,进而激发全社会创新创造活力。

(五) 完善市场,激发发展新活力

市场决定资源配置是市场经济的一般规律。党的十八届三中全会提出,"紧紧围绕使市场在资源配置中起决定性作用深化经济体制改革"。这句话,是未来我国经济政策的主线,也是国家治理体系与治理能力现代化的主线。面对新形势,充分发挥市场的决定性作用,是河南省长期以来经济工作实践经验的总结,更是一种新常态,更是一种新活力。充分发挥市场的决定性作用,核心是要处理好市场和政府的关系,重点是要加快培育市场主体,根本是要激发市场活力,关键是要加快完善市场体系。

1. 从战略上高度重视现代市场体系的健全和完善

要结合依法治国的实施,树立法治思维,把做好完善市场体系、加强社会经济治理基础建设当成各级政府的战略任务,坚决打破阻碍市场发展的制度藩篱,加快建立统一开放、竞争有序的现代市场经济体系。

2. 处理好政府与市场的关系

政府的角色应转变为经济活动的掌舵者、宏观经济健康稳定的维护者、市场缺陷与失灵的弥补者与调控的监管者。要进一步深化简政放权改革,充分发挥供求机制和竞争机制的作用,完善主要由市场决定价格的机制,依靠市场调节资源配置,真正让资源活起来。

3. 创新宏观调控思路和方法

要更多地遵循市场规律,学会驾驭市场规律,让市场发挥其决定性作用,尽量少地采取政府行政手段来干预经济。具体来说,除了原有的总量平衡外,结构调整、预调微调、防范风险和稳定预期都将成为宏观调控的"新常态"。政府部门应着力增加公共产品有效供给,夯实发展的微观基础,优化市场环境,让市场主体真正放开手脚,激发企业和社会活力,让一切创造财富的活力竞相迸发。

(六) 健全制度,挖掘发展新潜力

经济发展步入新常态,其表象是经济增速出现换挡,究其原因是原有

发展方式已经越来越不适应经济增长的阶段性变化，从根本上讲，是决定发展方式的体制机制转变过于滞后。体制机制引导市场主体行为，形成相关利益格局，决定经济发展方式。在新常态下，我们只有不断加强制度建设和制度创新，积极探索有利于资源合理配置、有利于激发民间与市场活力的制度安排，才能破除原有发展方式赖以存在的体制安排和利益结构，释放经济发展的制度红利，为适应经济新常态，实现全省更高效率更好效益的发展创造条件。为此，河南应围绕重要领域和关键环节找准突破口，加快构建充满活力、富有效率、更加开放的体制机制，着力形成新常态下有利于河南科学发展的制度体系。

下一步，要在深化行政管理体制改革、建设服务型政府上取得突破，加强公共品供给和社会治理机制建设，转变政府职能，改善政务环境和政治生态环境；要加强对接国际新格局的开放型经济体制建设，大力改善投资环境，形成进得来、留得住、发展得好的软硬环境；要健全适应市场经济的现代企业制度，激励企业成为真正的市场主体，着力激发民营经济的活力；要健全资源环境价格制度，建立资源环境价格形成机制和环境污染的价格补偿机制，提高资源的利用和环境保护双重效应；要注重对自主创新激励制度的创新，特别是知识产权保护制度的创新，同时还要加快建立健全自主创新的资金投入、划分与使用保障，创新人员的激励和管理以及自主创新产品的投融资和采购等制度。

（原载《呈阅件》2014 年第 20 期）

河南省全面深化改革综合研究报告

河南省社会科学院课题组[*]

党的十八届三中全会以来,河南积极主动有序推进全面深化改革,取得了初步成效,形成了全面深化改革的良好开局。但也存在着诸如改革信心尚未完全确立、等待观望现象普遍存在、工作方法上热衷于"大呼隆"、改革的问题导向和针对性不强、部门利益之争严重、改革的地方特色不明显等突出问题。作为中部大省,河南下一步全面深化改革,要准确把握改革的总体趋势与基本取向。既要遵循中央统一部署,又要立足基本省情,凸显河南特色,从尊重市场规律、突出问题导向、打破部门利益、重视法治建设、务求改革实效等方面出发,采取切实可行的政策措施,扎实推进全面深化改革,为实现中原崛起、河南振兴、富民强省的总目标清除体制机制障碍,奠定良好的制度基础。

一 十八届三中全会以来河南省全面深化改革的总体判断

党的十八届三中全会对新一轮改革做出总体部署,开启了全面深化改

---

[*] 课题组长:喻新安、谷建全;执笔:郭小燕、左雯、赵执。

革的新阶段。河南省对全面深化改革工作高度重视,在服从中央统一部署的同时,从河南实际出发,把握"两个条件"的工作思路,构建"三层推进"的工作机制,坚持全面深化改革与教育实践活动整改,根据中央巡视组反馈意见进行"三改合一",既加强整体谋划,又突出改革重点,积极主动有序推进全面深化改革,改革工作取得了初步成效,形成了全面深化改革的良好开局。

(一) 全面加强了组织领导

为确保全面深化改革扎实有序进行,河南省高度重视,成立了高规格的改革领导机构,全面加强组织领导。2014年2月,河南省委成立了全面深化改革领导小组,由河南省委书记郭庚茂担任组长,领导小组负责河南改革的总体设计、统筹协调、整体推进和督促落实。领导小组下设4个专项小组,主要负责抓好选题、搞好调研、拟订方案、协调推进、推动落实。根据全面深化改革的工作需要,8月,河南省委全面深化改革领导小组又印发了《中共河南省委全面深化改革领导小组专项小组及专题小组设置方案》,将原4个专项小组调整为经济体制改革、党风廉政建设制度改革、司法和社会体制改革、党的组织建设制度改革、农村改革、行政区域管理体制改革、文化体制改革、推动人民代表大会制度与时俱进、推进完善协商民主制度改革9个专项小组。9个专项小组下设47个专题小组,具体负责近期改革任务的推进落实和本领域其他改革事项的推进落实。各市以及省直各部门也相继成立全面深化改革领导小组和办公室,全省全面深化改革组织领导和推进体系初步形成。目前,河南已先后召开四次省委全面深化改革领导小组会议、省委九届七次全会专门安排部署全面深化改革工作。

(二) 研究出台了多项政策文件

全面深化改革,需要相应的政策和制度保障。党的十八届三中全会以来,河南出台了多项政策文件,形成了较为完善的政策体系。在2014年3月召开的省委九届七次全会上,省委出台了《中共河南省委关于贯彻党的十八届三中全会精神全面深化改革的实施意见》《中共河南关于贯彻〈中央有关部门贯彻落实党的十八届三中全会决定重要举措分工方案〉的责任分工意见》《河南省全面深化改革第一批重点改革事项》，形成了河南省全面深化改革的"1+2"格局。2014年8月，河南省委全面深化改革领导小组又印发了《中共河南省委全面深化改革领导小组督办的近期重点任务》指导近期改革工作。在重点改革领域和具体专项改革事项方面，先后出台了多项改革意见，如《河南省人民政府关于深化户籍制度改革的实施意见》《中共河南省委、河南省人民政府关于进一步深化国有企业改革的意见》《河南省深化财税体制改革实施方案》《河南省人民政府关于推广运用政府和社会资本合作模式的指导意见》《河南省人民政府办公厅关于推进政府向社会力量购买服务工作的实施意见》《河南省人民政府关于促进市场公平竞争维护市场正常秩序的实施意见》等。

（三）明确了全面深化改革的方向和重点

全面深化改革涉及领域宽，改革内容多，必须要统筹兼顾，有重点、有步骤地分批次推进。为此，根据《中央全面深化改革领导小组2014年工作要点》和《中共河南省委关于贯彻党的十八届三中全会精神全面深化改革的实施意见》，河南省委全面深化改革领导小组围绕解决影响经济社会科学发展的突出障碍和群众反映强烈的突出问题，于2014年3月出台了《河南省全面深化改革第一批重点改革事项》，明确了第一批9个方面35条重点改革事项。目前各有关方面正在按照省委部署，积极有序推进，上半年已陆续出台各类改革意见、改革方案36项。为进一步聚焦重点领域和关键环节，突出关键性、体制性、实效性、准确性、可行性，河南省委全面深化改革领导小组在抓好第一批35项重点改革事项推进落实的基础上，进一步聚焦重点领域和关键环节，于2014年8月又出台了《中共河南省委全面深化改革领导小组督办的近期重点任务》，近期重点任务共29项，主要内容可以概括为"一跟进、两聚焦"。"一跟进"，就是抓好中央已出台的重点改革事项跟进落实；"两聚焦"，即是聚焦影响经济社会发展的突出障碍深化改革，聚焦群众反映强烈的突出问题深化改革。"近期重点任务"要求2014年年底形成一批阶段性成果，是河南省推进全面深化改革的重点任务，也是省委全面深化改革领导小组指导推动全省改革工作的重要抓手。

（四）有序推进了重点领域的改革

党的十八届三中全会以来，河南省把握"两个条件"（即职责权限、实践条件）的工作思路，坚持全面深化改革与教育实践活动整改，根据中央巡视组反馈意见进行"三改合一"，积极主动谋划和推出了一系列符合中央要求、具有河南特色的改革举措，推进了一些重点领域和关键环节的改革取得较大突破。例如，在郑州航空港综合经济实验区建设方面，赋予其省级权限范围内的的改革试验权，打造全省深化改革、体制机制创新的示范区，突出"凡是省级权限内的都可以先行试验"，完善航空港实验区"扩权"机制，并深化"大通关"体系建设、金融和投融资制度创新等专项配套改革。在省直管县（市）体制改革试点方面，在调整政府管理体制，推进10个试点县（市）简政放权的基础上，调整党委、人大、政协等工作体制，全面实行了由省直接管理的体制。在新型城镇化体制改革方面，出台了《河南省人民政府关于深化户籍制度改革的实施意见》，启动了省级新型城镇化综合改革试点，在巩义、禹州、西华启动了县（市）城乡总体规划，即"三规合一"试点。在专项国家改革试点方面，郑州、南阳进入全国生态文明示范区建设试点；洛阳、漯河进入全国养老服务业综合改革试点；洛阳、新郑、禹州、兰考进入国家新型城镇化综合试点；永城获批国家级农业改革与建设试点示范区。在国有企业改革方面，确定了三项国有企业改革试点，即省级发展混合所有制经济工作试点、职业经理人市场化选聘试点、组建国有资本投资公司试点。在群众反映的突出问题方面，出台了《河南省人民政府关于全省交通运输行政执法体制改革的意见》着力解决乱设站卡、乱罚款、乱收费等公路"三乱"问题，建设全省公共就业综合信息服务网络着力解决特殊群体的就业难问题，出台《河南省城乡居民基本养老保险制度实施意见》解决城乡养老保险"双轨制"问题等。

（五）形成了较为完善的工作推进机制

河南省委全面深化改革领导小组第一次会议通过了《中共河南省委全面深化改革领导小组工作规则》《中共河南省委全面深化改革领导小组

专项小组工作规则》《中共河南省委全面深化改革领导小组办公室工作细则》，初步形成了全面深化改革的工作机制。为进一步推进全面深化改革，河南省委全面深化改革领导小组又印发了《中共河南省委全面深化改革领导小组专项小组及专题小组设置方案》，构建起领导小组、专项小组、专题小组"三层推动"的工作架构。领导小组主要负责总体设计，对于重大改革问题组织深入研究，把握改革事项推进的节奏和步骤，使相关改革协同配套、整体推进；专项小组主要负责研究相关领域重大改革问题，协调推动有关专项改革政策措施的制定和实施；专题小组具体负责改革事项的推进落实。通过三层架构有分有合，进一步明确了各方面的责任分工，调动了方方面面的积极性，提高了工作效率，形成共同推进改革的工作合力。此外，为了督促加快改革步伐和将改革落到实处，对于重点改革事项实施台账管理和项目负责制，加强督促检查，逐月通报推进落实，落实缓慢的项目牵头部门将被通报批评。这表明全面深化改革步入轨道，组织架构和工作机制初步建立，改革工作开始常态化运行。

二 当前河南省全面深化改革面临的突出问题

党的十八届三中全会以来，河南坚定有序地推进全面深化改革，取得了初步成效。但是我们要清醒地看到，目前河南改革还处在初入轨道的阶段，存在诸如改革信心尚未完全确立、等待观望现象普遍存在、工作方法上热衷于"大呼隆"、改革的问题导向和针对性不强、部门利益之争严重、改革的地方特色不明显等突出问题。随着改革的持续推进，前行道路上遇见的困难和障碍将会越来越多。必须进一步提高认识，以更大的勇气、更高的智慧解决影响改革发展的突出难题，坚定不移地推进改革创新。

（一）对全面深化改革的信心尚未完全确立

坚定信心是顺利完成全面深化改革任务的关键，当前河南省的改革还处在初入轨道阶段，干部群众和社会各界对全面深化改革的信心尚未完全确立。这首先表现在一部分干部改革的决心不够强。比如存有畏难情绪和求稳怕变思想，在触及深层次矛盾和重大利益调整时，采取"能拖就拖、能推就推、能躲就躲"的办法，害怕承担改革风险和责任；存有敷衍应付、浅尝辄止的虚浮作风，将一些亟须推进的工作停留到空喊口号上、停留到文件和会议上，各项措施落实不到位，甚至搞"移花接木、以点带面"，致使改革进度缓慢，成效大打折扣。其次，社会各界对改革的信心不足、预期不高、动力不大。当前改革的步伐越来越大，出台的政策措施也越来越深，但由于当前改革中许多政策措施是在各类闭门会议上敲定的，大多数民众只能眼盯报纸、电视、网络等待会议结果，看决议、实施意见等如何决定自己的命运。久而久之，群众认为改革就是各级政府的事、是领导干部们的事，越发失去了参与改革的积极性和主动性。比如像国企改革等与千千万万职工生活密切相关、需要以壮士断腕的决心去突破利益固化藩篱的改革，进程缓慢且政策模糊。广大民众对其逐渐产生疑虑、失去信心，认为涉及部门利益、官员利益的改革总是"雷声大、雨点小"，终究会流于形式，因而对其不抱乐观预期。随着河南省全面深化改革向纵深持续推进，毋庸置疑会遇到不少"拦路虎"。面对前行道路上的各种艰难险阻，信心和勇气比黄金还要重要。全省上下只有深化对全面深化改革的认识，坚定广大干部群众投身改革的信心和决心，凝聚共识形成合力，才能扎扎实实地推进改革的各项具体工作。

（二）等待观望现象普遍存在

2014年是全面深化改革的开局之年，中央自年初开始密集出台了一系列深化经济体制改革的举措，省里深刻领会、吃准吃透中央精神，结合河南实际扎扎实实地推进改革的各项工作。但是，部分单位或部门在推进改革时过于强调"不抢跑"，缺乏改革的积极主动性，存在着等待观望、坐等中央指示的现象。例如，在全省事业单位改革方面，相对于文化单位转企改制工作的顺利推进，学校、科研机构、医院等事业单位的改革则停滞不前。河南完全可以在全省范围内分类选取试点单位，从取消内设机构行政级别等方面着手，主动探索推进事业单位去行政化改革。另外，随着河南新一轮国企改革的开启，如何避免国资流失成为各方关注的焦点。省里应加强调查研究，制订方案，出台措施，强化对国有企业改革的规范和监督管理，防止"空壳企业""举债公司"的产生，有效保护国有资产的安全。此外，一些地方和基层对贯彻落实改革举措不够积极主动，存在等待观望、梗阻、方案难落地等现象。尤其是现在有相当一部分基层领导干部，认为这次改革是"自上而下"的顶层设计，只要按照中央、省委、市委的决策部署落实就行。面对眼前盘根错节的矛盾问题，抱着等一等、拖一拖的观望心态，试图等中央和省里明确方法和路径后，再来照搬照抄，照章办事。当前这些地方和基层对改革持有"等待观望"的态度，不仅会制约地方和基层的探索改革空间，还会使顶层设计的贯彻落实遭遇"梗阻"，难以落地真正见实效。拖延等待只会贻误战机，我们只有以更大的政治胆识和智慧争得改革先机，不让人民群众的希望、信心和热情在一次次等待中消磨殆尽，才能赢得发展良机。

（三）在工作方法上热衷于"大呼隆"

2014年伊始，为贯彻落实党中央《决定》精神，坚决主动有序推进河南全面深化改革，加快中原崛起、河南振兴、富民强省，河南省先后出台了一系列措施，涉及方方面面的改革，范围比较全面。但是其中一些事项并不涉及体制机制问题，属于常规性的工作。由此反映出，当前河南改革的突破点聚焦还不够。另外，一些地方和基层还存在将日常工作贴上改革标签，用日常工作代替改革、蒙混过关的现象，这些都是工作上热衷"大呼隆"的表现。改革最怕"大水漫灌、大呼隆"，各项工作一哄而上，做事没有主次、不分轻重缓急。就像手榴弹炸虱子一样，劲没少使，效果却不佳。纵观党的十八大以来，从财税政策到货币政策，中央宏观调控的发力点不约而同地聚焦于小微企业、"三农"等经济薄弱环节，精准调控已经成为我国近期稳增长措施的新特点。针对河南的全面深化改革，省里在部署推进下一阶段工作时，不但要统筹兼顾，更要进一步聚焦问题、抓重点。必须要有勇气直面问题，精选过滤、进一步提升重点改革事项的含金量。要像过去抓十件大事那样，以目标倒逼责任，一级抓一级，层层抓落实。通过精准把握改革节奏、有力控制改革流程，避免工作方法的简单化、表面化，防止"大呼隆""一锅烩"等不良现象冒头，有效促进改革各项具体工作的落实。要让群众感受到改革不是停留在空泛的口号上，而是动真碰硬、精准有力的。

（四）改革的问题导向和针对性不强

改革是由问题倒逼而产生，又在不断解决问题中深化。全面深化改革是一项涉及面广、关注度高、利益复杂的社会系统工程，必须从中国的国情、从河南的省情及发展要求出发，针对重点领域和关键环节存在的突出问题，找准切入点、选准突破口，才能做到有的放矢，增强改革的针对性和实效性。目前，河南在全面深化改革当中还存在问题导向性不强、措施针对性不强、解决问题的深度不够等方面的不足。比如，一些地方和部门的改革任务没有瞄准靶心、聚准焦点，出台的一系列措施针对性不强，存在形式化、表面化的问题，可检验的成果形式和时间进度安排也不明确；一些重点事项在推进过程中没有找准薄弱环节和问题症结所在，改革的点子、政策、方案等不符合实际情况、不符合客观规律，没有做到对症下药。任何一项改革如果抓不住问题，找不到"突破口"，就没有针对性、没有重点、没有方向；如果不能解决问题，就会沦为"空谈"，就无法深化，无法行稳致远。那些看起来很好、很全面，做起来无效果的一般化措施、重复性措施，不仅无益于改革任务的落实，甚至还会阻碍改革的顺利推进，必须认真检视、讨论，加以筛选。当前，河南正处于爬坡过坎、攻坚转型的关键时期，凝神聚力推进全面深化改革，除了积极跟进中央出台的改革事项、抓好各项改革举措的落实，还要坚持聚焦影响经济社会发展的突出障碍、聚焦群众反映强烈的突出问题，深入调查研究，摸清实际情况，找准改革切入点，有的放矢对症施"改"。要把突破重点和整体推进相结合，做到解决突出问题与全面深化改革良性互动，切实提高改革的针对性和实效性。

（五）部门利益之争问题突出

全面深化改革作为一项复杂的系统工程，涉及经济、政治、文化、社会、生态和党建等多个领域，从中央到省、市、县各级政府相关管理部门都应成为改革的重要落实者和参与者。在过去多年的改革历程中，政府部门利益及其相互之间的冲突在一定程度上给改革带来了阻力。当前，在河南推进全面深化改革进程中，针对一些有油水的"新时空"，部门之间的冲突、多方政策"打架"事件也时有发生。再加上监督制约机制相对滞后、制衡力量比较匮乏，长期形成的"官本位"思想使得各部门习惯以"我"为中心，习惯过于强调、维护与谋取本部门利益。部门之间则长期各自为政、互不买账，缺乏有效沟通联系和协调配合，甚至互为掣肘、互设障碍，对改革全局产生了一些不良影响，损害了社会公正与大众利益，增添了全面深化改革的风险。另外，一些部门在改革危及自身利益时，往往以消极执行改革政策、工作行动迟缓、疲沓拖拉等方式应对，导致一些领域的改革改而无效、改而效微。如今，河南正在开启的新一轮国有企业改革，改革的重点除了发展混合所有制经济和市场化选聘职业经理人之外，还有一条就是要政企分开。尽管河南国有企业与政府脱钩改制工作推进较早，但是在电力、电信、供水等垄断行业、城市基础设施建设行业等国有企业的改制还相对比较缓慢。2014年9月，国务院出台《关于加强地方政府性债务管理的意见》，明确要剥离融资平台公司政府融资职能。河南各地在城投公司与政府脱钩、谋划市场化改制方面尚未有实质性动作。

（六）改革的地方特色不明显

尽管全面深化改革强调中央顶层设计、统筹协调推进，但是全国各地资源、经济、社会、文化等差异显著，地方在保持与中央改革整体目标一致的前提下，应当结合自身实际，按照"问题"导向原则有所侧重，避免改革同质化倾向。这就要求河南在贯彻中央改革决策部署时，既要体现全国改革的共性、服从全国一盘棋的需要，又要从河南的实际情况出发，发挥自身比较优势，有重点、有针对性地谋划涉及河南省的改革方案，凸显出河南的地方特色。目前，河南在扎实推进全面深化改革的各项工作中，已经体现出不少特色和亮点。但整体来说，河南在充分发挥自身特点和优势方面还存有较大提升空间。如继续争取国家层面的规划引导，充分发挥河南"无法复制"的区位交通优势，提升其打造丝绸之路经济带桥头堡的软硬件空间；发挥农业大省的粮食生产优势，重视"小块并大块"

促流转、"内置金融"破解融资难等农民群众创造的典型示范带动作用，将基层实践"探路"与顶层设计"指路"有机结合，深化河南农村制度改革，推动河南农业现代化的快速发展。

三 下一步河南省全面深化改革的基本取向

作为中部大省，河南下一步全面深化改革，要准确把握改革的总体趋势与基本取向。既要遵循中央统一部署，又要立足基本省情，凸显河南特色，务求改革实效。具体来说，就是改革方向要与河南"三个总"战略谋划的指向一致，改革目标要与中原崛起、河南振兴、富民强省的总体目标统一，改革重点要以河南经济社会发展面临的突出问题为导向，改革措施要突出河南特色，彰显河南比较优势。在具体改革过程中，经济体制改革要更多兼顾公平价值，政治体制改革要更多地加强对权力的制约，社会体制改革要更加重视社会正义，文化体制改革要更加重视文化的核心价值功能，生态文明体制改革要更加重视后代人的价值诉求。

（一）改革方向要与河南"三个总"战略谋划的指向一致

近期，河南省提出了"坚定总坐标，坚持总思路，完善总方略"（以下简称"三个总"）的战略谋划。"坚定总坐标"就是坚定地同以习近平同志为总书记的党中央保持高度一致，即坚定正确的政治方向，端正根本政治立场，把握科学的思想方法。"坚持总思路"就是把河南近年来已被实践证明是正确的总体思路坚持下去，即"确立总目标、把握总布局、聚焦三战略"。"确定总目标"就是加快中原崛起、河南振兴、富民强省的进程，让中原更出彩，为实现"两个一百年"奋斗目标、实现中华民族伟大复兴的中国梦做出更大的贡献；"把握总布局"就是把中国特色社会主义事业"五位一体"总布局和全面推进党的建设新的伟大工程在河南具体化，打造"四个河南"、推进"两项建设"；"聚焦三战略"就是持续实施粮食生产核心区、中原经济区和郑州航空港经济综合实验区三大国家战略规划，推动河南经济社会持续健康发展。"完善总方略"就是对行之有效的发展思路和举措顺应形势变化加以完善和提升，即继续"完善一个载体、构建四个体系、夯实五大基础、强化六个保障"。"三个总"的战略谋划既是贯彻落实习近平总书记视察河南省时的重要讲话精神,也是对河南省发展思路的系统总结、高度概括、完善提升,更是加快中原崛起、河南振兴、富民强省,实现中原更加出彩的正确路径和基本遵循。

与30多年前的第一轮改革相比,这一轮全面深化改革更具复杂性和艰巨性。从政府与市场关系的改革,到医疗、教育改革等,都是深刻的利益调整。在这样的形势下,必须把握好全面深化改革的正确方向,即坚持和完善党的领导,贯彻党的基本路线,不走封闭僵化的老路,不走改旗易帜的邪路,坚定走中国特色社会主义道路,坚持和完善中国特色社会主义制度。具体到河南来说,全面深化改革要遵循"三个总"的战略谋划,把握正确方向,坚定道路自信、理论自信、制度自信,与中央确定的改革方向保持高度一致;要立足河南实际,"把握总布局",把全面深化改革与打造"四个河南"、推进"两项建设"结合起来;要"聚焦三战略""完善总方略",进一步放大"三大"国家战略总体效应,充分利用"三大"国家战略规划赋予的先行先试权,坚决主动有序推进全面深化改革。

(二)改革目标要与中原崛起、河南振兴、富民强省的总体目标统一

河南发展的总目标,经历了由"中原崛起"到"中原崛起、河南振兴",再到"中原崛起、河南振兴、富民强省"的深化过程。2013年12月,省委书记郭庚茂在河南省委经济工作会议的讲话中强调:做好2014年经济工作,要"紧紧围绕中原崛起、河南振兴、富民强省总目标"。这充分彰显了科学发展观"以人为本"的要求,表明"崛起""振兴",出发点和落脚点都是为了"富民"。由此可见,加快中原崛起、河南振兴、富民强省进程,让中原更出彩,为实现"两个一百年"奋斗目标、实现中华民族伟大复兴的中国梦做出更大的贡献,不仅是河南发展的总目标,也是造福河南亿万人民的伟大事业。

近年来,河南经济社会发展取得了巨大成就,但人口多、底子薄、基

础弱、人均水平低、发展不均衡的基本省情仍然是阻碍全省发展的最大矛盾,以改革促发展仍是河南当前面临的主要任务。可以说,改革是破解长期以来困扰全省科学发展的结构性、体制性问题,决定河南发展的关键,是实现中原崛起、河南振兴、富民强省的必由之路。因此,河南省全面深化改革的目标确定必须要与中原崛起、河南振兴、富民强省的总体目标相统一,以促进社会公平正义、增进人民福祉为出发点和落脚点,加大改革力度,坚决破除各方面体制机制弊端,在重要领域和关键环节取得决定性成果,形成系统完备、科学规范、运行有效的制度体系,为中原崛起、河南振兴、富民强省总目标的实现奠定坚实的制度基础。

(三) 改革重点要以河南经济社会发展面临的突出问题为导向

习近平总书记指出,"改革是由问题倒逼而产生,又在不断解决问题中而深化","要有强烈的问题意识,以重大问题为导向,抓住关键问题进一步研究思考,着力推动解决我国发展面临的一系列突出矛盾和问题"。这一论述,对于我们全面深化改革具有重要指导意义。问题是时代的声音,也是改革的起源。坚持问题导向,正视问题、找准问题、解决问题,是党的解放思想、实事求是、与时俱进的基本思想路线在改革中的具体体现,是有的放矢、对症下药、科学有序推进各项改革的基本遵循,是发挥人民群众首创精神、实现顶层设计与摸着石头过河有机统一的最佳结合点,也是提高改革针对性和实效性的关键所在。

近年来,河南省加快实施三大国家战略规划,扎实推进"一个载体四个体系"建设,与东部沿海地区政策性差距缩小,战略地位和比较优势上升,经济社会发展态势良好。但同时,河南正处于在工业化、城镇化加速阶段,外部环境变化和自身结构性矛盾相互交织,总体上仍处于爬坡过坎、转型攻坚的紧要关口,产业结构总体低端化、创新能力偏弱、资源消耗大、生态环境脆弱、综合竞争力不强等深层问题比较突出,经济社会发展中的"两难"问题比较多。此外,教育、医疗、社会保障等社会热点难点问题日益凸显,各类体制机制性障碍仍是制约中原崛起、河南振兴、富民强省的深层次原因。河南全面深化改革,必须树立强烈的问题意识,确定改革重点要以经济社会发展面临的突出问题为导向，抓住事关河南发展的重大问题、关键问题，找出对策、务实推进改革。

（四）改革措施要突出河南特色，彰显河南比较优势

准确把握省情，突出特色彰显优势，是全国各地贯彻落实党的十八届三中全会精神、推进本地全面深化改革的重要前提。中央提出的全面深化改革的指导思想、目标任务、重大原则，是各地全面深化改革的行动指南。但是，要将这些任务全面、完整地落实到位，就要因地制宜，紧密结合各地实际情况来进行。这是由于我国领土辽阔，区域差异显著，各地情况千差万别，经济社会发展水平不同，存在的优劣条件不同，面临的突出问题也不相同。因此，改革的方向、重点、具体任务也应该各有不同。只有准确把握本地的情况，才能有的放矢，有效解决问题。这就要求，各地在落实中央政策时，必须要把握基本省情，结合本地实际，从实际出发谋划实施重大改革举措。

具体到河南来说，习近平总书记指出，河南是人口大省、产粮大省，又地处连接东西、贯通南北的战略枢纽，在中华文明发展进程中占有重要地位，做好河南改革发展稳定各项工作责任重大。当前，河南"三大"国家战略规划陆续批复，尤其是作为先行先试的航空港经济综合实验区，优惠政策优势日趋凸显；拥有优越的交通区位、丰富的劳动力以及矿产资源，区位、能源、粮食、劳动力等传统优势依旧明显；中原经济区、产业集聚区、特色商业区和商务中心区等载体优势逐步显现等。河南推进全面深化改革，要在服从中央统一部署的同时，结合河南省情，突出河南特色，彰显河南的比较优势，从河南实际出发制定实施具体的改革措施，把河南的潜力和优势充分发挥出来。例如，抓住"三大"国家战略赋予河南的先行先试权，加大体制机制创新力度。加快推进郑州航空港经济综合实验区体制机制示范区建设，打造全省深化改革、体制机制创新的示范区。完善产业集聚区管理体制，深化省直管县（市）改革、深化农村制度改革等。继续深化重点领域和关键环节改革，支持土地流转、农村人口有序转移等关键环节先行先试，推动航空管理、海关监管、口岸建设、通关便利化等重点领域大胆创新。

（五）改革要注重把握几个方面

制度的核心是价值理念。改革的过程既是价值引领的过程，也是价值体系的塑造过程。上一轮改革主要以速度和效率为基本价值追求，新一轮改革以"完善和发展中国特色社会主义制度，推进国家治理体系和治理能力现代化"为总目标。这就需要在推进制度体系建设的同时，丰富价值体系，形成和发展与治理体系现代化和现代国家成长相适应的新的价值内核。河南推进全面深化改革，也要从"五位一体"的总体布局出发，在改革过程中形成完善的价值体系。

第一，在经济体制改革中，要在强调效率价值的前提下，更多兼顾公平价值。上一轮改革强调效率优先促进了河南经济快速增长，也造成了巨大的城乡区域发展差距和居民收入分配差距，新一轮改革需要更多兼顾公平价值。

第二，在政治体制改革中，要在优化行政权力配置的前提下，加强对权力的制约。上一轮改革注重权力的配置，适应了社会主义市场经济体制专业化管理的要求，但同时出现了行政权力的部门化和分散化，进而衍生出部门利益倾向。新一轮改革需要强化权力运行制约和监督体系。

第三，在社会体制改革进程中，在强化治理的前提下，更加重视社会正义。传统社会管理以行政权力为枢纽，现代社会治理必须以正义为基本价值。新一轮改革要更加重视社会正义，关键在社会领域消除特权，形成基于起点公平、程序公平和结果公平的社会体制机制。

第四，在文化体制改革进程中，在重视文化产业价值前提下，更加重视文化的核心价值功能。上一轮的文化改革主要侧重文化的产业功能。全面深化改革必须将文化的价值功能上升到突出地位，培育和弘扬社会主义核心价值观。

第五，在生态文明建设体制改革中，在强调当代人价值诉求的同时，要更加重视后代人的价值诉求。上一轮改革主要追求即期发展，全面深化改革必须同时基于当代人和后代人的价值诉求，构建从源头保护，到治理，到追责，到修复的生态文明建设制度框架，以实现中华民族永续发展。

四 下一步河南省全面深化改革的政策建议

针对当前河南全面深化改革面临的突出问题,综合考虑河南面临形势和下一步全面深化改革的基本取向,全省上下必须进一步解放思想,增强和提升全面深化改革的意识,从尊重市场规律、突出问题导向、打破部门利益、重视法治建设、务求改革实效等方面出发,采取切实可行的政策措施,扎实推进全面深化改革,为实现中原崛起、河南振兴、富民强省的总目标清除体制机制障碍,奠定良好的制度基础。

(一)解放思想,进一步增强和提升全面深化改革的意识

中央出台了一系列关于重大改革的举措,既有全面深化改革的总体谋划,又有重点领域和关键环节的实施方案,河南也出台了全面深化改革的"路线图"和"时间表"。遵循"路线图"推进改革,按照"时间表"落实改革,要进一步坚定改革信心,焕发改革勇气,凝聚改革力量。

1. 坚定改革必将成功的信心

"信心比黄金更贵重"。现在,改革到了一个新的重要关头,推进改革的复杂程度、敏感程度、艰巨程度前所未有,对于改革的质疑和不同声音仍然存在,我们既要看到改革面临的困难和阻碍,更要看到改革的光明与希望,看到中央坚定改革的信心和决心,对改革的成功充满自信。要进一步提高思想认识,充分认识全面深化改革的重大意义,只有改革才能加快经济发展方式转变,在区域竞争中占据优势地位,实现社会和谐稳定;深刻认识改革开放是实现中原崛起、河南振兴的必由之路,进一步增强全省各级领导干部改革的意识、改革的决心。

2. 凝聚改革的社会共识

全面深化改革是一项长期系统的工程,必须调动方方面面的积极性,通过集体的智慧推动改革。改革必将触及社会各阶层的利益,面对多元化的利益主体和诉求,要求同存异,善于寻找最大公约数,更好地促进社会公平正义,增进人民福祉,统筹兼顾各阶层群体的利益。要加强宣传教育,在全社会形成支持改革、推进改革的浓厚氛围,为改革创造良好的条

件和环境。

3. 增强改革的使命感和责任感

要以对党的事业负责、对河南发展负责、对人民长远利益负责的态度，敢于担当、勇于改革。认识到全面深化改革是河南发展面临的一个重大机遇，既要服从中央统一部署不抢跑，也不能消极等待、贻误改革，要进一步解放思想，大胆先行先试，创造性地开展工作，率先获得"改革红利"。

（二）尊重市场规律，充分发挥市场在资源配置中的决定性作用

全面深化改革，激发各类经济主体发展新活力，其体制改革的核心问题是处理好政府和市场的关系，使市场在资源配置中起决定性作用和更好地发挥政府作用，进一步解决政府干预过多的问题。

1. 更加尊重市场决定资源配置这一市场经济的一般规律

完善决定资源配置的市场机制，使市场配置资源更加有效。建设公平竞争的市场，积极探索负面清单管理模式，努力打造法治化的营商环境，实行统一的市场准入和市场化退出制度，在制定负面清单基础上，各类市场主体可依法平等进入清单之外领域。建立统一开放的市场，要打破地方保护，特别是地方政府对本地处于劣势产业和企业的保护；要打破市场的行政性垄断和地区封锁，实现商品和各种生产要素在全国范围自由流动，各个市场主体平等地进入各类市场交易。加快河南现代市场体系建设，紧密结合河南实际，在完善金融体系、建立健全城乡统一的建设用地市场、完善资源性产品价格形成机制等重点领域深化改革中，加快建立健全现代市场体系。

2. 政府推动发展要尊重市场规律

在过去的几十年中，推动经济发展是政府的重要职责之一，由于对各级政府的 GDP 考核和片面追求 GDP 的增长，促使政府利用行政手段配置资源，过多的干预市场。要进一步厘清政府与市场的边界，凡属市场能发挥作用的，政府要简政放权，要松绑支持，减少干预；同时，凡属市场不能有效发挥作用的，政府应当主动补位。目前，各级政府还需要承担必要的推动发展的任务，在配置资源时要遵循市场规律，如利用收入分配政策

促进社会公平,通过产业政策和负面清单引导产业结构转型升级。

3. 需要最大限度地简政放权

由"政府起决定性作用"向"市场起决定性作用"转变的改革,需要最大限度地简政放权,涉及很多部门、很多团体的利益。其实,掌握"决定性作用"的权力仍然在政府手上,只有政府肯退,市场才能进。各级各部门要把"接、放、管"三篇文章联起来做,把中央、省里放给市场的权力接转放开,把自身该放的权力坚决放下去、放到位,结合创新和改善政府管理,加强和改进事中、事后监管。

(三) 突出问题导向,找准全面深化改革的突破口

习近平总书记强调指出:"改革要坚持从具体问题抓起,着力提高改革的针对性和实效性,着眼于解决发展中存在的突出矛盾和问题。"以重大问题为导向,抓住现阶段影响河南发展稳定的主要矛盾和矛盾的主要方面,一个问题一个问题地解决,扎扎实实推动改革。

1. 找准问题

突出"问题导向",找准问题是前提,问题是旧体制的突破口,也是新体制的生长点,这就要求在推进改革时必须将问题找准、找全、找透。真正找到影响河南经济社会发展的全局性问题、制约转型升级的突出矛盾以及群众反映强烈的民生诉求,找准改革的推进重点,避免眉毛胡子一把抓,确保改革有序稳步推进。

2. 重点突破

要紧紧扣住问题,明确先后主次,梳理区分问题的轻重缓急,把有利于稳增长、调结构、防风险、惠民生的改革举措往前排,做到有的放矢。要在"牵一发而动全身"的重点改革领域上下功夫,在"落一子而满盘活"的关键环节上求新突破,力争制定好改革创新的最优方案,把制约发展的体制机制障碍逐一破除,把影响发展的短板和缺项一一补上。

3. 协同推进

对中央已经明确的改革,如财税体制改革、金融体制改革、司法体制改革、户籍制度改革,包括作风建设方面的新规定,如公车制度改革、办公用房制度改革等,要积极承接任务,尽快实施。对中央已有明确要求、

省里开展条件比较成熟的改革，特别是最近省委梳理聚焦的 29 项重点任务，必须不等不靠、全力推进。对于符合河南实际，已经看准并部署的改革工作，要争取纳入国家试点，得到国务院部委的指导和支持。对于省一级能够操作的改革事项，特别是制约河南经济社会发展的突出障碍和群众反映强烈的突出问题，如结构性矛盾、资源约束和环境压力等问题，要敢于突破，先行先试。

（四）打破部门利益，勇于破解改革难题

利益关系的调整是全面深化改革的难点，要敢于啃硬骨头，敢于涉险，以更大决心冲破思想观念的束缚、突破利益固化的藩篱，用改革的办法解决发展中的难题。

1. 敢于破解国企改革的难题

以国有企业改革为突破口，加大推进国企改革力度，重点解决政府部门与所属企业的脱钩问题。敢于解决历史遗留问题，使目前全省 1600 多户"壳公司"稳妥退出市场。积极推进国企改革改革试点，完善国企改革综合配套政策，重点在发展混合所有制经济、企业员工持股、建立职业经理人制度、薪酬制度等方面，通过试点出台相关政策。

2. 敢于深化行政体制改革

深入推进行政审批制度改革，取消下放审批事项，要更加注重质量，要把那些含金量高的、管用的，能真正激发市场活力的直接放给市场、放给企业。特别要下决心最大限度减少对投资项目的审批，同时取消下放、简化和规范投资前置性审批。继续推进事业单位改革，要加快事业单位去行政化改革，遵循事业单位改革的规律，有些改革可以不等中央统一部署，大胆突破，如取消事业单位内设机构的行政级别等；逐步建立购买公共服务的机制，将大部分事业单位逐步实现社会化。加快完成省、市、县政府机构改革，能够根据当地实际和履行职能的需要，在更大范围、更多领域设置综合机构，实行大部门制，提高行政效能。

（五）重视法治建设，以法治思维和法治方式推进改革

当前改革进入深水区，各种矛盾和问题错综复杂，要善于运用法治思

维和法治方式推进改革,做到重大改革于法有据,在法治的框架内规范改革,用法治保障改革持续向前。

1. 要重视立法和改革决策相衔接

立法要主动适应改革发展需要,增强法律法规的及时性、系统性、针对性和有效性。在研究改革方案和改革措施时,要同步考虑改革涉及的立法问题,及时提出立法需求和立法建议,在制定、修改有关法规规章时要为改革决策预留出必要空间。

2. 改革要依法进行

改革的决策和行动必须符合法治思维和法治方式的要求,要做到于法有据,在法律法规的范围内作为,以法治的方式推进,决不能以改革为由突破法律规定。改革的过程要在决策机制上充分体现法治精神,把公众参与、专家论证、风险评估、合法性审查、集体讨论决定确定为重大行政决策法定程序,确保决策制度科学、程序正当、过程公开、责任明确。

3. 及时用法律制度巩固全面深化改革的成果

要把实践证明行之有效的改革创新成果和成功经验及时用法律制度的形式巩固、稳定下来,以保障改革的顺利进行,使经济、政治、社会、文化、生态等各方面制度更加成熟更加定型。通过改革解决法律规定中不合理的问题,通过修改法律再纳入法律中,进一步减少工作的随意性,增强规范性,保证公开性,为落实改革要求提供法制保障。对不适应改革要求的法律法规,也应及时修改和废止。

(六) 坚持务实求效,加大改革推进落实力度

习近平总书记强调,做好下一步的工作,关键是要狠抓落实,实施方案要抓到位、实施行动要抓到位、督促检查要抓到位、改革成果要抓到位、宣传引导要抓到位。要按照中央的决策部署,守土有责,主动出击,一项一项地攻坚,把全面深化改革各项任务做实。

1. 提高改革的执行力

三分战略,七分执行,必须将狠抓落实贯穿于全面深化改革的全过程。在中央和省委深化改革的总体框架下,各地区、各部门要按照制定的具体改革方案和措施狠抓落实,不能停留在一般性部署上,不能满足于造

声势、追求轰动效应。关键是要把改革的原则要求变为可操作的具体措施，一项一项把改革部署落到实处，一步一步把改革蓝图变为现实。

2. 重点落实改革任务和措施

要明确各地方政府的职责，全面深化改革顶层设计在中央，省委、省政府以及省全面深化改革领导小组的主要任务是推进落实、检查督办，从省一级开始，要把主要精力放在狠抓落实上、放在怎么干的问题上，不能以文件落实文件、以讲话落实讲话、以顶层设计落实顶层设计。要抓住改革的重点项目，扎扎实实地向前推进，必须完成任务，并且改出成效，不能走过场。

3. 更加注重实效

任何一种举措，若是落不到实处，取不到实际效果，最终就会流于形式。河南的改革必须要注重实效，让老百姓得到实实在在的好处，让产业结构、经济增长方式、区域发展不协调现象得到有效转变。要将全面深化改革纳入地方和部门年度考核范围，将思想解放的程度、推进改革的力度作为一项重要的工作加以考核。按照台账管理制度，对照各领域改革的具体任务书和时间表，对各部门改革的进度、完成效果进行督察。

（原载《呈阅件》2014 年第 21 期）

2015年河南现代市场体系建设研究

河南省社会科学院课题组[*]

加快现代市场体系建设,是贯彻落实中央全面深化改革精神的新要求,是系统推进"三个总"宏伟战略的新部署,也是加快中原崛起、河南振兴、富民强省的新举措。针对当前河南推进现代市场体系建设的重点难点,2015年要坚持"强化三支撑、突出三重点、推进三融合"(即强化制度支撑、环境支撑、载体支撑,突出商品交易市场提升、高端要素市场发展、新兴交易市场培育,推进传统与新兴融合、有形与无形融合、线下与线上融合)的基本思路,突出市场主导,发挥政府作用,强化问题导向,着力先行先试,坚持重点突破,坚持科学规划引导,强化政策支持保障,加强信用体系建设,建立考核评价机制,完善法律法规体系,加快构建形成特色突出、布局合理、多层多元、有机衔接、功能完善、覆盖广泛、与产业发展和城市建设相适应的现代市场体系,为促进经济社会持续快速健康发展,加快中原崛起、河南振兴、富民强省进程,让中原更出彩提供战略支撑。

---

[*] 课题组长:喻新安、谷建全;执笔:杨兰桥、刘晓萍、彭俊杰、王元亮。

一 河南现代市场体系建设面临的新形势

加快现代市场体系建设,是贯彻落实中央全面深化改革精神的新要求,是系统推进"三个总"宏伟战略的新部署,也是加快中原崛起、河南振兴、富民强省的新举措。当前,推进现代市场体系建设,河南还面临着一些新形势。

(一) 国家推进现代市场体系建设的新要求

建立现代市场体系,是中央加快推进经济体制改革的战略重点,也是今后一个时期促进我国经济社会持续健康发展的重大举措。党的十八大提出,要"健全现代市场体系,加强宏观调控目标和政策手段机制化建设"。党的十八届三中全会强调,"建设统一开放、竞争有序的市场体系,是使市场在资源配置中起决定性作用的基础"。并从建立公平开放透明的市场规则、完善主要由市场决定价格的机制、建立城乡统一的建设用地市场、完善金融市场体系、深化科技体制改革等方面,对现代市场体系建设进行了系统阐释,提出了明确要求。党的十八届四中全会,提出了依法治国的新理念,为建立以法治为基础的现代市场体系,构建更加科学完备的市场经济法律体系,提供了法律基础和法治保障。这些新时期中央推进现代市场体系建设的新精神、新要求和新部署,为河南省现代市场体系的建设和完善提供了重要依据,明确了努力方向。

(二) 相关省份推进现代市场体系建设的新经验

党的十八届三中全会以来,按照中央全面深化改革的总体要求和现代市场体系建设的总体部署,我国各省市区围绕现代市场体系建设,进行了积极的探索实践,取得了一些成功的经验。广东省提出,要在工商注册制度便利化、负面清单管理方式、流通体制和价格机制改革、市场监管体系和社会信用体系建设、要素市场等方面进行先行先试,尤其是在深化价格机制改革方面,强调"在更多行业形成具有影响力的广东价格指数"。江苏省发表了《中共江苏省委江苏省人民政府关于健全完善现代市场体系的若干意见》，从建立公平开放透明的市场规则、完善市场化取向的价格形成机制、提升商品市场发展水平、健全完善多层次资本市场体系、加快发展技术市场、积极探索土地市场改革等方面，明确了现代市场体系建设的具体要求、重点任务和保障措施。湖南省提出，推进全省现代市场体系建设，要着力从放宽市场准入、改革市场监管体系、完善市场定价机制、建立城乡统一的建设用地市场、发挥金融市场作用、深化科技体制改革、深化人力资源市场改革等方面着手，建立现代市场体系建设的引导资金，对现代市场体系建设重大项目进行专项支持。广东、江苏、湖南等省提供了现代市场体系建设的先进经验，为河南省现代市场体系的建设，提供了宝贵经验。

（三）河南发展新变化对现代市场体系建设的新需要

构建现代市场体系，把其作为河南省全面深化改革的战略重点，纳入"三个总"的总体战略部署，摆在事关全局的战略位置，是顺应河南省发展新变化、争创河南省发展新优势、抢占未来发展制高点的重大战略决策。当前，河南省正处于蓄势勃发、加速崛起的关键时期，正处于爬坡过坎、转型攻坚的紧要当口，推进经济社会平稳健康发展，加快经济发展方式转变，破解结构性矛盾突出、城镇化发展水平低、服务业发展不足、科技创新能力弱、金融业发展相对滞后等突出矛盾和问题，急需现代市场体系的建设来支持；三大国家战略的深度实施，新型城镇化建设的顺利推进，国家级城市群——中原城市群快速发展，产业集聚区的转型跨越，商务中心区和特色商业区"两区"的功能提升，急需完善的现代市场来支撑；顺应全球经济发展新形势和产业发展的新趋势，积极发展航空经济、"E贸易"、电子商务等为代表的新业态、新模式，急需现代市场体系的构建来保障；等等。我们要积极顺应河南发展的形势变化，着力谋划现代市场体系建设，积极构建形成统一开放、竞争有序的现代市场体系，为加快河南经济社会持续快速发展、促进经济发展方式的转型升级提供重要支撑。

二 河南现代市场体系建设现状及重点难点分析

近年来，河南现代市场体系建设逐步推进，商品市场体系日益健全，要素市场建设逐渐完善，新兴交易市场逐步兴起，但发展过程中也存在一些重点难点问题有待破解。

（一）河南现代市场体系建设的现状

从河南现代市场体系建设情况看，发展态势良好，截至 2014 年 6 月全省新登记各类市场主体 29.3 万户，创下近年来历史新高。

1. 商品市场运行平稳

2013 年全省社会消费品零售总额 12276.6 亿元，居全国第 5 位，同比增长 13.8%；对外承包工程和劳务合作完成营业额 42.1 亿美元，同比增长 13.5%。农产品市场体系发展迅速，2012 年被商务部列入全国 8 个集中连片推进农产品流通和农村市场体系建设试点省份，获中央财政支持资金 2.7 亿元；2013 年全省符合统计标准的各类农业产业化经营组织 11674 个，其中龙头企业带动型 5724 个；获得国内食品农产品出口备案企业达 322 家；全省农产品省名牌 96 个，中国名牌 21 个；已登记的农民专业合作社达 2 万多家。

2. 金融市场稳中有进

银行业支持实体经济发展能力明显增强。2013 年河南省银行业支持对经济总量增长的冲击效应约为 1.8%（即 1% 的银行业支持能够促进全省经济总量增长 1.8 个百分点），支持"三化"协调发展的冲击效应约为 4%（即 1% 的银行业支持能够使得"三化"发展的协调度提高 4 个百分点）。证券业规模逐步上升，资本市场融资能力增强，企业上市规模不断扩大，后备上市力量充足；区域金融机构整合力度加大，郑汴已经实现金融同城，中原银行增资扩股获得批复。

3. 技术市场发展迅速

科技研发投入快速增长，技术创新成果显著。2013 年全省研发（R&D）经费投入达到 355.3 亿元，同比增长 14.3%，R&D 投入强度（R&D 占 GDP 比重）达到 1.11%，达到历史最高水平。拥有省级以上企业技术中心共 933 家，其中国家级企业技术中心 69 家，省级企业技术中心 864 家，分别比上年增加 10 家和 88 家，增长 16.9% 和 11.3%，国家级企业技术中心数量居全国第 5 位。

4. 劳动力市场有序推进

目前河南全省劳动力总量约为 6800 万人，城镇富余劳动力约为 110 万人；农村劳动力资源总量为 4900 万人，富余劳动力超过 700 万人。与此同时，就业服务平台日趋完善，覆盖城乡的三级就业服务网络初步形成，就业创业制度日益健全，创业就业优惠政策得到进一步落实。

5. 新兴交易市场亮点频现

电子商务、网络营销等新业态、新模式蓬勃发展，郑州市跨境贸易电子商务服务试点项目正常运行，已经直通世界 13 个城市，实现贸易进出口货值 130 多亿元，在全国 6 个试点中排名第 1 位。现代综合物流体系建设迈上新台阶，菜鸟智能骨干网核心节点、京东一级电商运营中心、苏宁郑州物流基地、顺丰电商产业园、TCL 集团华中电子商务配送中心、康佳电子商务物流园等项目相继落户郑州。

（二）河南现代市场体系建设的重点

1. 完善现代市场制度

建立公平开放透明的市场规则。坚持依法行政，切实转变政府职能，着力推进行政管理规范化，打造公平的竞争环境，提升公共服务能力和服务效率。在外商投资、民间投资和工业、商业、基础设施等领域先行制定负面清单，各类市场主体可依法平等进入清单之外领域。探索对外商投资实行准入前国民待遇加负面清单的管理模式。推进工商注册制度便利化，改革市场监管体系，强化规范市场秩序和市场监管，建立健全社会征信体系。

完善市场决定价格的机制。依靠改革激发市场活力，把市场主体放活、把生产要素放活，凡是能由市场形成价格的都交给市场，政府不进行干预。推进水、石油、天然气、电力、交通、电信等领域价格改革，放开竞争性环节价格。政府定价范围主要限定在重要公用事业、公益性服务、网络型自然垄断环节，提高透明度，接受社会监督。

强化政府的市场监管职能。加强部门协同，提高监管的质量和水平，进一步促进市场规范有序发展。例如，规划部门应加强市场布局的科学规划，商务部门应加强对市场发展业态的引导，农业部门应加强对农产品的质量监管，工商部门应加强市场正常秩序的监管维护，城管部门应加强市场周边环境的整治。

2. 推进重点领域改革

深化资源性产品价格改革，完善居民水、电、气阶梯价格制度，扩大用户直购电试点范围，完善差别电价机制，改革趸售电价体制。

创新建设用地管理机制，建立城乡统一的建设用地市场，允许农村集体经营性建设用地出让、租赁、入股，建立兼顾国家、集体、个人的土地增值收益分配机制，实现城乡土地同等入市、同权同价。

加快金融改革创新，发展壮大地方金融机构。鼓励民间资本参与现有金融机构改革重组或依法发起设立金融机构，支持在重点领域发起设立创业投资基金和产业投资基金。发展普惠金融，重点解决小微企业贷款难问题。支持郑州商品交易所丰富期货品种，强化省直管县（市）金融机构建设，推进农村金融综合改革试验区建设。

深化科技体制改革，建立主要由市场决定技术创新项目和经费分配、评价成果的机制，深化事业单位科技成果处置权和收益权改革。整合资源，完善对具有公共性、公益性科学研究的支持机制，完善企业研发投入长效激励机制，发展壮大产业技术创新战略联盟。

3. 提升商品交易市场

加快现代商品市场建设，立足河南地域特色、资源禀赋和产业优势，结合食品、中药材、服装、家居、花卉、棉花、茶叶、电子、钢材、建材、汽车等行业做大做强一批具有影响力的专业市场。充分发挥河南农产品资源优势，大力支持大型农产品集散地和销地批发市场、产地集配中心和零售终端建设。依托厚重的中原历史文化资源，打造全国文化产品交易市场。强化"郑欧班列"连通中亚、直达欧洲的纽带功能，加快开放市场建设。

大力发展社区商业服务体系，结合城镇化进程，加快商务中心区和特色商业区建设。鼓励各类经营主体进入社区，增强社区商业服务功能，重视社区商业设施配套，建设集购物、餐饮、生活服务和休闲等多功能为一体的社区商业体系，打造一刻钟便民服务圈。实施"万村千乡"工程，解决农村消费品流通渠道不畅的问题，加快城市流通网络和现代流通方式向农村延伸。

加快建设布局合理的物流网络,逐步形成以大型物流基地为核心、综合性物流配送区和专业性物流配送区为节点的高效物流体系。整合社会物流资源,加快发展第三方物流,积极推动郑州航空港、中原国际陆港等的建设,大力发展航空物流、保税物流和多式联运,持续提升郑州国际物流中心集聚辐射能力。充分运用计算机技术、网络技术提高企业采购、配送、营销能力,提高流通业信息化水平和服务水平。

4. 发展高端要素市场

完善人力资源市场功能,构建政府统筹、行业组织、各类教育培训机构和用人单位共同开展培训的多元化培训格局。加快人力资源市场设施建设,完善人力资源市场创业服务功能。加快乡镇人力资源市场建设,加强基层公共就业服务队伍建设。完善全省人力资源数据库,推进培训基地建设,充分整合城乡培训资源,鼓励支持社会力量开展职业技能培训。

加强资本市场建设,做好"培引结合",大力培植河南地方金融机构,强化招引国际性金融机构,进一步完善河南金融体系。加快推进郑东新区金融集聚核心功能区建设,推动金融管理部门和各类金融机构的省级总部集聚。依托郑州商品交易所,强化大宗商品期货定价功能,逐步形成上市交易品种的国际定价中心。强化农村金融服务体系,探索建立小额信贷组织、村镇银行等新型金融组织,鼓励开发适应农村经济特点的金融服务新产品。加大对民间融资的引导与管理,规范发展中小企业信用担保机构。

加快技术市场建设,提高科技成果转化率。加快推进重大科技创新平台建设和郑州大学、解放军信息工程学院等名校的创新平台建设,鼓励国内外科研院所、高等院校等优质创新资源入驻河南设立研发机构和创新载体,加大研发设计、技术转移、教育培训和成果转化力度。完善技术成果交易转让机制,建设河南科技成果转化中心,提供成果登记、成果发布、技术交易、成果转化项目认定、领军人才和创新团队认定、科技资本对接等科技服务。

加快产权市场建设,支持省产权交易中心、中小企业发展服务中心完善治理结构,拓展业务领域,强化服务功能,积极开展国有企业实物资产、知识产权、农村产权等各类权益类交易,使这些中心成为规范的场外交易市场和企业融资的重要场所。鼓励跨地区、跨行业产权市场互动融合,构建完善的产权市场体系,促进各种资源和各类资产的资本化。支持开展节能量、碳排放权、主要污染物排污权和水权等资源、环境产品交易。按照试点先行、循序渐进、注重实效、规范运作的原则,加强县(市)级产权交易市场建设,支持各地建设符合当地实际情况的农村产权流转与交易市场。

加快中介服务市场建设,按照政企分开、政事分开、政府与行业协会及中介机构分开的要求,实施行业协会、商会去行政化,推进政府部门与下属中介服务单位在机构、职能、资产、财务、人员等方面彻底脱钩。面向市场需求,重点发展咨询、信用、融资担保、会计税务、法律和仲裁、物流配送、广告会展、知识产权交易、人力资源配置等领域的中介服务业。扶持中介服务机构做优做强,引导、支持有实力的运营主体采取多种形式实施跨行业、跨地区、跨所有制的兼并重组。吸引国内外知名中介服务机构入驻河南,支持中介服务行业开展对外交流与合作。研究制定支持中介服务机构发展的政策措施,将中介服务纳入省服务业发展引导资金等专项资金支持范围。

5. 培育新兴交易市场

围绕"E贸易"核心竞争优势,依托郑州航空港建设,鼓励企业应用跨境贸易电子商务开拓国际市场,联合一线品牌电商布局河南建立中原运营中心,建设一批多式联运转运基地、新型物流仓储基地,借势培育一批在全国具有较强影响力的本土电商企业。

加强物联网、云计算等技术的应用,建立由电子商务重点平台、骨干平台和细分平台组成的比较完善的电子商务应用体系,实施电商示范工程、电商聚势工程、名品推广工程、平台建设工程、人才培训工程,加快河南省电子商务产业园、网商园、中国河南国际电子商务港等重点项目建设。

大力推动河南农村电商市场全面发力,积极培育农村电子商务市场主体,发展一批第三方涉农电子商务平台和专业化农村电子商务企业,建设一批乡镇电子商务创业园、村级电子商务服务店,并鼓励农村青年围绕区域特色农产品依托电子商务进行创业,构建农产品网络销售体系。

(三) 河南现代市场体系建设的难点

1. 市场分割现象依然突出,要素市场化进程明显落后于商品市场化进程

从总体上看,河南市场体系发展并不平衡,劳动力市场、土地市场割裂现象突出,要素市场化进程远远落后于商品市场化进程。

从劳动力市场看,随着城镇化推进和农民工大规模向城镇转移,城乡分割体制弊端进一步凸显。2014年,中央进一步加快推进户籍制度改革,取消了农业户口与非农业户口区别,但是短期内劳动力市场被户籍制度人为分割的二元格局还未完全破解。农民工在就业、教育培训、工资福利、子女教育等方面仍然受到身份歧视,享受的公共服务水平较低,各类社会保障普惠度低于城镇居民,这种城乡分割的体制使劳动力市场发展难以持续稳定。

从土地市场看,城乡之间发展不平衡更为突出。在国内房地产及土地市场繁荣的黄金十年中,农村集体建设用地的流转处于自发和无序状态,流转渠道过于狭窄,长期被排斥在土地交易市场之外,被征地农民普遍并未享受到土地产出与升值的红利。然而在新型城镇化全面推进过程中,基础设施建设以及工业、房地产开发都亟须土地,土地市场需求旺盛,这种城乡分割的土地市场格局越来越不适应经济社会发展的要求。

此外,相比较商品市场,要素市场发育还不够成熟,稀缺性要素和公共服务产品的价格形成机制尚未确立。

2. 制度改革推进比较缓慢,市场壁垒和地方保护问题较为突出

自党的十八届三中全会提出全面深化改革以来,河南依据国务院指示虽然多次下放、取消行政审批项目,但是由于河南地处内陆,开放服务意识仍有欠缺,再加上部门利益固化的藩篱尚未完全突破,政府职能转变还跟不上市场需要,存在某些行政部门权力过大、审批过杂、干预过多和监督监管不到位的问题。

同时,由于河南各地市间经济发展、产业结构、产品类别发展同质化，区域竞争日益激烈，依然存在地区封锁、部门分割、行业垄断问题，一些地市政府和部门采取更为隐蔽、更加多样的市场封锁和地方保护，限制商品自由流通，保护本地市场和企业。例如，对外地产品以重复检验、多头执法等手段限制外地产品进入本地市场，用"红头文件"制定地方规则和行政壁垒来排斥外地产品及外来服务。

3. 市场准入机会不均等，民营经济发展低于全国平均水平

伴随国有企业改革和国有经济调整布局，河南民营经济主体的比例不断上升，成为河南经济发展不可或缺的重要力量。截至2013年9月，河南民营经济单位总数达到254.5万家，占河南市场主体总数的99.7%。2012年民营经济实现增加值2.04万亿元，占全省生产总值的68.5%；完成出口交货值1062.45亿元，占全省进出口总额的80.8%；上缴税金1808.13亿元，占全省财政收入的55%；从业人员2171.59万人，占全省城镇就业的80%。目前，在民营企业面临的诸多障碍中，譬如轻商观念、资金短缺、管理落后、创业者自身素质等，其中仍以政策枷锁、市场机会不均等为核心瓶颈，严重制约了河南民营经济的发展。

河南经济结构具有偏重化、偏资源的特征，不同市场主体平等使用生产要素、公平竞争的环境还没有形成，特别是一些重要领域的市场准入机会不均等，民营经济要想进入一些垄断行业，依然面临着"玻璃门""旋转门"等问题。即使是在平等使用要素资源方面，国有企业和民营企业之间也有着明显的差距。国有企业在贷款融资、财政扶持、土地配置等要素资源的获得都具有明显优势，在监管力度和法律环境方面，民营企业也不能与国有企业享受同等待遇。目前，河南省每万人拥有民营经济单位数为25户，仅为全国平均数的73.5%，实现增加值与发达省份相比差距较大。

4. 市场配套及要素支撑发展滞后，市场体系保障能力相对较弱

市场基础建设相对滞后，现代批发交易中心、物流中心、配送中心和仓储建设等发展缓慢，商品流通效率较低，物流成本过高。社会信用体系建设步伐缓慢，信用综合载体平台缺乏，配套的法律法规和政府规制滞后，信用服务行业、企业发展缓慢。市场中介组织作用有限，中介组织层次偏低，行政管理色彩浓重，管理渠道狭窄，市场策划、咨询评估、业务代理等高水准中介组织不多。

人才支撑严重不足，高端人才缺乏。一方面农民工技能素质整体偏低，目前河南农村转移劳动力超过半数主要集中在建筑家装业、纺织、轻工业等低端行业，能适应新工种、新技能的产业工人匮乏。另一方面适合现代市场体系建设的高端人才匮乏，尤其是满足新业态、新模式的复合型管理人才及专业技术人才严重匮乏。

金融机构规模较小，结构单一，金融创新产品较少。支持科技创新的投融资体系尚未形成，近些年发展迅速的电商行业也缺乏相应的金融产品支持。此外，区域金融发展不平衡，郑州和洛阳优势明显，其他地市金融市场发展差距较大。

自主创新能力较弱，全社会研发明显不足。开展 R&D 活动覆盖面过低，2013 年河南有 R&D 活动的单位占全部单位的 8.7%，在中部六省中处于落后位置。研发与投入强度差距依然较大，全省 R&D 经费投入强度仅达到 1.11%，远低于全国的 2.09%。研发与投入的地区分布不平衡，郑州、洛阳、新乡、许昌、平顶山、南阳 6 个市 2013 年研发经费投入均超过 20 亿元，合计投入占全省的 76.3%。此外，科技中介服务体系尚不健全，技术开发、技术转让、技术服务等功能不强。

三 2015 年河南现代市场体系建设的基本思路

（一）基本思路

2015 年河南现代市场体系建设的基本思路是：以党的十八大、十八届三中全会、十八届四中全会精神为指导，按照"三个总"的总体战略部署，依托三大国家战略的深入推进实施，围绕打造全国重要的商品和要素集疏中心战略目标，以市场化和法治化为取向，以制度改革、环境建设和载体打造为着力点，以提升商品交易市场、发展高端要素市场和培育新兴交易市场为主攻点，以促进传统与新兴、有形与无形、线下与线上融合为切入点，积极先行先试，强化体制机制创新，扩大对内对外开放，加快形成特色突出、布局合理、多层多元、有机衔接、功能完善、覆盖广泛，与产业发展和城市建设相适应的现代市场体系，为加快中原崛起、河南振兴、富民强省提供战略支撑。

具体可以概括为"强化三支撑、突出三重点、促进三融合"。

1. 强化三支撑

强化制度支撑。以全面深化改革为重点，着力先行先试，推进制度建设，加强体制创新，突出抓好简政放权"先手棋"，积极完善市场准入制度，积极创新工商注册制度，着力推进工商注册制度便利化和通关一体化，为现代市场体系建设提供制度支撑。

强化环境支撑。加强市场环境建设，完善市场规则，强化市场监管，维护市场秩序，完善法治建设，建立统一开放、竞争有序的市场环境，为现代市场体系建设提供环境支撑。

强化载体支撑。加快推进郑州航空港经济综合实验区建设，提升商务中心区、特色商业区"两区"发展水平，积极推进电子产业园、现代物流产业园等载体建设，为现代市场体系建设提供载体支撑。

2. 突出三重点

突出商品交易市场地位。贯彻落实《河南省人民政府关于加快流通产业发展推进现代商品市场体系建设的意见》，完善具体支持政策和保障措施，加快推进专业市场、批发市场、期货市场等建设，积极促进业态创新，完善提升商品交易市场。

突出高端要素市场发展。出台实施高端要素市场指导性意见，编制发展规划，完善支持政策，强化要素保障，统筹推进资本市场、土地市场、人力资源市场、产权交易市场、技术交易市场、中介服务市场等发展，加快构建高层次的要素市场体系，推动要素自由流动，高效配置。

突出新兴交易市场培育。积极加强物联网、云计算、大数据等新技术的应用，大力发展电子商务、网络营销等新业态、新模式，积极创新商业模式，培育形成一批在全国具有较强影响力的电商企业，打造一批电子商务产业集群，发展一批电子商务载体平台，不断提升新兴市场的发展水平。

3. 促进三融合

促进传统与新兴融合。鼓励支持传统商业企业做大做强，支持传统商业企业进入电商领域,积极发展电子商务等新业态,加快推进电子商务平台建设,促进传统商业转型升级。培育壮大本地电商企业,积极支持阿里巴巴、京东商城、苏宁云商等国内大型电商企业,积极进入河南传统商业领域,整合产业链、价值链、供应链。

促进有形与无形融合。支持农产品批发市场、建材市场、文化交易市场等专业市场,积极运用信息网络和电子信息技术,着力发展网上虚拟市场、展销市场等;鼓励支持大型电子商务企业,来豫建立专业市场、批发市场和电子商务园。

促进线下与线上融合。鼓励传统商贸企业积极进行商业模式创新,着力创新网络交易模式,推广线上批发、零售、拍卖、代理等经营方式。鼓励支持大量线下商业巨头与一线电商结盟,打通线下门店、电脑、移动端等各个直接抵达消费者的终端,建立全新的线上线下零售运营新模式。

(二) 把握原则

1. 突出市场主导

积极发挥市场配置资源的决定性作用,推动资源配置依据市场规则、市场价格、市场竞争实现效益最大化和效率最优化,着力激发市场主体的内在活力。

2. 发挥政府作用

坚持运用法治思维和法治方式履行政府职能,把该放的权力放开、放到位,把该管的事管好、管到位,建立公平开放透明的市场规则,保障市场主体权利平等、机会平等、规则平等。

3. 强化问题导向

树立问题导向意识,针对当前河南现代市场体系中存在的突出矛盾和问题去研究,深入分析症结所在,认真研究解决办法,做到有的放矢。

4. 着力先行先试

结合省情特点,积极统筹谋划,在积极争取国家层面改革试点的同时,因时制宜、因地制宜开展创新实践,鼓励先行先试,探索新路径,积累新经验。

5. 坚持重点突破

在全面推进市场体系建设进程中，要突出重点、把握关键，因地制宜地推进商品交易市场、高端要素市场、新兴交易市场发展，不断深化投资、金融、财税、价格体制改革，在重点领域和关键环节取得新突破。

（三）工作重点

1. 实施制度改革创新工程

继续推进简政放权。进一步加大简政放权力度，全面清理地方性法规设定的行政许可、具有行政审批性质的管理事项，继续取消、下放省级行政审批事项。全面推广一门受理、联审联批、多证联办等审批服务模式，建立全流程公开审批机制。

完善市场准入制度。启动实施负面清单管理制度，允许企业进入禁止和限制投资经营清单以外的行业、领域、业务等，允许各类市场主体依法平等进入。支持郑州航空港综合经济实验区等开放型经济载体，借鉴上海自贸区的做法和经验，探索对外商投资实行准入前国民待遇加负面清单的管理模式，并适时在有条件的区域复制推广。

推进工商注册制度便利化。全面实施工商登记制度改革，推进工商注册制度便利化，削减资质认定项目，探索实行商事登记、先照后证、注册资本认缴登记制、年度报告公示制，逐步推行全程电子化登记和电子营业执照。

2. 实施市场主体放活工程

开展混合所有制改革试点。积极发展混合所有制经济，推动国有企业和集体、民营、外资企业相互投资参股，积极推进省管企业混合所有制改革试点，开展实施混合所有制经济实行企业员工持股试点，打造一批混合所有制企业。

推进国有企业改革。成立河南省全面深化国有企业改革工作领导小组，出台全省国资国企改革整体方案，打造国有资产交易平台，完善国企改革综合配套政策，出台解决历史遗留问题的专项政策，建立国企动态评估机制和容错机制，全面深化国有企业改革。

支持非公有制经济健康发展。建立面向民间资本的重大项目发布推介制度，吸引民间资本进入交通、能源、水利、金融、市政设施、社会事业、养老及社区服务等领域，鼓励非公有制企业参与国有企业改革。

3. 实施商品交易市场提升工程

积极编制发展规划。加快编制河南商品交易市场发展规划，编制实施流通产业和流通网络发展规划，制定全省商品交易市场布局规划，支持鼓励县级以上城市编制和修编商业网点规划，以科学规划引导商品交易市场科学发展。

制定实施三年行动计划。加快制定河南商品交易市场发展三年行动计划，切实明确商品交易市场发展基本思路、主要目标、重点任务、重大工程、保障措施等内容，指导推进商品交易市场建设。

培育建设专业市场。培育一批综合与专业、批发与零售、产地与销地融合联动的商品交易市场，支持郑州粮食批发市场、商丘农产品中心批发市场等壮大规模，积极依托河南省粮食交易中心申请组建河南国家小麦交易中心，支持驻马店华强粮油批发市场、鹤壁粮食现代物流园区等转型升级。加快推进期货市场发展，支持郑州商品交易所丰富期货品种。谋划建设河南全国文化产品交易市场，培育打造郑州文化交易中心，积极围绕洛阳、开封等文化资源大市打造一批区域性文化交易市场。积极推进城镇农贸市场、产地集配中心、乡镇商贸中心、配送中心、直营店等建设。

开展市场外迁工程。结合旧城改造和市场外迁，加快郑州华南城、华商会等大型商贸物流项目建设，改造郑州万邦国际农产品物流城等传统批发市场，在全省省辖市完成中心城区批发市场外迁工作，建设集交易、结算、展示、信息发布等功能于一体的大型交易市场。

推进物流园区建设。积极推动郑州航空港、中原国际陆港、郑州国际物流园区建设，大力发展航空物流、保税物流和多式联运，持续提升郑州国际物流中心集聚辐射能力。加快推进省辖市、直管县（市）和县城物流园区、物流通道、枢纽场站等建设，不断提高物流设施发展水平。

4. 实施高端要素市场发展工程

资本市场。发展壮大金融机构，支持中原银行规范运营，壮大各省辖市城市商业银行规模，着力引进渣打银行、花旗银行等国内外金融机构来豫设立总部或分支机构。实施企业上市培育计划，扶持一批企业上市融资，积极引导上市企业再融资。出台支持政策和实施方案，积极推进债券市场、保险市场、区域性股权市场建设。积极实施金融集聚工程，加快郑东新区金融集聚核心功能区建设，支持洛阳等省辖市商务中心区高起点规划建设金融集中区。

土地市场。继续推进城乡建设用地增减挂钩试点和工矿废弃地复垦利用试点工作，充分挖掘城乡建设用地潜力。实施城镇低效用地再开发工程，推进旧城区、旧厂区、城中村改造。完善人地挂钩制度，出台节余建设用地指标有偿使用最低保护价制度、人地挂钩试点年度指标控制规模测算等意见或办法，规范推进人地挂钩试点。出台农村集体经营性建设用地入市的具体办法，稳妥开展农村宅基地制度改革试点。

人力资源市场。全面清理和取消不利于农村劳动力进城就业的政策规章，完善人力资源跨区域、跨行业流动的社会保险转移接续办法。推进人力资源市场建设，重点发展一批行业性、专业性人力资源市场，支持各地兴办企业家、经理人、海外人才等市场。加强就业信息服务网络建设，加快农村剩余劳动力资源信息数据库建设，推进中原人才网、河南省人力资源市场网等各类就业信息网络互联互通。

技术市场。出台河南技术市场发展指导意见和河南技术市场发展实施方案。完善技术市场发展的政策体系，制定技术转让、技术开发、技术咨询、技术服务的具体支持政策。建立省级技术交易服务平台和省级技术转移中心，发展研发设计、创业孵化、知识产权交易、科技投融资等服务业态。加大知识产权保护力度，争取试点设立知识产权法院。

产权交易市场。积极支持河南产权交易中心、河南中小企业发展服务中心和河南中原产权交易有限公司等产权交易中心建设，丰富交易种类。支持开展碳排放权、主要污染物排污权和水权等资源、环境产品交易，建设一批碳排放权、污染物排污权等产权交易市场。谋划建设河南省农村产权交易中心，支持济源农村产权交易中心建设，规划建设商丘、周口等城市农村产权交易中心。

中介服务市场。研究制定促进中介服务市场发展政策，编制中介服务市场发展规划，提出具体措施，积极发展咨询、信用、融资担保、会计税务、法律和仲裁、物流配送、广告会展、知识产权交易、人力资源配置等中介服务业。

5. 实施电子商务培育工程

抓好郑州市跨境贸易电子商务服务试点运行。充分利用跨境贸易电子商务服务试点政策，加强跨境贸易电子商务示范基地和服务平台建设，推进管理和运行机制创新，尽快形成国际网购物品集散分拨中心。积极推进电子口岸建设，探索实行一次申报、一次查验、一次放行，推动快速通关、规范结汇、依法退税等相关环节配套协同。进一步强化"郑欧班列"连通中亚、直达欧洲的重要纽带功能，推进"郑欧班列"实现去程每周2班、回程每月2班常态化运营。积极加强与阿里巴巴、易贝、天猫国际、亚马逊等电商，敦豪、顺丰、邮政等知名物流企业的战略合作，积极引入支付宝、贝宝、银联等第三方支付平台交易体系。鼓励电子商务企业"走出去"，建立境外销售渠道，开展网上推介，提升河南省产品在境外市场的品牌影响力和附加值。

壮大电子商务市场主体。引导优势行业大中型骨干企业加快应用电子商务，择优重点支持一批本土电子商务企业做大做强。鼓励传统商贸企业网上开店，实现"店商"与"网商"的有机融合，壮大网商队伍。鼓励中小企业应用第三方平台开展电子商务，支持有条件的第三方电子商务平台开设"河南企业专区"。扩大电子商务领域对外开放，积极引进和承接国内外知名电子商务企业来豫设立总部、搭建平台、拓展业务。

加强电子商务平台建设。加快建设全省电子商务综合服务主平台，规划建设中国河南电子商务港，支持全省电子商务企业发展综合性电子商务平台，打造一批电子商务示范基地、示范企业，培育一批在国内市场有较大影响力的行业电子商务平台的知名品牌。发展中小网商和家政、旅游、订餐、旧货交易等便民服务细分电子商务平台。

完善电子商务配套体系。推进快递物流体系建设，加强与菜鸟网络科技有限公司等知名企业合作，积极引进在国内外处于领先地位的快递物流企业到河南设立总部和分支机构，支持重点电子商务企业建设物流配送系统，支持城市社区开设网络购物快递投送场所。发展电子商务支付业务，鼓励银行拓展电子银行服务业务，加强第三方支付平台建设，支持建立由网上支付、移动电话支付、固定电话支付以及其他支付渠道构成的综合支付体系，提供安全、高效、便捷的资金结算服务。

深入推进电子商务示范工程。推进国家电子商务示范城市建设，支持郑州、洛阳等城市争创国家级电子商务示范城市。鼓励有条件的省辖市、县（市、区），结合当地优势产业，建设不同特色的电子商务园区。推进创建省、市、县三级电子商务示范企业，重点培育一批省级和国家级电子商务示范企业。

6. 实施载体平台建设工程

加快推进郑州航空港建设。紧紧围绕"产业港、物流港、贸易港"的功能，加快推进高端要素集聚，积极培育高端产业集群，积极推进郑州新郑国际机场二期工程及相关物流配套工程建设，完善综合保税区等海关特殊监管区功能，积极争取国家设立自由贸易园区，全力打造全省开发发展的战略高地、内陆地区对外开放的重要门户。

深入推进"两区"发展。积极开展商务中心区、特色商业区"两区"建设观摩活动和综合调查，梳理总结"两区"建设中存在的突出矛盾和问题，有针对性地制定"两区"发展的支持政策和具体措施，引导"两区"科学发展。完善提升"两区"功能，注重挖掘"两区"商业文化内涵，着力促进商贸、文化、旅游等产业发展，积极引进大型商贸综合体、商业中心，着力打造形成河南省商业、商务发展的高端平台和战略载体。

四　促进河南现代市场体系建设的着力点

促进河南现代市场体系建设，充分发挥市场在资源配置中的决定性的作用，把河南打造成中西部乃至全国重要的商品和要素集疏中心，需要立足省情，遵循规律，勇于探索，积极坚持科学规划引导，积极强化政策支持保障，积极加强信用体系建设，积极建立考核评价机制，完善法律法规体系。

（一）积极坚持科学规划引导

研究出台《中共河南省委河南省人民政府关于促进现代市场体系建设的指导意见》，科学制定河南省现代市场体系建设实施方案和三年行动计划，明确发展思路、发展目标、发展重点和政策措施，科学指导河南现代市场体系建设。借助编制第十三个国民经济与社会发展五年规划的重大机遇，科学谋划现代市场体系建设，积极把其纳入国民经济和社会发展第十三个五年发展规划。

科学编制河南省商品交易市场、高端要素市场和新兴交易市场的发展规划，有针对性编制专业市场、资本市场、人才市场、土地市场、电子商务等系列发展规划，用科学规划引导现代市场体系建设。

加强规划对接工作，积极加强与土地利用规划、城镇建设规划、产业发展规划、生态环境建设规划、产业集聚区发展规划等相关规划的衔接，促进现代市场体系规划与各类规划的衔接配合、协同共进。

（二）积极强化政策支持保障

积极从投资、财税、金融、土地等方面，制定政策支持体系，促进河南现代市场体系建设。

强化投资政策支持。对大型商品交易市场、区域性要素市场、农产品与农村消费品市场建设中的重大基础设施和重大产业项目，在建设规划、产业布局、审批核准及投资安排、资金补助、贷款贴息等方面给予优先支持。

强化财税政策支持。建立现代市场体系建设专项资金，对于商品交易市场、要素市场和新业态的发展，对于招商引资重大项目，给予资金支持或贷款贴息，并在税收方面给予一定的减免。

强化金融政策支持。鼓励金融机构创新发展融资租赁、商圈融资、供应链融资等新方式，积极为促进现代市场体系建设提供有效信贷支持。鼓励符合条件的企业通过发行企业债券、短期融资券和中期票据等多种方式拓宽融资渠道。

强化土地政策支持。优先给予为市场体系配套服务的综合交通、仓储物流、生态环境等项目建设提供用地保障。对纳入规划的大型商品流通项目用地需求予以重点支持，为投资主体利用现有旧厂房、闲置仓库等存量房地产建设商品交易市场和流通设施提供用地便利。允许以租赁方式供应商品交易市场用地，支持依法使用农村集体建设用地发展商品流通业。

（三）积极加强信用体系建设

落实国家《社会信用体系建设规划纲要（2014～2020年）》和《河南省关于加强推进社会信用体系建设的指导意见》，以信用信息记录、整合和应用为基础，以建立失信联合惩戒机制和推进诚信文化建设为手段，以健全信用制度为保障，全面推进信用体系建设。加快政务诚信、商务诚信和社会诚信等重点领域信用体系建设，构筑诚实守信的市场环境。

加快建立和完善省级公共信用信息基础数据库和服务平台。建立健全信用监管体制、守信激励和失信惩戒机制，在市场监管、市场准入、资质认定、行政审批、政策扶持等方面实施信用分类监管。

建立各行业黑名单制度和市场退出机制，实现多部门、跨地区信用奖惩联动。培育信用服务市场，拓展信用服务产品应用范围，推动信用保险、信用担保、履约担保、信用管理咨询及培训等信用服务业发展，加快建成覆盖全社会企业和个人的信用服务体系。

推动信用试点示范工程，选择政府高度重视、信用体系建设工作比较扎实、积极性高的省辖市、县（市、区）作为试点单位，引导带动全省信用体系建设。推进信用立法和制度建设，抓紧制定出台河南省公共信用信息管理、失信行为联合惩戒等规范性文件，并逐步完善上升为地方性法规或政府规章。

（四）积极建立考核评价机制

健全考核评价机制。制定现代市场体系建设考核评价办法，建立有效的指标体系和合理的评价考核机制，从制度建设、市场监管、商品交易市场发展、高端要素市场建设、新兴交易市场培育等维度，对省辖市、县（市、区）现代市场体系建设进行考核评价，并作为考核评价地区领导干部的重要依据。

分解目标任务。对促进现代市场体系建设确定的目标、工作重点和工作任务要分解落实到具体的地区、部门，纳入各地区、各部门经济社会发展综合评价和绩效考核体系，保证建设工作实施的系统性、连续性和针对性。

建立问责机制。明确权责，强化责任落实，政府职能部门依法履行对行业组织的服务指导和监督管理职能，依法承担相应管理责任，对直接干预市场运转或企业活动所造成的经济损失必须承担相应的法律和经济责任。

（五）积极完善法律法规体系

切实加强法制建设，完善规范人力资源、土地、资本、产权、技术等要素市场、商品交易市场和新兴交易市场的市场主体、行为、秩序、宏观调控、劳动及社会保障等相关的法律法规，加快建立保障市场公平竞争，有利于市场高效运转，与河南省市场经济发展阶段相适应的，科学合理、公平公正的市场法律法规体系。以对系统性风险的监测、预警与防控为核心，加快制定市场统计监测办法、市场风险基金管理办法、风控指标管理办法、信息技术安全保障办法等规章。

在全省集中开展治理商业贿赂专项工作，着力解决公益性强、与人民群众切身利益密切相关、破坏市场经济秩序的问题；重点治理工程建设、土地出让、产权交易、医药购销、政府采购、资源开发和商品经销领域的商业贿赂行为，进一步规范市场秩序、企业行为和行政权力。修正与市场经济体制机制不相融的各种法规政策制度，消除市场壁垒，完善市场定价机制。

（原载《呈阅件》2014 年第 22 期）

2013年中原经济区省辖市经济综合竞争力评价

武文超 李 斌

中原经济区上升为国家战略两年多以来，经济社会实现了全面快速健康发展，在全国范围内的影响力、辐射力、带动力稳步提升。2012年中原经济区建设成效显著，实现地区生产总值4.6万亿元，比2011年增长8.8%，占当年全国GDP比重的9.7%。30个省辖市发展各有特点，本文利用统计数据对2013年中原经济区30个省辖市经济综合竞争力进行评价，据此对区域发展和城市竞争力提升提出建议。

一 中原经济区省辖市经济综合竞争力的评价分析

立足中原经济区建设的总体思路，通过对统计数据的收集、验证和对比，在评价指标体系中选取2个一级指标、10个二级指标以及36个基本变量指标，对中原经济区30个省辖市进行的经济综合竞争力评价和排名。从2013年的评价结果和排名来看，郑州仍然居中原经济区省辖市经济综合竞争力的首位，从得分来看遥遥领先于其他省辖市（见表1）。在36个基本变量指标当中，郑州有29项指标居第1位，优势十分明显；在10个二级指标当中有8项居第1位，其他2项为经济增长速度和能耗水平，分别居第19位和第5位。

表1 2013年中原经济区省辖市经济综合竞争力评价结果

排名	地区	总得分	经济要素	支撑要素	排名	地区	总得分	经济要素	支撑要素
1	郑州市	0.939	0.697	0.242	16	商丘市	0.314	0.264	0.050
2	洛阳市	0.496	0.395	0.101	17	阜阳市	0.310	0.261	0.049
3	聊城市	0.430	0.364	0.066	18	安阳市	0.306	0.258	0.049
4	南阳市	0.421	0.354	0.066	19	晋城市	0.296	0.272	0.024
5	菏泽市	0.409	0.332	0.077	20	信阳市	0.296	0.266	0.030
6	许昌市	0.389	0.347	0.041	21	三门峡市	0.294	0.282	0.012
7	邯郸市	0.386	0.294	0.092	22	平顶山市	0.290	0.247	0.044
8	蚌埠市	0.378	0.324	0.054	23	长治市	0.287	0.255	0.032
9	新乡市	0.377	0.317	0.060	24	漯河市	0.285	0.269	0.016
10	焦作市	0.362	0.317	0.044	25	淮北市	0.275	0.254	0.021
11	周口市	0.321	0.285	0.037	26	濮阳市	0.274	0.254	0.020
12	开封市	0.321	0.288	0.033	27	邢台市	0.257	0.205	0.052
13	亳州市	0.318	0.296	0.022	28	鹤壁市	0.235	0.223	0.013
14	驻马店市	0.318	0.281	0.037	29	济源市	0.219	0.215	0.004
15	宿州市	0.317	0.290	0.027	30	运城市	0.139	0.101	0.038

洛阳紧随郑州之后，作为中原经济区的副中心城市，蝉联中原经济区省辖市经济综合竞争力排名的第2位。其中，经济要素水平和支撑要素水平综合评价均居第2位；在二级指标方面，有5项位居第2位，有8项居前5位，与郑州同样是经济增长速度和能耗水平相对排名靠后，分别居第12位和第21位；在36个基本变量指标方面，有10项居第2位，25项居前5位。

排名第3~12位的总体构成没有变化，邯郸提升迅速。在2012年完成的中原区省辖市经济综合竞争力评价当中，第3~12位的聊城、南阳、菏泽、许昌、新乡、蚌埠、焦作、开封、周口和邯郸在本次评价当中仍然占据第3~12位，值得注意的是邯郸市，从2012年的第12位提升了5个位次，一跃提升到了第7位，发展势头迅猛。

黄淮四市位居中游。黄河以南、淮河流域的周口、驻马店、信阳、商丘四市被称为"黄淮四市"，是典型的粮食主产区，工业发展相对滞后。在本次经济综合竞争力评价当中，周口居第11位，驻马店居第14位，信阳居第20位，商丘居第16位，四市总体上处于中原经济区省辖市经济综合竞争力的中游。黄淮四市特色相对明显：经济总量较大，地区生产总值、固定资产投资、财政金融等经济总量指标居中上游水平；工业占比较低，均居第20位以后；人均水平较低，人均GDP和农村居民人均纯收入都居第20位以后，城镇居民人均可支配收入均居第25位以后；支撑要素水平良好，能耗水平也表现不错。如何发挥这些地区的相对优势，突出特点，弥补发展短板，实现产业升级、居民收入增长、稳定增长是其未来发展的重要问题。

南北经济特点对比明显。从中原经济区总体来看，北部地区总体表现为能耗相对较高，工业发展相对较好，地区经济相对发达，人均收入水平相对较高。南部地区表现为工业占比较低，单位地区生产总值能耗较低，人均收入水平相对滞后。

通过分析发现，评价指标受省辖市规模影响较为明显。在指标选择上，总量性指标较多，人均指标较少，因此经济综合竞争力评价表现为规模大的城市排名相对靠前，规模小的城市排名相对居后。经济总量大、产业规模大的省辖市能够调动更多的资源，生产更多的财富，客观上具备较强的竞争力，但是这并不代表该市的经济发达、人民收入水平高。例如，经济综合竞争力排名第29位的济源，人均地区生产总值位居30个省辖市的首位，城乡居民人均收入水平也位居前列。

需要指出的是，由于种种原因，评价指标选取受到了一定的局限，而且在数据处理过程中也不可避免地存在信息损失，因此评价结果不能完全描述省辖市之间经济综合竞争力的对比。

二 评价体系构建的数理依据

本文选取36个基本变量指标包含了存量类、增量类、均值类、占比类和比率类共五大类指标，力图全面科学地评估中原经济区各个省辖市的经济综合竞争力（见表2）。研究数据采集来源于中原经济区涉及的五个省份的统计年鉴和省辖市的统计公报。由于数据有效性和可得性等所限，一些指标未被纳入评价体系。

表2 评价指标体系

系统层	一级指标	二级指标	基本指标
中原经济区省辖市经济竞争力综合评价	经济要素水平	经济发展水平	地区生产总值(GDP)(亿元),人均GDP(元),全社会消费品零售总额(亿元),固定资产投资总额(亿元),第二产业占GDP比重,第三产业占GDP比重
		收入和就业	城镇居民人均可支配收入(元),农村居民人均纯收入(元),城镇就业人员数(万人)
		经济增长速度	GDP增长率(%),人均GDP增长率(%)
		企业竞争力	规模以上工业企业数,规模以上工业企业主营业务收入(亿元)
		能耗水平	单位GDP能耗(吨标准煤/万元)
		经济外向性	进出口总额(万美元),实际利用外资(万美元)
		财政金融实力	公共财政预算收入(亿元),公共财政预算支出(亿元),年末金融机构存款余额(亿元),年末金融机构贷款余额(亿元),城乡居民储蓄余额(亿元)
	支撑要素水平	科技创新能力	专利申请数,普通高等学校数量,高等学校在校生人数
		交通和通信	民用汽车拥有量,移动电话用户数(万户),互联网宽带接入用户数(万户),公路客运总量(万人),公路货运总量(万吨)
		公共设施水平	年末道路面积(万平方米),供水总量(万立方米),全社会用电量(亿千瓦时),建成绿化覆盖面积(公顷),卫生机构数量,卫生技术人员数量,卫生机构床位数

三 对策建议

1. 坚持探索"两不三新""三化"协调科学发展之路

实现中原经济区的发展,中部崛起和中原振兴,离不开30个省辖市经济综合竞争力的提升。要实现北部洛阳、邯郸、安阳等城市传统工业的转型升级,减轻西北部地区焦作、济源、晋城、长治等地区对资源的依赖,提升以黄淮四市为代表的农业地区的发展,都离不开对于"两不三新""三化"协调之路的探索。一是坚持新型城镇化的引领,坚持城乡一体化发展,注重完善城市功能,推动城镇建设与产业发展格局向产城互动转变。三是坚持新型工业化的带动,推动工业化与信息化融合、制造业与服务业融合、新兴科技与新兴产业融合，构建结构合理、特色鲜明、竞争力强的现代产业体系。三是持续推进新型农业现代化。要推进农业发展方式向规模化、现代化、集约化经营转变，提高农业生产率和土地利用率，在确保粮食稳产增产的前提下，因地制宜实施农业结构调整，加快发展节约型农业、循环农业、生态农业。此外，还要积极推动省辖市之间的合作，将"三化"协调从一城一地的实践提升到整个中原经济区发展的总体布局的上来，使不同省辖市之间能够取长补短、相互协作，共同实现发展水平的提升。

2. 深入推进"三大战略"实施，提高中原经济区竞争力

中原经济区、国家粮食战略工程核心区、郑州航空港经济综合实验区三大战略是当前河南省乃至整个中原经济区发展的重点。三大战略虽然在概念和外延上各有侧重，但是目标指向是一致的，互相促进。实现中原经济区省辖市经济综合竞争力的提高，就要深入推进"三大战略"的落实。要加快粮食生产核心区建设，保证农业发展，粮食产量持续提升，为"两不三新""三化"协调之路奠定基础。通过对粮食主产区战略的实施和中原经济区"三化"协调之路的探索，带动农业现代化的进步，促进农村发展、农民增收。同时，将郑州航空港经济综合实验区作为中原经济区产业转型升级、加快城镇化进程、加快发展服务业重要的抓手，带动现代服务业、现代电子信息、生物医药、临空经济等高新技术行业的发展。加快郑州综合交通枢纽的建设，提高郑州作为中原经济区中心城市的辐射作用，带动其他省辖市共同发展。

3. 扩大开放招商，加强载体和体系建设

提升一个地区经济发展水平和综合竞争力，离不开各类载体建设。中原经济区的产业发展，一方面可以不断承接国内外发达地区的产业转移项目，加快产业聚集区建设，另一方面要发挥郑州航空港经济综合实验区集聚效应，不断拓宽开放领域，持续扩大工业开放，深入推进现代农业、基础产业、城乡建设领域开放，强力推进现代服务业开放，力争在金融保险、商贸物流、文化旅游等领域实现新突破。加快完善交通物流体系和各类产业载体配套设施，把经济结构战略性调整作为加快转变发展方式的主攻方向，努力推动生产力布局优化和发展动力转换。提升创新驱动发展能力，加快构建自主创新体系，大力推进传统产业技术创新、战略性新兴产业科技成果转化、企业创新能力培育等工程，培育一批创新型企业和高新技术企业。

4. 切实保障和改善民生，提高居民收入和就业水平

要不断加大对民生的投入，实施民生工程，在学有所教、劳有所得、病有所医、老有所养、住有所居上取得新进展，努力让人民过上更好生活。扶持中小企业，鼓励、引导非公有制经济发展，促进就业增长。做好高校毕业生、农村转移劳动力、城镇困难人员、退役军人就业工作。持续促进农业劳动力向非农产业转移，全面落实涉农补贴，降低农业成本，提高农业生产效益，增加农民经营性收入。增加城乡居民财产性收入，不断提高居民消费能力。加大科教文卫事业投入，优化教育布局，提高教育事业投入，完善医疗体系建设，提升医疗水平，支持各级图书馆、文化馆、群艺馆建设，丰富人民业余文化生活。完善城市基础设施建设，加快城市各种道路和管网建设，搞好信息基础设施建设，积极推进"三网融合"，全面提升城市的内涵和承载力。

（原载《领导参阅》2014 年第 16 期）

夯实河南发展底部基础 提升县域经济发展质量

——2013年河南县域经济发展质量评价报告

杜明军

县域经济在区域经济社会发展中的地位举足轻重，一般而言，县域经济的规模总量、就业吸纳能力、投资和消费等占省域的"2/3"左右。2012年，河南县域GDP总量为20543.38亿元，占全省的69.40%；从业人员为5267.22万人，占全省的83.77%；全社会固定资产投资为14876.79亿元，占全省的69.36%；社会消费品总额为6281.52亿元，占全省的57.55%。

一 河南县域经济发展质量评价分析

根据县域经济发展质量的内涵特征和目标要求，基于数据的可得性、可比性、可持续性和普遍性等特点，县域经济发展质量评价指标体系选取9类一级指标（发展规模、发展结构、发展效益、发展潜力活力、民生幸福、发展可持续性、科技创新、发展外向度和农业基础能力）和53个二级指标，采用熵值法来评价分析。

（一）108个县（市）分三类评价

纳入中心城市组团发展范围的55个县（市）总体评价：居前5位的

依次是新郑市、新密市、荥阳市、登封市、偃师市。

基础条件比较好（人均GDP在2.5万元以上）的19个县（市）总体评价：居前5位的依次是巩义市、中牟县、永城市、林州市、安阳县。

34个农区县的总体评价：居前5位的依次是固始县、邓州市、长垣县、滑县、淅川县。

（二）108个县（市）总体评价

总体综合评价：居前5位的依次是新郑市、新密市、巩义市、中牟县、荥阳市。

发展规模：居前5位的依次是新郑市、巩义市、中牟县、新密市、登封市。

发展结构：居前5位的依次是巩义市、新郑市、新密市、登封市、荥阳市。

发展效益：居前5位的依次是新郑市、义马市、新密市、偃师市、巩义市。

发展潜力活力：居前5位的依次是镇平县、方城县、内乡县、舞阳县、南召县。

民生幸福：居前5位的依次是义马市、新密市、新乡县、偃师市、登封市。

农业基础能力：居前5位的依次是邓州市、滑县、固始县、唐河县、永城市。

二 河南县域经济发展中的若干特点

根据河南108个县（市）经济发展质量的评价结果排名，可发现一些特点。

（一）发展质量源于综合性累计效应

本研究将指标体系分为九大部分，一般而言，这些指标在不同的县域经济发展质量评价过程中，相对评价结果的重要性程度是有变动差异的，各县（市）的经济发展质量源于综合性累计效应。因此，提高各个县（市）的国内生产总值规模、人均GDP、工业生产总值、固定资产投资、第三产业、农林牧渔业、居民收入等对于提升县域经济发展质量具有重要作用。

（二）发展质量存在差异性及不平衡性

从河南各县（市）经济发展质量的综合得分的落差可看出，县域经济发展质量存在明显的地域空间差异特征。不论是纳入中心城市组团发展范围的各县（市）之间，还是基础条件比较好（人均GDP在2.5万元以上）的各县（市）之间，各农区县之间，以及108个县（市）总体之间，其发展质量指数均存在明显的差异。一般而言，县域经济之间存在明显的发展阶段、发展程度、发展速度、发展水平的差异，这种差异就县域经济整体发展质量而言，属于外部性的、地域之间的空间发展差异，这表明县域经济发展区域间不均衡和协调程度不足的状况比较严重。

从河南各单个县（市）经济发展质量的综合得分的源泉可以看出，各县（市）存在明显差异：由于组成指标体系的发展规模、发展结构、发展效益、发展潜力活力、民生幸福、农业基础能力等各项指标数值和计算得分的差异，决定了各县（市）经济发展质量的评价排名，这反映出决定各县域经济发展质量评价排名的源泉因素存在明显差异，需要按照科学发展观的要求，努力实现平衡发展、和谐发展，提高经济发展质量。

（三）发展质量具有城乡一体化的空间集聚特征

根据计算出的河南108个县（市）的县域经济发展质量的综合得分及排名情况，可以看出，在河南的108个县域经济中，进入"中原城市群"的县（市），如新郑、新密、巩义、中牟、荥阳等县（市），其经济发展质量较好；进入1小时交通都市经济圈范围内的县（市），如各临近18个省辖市的部分县（市）的经济发展质量居中或比较好，这些县（市）的经济发展质量排名比较靠前。一般而言，县域经济发展质量具有基于中心城市吸纳集聚效应的城乡一体化空间集聚特征。进入1小时交通都市经济圈范围内的县（市）可以发挥交通通信发达、地广物博、资源条件或经济基础好的比较优势，形成工业园区、核心商业圈、产业集聚区，在空间地域上集聚经济发展要素，提高县域经济发展质量。

综合上述三个方面的情况，基本上可以得出规律性的结论：尽管县域经济发展速度较快，稳定性好，但发展质量的提高与之并不完全对称，存在明显的内部发展不平衡和外部发展不协调，表现为区域和城乡差距偏大，城乡二元经济特征明显，结构不尽合理，发展的内生动力较弱，环境方面更是不容乐观。

三 县域经济发展质量提升策略

县域经济发展质量事关区域经济升级版的打造、小康社会的同步建成，"中国梦"的实现，现阶段提高县域经济发展质量需从以下几个方面着手。

（一）因地制宜，分类指导，打造县域经济比较优势

县域经济是国民经济的基本单元，但又有所区别，不可能搞自成体系的全门类经济，必须因地制宜，注重发挥比较优势，将比较优势变为竞争优势。应合理规划，根据经济基础，充分考虑资源、人口等条件，突出发展特色。必须正视客观存在的多样性，在政策导向上，按照规模水平、功能定位和基础条件，突出分类指导、分门别类，合理确定战略定位，明确方向，突出重点。

（二）转变政府职能，提高县域政府服务能力

目前，县域发展的资源浪费与环境污染现状显然与 GDP 的痴情追求相关。应坚决摒弃"以 GDP 论英雄"的单一政绩考评制度，以富民、安民为主旨，加大资源消耗、环境损害、生态效益、产能过剩、科技创新、安全生产、新增债务等指标的权重，更加重视劳动就业、居民收入、社会保障、人民健康状况，充分保持政策连续性，切实提高公共服务质量。针对县域经济发展质量存在的薄弱环节，以优化政府行为为重点，在优化能

源、交通、通信、生态等硬环境的同时，着重培育和优化软环境，提高政府管理能力。取消一切不利于各类市场主体发展的歧视性政策和人为的限制性障碍，最大限度地减少行政事业性审批程序和收费。建立高效的服务环境，提高县（市）政府机关的办事效率和服务质量，增强透明度。打破所有制、行业和地区性等垄断，保护各类市场主体公平竞争，维护公开、公正的市场竞争秩序。塑造良好的信用环境，维护政府信誉，建设"责任政府"。

（三）统筹城乡一体化发展，缩小县域经济发展质量差距

统筹城乡是消除二元经济结构、提升县域经济发展质量的战略之举。必须统一城乡规划、城乡产业、城乡政策、发展措施，统筹城乡生产力布局，提高农村生产力发展水平。充分发挥市场作用和政府调控职能，建立全新机制，促进城乡要素的双向流动和组合，促进生产力在城乡地域空间上的合理分布、组合和配置。统筹城乡产业结构调整，加快农村第二、第三产业发展。顺应城镇产业升级的大趋势，加快科技进步和结构调整，主动接受产业转移，实现梯次发展。统筹城乡投入，加大对"三农"支持保护力度。调整国民收入分配格局和财政支出结构，逐步建立和形成支农资金稳定增长机制，加强农村基础设施建设，改善农村生产条件，提高农业综合生产能力和可持续发展能力。通过城镇的辐射带动，推进县域工业化、城镇化进程，带动农业和农村经济发展，为剩余劳动力向非农产业和城镇转移创造条件。

（四）调整经济结构，提升县域经济发展质量档次

充分利用各县（市）的资源优势发展特色农业，构建农业产业化、现代化体系。积极发展技术引领型产业，提高对高新技术产业的政策支持力度，扶持科技型中小企业。统筹旅游业和文化产业互动发展，打造具有核心竞争力的旅游品牌。认真研究支撑各县（市）发展质量的源泉因素，借助最具优势的资源，根据区域发展战略制定提升县域经济发展质量的相关措施，加强政策协调配合，尽量缩小各县（市）经济发展质量差距。

（五）加快城镇化进程，改善第三产业发展环境，确保县域经济质量持续提升

通过城市规模的扩大、集聚辐射功能的强化和城郊农村城镇化的建设，第三产业跨越式发展。拓宽资金来源渠道，加大第三产业投入力度。坚持以政府投入为导向、社会投入为主体、金融信贷为支撑的原则，支持鼓励国有及民营等多元经济主体以资金、房产、设备、技术、信息、劳务等多元形式投入第三产业。

（六）走可持续发展道路，全面提高县域经济发展质量

坚持节约资源和保护生态环境的基本国策，正确处理县域经济发展与资源合理利用、生态环境保护的关系，大力发展生态型县域经济。建设生态农业示范区、绿色果品生产基地和优质畜牧生产基地，统筹解决县域生态建设与产业发展的问题。提升传统优势工业，加快"三高"行业的循环式改造，推动产业循环式组合，提高资源利用效率；大力发展低耗能、低耗水、高产出的行业。加强对生态环境的保护和建设，增加对生态环境综合整治和建设的投入，多方筹措环保资金。

（原载《领导参阅》2014年第23期）

科学有序推进新型城镇化的若干建议

王新涛

2013年，河南城镇化率达到43.8%，城镇化在经济社会发展中的全局性作用更加凸显。但是也要看到，城镇化滞后于工业化，城镇化总体水平低的问题已经成为制约经济社会发展的主要症结。随着内外部环境和条件的深刻变化，河南城镇化进入了数量质量并重以提升质量为主的转型发展的新阶段，迫切要求采取综合性对策，破解城镇化滞后的主要症结，实现新型城镇化的科学推进和健康发展。

一 优化城镇体系，引导人口空间合理分布

就河南省的实际情况来看，人多资源少的客观实际和城镇化发展所处的阶段，决定着河南当前城镇化的主要方向是集聚而不是分散。从人口"五普"和"六普"的数据对比看，"五普"时全省常住人口与户籍人口的比值为0.9616，其中郑州、洛阳、鹤壁、新乡、焦作和三门峡6个省辖市常住人口与户籍人口比值超过1，其他12个省辖市比值均小于1；"六普"时，全省常住人口与户籍人口的比值为0.9017，郑州是唯一"常住人口与户籍人口比值"超过1的省辖市，其他17个省辖市比值均小于1。这在一定程度上反映了郑州作为省会城市，集聚能力在不断增强，从

另一个层面也反映出郑州市区交通拥堵、环境恶化的深层次原因所在。因此，农业转移人口的方向和重点要与城镇体系的优化相衔接，各级城镇都要根据自己职能、规模和综合承载力，合理承接适度人口规模并保持合理的人口结构。

一是强化郑州的核心作用，推进与开封、新乡、许昌、焦作、漯河交通一体、产业链接、服务共享、生态共建，促进核心层一体化发展。以高速铁路和城际轨道交通为重点，形成半小时交通圈，促进郑州、开封、洛阳、平顶山、新乡、焦作、许昌、漯河、济源9个城市构成的紧密层融合发展。依托以"米"字形客运专线为基础的快速交通运输走廊，推进全省18个中心城市多层次城际快速交通网络建设，形成以郑州为中心的1小时交通圈，促进中原城市群扩容发展。

二是统筹中心城区和各组团的功能定位、发展规模、产业发展及交通、生态等重大基础设施建设，以中心城区与组团间快速交通体系为载体，推动中心城区与组团间产业发展分工合作，形成与中心城区优势互补、联动互动的组团式发展格局。

三是加快发展一批20万人以上的城市。以产业集聚发展为人口集中和城市建设提供支持，以城市功能完善为产业集群发展和人口集中创造条件，综合考虑资源状况、发展基础和环境容量等因素，支持有条件的县（市）加快新城区建设，建设一批高品质的城市公共空间和城市建筑，增强新区集聚人口的能力。以增加就业、住房和公共服务为重点，主动承接中心城市产业辐射，吸纳农村人口转移。

二　突出就业导向，促进农业转移人口进城稳定落户

当前，河南省内农业转移人口达到1500万人，但是完全融入城市的并不多。究其根源，在于城镇的就业承载能力较弱。一方面大量农业转移人口过度集中在大城市，随着大城市产业结构高度化，就业岗位要求就业人员的知识化、专业化水平越来越高，较多的农业转移劳动力无法适应大城市产业结构调整升级的需要。另一方面河南中小城镇产业支撑能力不强，第二产业多属于资本密集型产业，重型化特征明显，容纳的就业人口

有限；第三产业发展规模较小，无法发挥最大就业容纳器的作用。同时，河南约有1100万人在外省务工，如果这部分人回省就业，也需要城镇提供就业岗位。因此，科学推进新型城镇化，真正做到以人为本，最核心的是解决2600万名农业转移人口的就业问题。

一是依靠产业发展创造就业岗位。把推进工业化、发展产业摆在突出位置，通过第二、第三产业的发展促进劳动者就业，带动人口向城镇集中。要围绕建设先进制造业大省，以技术高端化、产业集群化、发展集约化为方向着力做强电子信息、装备制造、食品、家居、汽车及零部件、服装服饰等高成长性制造业，以发展深加工产品群、节能降耗增效为重点改造提升传统优势产业，以主攻核心技术、突破市场瓶颈为着力点培育战略性新兴产业。同时，要围绕建设高成长服务业大省，着力提升服务业发展规模和水平，重点发展现代物流、金融、文化、旅游、信息服务等高成长性服务业，培育健康服务、教育培训、商务服务、养老及家庭服务等新兴服务业。

二是依靠提高产业载体发展水平，强化产城互动发展。大力实施集聚区产业集群培育工程，着力构建规模大、竞争力强、成长性好、关联度高的产业集群；把商务中心区和特色商业区作为加快城区服务业发展的主要载体，培育一批金融服务、文化创意、商务中介、总部经济等特色服务业，形成一批商、旅、文融合的特色商业街，改造一批现代物流、电子商务、会展等有机融合的专业市场，打造产业高集聚、产出高效率、功能高复合、就业高容量的服务业集群。

三是依靠技能培训提高农村劳动力就业创业能力。围绕产业转型升级，以培养急需紧缺技能人才为重点，实施全民技能振兴工程，完善"六路并进"工作机制，坚持"三改一抓一构建"的职教攻坚计划，加快国家职业教育改革试验区建设，把人力资源优势转化为产业发展优势。

四是把强化就业导向与强化住房、教育"两牵动"相结合。始终坚持住房牵动、教育牵动，深入推进保障性安居工程建设，引导房地产业健康发展，尽快建立满足多层次需求的住房供给体系，努力解决城镇贫困家庭和农业转移人口居住问题。注重农民工子女的教育，把农民工随迁子女义务教育纳入城镇教育发展规划和财政保障范畴,保障农民工随迁子女以公办学校为主的免费接受义务教育。

三 全面提升承载能力,推动基本公共服务实现常住人口全覆盖

基础设施的完善程度和公共服务的供给能力是城镇综合承载功能的核心组成要素,这在很大程度上决定了城镇的发展水平和发展潜力。随着城镇化进程和农业转移人口市民化步伐加快,河南城镇基础设施和公共服务能力历史欠账尚未补齐与农业转移人口需求持续增加的影响叠加在一起,造成城镇综合承载能力不足。从基础设施承载能力看,2012年,全国人均城市道路面积为10.83平方米,郑州人均城市道路面积为6.35平方米,仅相当于全国平均水平的58.6%,与全国中心城市和周边省份相比,差距较为明显。从基本公共服务水平看,当前河南每千人口医生数为1.51人,比全国少0.32人;每千人口医院和卫生院床位数为3.36张,比全国少0.55张。学前教育的"入园难""入园贵"也成为人民群众反映强烈、社会高度关注的民生问题。住房、教育、医疗和社会保障等关系城镇化发展质量和民生改善的问题迫切需要解决。

一是增强城镇基础设施承载能力。以缓解中心城市交通拥堵、改善人居环境为重点,加快中心城市基础设施和公共服务设施建设,推进老城区道路改造,优化主干路网结构,加快城市快速通道、综合换乘枢纽和停车设施建设,进一步拓展城市园林绿化、生态水系等绿色公共空间,加快污水垃圾处理设施建设,提高市政公共设施支撑能力。

二是强化城镇住房保障能力。坚持科学选址,在符合城市总体规划、土地利用规划的前提下,均衡布局保障性住房建设和商品住房开发,统筹规划建设交通、教育、医疗、通信、商业等公共服务和社区服务设施。

三是增强城镇公共服务保障能力。按照城镇发展规模和市区人口分布密度,统筹布局学校、医院、文化设施、体育场所等公共服务设施。制定实施全省统一的基本公共服务设施配置和建设标准,建立完善社会公共事务协作管理机制,推进基本公共服务资源共享、制度对接和待遇趋同。

四是提高城市管理水平。树立绿色城市、低碳城市、紧凑城市、智慧城市等新的发展理念，完善规划编制体系，提高规划编制水平，推动城市管理数字化、智能化和公共服务社会化、专业化。

四 创新筹资模式，建立城镇化建设的资金保障机制

城镇化是一项高成本的改革，方方面面都需要大量的投入。加快推进新型城镇化，既要承担城镇基础设施和公共服务设施的建设成本，也要承担弥补城乡二元结构造成的社会保障差异的支出。据国务院发展研究中心测算，每增加一个城市人口，最少需要9万元的城市基础设施新增投资，按此计算，如果河南城镇化率保持每年以1.8个百分点的增长速度，则每年需转移人口180万人，以此推算未来至少需要1620亿元以上的投资。新型城镇化建设所需资金量巨大，仅靠财政难以负担，且经过多年发展，"土地财政"的弊端开始显现，部分地区土地收入大幅缩减，"土地财政"难以持续。在此背景下，如何建立合理的城镇化成本分担机制与合理的融资模式以解决城镇化建设的资金短缺问题，是河南新型城镇化面临的重大挑战。建立多元、可持续的城镇化推进的资金保障机制是唯一的选择。

一是用好财政资金。改革完善财政体制，建立健全城镇基本公共服务支出分担和奖补机制，实现基本公共服务支出持续稳定增长。完善省级财政转移支付办法，建立财政转移支付同农业转移人口市民化挂钩机制，支持市、县政府加大对城镇基本公共服务的投入。

二是加快城镇基础建设对外开放步伐。主要是扩大5个领域的对外开放，即着力推动房地产建设领域扩大开放，着力推动市政设施和生态环保设施建设领域扩大开放，着力推动公共服务领域扩大开放，着力推动卫生领域扩大开放，着力推动养老等社会福利领域扩大开放。

三是创新融资模式。加大国有资源、资产、资金、资本等国有"四资"整合和运作力度，支持市、县投融资平台通过财政注资、市场募资、整合存量资产、做优增量资产等多种方式提高融资能力；深化与国家开发银行等国家政策性金融机构的战略合作，采取"预授信+分年度核准"的融资运作模式，实现重大城镇项目的批量化、系统化、整体性的开发建

设。

四是建立差别化的项目融资机制。按照产品的社会属性，把城镇基础设施项目分为三类，即纯公益性项目、准公益性项目和有稳定收益的经营性项目。对纯公益性项目，明确政府的投资主体地位，纳入财政预算体系，优先安排政府财政性资金支持该类项目建设。对于有稳定收益的经营性项目，逐步放宽对民间资金进入的限制，创造条件鼓励和引导民间资金积极投入该领域建设，同时加强对该类产品的成本监管，形成科学合理的价格形成机制和运作机制。对准公益性项目，如公共交通、地铁等项目，明确市场投资主体的地位，政府加强宏观规划管理，完善价格、收费机制，在初始建设资金投入、后期运营阶段给予财政补助、价格补贴等。

五是完善城镇化成本分担机制。按照目前县城农村转移人口市民化的公共成本（包括农民工随迁子女教育、医疗保障、养老保险、城市管理、保障性住房等项）的标准，参照义务教育经费的分担办法，建立多级分担机制，共同负担农村转移人口市民化公共成本，以完善的社会保障体系吸引农民进城。

五　加快制度创新，推进行政体制先行先试

推进新型城镇化进程，不仅涉及经济结构、社会结构的全面调整，而且涉及生产方式、生活方式的根本性转变。尤其在人口多、范围广，同时生产力水平发展不平衡，经济基础、资源禀赋差异较大的情况下，探索走好新型城镇化道路，要求先行先试，率先突破。

一是分类推进直管县改革。根据10个试点县（市）县域经济发展的特殊情况，对其进行分类指导和鼓励先行先试：对于长垣、巩义等中心城市的卫星城县（市），强化与中心城市的一体化发展；对于固始、邓州等边缘山区县（市），加大生态建设的财政转移支付力度；对于滑县、新蔡、兰考等农业大县（市），加强优质农产品生产的扶持，出台差异性支持政策，重点支持具有地方特色的种植业和畜禽养殖业；对于固始、邓州、新蔡、鹿邑等区域独立性大、区位较好的县（市），扩大公共服务权、市场监督权、经济管理权和社会管理权；对永城、汝州、鹿邑、长垣

城市化发展前景好、工业发展潜力大的县（市），下放项目审批权，鼓励率先发展；对于永城、汝州等资源比较丰富的县（市），加强资源管理、促进资源合理开发、支持其产业结构调整、转型升级；对于兰考、邓州、固始等贫困县（市），加大扶贫和农村富余劳动力转移力度等。对于永城、鹿邑、固始等文化旅游资源丰富的县，出台支持相关产业投资的优惠政策。

二是支持经济发达镇开展进行扩权强镇试点。下放经济社会管理权限，赋予其部分县级经济社会管理权限，完善小城镇发展的财税、投融资等配套政策，在基础设施、公共服务体系建设等方面重点支持发展，增强小城镇的承载能力。

三是为行政区划调整做好准备。稳妥推进撤县设区，完善市辖区设置标准，因地制宜推进县改区，适当增设重要中心城市的市辖区，提升区域性中心城市辐射带动作用。优先支持省直管县（市）开展撤县设市工作。探索小县合并、联合设市等多元化设市模式，逐步增加小城市数量。适时推动撤乡（镇）改设办事处，提升城市管理水平。将市区周边的乡（镇）划归市区管辖，逐步优化城市内部功能分区。

（原载《领导参阅》2014年第18期）

区域发展要有新举措

——关于构建大中原城市群的战略思考与建议

杨兰桥

以城市群为主体形态推进新型城镇化发展，已成为新时期我国经济社会发展的重大战略性任务，成为实现中华民族伟大复兴"中国梦"的重要途径和支撑。《国家新型城镇化规划（2014~2020年）》提出，发展集聚效率高、辐射作用大、城镇体系优、功能互补强的城市群，使之成为支撑全国经济增长、促进区域协调发展、参与国际竞争合作的重要平台。在这样的发展战略背景下，谋划和建设城市群已成为全国各地推进区域发展的战略重点，长三角、珠三角打造世界级城市群的目标已经确定，京津冀发展也已引起高层的广泛关注，长江中游和成渝城市群也在积极谋划上升为国家战略。面对区域发展的这种态势，我们也应创新区域发展的总体思路，谋划区域发展的战略重点，积极把发展城市群置于重要位置，着力推进中原城市群的扩容，积极构建大中原城市群，加快提升中原城市群竞争能力和区域影响力，为带动中西部地区崛起，实现中华民族伟大复兴的"中国梦"提供重要支撑和力量。

一 构建大中原城市群的重要性必要性

建设大中原城市群，是顺应城市群发展规律的必然要求，是契合国家发展大战略的现实需要,也是增强区域发展话语权的战略选择,对于促进全省经济社会发展,支撑中西部地区崛起,完善国家区域发展的宏观布局,具有极其重要的战略意义。

(一) 顺应城市群发展规律的必然要求

城市群发展规律表明,城市群是在区域发展不断集聚与不断扩散的过程中逐步形成与向前发展的,其发展和演化可以划分为酝酿阶段、形成阶段、成长阶段和成熟阶段等几个阶段。按照城市群发展演化的阶段划分,目前中原城市群正处于城市群发展的成长阶段,正处在城市群快速发展和持续壮大的关键时期。处于这一阶段的城市群,既表现为经济和人口规模的不断扩大、经济实力的持续提高,也表现出要素集聚能力的不断提高,辐射带动能力的持续增强,同时又呈现出区域范围不断扩大、发展空间不断拓展的区域特征。所以,积极推进中原城市群的扩容,着力拓展中原城市群的发展空间,加快构建大中原城市群,不仅是中原城市群发展的现实需要,也是顺应城市群发展演化规律的必然要求。

(二) 契合国家发展大战略的现实需要

加快推进新型城镇化发展,培育形成以城市群为主体形态,沿大江大河和陆路交通干线梯度推进的区域发展新棋局,是当前和今后一个时期推进我国区域发展的战略重点。中央城镇化工作会议强调,要在中西部有条件的地区,依靠市场力量和国家规划引导,逐步发展形成若干城市群,成为带动中西部发展的重要增长极;《国家新型城镇化规划(2014~2020年)》提出,加快培育中原等城市群,使之成为推动国土空间均衡开发、引领区域经济发展的重要增长极。面对国家发展战略的新要求,引领区域发展的新需要,带动中西部地区崛起的新使命,中原城市群还有不小的差距,还有待进一步做强做大。因此,积极构建大中原城市群,着力推进中原城市群的扩容,进一步强化中原城市群的战略支撑,是顺应国家发展战略的新需要,也是促进中西部地区崛起的新使命、新要求。

(三) 增强区域发展话语权的战略选择

城市群作为一个国家或地区的发展中枢、空间主导和战略支撑,影响着一个国家或地区的经济命脉、区域地位乃至世界话语权。从国际上来看，以纽约为中心的美国东北部大西洋沿岸城市群、以东京为中心的日本太平洋沿岸城市群、以巴黎为中心的欧洲西部城市群等城市群，已成为引领全球发展的核心区、科技创新的发源地和世界财富的主要集聚地；从国内发展看，长三角、珠三角、京津冀三大城市群已成为引领我国发展的主导力量，成为国家人口、财富和生产要素的主要集聚空间，三大城市群占全国国土面积的3.6%，集聚了全国17.8%的人口和36.0%的国内生产总值；从中西部发展来看，长江中游城市群、成渝城市群扩容步伐不断加快，寻求国家支持谋取中西部"龙头地位"的战略意图较为明显。在这样的发展战略格局下，我们有必要对中原城市群进行扩容，以壮大中原城市群的规模，增强中原城市群的发展实力和区域影响力，以提升中原城市群区域发展的话语权。

二　构建大中原城市群的战略构想

我们要树立大局意识，立足全局视野，站位战略高度，充分认识建设大中原城市群的重要性必要性，把构建大中原城市群作为一项重要的战略性任务抓实抓好。目前，构建大中原城市群，有以下几种方案可供选择。

（一）立足全省构建大中原城市群

前几年，为壮大中原城市群的发展规模，提升中原城市群的经济实力，增强中原城市群的竞争能力和区域影响力，河南提出了立足全省建设大中原城市群的战略构想。这一战略构想，由于种种原因一直没有被引起重视，也一直没有被国内外所熟知。但近年来随着中原城市群的快速发展，区域经济联系的不断增强，尤其是随着全省交通网络的逐步完善和快速通道的加快建设，立足全省构建大中原城市群，条件已经成熟，基础已经具备。如果按照这一思路来构建大中原城市群，大中原城市群区域总面积为16.7万平方公里，常住人口为9406万人，地区生产总值为29599.3亿元，分别占全国的1.7%、6.6%和5.7%。与长三角、珠三角、京津冀、长江中游、成渝等国内主要城市群相比，具有一定的比较优势，在国土面积上大于长三角城市群、珠三角城市群，略低于长江中游城市群、京津冀城市群和成渝城市群；在常住人口规模上，高于珠三角城市群、京津冀城市群和成渝城市群，略低于长三角城市群和长江中游城市群；在经济总量上，高于成渝城市群，略低于长三角城市群、珠三角城市群、京津冀城市群和长江中游城市群。

（二）联合周边打造大中原城市群

依据国家区域发展的战略部署，未来在中原城市群周边地区，有望形成豫皖城市群、冀鲁豫城市群、鄂豫城市群等一批新的城市群，因此目前联合这些区域共同打造大中原城市群，既符合国家发展的战略需要，也有共同的发展基础和区域诉求。这样，大中原城市群范围将包括现有的中原城市群，以及豫皖城市群、冀鲁豫城市群、鄂豫城市群和晋陕豫黄河金三角，涵盖河南省的18个省辖市，以及安徽的阜阳、亳州，山东的聊城、菏泽，河北的邯郸，湖北的襄阳和随州等25个省辖市，区域总面积24.7万平方公里，常住人口1.4亿人，地区生产总值41327.9亿元，分别占全国的2.6%、10.3%和8.0%。与长三角、珠三角、京津冀、长江中游、成渝等国内主要城市群相比，具有一定的竞争优势，在国土面积上，大中原城市群仅次于长江中游城市群，大于长三角城市群、珠三角城市群、京津冀城市群和成渝城市群，在六大城市群中居第2位；在常住人口规模上，在六大城市群中居第2位，略低于长江中游城市群，高于长三角城市群、珠三角城市群、京津冀城市群和成渝城市群；在经济规模上，高于成渝城市群，略低于长三角城市群、珠三角城市群、京津冀城市群和长江中游城市群。

（三）依托中原经济区建设大中原城市群

中原经济区已上升为国家战略，成为国家发展的重点区域。战略大局已定，战略定位已明，战略目标也已清晰，但从哪些方面着手，率先在哪些领域进行突破，尤其是在全面深化改革和推进新型城镇化发展的大背景下，已成为当前值得关注的重大战略性问题。以中原经济区为基础建设大中原城市群，着力在新型城镇化发展上先行先试，着力在城市群建设上率先取得突破,已成为重要的战略选项。依托中原经济区构建大中原城市群,其区域总面积将达到28.9万平方公里,常住人口达到1.6亿人,地区生产总值达到44891.1亿元,分别占全国的3.0%、11.8%和8.7%。与长三角、珠三角、京津冀、长江中游、成渝等国内主要城市群相比,大中原城市群在国土面积上,仅次于长江中游城市群,大于长三角城市群、珠三角城市群、京津冀城市群和成渝城市群,在六大城市群中居第2位;其常住人口规模在六大城市群中居第1位,分别为长三角城市群、珠三角城市群、京津冀城市群、长江中游城市群和成渝城市群的1.6倍、2.7倍、1.8倍、1.1倍和2.0倍;在经济规模上,高于成渝城市群,略低于长三角城市群、珠三角城市群、京津冀城市群、长江中游城市群(见表1)。

表1 2012年中原城市群与国内主要城市群主要指标占全国比重情况

单位:%

城市群	区域面积		常住人口		地区生产总值	
	万平方公里	占全国比重	总数(亿人)	占全国比重	总数(亿元)	占全国比重
中原城市群	5.9	0.6	0.4	3.0	17349.1	3.3
大中原城市群(立足全省)	16.7	1.7	0.9	6.6	29599.3	5.7
大中原城市群(联合周边)	24.7	2.6	1.4	10.3	41327.9	8.0
大中原城市群(依托中原经济区)	28.9	3.0	1.6	11.8	44891.1	8.7
长三角城市群	11.0	1.1	1.0	7.4	87203.2	16.8
珠三角城市群	5.5	0.6	0.6	4.4	47779.6	9.2
京津冀城市群	18.2	1.9	0.9	6.6	52017.6	10.0
长江中游城市群	40.2	4.2	1.5	11.1	60262.5	11.6
成渝城市群	19.2	2.0	0.8	5.9	29109.0	5.6

三 构建大中原城市群应把握的战略重点

构建大中原城市群,是一个复杂的系统工程,需要各个层面、各个部门的共同努力，通力协作。当前，为使大中原城市群建设开好局、起好步，顺利推进和实施，我们应把握以下几个战略重点。

（一）增强区域发展的责任感和紧迫性，切实把构建大中原城市群提上议事日程

目前，以武汉为中心，长沙、南昌、合肥为副中心的长江中游城市群即将获得国家批复，以重庆和成都为主体的成渝城市群也在积极寻求国家的支持。面对区域发展的这种态势，河南也要增强发展的责任感和紧迫性，积极把构建大中原城市群提上重要议事日程，着力构建大中原城市群，切实承担起国家赋予的新使命。一是建立组织结构。成立大中原城市群建设领导小组，统筹谋划大中原城市群规划建设工作，着力解决大中原城市群建设中的重大问题，具体负责与国家有关部委和相关省份的沟通协调。二是编制实施方案。加快编制大中原城市群建设的实施方案和大中原城市群建设的时间表与路线图，明确大中原城市群建设内容、工作重点和实施步骤。三是积极推进落实。积极建立工作推进机制，着力加强与相关地区的沟通联系，积极寻求国家发改委等有关部委的支持，着力推进构建大中原城市群工作的顺利实施。

（二）加强沟通协调，建立行之有效的城市群协同发展机制

大中原城市群的顺利推进和实施，关键在于形成行之有效的城市群协同发展机制，核心在于正确处理好城市群各城市间的利益关系，找到利益平衡点。为此，一方面要探索建立城市群发展的利益分享机制，对于城市群内的项目建设、产业转移、投资活动等，通过采取联合共建、股份化运作等方式和途径，进行利益分成和利益共享；另一方面要探索建立城市群利益补偿机制，通过规范财政转移支付制度、建立城市间补偿制度和城市协调发展专项资金等方式，对城市群各城市在协同发展过程中的利益损失予以补偿。在此基础上，积极探索建立城市群各城市间的沟通协调、规划对接、技术支撑、产业分工等相关机制，促进城市群城市间在基础设施建设、公共事业发展、产业分工协作、社会保障体系、生态环境治理等方面展开务实合作。

（三）在做强核心板块的基础上，积极开发边缘区域，"做厚"边缘城市

以郑州为中心、洛阳为副中心，涵盖开封、新乡、许昌、漯河、平顶山、焦作和济源的区域板块，是河南省发展的核心区域，也是大中原城市群的核心板块，对于这一区域要进一步做强、做大、做优。在此基础上，要积极推进边缘区域的开发和建设，创造条件积极"做厚"边缘城市。为此，一是要重新认识南阳的战略价值和战略意义，明确界定南阳的战略定位，加大对南阳的支持力度，积极把南阳打造成全省乃至大中原城市群的副中心城市；支持南阳在生态经济发展上成为国家试点或上升为国家战略。二是充分发挥商丘、安阳、三门峡、信阳等城市的桥头堡作用，推进这些城市在与周边区域合作中发挥重要作用，增强这些城市在区域发展中的话语权。三是对边缘区发展相对较好的县城和建制镇，积极有序推进县改市或赋予相应的管理权限，培育壮大一批中小城市和特色小城镇。

（四）强化区域分工与协作，推进产业链式整合、空间战略重组和人口合理布局

产业、空间和人口是城市群发展的核心要素和关键维度。建设大中原城市群，要从产业、空间、人口三维视角，来重构城市群的发展格局，推进城市群各城市的分工与合作。在产业发展方面，紧紧围绕城市群各城镇的职能定位和主导产业发展情况，积极加强产业的横向联系和垂直分工，着力推进产业的链式整合，加快形成大中小城市和小城镇分工合理、协作高效的现代产业发展新体系。在空间发展方面，按照国家新型城镇化发展的宏观布局，着重推进空间的战略重组，在重点发展核心板块的同时，积极推进外围区域的发展，培育形成一批次增长中心和增长板块；在重点发展路桥、京广等产业带的同时，积极培育形成一批新的区域经济带，着力形成各板块良性互动、轴带支撑有力的空间发展新格局。在人口布局方面，依据主体功能区发展规划，积极调整人口的合理分布，着力推进农村转移人口市民化，着力优化中心城市的人口布局，全面放开中小城市和小城镇的落户条件，着力形成人口分布合理、空间流动有序的发展新局面。

（五）加快综合交通运输网络建设，提高城市群空间运行效率和互联互通能力

综合交通运输网络是推动城市群发展的基础和保障。构建大中原城市群，形成城市群各城市互动发展格局，要不断加强城市群地区的交通网络设施建设，不断提高城市群的空间运行效率和互通互联能力。要不断巩固提升郑州综合交通枢纽地位，着力构建以郑州为中心的半小时交通圈和一小时交通圈，形成高效衔接的多层次城际快速交通运输网络。要以郑州航空港经济综合实验区建设为契机，加快推进民航事业发展，着力形成以郑州新郑国际机场为核心，以洛阳、南阳机场为辅助的民航事业发展新格局。积极推进铁路客运专线、城际铁路等建设，逐步实现郑州与大中原城市群其他城市公共交通的运行。完善高速公路网络，实现中心城市有多条高速公路通道，所有县城20分钟内上高速。积极推进城市群内国省干线公路改造升级，促进城际之间快速高效连接，加快县乡道路改造和农村连通工程等建设。加快各城市内部交通网络建设和布局优化调整，合理配置各城市主次干道和支路网密度，优化路网结构，着力解决大中城市交通拥堵和小城镇交通供给不足等问题。

（原载《领导参阅》2014年第26期）

河南光伏产业健康发展面临的问题与对策建议

——基于洛阳光伏产业现状调查

河南省社会科学院工业经济研究所课题组[*]

对中国光伏产业来说，虽然2013年国家陆续出台了包括《国务院关于促进光伏产业健康发展的若干意见》在内的14个重要文件，政策支持力度明显加大，企业经营状况得到一定程度改善，但远未走出寒冬。河南光伏产业也不例外，从2013年下半年开始出现"回暖"迹象，一些企业实现满产运营，产量实现恢复性增长。面对复杂多变的国内外形势，中国光伏产业是否已经顺利度过"寒冬"迎来春天？河南光伏产业健康发展面临哪些问题及如何应对？结合我们2014年3月对洛阳光伏产业的调研情况，谈谈关于河南光伏产业健康发展若干问题的观察与思考。

一 发展态势研判：转折点上的光伏产业

当前，光伏产业正处在三大转折点上。

（一）从全球看，光伏产业正由"政策拉动产业发展"的第一阶段向"平价驱动产业发展"的第二阶段转变

2013年，全球多晶硅产量达到25万吨，同比略有增长；光伏组件产

---

[*] 课题组组长：龚绍东；成员：赵西三、王中亚、唐海峰、刘晓萍。

量40GW,同比增长9%;光伏新增装机量为36GW,同比增长13%。尽管如此,全球光伏企业不能再期待短期内会有2009年前后的那种触底后爆发式增长的行情。本次光伏行业"谷底"恢复性增长与前几年的"V"形底有着本质差别。从近年来光伏产业发展增速的走势看,形成下滑后的"L"形底,将在底部窄幅波动平滑持续一段时间后,再逐步出现恢复性回升稳速增长的势态(见图1)。但是,作为新能源产业,光伏产业的未来仍将是一个高成长行业,终究会走出"低迷"困境重拾升势。光伏产业再次回升需要国际国内市场、产业发展理念、产业组织形态、产业发展政策出现一系列新变化并促使整个行业发生质变,以一个更加理性的价格满足消费需求,光伏产业必须走向"平价驱动"才能赢得新的发展机会。

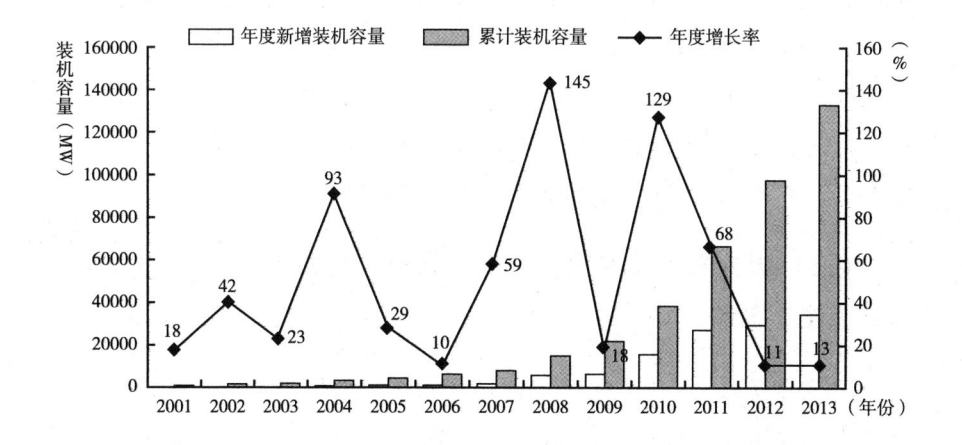

图1 2001~2013年全球新增及累计装机容量

以上判断基于两个事实:一是欧洲市场难以重回"高补贴"时代。欧债危机并非一个短期的债务危机,而是"二战"以来欧洲发展模式的危机。这种发展模式转变需要时间,也需要财政政策、福利政策的痛苦转型。德国、意大利、英国、法国、西班牙等欧洲国家缩减光伏产业补贴将是一个长周期事件。二是新兴市场需求尚未形成主导力量。2011年,欧洲国家在光伏产品需求中占比重较高,仅德国、意大利两国就占到全球近70%的装机量。

（二）我国光伏产业发展正处于由"主要依靠国际市场"向"启动国内市场"的转折点上

我国光伏产业对外依存度非常高，国内光伏产品出口率曾经达到90%以上，其中在欧洲市场占到70%以上，欧洲市场急剧萎缩大大冲击了我国光伏产业发展。2012年，我国绝大多数电池组件企业均处于限产或停产状态，一些竞争力弱的中小企业经营陷入困境甚至面临破产，上游多晶硅行业也遭遇"倒逼效应"，价格下滑到成本价以下。自2013年以来，我国一系列促进光伏产业健康发展的政策密集出台，国内市场启动加速，产业发展环境逐步好转。

我国光伏产业发展路径是：依托国际市场，做大规模，降低成本，低价竞争，拓展国内市场。国内企业要深刻认识到由主要靠国际市场向启动国内市场转变的重要意义，加快进行战略转型和布局。可以预见的是，2014年及今后几年，将是我国光伏产业大分化、大集中的转折时期，在技术和成本上无法获得优势的企业将被整合或淘汰，只有在激烈竞争下生存下来，才能享受到国内市场起飞带来的产业机会。

（三）国内光伏发电系统将由"集中式电站为主"向"分布式电站为主"转变

2013年7月，《国务院关于促进光伏产业健康发展的若干意见》提出"大力开拓分布式光伏发电市场"2013年8月，《国家能源局关于开展分布式光伏发电应用示范区建设的通知》；2013年9月，国家能源局和开行联合发布了《关于支持分布式光伏发电金融服务的意见》。工信部赛迪智库认为分布式光伏发电将获得重大发展良机，在国家确定的2014年新增建设规模中，分布式光伏发电建设规模为800万千瓦，超过独立光伏电站（605万千瓦）的建设规模。我国东、中部地区适合发展分布式光伏发电，电力易于就地消纳，成本低于网购电价，与集中式光伏电站相比度电补贴需求少，能有效推动产业技术进步，降低企业成本，还可逐步减少国家补贴。因此，分布式光伏发电将成为我国光伏产业发展的主要方向，国家支持分布式能源系统，行业巨头纷纷组建分布式安装服务部门。2013年是中国分布式光伏市场的启动之年，全年光伏发电新增装机容量达1000万千瓦，其中分布式光伏新增300万千瓦，同比增长120%。分布式光伏发电在我国已经迈出了坚实的第一步。对河南而言，在光伏发电方面不适宜采取大型集中式电站模式，可以结合省情，利用城市建筑物外墙、山区农村住宅等，充分发挥分布式电站的比较优势。

二 河南光伏产业发展现状考察：洛阳案例

2014年3月，我们对洛阳光伏产业进行专题调研，发现经历两年多的低谷之后，洛阳光伏产业发展呈现一些新特点。

（一）洛阳光伏产业装备与技术水平明显提升，产业发展逐渐走出困境进入复苏通道

在经营困难时期，洛阳光伏产业骨干企业巧妙把握时机，在停产检修期间，加大技术改造力度，加快产品调整升级步伐，使企业装备和技术水平得到明显提升。中硅高科2013年承担了48对棒节能型多晶硅还原炉研发及产业化、多晶硅生产副产物循环利用技术研发及产业化、36对棒多晶硅还原炉及工艺技术研发、新型高效节能提纯技术及装备研究、多晶硅大型还原炉装备与残液回收技术研究及产业化5项国家科技项目的研发工作，在停产期间进行了几十项技术改造。阿特斯通过技术改造使光伏组件转化率由原来的14.0%提升到17.6%以上。

洛阳光伏产业技术水平的提高满足了新的市场需求，加之国家陆续出台有关支持政策，2013年下半年以来，洛阳光伏产业发展逐渐走出艰难困境，全年光伏产业实现销售收入30亿元。中硅高科于2013年8月复产，复产两个月达到满产运营，实现了产量增加、质量提升和能耗降低，2014年春节后多晶硅价格上涨，中硅高科2月底的产品已全部销售一空，市场形势好于预期。2013年，洛阳尚德因受无锡尚德破产影响，一度陷入困境。在地方政府的协调下，于2013年5月恢复生产，通过开拓第三方销售市场，复产3个月后实现扭亏为盈。

（二）以洛阳为代表的河南光伏产业的传统优势正在逐渐削弱，但新的竞争优势尚未形成

洛阳多晶硅的产业优势已不复存在，洛阳中硅高科（产能1万吨/年）已远远落在江苏中能（产能6.5万吨/年）之后。2011年，国家工信部公布的20家多晶硅企业准入名单中，仅四川省就有6家，而河南省只有洛阳中硅高科一家。加上美国、德国、韩国等大型多晶硅企业技术不断进步、产能不断扩大，"硅料为王"的时代已一去不复返，洛阳光伏产业发展的资源优势已不明显。

洛阳光伏产业在上游硅材料优势逐渐削弱的同时，在产业链对接、品牌塑造、终端产品、解决方案、安装服务等环节尚未形成新的竞争优势，整个产业链的竞争力并没有得到显著提升。洛阳光伏产业虽然拥有完整的产业链条，但"代工"模式明显，产业各个环节的企业之间产业配套合作关系较为薄弱，基本上都是在单打独斗，没有形成合力，分居在产业链上下游的中硅、阿特斯、尚德等重点骨干企业相互链接度为零，现代产业分工合作体系远没有形成，增加了成本，降低了效率，难以形成区域竞争优势。由于代工模式主要以国外市场为主，产业自主性不强，针对国内市场的产品开发、方案设计、市场开拓、安装服务等环节相对薄弱。

三　对策建议：政府与企业的双重视角

（一）政府层面

2013年下半年以来，国务院及相关管理部门陆续出台了《关于促进光伏产业健康发展的若干意见》《关于光伏发电增值税政策的通知》《光伏制造行业规范条件》等14个重要文件，构筑了一个完整的产业政策体系。对此，河南应尽快出台关于促进光伏产业健康发展的实施意见，明确并落实国家有关支持政策。

1. 加快培育发展省内光伏产品市场

在扶持政策上，应当更多地鼓励家庭和企业"自发自用、余量上网"

模式，推广分布式发电，支持龙头企业探索建立"局域性微网"。鼓励龙头企业与产业集聚区、企业、行政及事业单位等用户合作，利用建筑屋顶或在偏远山区等缺电地区以及城市公共基础设施系统建设分布式光伏发电系统，支持个人利用自有住房屋顶安装、使用用户侧光伏发电系统。加大政府采购力度，在城市新区、产业集聚区、新农村、公路、城市基础设施建设等项目中明确光伏产品使用率，在政府采购及省内光伏电站和金太阳示范工程建设项目上向省内光伏企业倾斜。

2. 建成一批分布式光伏发电示范工程

在企事业机关、学校、医院、小区、通信基站等地方，以及城市路灯照明、城市景观、交通信号灯等领域推广分布式光伏电源。新建工业厂房、大型会展场馆、商业综合体、体育场馆、机场、车站、污水处理厂、办公楼等建筑和空间，应按照满足建设分布式屋顶光伏电站的要求进行设计，根据需要预留光伏配电房空间。以郑州航空港经济综合实验区为平台，建设光伏研发和应用示范区，带动河南省光伏产业升级和市场应用。启动光伏下乡工程，重点在山区农村等地建成一批示范工程。

3. 支持企业针对国内市场开发合适产品

引导企业针对国内市场加大研发力度，尽快开发适合国内市场的新产品，建议省政府在每年的工业结构调整和高新技术产业化资金、企业技术改造资金范围内，加大对分布式光伏产品产业化项目的支持力度。

4. 支持企业向分布式光伏电站综合运营服务商转型

支持本地光伏企业整合资源，组建集分布式光伏电站设计、开发、销售、安装、售后于一体的专业综合运营服务公司，列出专项资金支持企业开设分布式光伏发电体验店和示范项目，政府采购及有关示范项目向这类企业倾斜。

（二）企业层面

企业要深度认识光伏产业正处于由政策拉动、依靠外需向平价驱动、启动内需的转折点上，不能坐等政策支持，要主动适应国内需求创新商业模式，开拓市场。

1. 强化光伏企业链式发展抱团"突围"

光伏企业应强化产业链各环节连接整合，抱团走出"谷底"。建立河南光伏产业联盟，包括研发合作、市场共同开发、产业链对接、投融资联盟基金等方面，链式发展，聚力升级，降低生产成本，提高经济效益，实现合作共赢。

2. 推进龙头企业纵横一体化整合

龙头企业可以依托优势进行纵横一体化整合。今后几年，国内光伏企业将进入整合高峰期，龙头企业可以依托自身优势，进行产业链纵横一体化整合。在产业链纵向一体化整合上，优势龙头企业通过投资、购并、合资向产业链上下游延伸。在产业链横向一体化整合上，产业链上下游关键环节企业紧密连接组成横向联盟。多晶硅材料企业可与能源企业联盟，实施"煤—电—硅"一体化战略，推动煤企、电厂和光伏企业形成利益结合体，把总成本降低到一个合适水平上，提高抗风险能力和企业竞争力。

3. 创新商业模式向综合服务商转型

光伏企业要在商业模式上寻求新的突破，从生产商向服务商、解决方案提供商转变。光伏产业骨干企业应借助国家光伏产业扶持政策，主动向光伏产品终端消费环节延伸产业链，组建分布式光伏电站综合服务公司或事业部，搭建集设计、开发、销售、安装、售后于一体的分布式光伏电站专业管理公司，支持上、中、下游企业建立电站设计安装服务联盟，共同承建光伏电站或"金太阳示范工程"，推动相关的生产性服务业发展，加速融资租赁、合同能源管理、互联网众筹等模式与光伏产业的融合。

4. 开设分布式光伏发电体验店

品牌企业可在河南大中城市开设分布式光伏发电体验店，并向广大客户提供"客户咨询—申请并网—现场考察—系统设计—融资服务—EPC总包—售后服务"一站式服务，推动民众可以像采购家电一样定向购买光伏产品，品牌企业也可以借助信息技术搭建分布式光伏发电咨询平台，推动分布式光伏发电的应用普及。

5. 开发适合分布式光伏发电的产品和系统

此前，我国主要以集中式开发为主，未来应该逐渐向分布式光伏发电为主过渡，自发自用，缓解并网难题。企业要主动适应这种变化，积极开发相关产品，重点发展小型光伏系统、离网应用系统、与建筑相结合的光伏发电系统等应用，开发多样化的光伏产品。

(原载《呈阅件》2014 年第 10 期)

郑州市发展高成长性服务业的若干建议

赵 然 唐晓旺

郭庚茂书记在省委经济工作会议上的讲话明确提出，建设高成长服务业大省；谢伏瞻省长在省十二届人大三次会议上的《政府工作报告》中强调："着力做大服务业，加快建设高成长服务业大省。"这是省委、省政府审时度势做出的重要决策。高成长性服务业具有业态先进、成长性好的特点，是经济社会发展的主要增长点，也是经济结构调整的重要着力点。郑州是全省经济发展的"龙头"，发展高成长性服务业地位独特、基础良好、优势突出，应当积极贯彻省委、省政府建设高成长性服务业大省的精神，推动郑州现代物流、信息服务、金融保险、文化旅游等服务业快速发展，为全省高成长性服务业发展带好头，做出表率。

一 郑州市发展高成长性服务业的重要意义

（一）经济结构优化升级的突破口

服务业发展水平是衡量一个城市经济发展水平的重要标志。加快发展服务业，提高服务业在三次产业结构中的比重，是推进经济结构调整、加快转变经济发展方式的必由之路。目前，全球服务业增加值占国内生产总值的比重达到60%以上，主要发达国家则达到70%以上。2013年中国第三产业比重达到46.1%，首次超过第二产业，标志着中国经济正式迈入"服务化"时代。在主要城市中，服务业比重最高的是北京市，达到76.9%；其次为广州和上海，达到60%以上；比重超过50%的城市还有15个。2013年，郑州市第三产业比重只有41.6%，低于全国4.5个百分点，不仅远低于北京、广州、上海等发达城市，也低于武汉、西安、合肥等一些中西部地区的城市，提质增效加快第三产业发展的压力非常大。在2014年河南省《政府工作报告》中，省政府提出了建设高成长性服务业大省的要求，为郑州市优化结构提出了新思路。据统计，2008~2012年，全国物流业年均增长19%，软件和信息服务业年均增长28.5%，金融业、文化旅游业年均增速也都在15%以上，均远高于同期服务业增速，更高于GDP的增速，显示出良好的成长性。大力发展现代物流、信息服务、金融、文化、旅游等高成长性服务业，一方面能在较短时间内做大服务业规模，提升服务业占GDP的比重，优化产业结构；另一方面还能有效提升服务业层次，促进经济发展方式转变，推动经济又好又快发展。

（二）"四化"同步、协调发展的关键点

"四化"同步是科学发展的根本途径，这是党的十八大分析了过去几十年经济发展的经验教训后做出的科学判断，是指导未来一段时期我国经济发展的重要指导方针。坚持走新型工业化、信息化、城镇化、农业现代化道路，推动信息化和工业化深度融合、工业化和城镇化良性互动、城镇化和农业现代化相互协调，促进工业化、信息化、城镇化、农业现代化同步发展，是郑州未来经济全面、协调、可持续发展的路线图。以现代物流、信息服务、金融保险和文化旅游为代表的高成长性服务业，本质上属于生产性服务业，通过其服务于工农业生产、服务于消费，成为郑州市"四化"同步协调发展的关键点。一方面发展现代物流、信息服务、金融保险等服务业，可以为新型工业化、农业现代化提供物流、信息流、资金流等要素支撑，同时也为新型城镇化提供产业支撑，成为促进工业化、城镇化和农业现代化协调发展的"催化剂"。另一方面大力发展文化创意旅游业，向社会提供丰富多彩的文化产品和服务，有利于形成人才、人力资

源向郑州集聚的文化动力,为郑州新型工业化、农业现代化提供人才支撑,也为新型城镇化提供智力支持,成为"四化"同步发展的"黏合剂"。

(三) 增创发展新优势的重要抓手

2013年,郑州市的经济总量达到6201.9亿元,在全国主要城市中排名第19位,人均生产总值达到11306.37美元。随着人均GDP突破1万美元大关,郑州总体发展跨入中等发达国家水平,面临着新的任务和发展环境。过去支撑郑州经济发展的优势因素不断消减,经济发展中积累的矛盾和问题逐步显现。在新的起点上,推进科学发展、率先发展,必须调整结构加快转型,解决经济发展中的矛盾和问题,创造郑州发展的新优势。以现代物流、信息服务、金融以及文化旅游为代表的高成长性服务业,业态先进,成长性好,是郑州调整经济结构、增创发展新优势的重要抓手。郑州地处全国地理中心,现代化的交通网络四通八达,通过大力发展现代物流业,可以在全国形成物流中心优势,成为未来国内贸易的中心;通过发展信息服务业,可以在全国形成信息中心优势,成为未来全国信息传输、交换和处理的神经中枢;通过大力发展金融保险业,可以吸引和辐射周边地区产业及资金向郑州集聚,形成区域性的金融中心优势;通过发展文化创意旅游业,形成人口集聚的文化动力,为郑州的发展提供人才、人力资源支撑。

二 郑州市发展高成长性服务业的方向和重点

(一) 现代物流业

现代物流业是生产性服务业的重要组成部分,是融合运输业、仓储业、货代业和信息业等的复合型、基础性、先导性产业。郑州地处全国交通网络中心位置,现代化的交通四通八达,发展现代物流得天独厚。未来一段时期,要以郑州国际物流中心建设统领全市现代物流业发展全局,重点做好无水港建设和发展国际物流,加快推进物流、产业、市场间联合,仓储、分拨、配送间联网，对外集输和对内集配联动，不断推动产业优化升级。加快推进郑州航空物流中心建设，重点发展特色产品物流、航空快递物流和国际中转物流，完善物流配套设施，建设全球重要的产品交易展示中心和国内进出口货物集散中心。加快推进郑州国际物流园建设，建设一批大型医药、钢铁、汽车、家电、食品冷链等行业物流分拨中心，大力发展快件物流和保税物流。打造区域性物流信息枢纽和综合服务平台，支持物流企业构建跨区域物流网络，加快农村物流发展。积极引进优势物流企业，推进传统物流企业联合重组和改造提升，培育大型物流企业集团。鼓励工商企业物流业务外包，推动物流业与制造业联动发展，大力发展第三方、第四方物流。

（二）软件和信息服务业

软件和信息服务业是现代经济社会的"大脑"，在经济社会发展中具有基础性、先导性、战略性的作用。基于产业发展现状及趋势，郑州市要做大网络信息服务、系统集成和行业应用软件，做强信息安全和动漫游戏产业，大力培育物联网、云计算、大数据等新兴领域。大力培育和引进龙头软件和信息服务企业，重点发展自主品牌软件产品和服务，提升自主创新能力，打造优势产业集群。加快推进郑州IT产业园、中原国际软件园、电子商务产业园等载体建设，推进工业园区、物流园区和产业集群的智能化、网络化信息服务平台建设。加快建设3G移动通信网络，推动基础通信网络、互联网、数字电视网络的业务融合，不断拓展网络增值服务。支持开发具有自主知识产权的软件产品，积极承接软件服务外包业务，推动软件产业发展壮大，形成信息服务业发展的新高地。

（三）金融保险业

金融是现代经济的核心和血液，是推动经济社会科学发展、跨越式发展的重要保障。未来一段时期，郑州市要以健全金融服务体系、培育发展金融市场、优化金融生态环境、加快金融改革创新为重点，推动金融业加快发展，显著提升其对经济社会发展的服务功能。加快完善郑州金融服务体系，支持全国性商业银行在郑发展业务，积极引进国内外金融机构在郑州设立区域总部、分支机构及功能中心,加快地方金融机构发展,引导民间资本规范进入金融领域,积极推进农村金融产品和服务创新。大力发展股票、期货、债券、产权市场,加快推进新三板和国家区域性中小企业产权交易市场建设,构建多层次的资本市场体系。推进龙湖金融核心区建设,加快形成以金融产业为中心、期货和融资为配合、金融后台和各类中介为依托、金融生态环境和人才支持为保障的金融中心发展格局,着力构建国际期货交易中心、投资融资中心、结算中心、后台服务和中介中心。

(四) 文化创意旅游业

当今世界,文化的地位和作用日益凸显,已成为区域竞争的重要因素,成为经济发展的重要支撑。郑州是全国八大古都之首,文化底蕴深厚,旅游资源丰富,发展文化创意旅游业优势突出。要按照"发挥优势、打造品牌、重点扶持、集聚发展"的要求,培育一批知名文化企业集团,形成一批文化产业基地,建设一批特色文化产业园区。重点发展工业设计、广播影视、新闻出版等优势产业,大力发展文化创意、网络游戏、动漫等新兴产业,积极发展文化娱乐、体育健身、艺术培训等传统产业。积极推动文化与科技融合,发展数字出版、数字传输、3D电影等新兴文化业态。积极推动文化与旅游融合,打造少林、寻根两大国际知名旅游品牌,积极培育河洛康家、雁鸣湖、"四库一河"等一批文化旅游精品景区和精品线路。大力发展城市观光游、都市工业游、城郊生态游、会展商务游等新型旅游业态,加快游客集散中心、主题公园、服务中心和信息平台建设,把郑州建设成为国家级文化实验区,成为世界知名、全国一流的文化旅游目的地。

三 郑州发展高成长性服务业的着力点

(一) 加大政策扶持

在市、区(县)两级设立高成长性服务业发展专项资金,支持现代物流、软件信息、金融、文化等服务业重大项目建设。完善高成长性服业税收优惠和减免措施，研究扩大物流、金融、信息等企业营业税差额征税范围，完善征税办法。健全适应高成长性服务业发展的金融服务体系，引导金融机构积极为高成长性服务业发展提供资金支持。强化土地保障，在土地利用总体规划和城乡规划中统筹安排高成长性服务业发展用地规模、布局和时序，提高城市高成长性服务业用地比例。放宽市场准入，全面清理各种行政事业性收费、政府性集资、政府性基金、罚款项目，取消不符合国家和省规定的各种收费、集资、基金和罚款项目。建立高成长性服务业年度目标考核机制，制订专门的考核方案和考核办法，对工作开展较好、发展速度较快的区（县）和部门进行表彰和奖励。

（二）强化载体建设

为加强服务业载体建设，郑州市曾出台了《加快推进郑州市现代服务业集聚区建设的实施方案》，提出了加快服务业载体建设的一系列措施。基于省政府建设高成长性服务业大省的要求，有必要合理调整郑州现代服务业集聚区建设的实施方案，突出现代物流、信息服务、金融保险、文化旅游等高成长性服务业载体建设。要重点支持龙湖金融中心、航空港物流区、国际物流园区、金水高技术服务产业园、高新区软件产业园、黄帝文化旅游区、"天地之中"文化旅游区、黄河文化生态旅游区等高成长性服务业集聚区。建立高成长性服务业集聚区发展专项资金，重点支持高成长性服务业集聚区的规划编制、基础设施和融资平台建设。重点保障高成长性服务业集聚区建设用地，对高成长性服务业集聚区内的重大项目，在用地指标上予以优先考虑。

（三）实施开放带动

与发达地区、发达城市相比较，郑州目前现代物流、信息服务、金融保险以及文化旅游等服务业发展相对落后，与经济社会发展的需要还不相适应。为此，必须加快实施开放带动战略，加快招商引资步伐，借助外资加快高成长性服务业发展。一方面积极承接国内外服务产业转移，鼓励和引导外资进入现代物流、地方金融、信息服务、文化、旅游等领域。积极吸引跨国服务业企业地区总部及研发、采购、营销中心等落户郑州，引进先进管理、技术和业态，推进服务产品创新。另一方面大力开拓国内外市场，支持服务业优势企业"走出去"，在国内和国际舞台上参与竞争。鼓励和支持本土优势服务业企业开展对外服务合作，在境外设立物流、信息、文化、旅游等服务机构。结合自身优势，积极培育服务外包企业和品牌，支持具备条件的中心城市加快服务外包基地建设。

（四）着力龙头培育

抓住国内外产业加速转移机遇，紧盯国内外知名现代服务业大集团、大公司、大品牌，重点引进行业龙头企业、龙头项目，形成带动郑州高成长性服务业加快发展的"旗舰"。与此同时，加快实施高成长性服务业龙头培育工程。从现代物流、金融保险、信息服务、文化、旅游等行业中，选择50户主业突出、优势明显、带动作用强的大型企业，100户市场前景好、发展潜力大的中小企业，以增强自主创新、自我发展能力为重点，推动企业加快体制机制、技术和管理创新，使它们不断提升规模实力和核心竞争力，发展成为郑州高成长性服务业领军企业。在此基础上，加快高成长性服务业企业兼并整合。支持龙头企业开展资源、市场和产业链整合，鼓励更多的企业通过收购、兼并、控股、联合等多种方式做大做强，推动郑州成为高成长性服务业高地。

（原载《呈阅件》2014年第9期）

新形势下加速高校科技成果转化的对策建议

谷建全

科技成果转化是科技创新最关键的环节，科技成果能不能及时转化、科技成果转化率的高低是衡量科技创新效率的最重要标志。目前，河南省特别是高校科技成果转化率相对还比较低，要加速高校科技成果转化，就必须按照党的十八届三中全会关于科技体制改革的要求，健全科技创新市场导向机制，促进科技成果资本化、产业化。为此在高校科技管理中需加强以下工作。

一 确立以成果转化为中心的高校科研价值取向

高校由于长期受计划经济的影响，科技人员习惯于选题作文，热衷于发表论文或出版专著，对科技成果的转化兴趣不大。这种重理论研究轻成果转化的科研价值取向，是当前制约高校科技成果转化的重要因素。因此，高校必须从转变观念入手，树立以科技成果转化为中心的科研价值取向。为此，需强化两种意识：一是市场意识。无论是科技管理，还是科技开发，都应坚持以市场为导向，发挥市场对技术研发方向、路线选择、要素价格、各类创新要素配置的导向作用。二是开放意识。计划经济体制下形成的高校科研主要依靠国家拨款的局面，使科研人员缺乏走向社会、走向市场的主动性和积极性，因此在新的形势下，高校应适应市场竞争的需要，树立开放意识，积极走出校门，主动与企业联系，大力宣传自己的科技成果，只有这样，才能实现高校与社会、高校与企业的信息互动，从而有效消除高校科技成果转化中的信息障碍，有效缩短科技成果的转化周期。

二 加大高校科技管理体制改革步伐

科技成果转化过程，实际上是一个由科技供给系统、科技转化系统、科技需求系统和科技环境系统构成的大系统，其良性运行需要建立健全动力机制、收益分配机制、约束机制、激励机制、调控机制等。据此，高校应结合自身实际，积极探索有利于科技成果转化的科研管理体制和运行机制。当然，由于各个高校在办学实力、专业特点、科研条件等方面千差万别，在科研管理体制和运行机制上不应只是一个模式。但无论哪类高校，都应适应市场经济发展的潮流，依靠学科优势、人才优势，突出科技成果转化，使科技成果转化成为高校科技工作的立足点和出发点。对此，高校在制度安排上应做好如下工作：一是在人事制度上，要对教职工实行分类管理、分类评价，对有志于从事科技成果转化的科技人员，应给予相应的政策支持和优厚的工作待遇。二是在职称评定上，对从事科技成果转化的科技人员，应实行指标单列，其业绩考核，应以经济效益和社会效益为主，文章与获奖为辅。三是在分配制度上，要认真贯彻执行国家关于鼓励和支持生产要素参与分配的各项政策规定，积极探索和大胆尝试与高校成果转化相适应、有利于成果转化的薪酬分配制度和奖励政策。四是在教学管理上，允许教职工在完成教学任务的前提下，深入企业一线，与企业合作进行成果转化和产品开发。

三 加强以大学科技园为主体的平台载体建设

大学科技园是利用高校的智力、人才、技术、成果等优势，在校内外的一定区域内，以高校为主体，进行科技研发和成果转化，它是高校科工作日益社会化、市场化的产物。理论和实践都证明，大学科技园是促进和加速高校科技成果转化最为理想的平台。大学科技园是校园文化和企业文化的融合区，建在大学或附近的大学科技园，无论是人才、项目还是成果及技术支撑，都与大学有着天然的联系，创业的教师或学生可以"离家不离校"，科技园还能为其创业提供政策、资金、中介等方面的服务；大学可以源源不断地为园内企业提供人才、技术成果和技术支持；可以对高校的应用研究、开发研究及科技成果转化起到良好的示范效应。因此，各级政府及有关部门要大力支持大学科技园建设，通过大学科技园建设，使其真正成为高新技术的创新源、高科技企业的孵化基地、创新创业人才的培养基地、科技型企业家的摇篮、科技成果转化的示范基地。

四 完善科技成果转化中介服务体系建设

科技中介服务体系是科技成果供方和需方的桥梁与纽带。完善的科技中介服务体系是科技成果转化的重要条件。如果把可转化的科技成果比作产品的话，那么中介服务机构就像是这些产品的营销部门，其经营方式就是科技成果的"转化"，目标则是取得最佳的成果转化效益和为成果方获取最高的回报。高校在成果转化中，不应完全依赖系统外的中介服务机构，而应大力培育主要服务于高校系统的科技中介机构，使其成为整个科技中介服务体系的重要组成部分。就当前科技中介服务体系建设而言，仅为科技成果供需双方提供信息、牵线搭桥是远远不够的，完善的科技中介服务体系，还应包括一支懂科技、懂法律、了解市场、善于经营、诚实守信的技术市场经纪人队伍，只有这样，科技中介服务机构才能真正成为企业和高校都信赖的伙伴，在高校和企业之间架起成果转化的桥梁。

五 构建产学研结合、利益与风险共担的成果转化机制

科技成果转化既具有高风险性，又具有高收益性，高风险和高收益同时并存。在现阶段应逐步建立起产学研合作创新，利益与风险共担的成果转化机制，提高成果转化率。作为高校，应大力加强与企业界的密切合

作，共同转化科技成果。例如，建立教学科研生产联合体，合办研发机构，联办科技企业；合作进行科技攻关、技术推广；高校为企业培训技术人员，开展技术咨询服务，进行技术承包；而企业则给高校提供资金和试验场所，为高校学生生产实习提供场地；等等。实践证明，这是一个双赢模式。高校为企业输送人才，提供成熟的科技成果，促进企业技术进步和新产品开发，这是企业发展的重要保证。而企业又成为高校人才培养的动力和科技工作的合作者，高校与企业双向互动，有利于科技成果的推广和转化。

六 提升和完善高校科技成果转化的配套条件

目前要针对中试基础薄弱和资金不足这两个制约高校科技成果转化的关键因素，积极采取措施，消除科技成果转化中的两大"瓶颈"。

加强高校中试基地建设。一是理顺管理体制。由科技、教育部门牵头，会同有关单位组成统一的、由权威的决策协调机构对全省高校的中试基地建设实行统一管理，加强宏观调控，克服各自为政、重复建设、资源浪费的现象。对建设项目，实行以政府投入为导向，协调金融机构、企业资金集中投入、集中建设的管理方式。编制全省中试基地管理办法和综合评价指标体系，保证中试基地建设的科学性、合理性和有效性。二是统筹规划，形成合理布局。应尽快根据当前中试基地建设的现状以及企业、科研单位和高等院校的不同特点，制定和实施我省中试基地建设规划，在专业性和非专业性之间，高校、科研院所和企业之间形成合理布局。鼓励企业与高校共建中试基地。三是对高校中试基地建设要实行政策扶持。如列入规划的中试基地建设项目要纳入地方基本建设计划，在税收政策上保证中间试验和一定期限的试生产得到优惠，对土地、办公用房、厂房实行租、售价优惠等。

拓宽高校科技成果转化融资渠道。融资难是高校科技成果转化率低的一个重要制约因素，因此拓宽高校科技成果转化的融资渠道，尤其增加早期研究和中试阶段的资金投入，是加速科技成果转化的重要条件。实践表明，一项技术成果在实验室达到成熟阶段，只意味着其在市场上的历程完成了 20%，剩下的 80% 体现在技术工厂化、产品化及市场的开拓和推广等方面。从国外的经验看，一项成果的资金投入，起步阶段是 10%，创业阶段是 40%~50%，后期是 40%~50%。而这正是高校科技成果转化最大的"痛处"。没有资金就没有人才，没有市场，没有销量。要拓宽高校科技成果转化的融资渠道，就应建立以政府为主导、以企业为主体、以金融信贷为支撑、以社会资金为补充、多元化、多渠道的科技投融资体系，为科技成果转化提供资金保障。

总之，解决科技成果转化过程中的种种问题不是一蹴而就的，要通过政府、高校、社会、个人的长期努力。国家政策引导、资金扶持是加快高校科技成果转化的先决条件；转变观念，树立市场经济意识，建立有利于科技成果转化的管理体制和运行机制是加快高校科技成果转化的客观条件；投融资渠道、产学研结合、转化平台建设等是加快高校科技成果转化的基本条件。

（原载《领导参阅》2014 年第 27 期）

农业经营方式创新的有益尝试

——关于河南省实施"土地托管"模式的思考与建议

彭俊杰

随着工业化、城镇化的快速推进，青壮年劳动力大量离开农村，转移到第二、第三产业，"谁来种地、怎样种地、怎样种好地"已成为当前和未来一个时期亟待破解的重大现实性问题。近年来，河南省部分地区在推进土地承包经营权流转、实现规模经营过程中，创造性地提出了"土地托管"的经营新模式，即在"农户加入自愿、退出自由、服务自选"的原则下，不改变集体土地所有制的性质、不改变土地承包关系及土地用途，由托管服务组织为农户提供从种到管、从技术服务到物资供应的全程服务，即产前、产中、产后的全程"保姆式"服务的农业经营方式。这种创新的农业经营方式，对于破解"谁来种地、怎样种地、怎样种好地"难题，具有重要的借鉴意义和推广价值。

一 河南省部分地区"土地托管"模式的实践探索

近年来，河南省积极探索出了多种土地"托管模式"，归结起来有以下三种。

1. "全托型"模式

主要是指常年外出打工或无劳动能力的农户，将土地委托合作社全权管理，合作社实行从种到收全程服务。例如，邓州市对"全托型"土地实施"七统一""一结算"的经营模式。"七统一"指统一耕地、统一测土配肥、统一供种、统一播种、统一病虫草害管理、统一收割、统一收购，"一结算"指分户结算。同时，保证收购的粮食价格高于市场价格，入托耕地每亩比农户自己耕种最低增产100斤，如果达不到标准，差额部分由合作社补齐。自"全托型"模式实施以来，全市共托管土地130多万亩，占邓州总耕地面积的55%，实现土地增收2.6亿元。

2. "半托型"模式

主要是指季节性在外打工和家庭劳动力不足或缺少技术的农户，根据合作社提供的从种到收各环节的服务，按照自己的实际需要，自愿选择项目，合作社提供服务，服务结束后由农户验收作业质量，合作社和农民结算服务费用。例如，鄢陵县振峰农机专业合作社的入社农民根据需要，按专业合作社提供的从种到收各环节的服务"菜单"自由选择服务，选一项交一项的钱，如浇水一次每亩交费15元、病虫害防治一次每亩交费50元。这种"半托型"土地托管模式，不仅利用机械的优势解决了农村劳动力不足的问题，还逐步提高了社员的综合能力，使其学到了许多新技术，如农业种植新技术、生物施肥技术和田间管理技术，增强农作物增长和抗倒伏能力。

3. "承租型"模式

主要指多年外出打工或举家外出多年的农户，与合作社达成协议，并签订土地流转合同，明确双方的权利和义务，农户将土地经营权流转到合作社，由合作社统一经营，或者合作社作为中介机构，将农民自愿委托给合作社的土地承包经营权，按统一操作程序对外流转，可以转包给龙头企业、经营大户、合作经济组织等从事农业生产，从而实现规模经营的合作方式。例如，商丘市祥发农民种植专业合作社以每亩承租金1000元的价格一次性承租永城市侯岭镇6000亩土地，按照"合作社+农户+基地+科技+品牌"的经营模式，发展红薯种植和加工基地。合作社为入社农户统一提供优质红薯种苗和油菜种子，统一提供质优价廉的专用肥，统一提供技术指导，统一保护价收购红薯、油菜籽，统一加工销售成品，并将加工后的粉渣、油菜饼返还社员喂养牲畜，走循环经济、集约经营之路。

二 推广实施"土地托管"模式的重要性

1. 有利于实现适度规模经营

农村土地细碎化，给农业生产带来很大不便，劳动强度大，费时费力，效率低下。实施土地"托管"以后，土地托管合作社把一家一户分散零星的土地整合起来，统一规划，统一技术服务，改变了过去农户分散种植品种不统一，田间管理水平差异大的状况，解决了一家一户办不了、办不好或办起来不划算的事，改变了"家家地不多，户户各干各"的经营状况，在一定程度上实现了土地规模经营。在合作社范围内统一经营服务，以标准化方式对农产品生产过程进行统一管理，降低了生产成本，从而实现生产流程标准化和农产品质量标准化，有利于农业新技术推广应用，增强农业竞争力，促进现代农业发展。例如，博爱县金城乡南庄村村民孙永利2009年通过与南庄村村委会沟通，托管了1200亩土地，签了三年合同，并建立了自己的农机队伍，除种植粮食作物外，还种植100亩山药、100亩生姜、100亩地黄，实现了经济效益最大化。

2. 有利于培育新型经营主体

中央农村工作会议指出，解决好"谁来种地"问题的核心是要解决好人的问题，通过富裕农民、提高农民、扶持农民，让农业经营有效益，让农业成为有奔头的产业，让农村成为安居乐业的美丽家园。新型农民是新型经营主体，在农业生产中起主导作用。随着土地托管经营模式的进一步推进，各地农村出现了种养大户、农民专业合作经济组织等新型农业生产经营主体，出现了农机手、农村经纪人、植保员、防疫员、沼气工等大量新型农民。这些新型农民不仅有文化、懂技术、会经营，还能积极参与市场竞争，他们的出现一方面有效缓解了农村劳动力结构性失衡的矛盾，另一方面大大提高了农业综合生产能力和可持续发展能力。例如，滑县小韩村新型农民许永彪因2010年在天津静海县承包400多亩土地种植棉花，挣了近百万元，被当地村民取了个外号叫"许百万"。在他的带动下，全村像许永彪一样"外出包地"的村民就有300多户，占全村的1/3以上，"域外农业"每年能为村里挣回近3000万元。

3. 有利于完善农村服务体系

随着农业规模化的发展和新型经营主体的出现，农民越来越需要低成本、便利化的生产经营服务，对农业社会化服务的需求也更为强烈。土地托管合作社以其独有的资金、技术、机器、人员等优势和多种服务模式，为社员提供个性化、全方位服务，满足农户对种地的不同需求。例如，博爱县喜耕田农机合作社成立了机耕队、机收队、排灌队、植保机防队、农田工程队等8个服务农业生产的工作队，在推广新技术服务方面，铺设地埋管道，实施移动喷灌技术，利用大中型拖拉机、联合收割机、植保机械等农机具，推广保护性耕作和农机节能技术。开展机械化耕、耙、播、收、植保服务，极大地提高了效率，保护了环境。此外，还成立了粮食种植生产技术劳作队，邀请农业科技专家，指导选种、施肥等技术，并通过统一从生产厂家批量购进化肥、农药、地膜、种子、潜水泵、农机配件和农用柴油等生产资料，采用标准化、规范化作业方式，提高了农田管理专业化水平，保证了粮食的稳产高产。

三 深入实施"土地托管"的对策建议

为了促进土地托管规范有序发展，建议从以下几个方面加大支持力度。

1. 科学把握实施"土地托管"的基本原则

各级党委、政府要清醒地认识到土地托管适应了农业劳动力短缺和农业规模化发展的要求，在当前和今后具有存在和发展的必要性、必然性，是一项政策性、群众性、实践性很强的工作。应坚持在农村土地承包关系不变、农民经营主体地位不变、农民受益主体不变的前提下，本着"依法、自愿、有偿"的土地流转原则，以及"合作社进退自由"的要求，针对不同地区、不同经济条件和发展水平，允许土地"全托""半托""承租"等各种托管模式长期并存，让农民自主选择土地托管模式，防止过度采用行政手段强力推进。

2. 着力加强对"土地托管"的科学引导

土地托管这种新的农业经营方式，是新时期农业发展的一个方向，需要各级政府加强引导，根据中央确定的基本原则，因地制宜制订具体管理办法，出台支持土地托管服务工作意见，把农民群众的自发创造，转变为社会共识，转变为政府的自觉行动。特别要重视在乡村两级建立健全托管服务中心，发挥好中介、中转、监督和协调的作用。进一步完善土地托管服务档案，掌握土地托管服务的规模和发展趋势，监督土地托管服务运行情况，协调解决土地托管服务中出现的各种矛盾和问题，切实维护农户合法权益。

3. 切实加大对"土地托管"的扶持力度

各级财政应在涉农资金中安排一定比例，用于支持各类托管组织的发展，把土地托管服务纳入市、县设立的农业发展专项扶持资金的范围，对开展土地托管服务达到一定规模的，或连片托管高价值经济作物的土地托管组织，财政给予一定资金奖励、贴息贷款等扶持。鼓励银行、信用社等金融部门积极创新适合托管组织的金融产品，给予信贷支持，提供各种低息贷款，帮助解决托管组织流动资金不足的问题。结合高标准粮田"百千万"建设、现代农业产业化集群培育等重点项目，对于土地托管服务形成一定规模的地块优先安排。在国家农业补贴、大型农机具购置、信贷和农业保险、仓储用地等方面适当向土地托管组织倾斜，提高各类土地托管组织的发展水平。

4. 有效规避"土地托管"的潜在风险

农业容易受到自然风险和市场风险双重影响，加之近年来农民对土地流转价格的预期不断上涨，土地托管经营风险加大，如果遭受严重自然灾害或假冒伪劣农资等影响出现农产品产量歉收，合作社难以承受损失。因此，要建立防灾机制，如设立土地流转风险基金、完善农业保险制度，鼓励保险企业开发适用于土地托管的保险业务，提高各类土地托管组织的抗风险能力。引导托管组织将托管的土地加入农业保险，减少和弥补天灾人祸给自身和农户带来的损失。安排经费成立土地流转风险基金，当土地托管方经营失败而丧失支付能力时，优先用于赔付农民的收益损失和土地复耕。

5. 积极发挥农村"双基双治"的重要作用

基础不牢，地动山摇。农村很多工作落实不到位，很多矛盾的上升，一个重要原因就在于基层组织相对薄弱、基础工作不够扎实、治理举措不够完善。加强基层服务型党组织建设，法治与德治并重，强化农村基层组织在土地托管服务中的作用。乡（镇）政府、村两委要结合实际制定土地托管服务、流转和种植结构调整规划，搞好涉农水利、电力资源配置，推动农业机械的整合、农业新技术的应用，帮助专业合作社、家庭农场、种植大户争取扶持政策，营造土地托管服务和培育新型经营主体的环境。加强基层群众性自治组织建设，充分发挥基层群众性自治组织作用，及时反映和协调土地托管所产生的利益诉求，从源头上减少损害群众合法利益事情的发生。

（原载《领导参阅》2014年第9期）

创新社会管理篇

风险社会背景下突发事件的应对之道

殷 辂

突发事件是指突然发生、造成或者可能造成严重社会危害，需要采取应急处置措施予以应对的事件，具有突然性、聚众性、扩散性等特点。突发事件无法完全避免，也无法准确预测，但是通过合理得当的应对，防止其演变为公共危机、公信力危机，是可以做到的。提升政府应对突发事件的能力，是健全风险管理机制的重要内容。

一 突发事件频发是风险社会的"常态"

突发事件有四种类型，即自然灾害、事故灾害、公共卫生事件、社会安全事件。学术界将前三类定义为外在风险，后一类定义为内在风险，但外在风险与内在风险是联系在一起的，具有交互性。在社会矛盾凸显的背景下，突发事件发生的概率增大，同时外在的偶然事件也会迅速扩散并转化为公共危机事件。因此，突发事件是与特定社会环境关联在一起的，它即便不从社会系统中内生，也出现或发酵于特定的环境中；即便是偶发的、外在的，最终也会被赋予社会属性。

德国社会学家贝尔将风险视为现代性中内含的负面存在，提出了"风险社会"的概念。他认为，在现代价值形态、组织模式及生活方式之下,"财富的生产伴随着风险的生产"。与传统社会不同,风险并非来自外部,而是"被制造出来的"。在现代社会,环境越来越受到人类活动的干扰,已经不存在外在的与人无关的自然环境,风险也越来越具备人为性、社会性和系统性。过去人们习惯于从突发事件中认识风险,但在风险社会,突发事件不仅仅是风险的原因,更是其结果。将突发事件放在风险社会的背景下,其本质就能清晰地显现出来。一是突发事件并非突然冒出来的事件。从事件的特殊性和发生时间的不可预测性角度看,可以说是突发的,但从因果相续的理念看,没有毫无缘由的事件;从事件发生的环境看,不存在孤立的外在事件。苏洵曰:"夫功之成,非成于成之日,盖必有所由起;祸之作,不作于作之日,亦必有所由兆。"事件的发生是各种因素汇集的结果。二是突发事件并非局部的孤立事件。古人说:"虽病在指,其实一身之病也。"突发事件也是这样,虽然发生在某时、某点,但问题却是系统性的,绝非在某个时点突然产生的,在偶然性背后存在必然性。三是突发事件的扩散并不仅仅取决于事件本身,它与社会背景直接相关。事件在特殊背景的衬托下产生放大、扩散的效应,或者说社会风险借助于特殊事件而形成起爆点,这才是问题的本质。

从风险社会的角度认识突发事件,这有助于我们保持清醒的头脑,但从事件的角度来说,突发事件有着其本有的是非曲直,不能因为风险社会的存在而违背事理,放弃应有的责任。在改善社会治理结构的同时,完善危机管理体系,提升政府应对能力,这才是系统治理的应有之义。

二 突发事件应对得当与否关涉危机的化解还是扩散

事件的冲击性、风险社会的背景、网络的聚焦性,这三者交织在一起,增加了突发事件的应对难度。在这种情况下,政府应对如果成为负变量,事件将变得不可收拾。近年来,河南发生了一些突发事件,其中有危机化解的案例,也有危机扩散的案例。分析应对中的是非得失,有助于改进地方政府的应对能力。

(一) 事态放大与扩散的案例: "兰考弃婴收养所火灾"事件分析

2013年1月4日上午,河南兰考善心人士袁厉害所办的弃婴收养所发生火灾,7名儿童遇难。该消息让人震惊、愤怒,事件迅速扩散。1月5日下午,兰考政府召开事件通气会。通气会用245字通报了领导高度重视、亲赴现场、亲临指导、做出批示的举动,然后公布了事故情况。指出收养人"没有大量抚养能力,也没有在民政局登记,不符合《收养法》,不具备收养条件,但民政部门鉴于其善举,默许其继续收养。这跟有关部门监管不力,有意放松监管有关,有关部门有着不可推卸的责任"。该通气会不但没有消除人们的愤怒和疑虑,反而将事态复杂化。新华社、中青报等媒体发表文章批评其文风怪诞、推卸责任,将通气会当成了表功会。1月8日,兰考官方公布火灾原因(小孩玩火所致),并启动了问责机制,相关责任人被停职,但事态并没有平息。1月9日,中国新闻网发表了标题醒目的文章:《兰考官员称:7名孤儿生命能换来救助体系完善,值了》,将已经扩散的事态推向高潮。在此之后,舆论议题不断发散,"县财政局花费两千万元修建办公大楼""袁厉害收养是否出于善心"等问题都成了舆论焦点,形成混战的局面,一直到2月下旬,事件的热度才开始消减。

在社会矛盾凸显并媒体化的时代,突发事件很容易偏离事件本身而扩散,公众舆论也极易情绪化并指向政府部门。政府正确应对的关键是彰显事件本来的是非曲直,以此化解风险。但在现实中,一些地方总能"有效"地将自己变成舆论的靶子,为"平息"事端而"制造"事端的现象屡屡出现。"袁厉害事件"的扩散有社会背景的原因,也有媒体炒作的因素,但应对失当是主要的原因。这表现在以下几个方面:一是没有担当,急于撇清责任、控制事态。事件将本已存在的问题引爆,防止扩散的最好办法是还原真相、就事论事、敢于承担,但有关部门却不能正视自身的责任,不正面回应质疑,希望以"时间"换取"空间",从而将事态复杂化。二是作风冷漠,缺乏人情味。在灾难事件面前居高临下、例行公事的姿态让民众反感。三是没有摆脱僵化的行政习气和话语体系。将危及应对视为"宣传"工作,以"宣传"代替信息发布,习惯性地为领导表功,这种习气导致舆论的强烈指责。从兰考事件中我们可以看到,应对失当绝非技术问题,而是理念和态度问题。

(二)事态快速平息与化解的案例:"天价过路费"事件分析

2011年1月11日,媒体披露了河南禹州农民时建锋因假冒军车牌照偷逃过路费368万元而被平顶山中院判无期徒刑的案件,在社会上引起强烈震动。面对指责,交通部门公布通行费算法,同时针对是否应该以诈骗罪定罪,是否"判刑过重"的问题,1月12日平顶山中级人民法院有关部门引用司法条文回应,称"判决准确无误",但这些回应反而激起了更多的指责,事件继续发酵。1月14日凌晨,平顶山中院以出现"新证据"为由,紧急启动再审程序。1月15日媒体披露,案件发生戏剧性变故,时建锋翻供,称是替弟弟时军锋"顶包"。1月16日,案件当事人弟弟时军锋自首,并披露"军牌合同";当天下午,河南省高级人民法院召开新闻发布会,通报"时建锋案"情况,认定"平顶山中院在审理时建锋诈骗一案时,存在审查不细、把关不严等问题,判决结果损害了人民法院和人民法官的形象,损害了法律的尊严和司法的公信力,决定对相关审判人员予以责任追究"。同时宣布"鉴于本案事实、证据发生重大变化,平顶山中院已建议平顶山市人民检察院撤回起诉"。1月17日,平顶山检察院撤回起诉,案件退回公安机关。在新闻发布会之后,事件迅速得到平息。

"天价过路费"事件是一起冲击力极强的涉官事件。其背景是民众对司法不公的痛恨,而违背常识、常情的判决严重冲击司法底线,引起公众的强烈不满。在一些类似事件中,网络舆论中往往掺杂着先入之见,很容易将个体问题全局化,而官方机构也同样存在这样的问题。为了"整体"形象和面子,将少数官员和官方机构捆绑起来,以"立场"预先定调,从私利出发建构"事实",让集体为个体行为买单。正是在这种对峙之下,事件变得不可收拾。观察"天价过路费"事件的处理过程我们可以看到,虽然有关部门在事件出来之初应对也存在"本能"的辩解,但上级司法部门直面问题,迅速、有效地行使监督权,避免了事态的扩大。事件的应对有三点值得称道的地方:一是迅速还原事件本身的是非曲直,不让少数官员绑架整体。二是新闻发布会实实在在，脱离了鄙陋夸张的习气。三是责任追究不遮不掩，让公众看到了严肃认真的态度。从该事件中也可以看到，如果应对得当、公道彰显，司法形象与法律的尊严并不会因为主动纠错受到伤害，反而会得到提升。

三　突发事件的应对理念及对策

古人说："救灾有奇策，真心是也。"在社会矛盾凸显、信息高度发达的今天，突发事件的扩散并非简单的传播问题，事件的应对也并非单纯的技术问题。没有真心，不敢承担责任，应对能力不可能真正提高。突发事件的爆发是矛盾积累的结果，同时也是风险的释放。去除附着在事件上的私利及预设价值，还原事件的是非曲直，是平息事件、化解社会风险的关键。

第一，将彰显事件本来的是非曲直作为应对突发事件的出发点，在每一个事件中体现政府公信力。在突发事件的应对中，一些地方和部门首先想到的是将舆论引向对自己有利的方向，正是在这种"策略"之下，才会"昏招"频出。舆情疏导其实很简单，就是还原真相、还原是非、还原责任。只有这样，突发事件才不至于扩散。如果在每一个具体事件中都能够彰显公道，社会矛盾就不会激化，政府的公信力也会逐步上升。

第二，在规正自身行为、落实信息公开制度基础上治理网络谣言。治理网络谣言是必要的，但必须要找到其产生的原因。行政体系僵化，政府自身行为不规范，习惯于隐蔽操作、管控真相，在这种情况下，谣言的泛滥就不可避免。因此，在依法治理网络谣言的同时，更要防止少数官员挟持地方政府制造"官谣"。在规正自身行为的基础上规正网络行为，在落实信息公开制度的基础上治理网络谣言，突发事件的舆情才不至于发生大的变异。

第三，去除僵化的行政习气和话语体系，完善信息发布制度。信息发布不规范、不及时、任意取舍、文风鄙陋，已经成为突发事件舆情激化的重要原因。疏于调查，急于撇清责任；疏于全景描述，急于宣传；疏于人文关怀，急于展现官方特别是领导的功劳，这是一种习气，但在习气背后却是思维僵化的问题。完善信息发布制度,关键是去除私念,转变理念。如果没有根本的转变,就不会有形式的改变。

第四,建立官民互动机制,去除政府形象被个体挟持的现象。在突发事件中,网络舆论中描述的"事实"与事件责任者宣称的"事实"往往形成对峙,这种对峙将事件的破坏性推向极致。要改变这种状况,必须实现公共部门与社会舆论的互动。建立制度性的互动平台,通过理性的互动建立共识,去除个体对整体的绑架,这是消除对立、化解矛盾的必要措施。

(原载《呈阅件》2014年第5期)

新形势 新挑战

——2013 年河南省网络舆情热点事件与发展趋势分析

张 侃

2013 年是互联网快速发展的一年，河南省网络舆情的发展也出现了许多新的特点和变化。作为正处于转型跨越发展重要时期的河南，经济社会发展面临着新的形势和挑战，而网络舆论既是对现实的反映也影响着现实的发展，只有深入分析和厘清网络舆情发展的变化和趋势，主动介入，积极引导，才能保证网络舆论的健康发展，也才能使网络舆论促进河南经济社会的和谐、稳定、可持续发展。

一 2013 年河南省网络十大热点事件

2013 年河南省的网络事件繁多，我们以中国舆情网的《国内舆情报告》、百度新闻搜索、百度指数以及各大门户网站的网络热点事件报道等为主要参考，对 2013 年的河南省网络事件进行了系统梳理，按照网民关注度和媒体关注度两大指标，归纳出河南省网络十大热点事件（见表1）。

表 1　2013 年河南省网络十大热点事件排行

序号	舆情事件	网民关注 关注度	网民关注 排名	媒体关注 关注度	媒体关注 排名
1	周口平坟事件	6692	1	34200	6
2	袁厉害事件	3586	2	43500	5
3	郑州房妹事件	2511	3	45800	4
4	义昌大桥坍塌事故	1430	4	24300	7
5	双汇国际并购	1381	5	99600	2
6	《南风窗》报道不实事件	1038	6	84100	3
7	周口治理吃空饷事件	970	7	1300	10
8	郑州航空港上升为国家战略	879	8	186000	1
9	郑州市卫生局强行摊派精神病指标	868	9	1660	9
10	河南林州警察摔婴案	554	10	1870	8

二　2013 年河南省网络舆情的特点及趋势分析

梳理 2013 年河南省网络热点事件我们可以看出，河南省的网络舆情发展出现了一些新的特点和趋势，在热点事件中不仅有涉及司法不公、工程质量、社会民生保障等方面的负面事件，也不乏关涉河南经济社会发展进步的正面大事件，诸如郑州航空港上升为国家战略、双汇的国际并购等，而像周口治理吃空饷事件这种地方政府积极主动自爆家丑的行为也是以前很少能够看到的，这都显示出河南省网络舆论发展愈发积极健康的趋势和政府在应对网络舆情、面对大众舆论方面越来越成熟的心态。具体说，2013 年河南省网络舆情的特点和趋势主要有以下几个方面。

（一）一方面大多数网络热点事件信息传播迅速，但消退也快，应对时间有限；另一方面还有一些网络热点事件持续发酵时间长，热点频出，应对和化解难度很大

网络热点关注的事件，往往是在事件爆出后不久即会达到关注的峰值，但持续时间也较短，达到峰值后马上关注度就会开始下降，一般网络热点事件关注的时间不会超过半个月（见图 1）。在义昌大桥坍塌事故和

郑州房妹事件爆出后，关注度马上就迅速攀升达到峰值，然后就开始迅速下降，最后达到了一个较低的持续水平。这既说明了网络舆情传播的迅速，也表明了在应对和处理网络舆情，特别是重大网络舆情的时候，快速及时采取措施，是成功的关键。

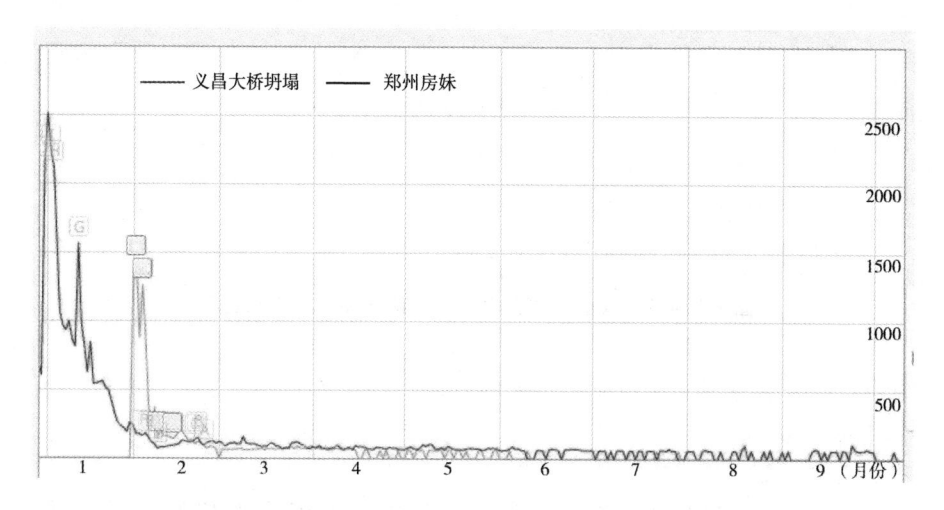

图1 义昌大桥坍塌事故和郑州房妹事件网络关注度趋势

有一些舆情事件持续发酵时间很长，中间随着媒体和网络的深度挖掘往往会被再次爆料，持续成为舆论关注的焦点，这类网络事件往往直接关涉民生，与民众的切身利益密切相关，很容易触发网友和民众的感情，并且事件本身复杂，化解和应对的难度很大。比如周口平坟和袁厉害事件（见图2）。

（二）网络信息传播媒介多元化，微博、微信等逐渐成为网络舆论传播的重要载体，网络舆情的发生与传播更加迅速、不确定、难以控制

2013年发布的《河南省互联网发展状况报告》显示，截至2013年7月，河南省网民数量达到5755万人，其中近80%为手机网民，而每天使用手机上网两小时以上的网民占了35.8%。使用手机上网，用微博和微信等传递信息为网络舆论传播带来了新的变化。手机的移动性，微博、微信的即时性，使得各种信息的传播更加快捷、迅速，也更加难以控制。比

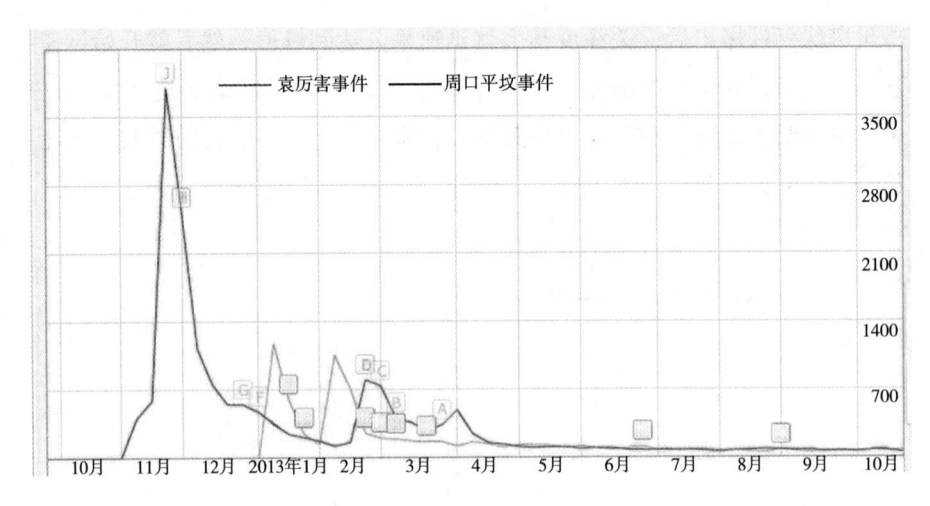

图2 周口平坟事件和袁厉害事件网络关注度双峰现象

如义昌大桥坍塌事故，就是现场的网友第一时间拍了照片发到了网上，将此事件公之于众。

（三）河南省农村网民数量巨大，随着城镇化进程的推进，熟悉网络和手机的第二、第三代农民工逐渐进入城市生活，网络舆情中的草根舆论力量更加凸显

截至 2013 年 6 月，河南省农村网民数量达到了 2175 万人，占网民总数的 37.8%，高于全国平均水平 9.9 个百分点。可见，农村网民在全省的占比是比较高的。随着城镇化的推进，大批的农村务工人员进城打工，但是城市对他们的疏离、户籍等现行制度的限制，以及快速城镇化过程中出现的种种问题与不足，很容易让这些年轻的打工者产生不满和愤怒，并将这些不满和愤怒发泄到网络上。由于"群体极化"现象的存在，他们很可能会把个人的不满和愤怒在网络上进行渲染和扩大，进而发展成为现实中的各种不当行为。当然，草根舆论更具有其积极的一面，他们身处基层，抱有理想和追求，对于社会的各种问题和不足有亲身感受并积极寻求改变，他们的观点和言论是推进社会发展很重要的一股力量，所以如何引导，发挥出他们好的一方面，对于推动网络舆论的多元化和健康化具有积极的意义。

（四）在网络热点事件的关注度上网民的关注焦点和媒体的关注焦点差异较大，体现出网络舆情两大主体间在观念、意识和行为方式上的不同，形成了官方和民间两个舆论场

在对网络热点事件的关注度上网民和媒体之间的差异巨大。通过对河南十大热点事件关注度排行居前的3个事件进行分析，我们可以发现，网民关注的前3个事件分别是周口平坟事件、袁厉害事件、郑州房妹事件，而媒体关注度排名前3个事件则是郑州航空港上升为国家战略、双汇国际并购和《南风窗》杂志报道不实事件。对这一结果进行深入分析我们不难发现，网民倾向于关注更加贴近于自身生活更加关涉切身利益的事件；而媒体的关注点则与网民不同，会更加关注宏观事件，以及与经济社会发展密切相关的一些重大事件。

（五）一些网络热点事件的影响超出了省域，在全国范围内引发激烈争论，并且再次和地域性歧视联系在一起，引发了河南省籍网友与外省网友的骂战

2013年河南省发生的一些网络热点事件影响巨大，波及全国，比如周口平坟事件、袁厉害事件和郑州房妹事件，都造成负面的舆论影响，并且这些事件中也都有外省网友针对河南人进行嘲讽和攻击，地域歧视的阴影仍然在网络上若隐若现。

（六）政府治理微博"大V"和打击网络造谣、传谣行动对网络舆论的影响巨大而深远，未来网络舆情发展将出现新的格局

从2013年6月开始的对网络造谣、传谣等犯罪活动专项治理行动影响巨大而深远，在很大程度上重构了现有的网络舆论生态，这种影响也许不会马上呈现，但未来网络舆情新格局的出现是可以预期的。而在这次专项行动之后，政府和相关部门如何利用好这次重构网络舆论生态的契机，在网络"大V"集体退场和丧失影响力之后，使更加贴近现实、贴近民生、贴近科学的具有专业背景代表知识精英的"中V"成为网络舆论的主流，营造起尊重真相、尊重知识、贴近民众、健康向上的网络舆论新风尚,也是摆在政府面前,考验其执政智慧的一个重大的问题。

三 加强河南省网络舆情治理的思考与建议

在信息化快速发展的今天,互联网的不断普及为公众特别是普通老百姓能够参与社会治理提供了机会,这无论对社会还是对政府而言都是积极的而不是消极的,更不应该将其视为大敌,相反这应该是政府加强和创新社会治理工作的一个巨大的契机,如何将管理变成治理,营造一个官民良性互动、社会成员积极参与、充分发挥公众主人翁意识、良性发展的社会治理新局面,是摆在政府面前,也是摆在社会面前,摆在公众面前的一个具有重大政治与社会意义的现实问题。

(一) 充分发挥好网络舆论作为社会减压阀的作用,以疏代堵

现代社会工作生活都十分紧张,人们面临着巨大的压力,而正处于社会转型期的中国社会,所承载的压力、矛盾、冲突、困难等负面东西更多,但作为普通民众的网民能够表达自己意愿、宣泄自己情绪的途径却似乎不多,这个时候,网络因其特点使得人人都是自媒体,人人都能在网上对所有的事情发表自己的看法和观点,表达自己的情绪,这其实是一个十分难得的途径和方式。政府应该充分利用好这个网络减压阀的作用,让民众通过在网上发表自己的看法、述说自己的心声,甚至是宣泄自己的不满等手段来消解自身的压力,从而为现实社会的和谐与稳定提供保障。

(二) 建立政府和网民之间的长效互动机制,构建上下畅通的网络舆论体系

在网络上建立一种政府和民众之间能够互动的长效机制,达到上下信息的畅通,是一种行之有效的办法。这也是当前很多地方政府已经在做的事情。比如郑州市政府建立的网民诉求网 ZZIC,就是专门用来与网民进行交流,便于网民网络问政的一个平台,其网站建有网络监督、质量每日投诉、承诺监督、回复汇总等栏目,积极解决网民提出的各种问题,并及

时将办理结果公示于民,建立3年多,这已经成为郑州市推行网络问政、民众监督政府的一个重要平台。除此之外,政府机构和官员所开的实名微博、网络发言人制度等也都被证明是十分有效的政府与民众网络互动的途径和方式,对这方面的摸索应该持续下去,并将一些很好的模式制度化、常态化,构建出真正上下畅通、官民融洽的网络舆论新格局。

(三) 发挥网络意见领袖和传统媒体的引导作用,进一步规范网络环境,凸显网络正能量

网上由网民为主的网络舆论和信息往往具有零散化、情绪化和主观性的特点,再加上"群体极化"效应,所以更容易产生偏激的观点与情绪,以及对事情主观情绪化的理解和认识。并且随着博客、微博、微信等自媒体的出现,互联网也不再只是依靠传统媒体来提供信息,而是成为独立的信息源头,很多热点事件也都是先在网络上被爆出后,才由媒体跟进的。在这种情况下,一方面就需要传统媒体要更好地与网络新媒体进行互动,加强自身的传播能力建设和舆论影响力,利用自身的权威性和公信力来引导民众、引导网络舆论;另一方面作为网络意见领袖的一些人往往在很多网络事件中起着决定网络传播方向甚至直接决定事态发展的作用,在2013年打击造谣、传谣活动之后,很多网络"大V"退出了舞台失去了影响力,但不代表网络意见领袖失去了作用,我们需要一批真正有知识、有专业眼光和法律意识,有责任与担当的新一代意见领袖出现来引导网络舆情的发展。这里强调的是引导而不是领导,更不是要传统媒体和网络意见领袖们罔顾事实与真相的一种廉价的维稳,而是在出现负面事件时要引导网民的情绪向反思、向建设性的思考方面转变,而不仅仅是谩骂甚至破坏,在面对一系列的问题时候,要能够立足大局提出深刻的思考和建议,引导民众向积极理性的一面而不是消极偏激的一面靠拢。

(原载《呈阅件》2014年第6期)

2013年河南十大社会热点问题分析

冯庆林

社会热点问题既是公众对社会现象关注的普遍反映，也是党和政府了解和把握社情民意的重要途径和手段。自2014年河南社会蓝皮书发布以来，有关河南十大社会热点问题的分报告在社会上引起一定的反响。报告在征求专家意见的基础上，精选以下10个问题来进行简要分析，现将主要观点陈述如下，以期为政府决策提供参考。

一 周口平坟事件表明殡葬改革需稳步推进

2012年年底，互联网上针对周口平坟事件展开了激烈的讨论，其中对政府在平坟复耕运动中的目的和具体做法质疑声最多。认为政府平坟的主要目的在于申请土地的增减挂钩指标，置换建设用地，并且在平坟过程中强制推进，严重伤害了群众的感情。事件虽然已经过去，但其引发的究竟该不该平坟、应该如何平坟、如何推进农村殡葬事业改革等问题，却值得我们思考。

随着经济社会的进一步发展，河南地少人多的供需矛盾日益突出；此外，随着农业现代化的不断推进，农村土地开始大规模流转，遍地坟头的现实确实不利于大规模的机械化耕作。从这个意义上来说，周口推行平坟复耕运动顺应了时代发展的要求，其出发点值得肯定。但是，殡葬改革是一项牵涉改变千百年来所形成的殡葬习俗的系统工程，绝不可能一蹴而就。因此，在实施过程中切不可盲目冒进，更不能借助行政权力粗暴执行，而是要加以积极的宣传和引导，尤其是要加强公益性公墓的建设力度，提高公益性公墓的建设水平，并落实各项殡葬补助等惠民政策，使老百姓真正得到实惠，主动自愿接受殡葬改革。

二 兰考火灾事件折射弃婴救助体系亟待完善

2013年1月，兰考火灾事件经媒体报道后，立刻引起人们的高度关注。舆论关注的焦点除了对袁厉害的收养目的提出质疑外，更多的是对当地政府在处理事件中的不当回应方式和在孤儿救助上的缺位与监管不力提出批评。质疑也好，批评也罢，一场大火已经夺去了7个孩子的生命，如何在事件发生之后建立起完善的弃婴救助体系，才是我们更加值得追问的事情。

目前，我国的弃婴救助体系主要有政府承办的儿童福利院等社会福利机构集中养育、合法社会组织的救助收养、正规的家庭领养以及社会公民自行救助收养四条途径。从河南省的弃婴收养情况来看，每年有几千甚至上万名弃婴，而合法途径收养的仅有约2000人，剩余的都被"消化"到社会的各个角落。面对如此庞大的弃婴群体，首先，应该从源头上进行治理。弃婴大多数是因为有一定的疾病或先天性生理缺陷才遭到遗弃，因此这就需要我们从提高出生人口素质和出台新生儿大病救助政策等方面来建立完善的弃婴预防体系，并建立严格的弃婴追责制度。其次，要尽快建立完善的弃婴救助网络。从弃婴的发现、报案、移送等环节规范弃婴救助的程序。最后，完善弃婴救助的输出途径。加大力度建立各县（市、区）的儿童社会福利机构，全面提高政府收养弃婴的能力；出台政策鼓励民间慈善组织、社会资本参与儿童社会福利事业；修订完善相关法律制度，进一步鼓励民间收养等。

三 郑州"房妹"事件揭示保障性住房建设必须公开透明

2013年元旦前后，保障性住房如何建设好、分配好的课题随着"房妹事件"的曝光日益引起人们的关注。保障性住房作为实现"住有所居"的重大基础性民生工程，不仅不会给政府带来直接的经济效益，而且还需要政府投入大量的财政资金。这就需要政府在建设过程中，真正克服消极应付的心态，把保障性住房建设当作一项重大的"民心工程"来抓；此外，要全面贯彻落实《河南省人民政府关于加快保障性安居工程建设的若干意见》，加大对违反各项规定行为的处罚力度，斩断保障性住房建设、分配环节中的黑色利益链；对《意见》中需要探索或完善的事项，要组织力量进行研究，尽快完善保障房建设的法律法规体系；要建立保障性住房建设、分配的信息发布公示制度，对保障性住房的项目立项、审批、完成、分配等情况，定期进行信息发布。

四 《南风窗》不实报道事件突显谣言治理需要多策并举

2013年9月，三门峡市因《南风窗》的一篇新闻报道被置于舆论的风口浪尖，事情虽已过去，但该事件所反映出来的如何治理谣言问题，却值得我们深思。

谣言是指没有相应的事实基础，被捏造出来并通过一定手段推动传播的言论。就目前而言，谣言产生的途径主要有两种：一种是新闻媒体记者的不实报道，即虚假新闻。此种谣言因通过正规渠道发布，受众对其认可度很高，因此所造成的社会危害大；一种是经由"网络水军""微博大V"、网络名人等自媒体人，利用网络论坛、微博等新兴媒体恶意制造或传播的网络谣言。当前我国正处于社会转型期，各种社会问题集中爆发，谣言制造者正是抓住这一时期典型的社会心态和社会舆论来造谣生事，再利用网络时代"人人都是麦克风"的特征，以及网络信息传播极为便利的条件，从而使谣言广为传播。

鉴于谣言产生及传播的复杂性，治理谣言必须多策并举，方可使谣言止于起跑线上。首先，要强化新闻从业"正规军"的职业伦理教育，严厉打击有偿新闻、有偿不闻、新闻敲诈等不法勾当，捍卫新闻媒体的职业道德。其次，要以法治谣，尽快完善互联网立法，加大对恶意造谣者的处罚力度。最后，要积极响应中国互联网大会发出的坚守"七条底线"倡议，营造健康向上的网络环境。

五 河南"雾霾"来袭，环境污染治理备受关注

自 2012 年冬季以来，持续的"雾霾"天气越来越引起民众对环境污染问题的广泛关注。"雾霾"不仅仅是环境如何治理的问题，还拷问着我们的经济发展方式和生活方式，在当前倡导建设生态文明、实现美丽中国的新形势下，如何处理好经济发展与生态环境保护之间的关系，改变不适当的生产生活方式，值得我们深入思考。为此，首先，要摒弃先发展后治理的理念。其次，要加大对环境污染事件的查处力度。各级环保部门要切实负起责任，破除地方保护主义思想，加大查处力度。再次，要加快经济结构调整，促进经济发展方式转变。最后，要倡导绿色健康文明的生活方式。

六 "郑堵"现象引发"畅通河南"思考

2013 年，郑州的交通拥堵状况越来越引起关注。其实，郑州治理城市交通拥堵问题从未间断过，但并没有从根本上解决此问题，并且随着城市人口的不断增加，交通拥堵问题越来越趋于严重。究其原因，从表面来看是汽车保有量不断增加与道路交通资源缺乏之间的供需矛盾，但从深层次来看，政府对城市道路交通缺乏长期规划是不争的事实。虽说城市交通拥堵问题是世界各大城市的通病，但政府在道路交通方面有详细的规划总比没有规划更能缓解交通压力。对此，郑州及时发布了《畅通郑州白皮书（2012~2014 年）》，从 5 个方面对"畅通郑州"建设进行了阐述。

城市交通拥堵不是一朝一夕就能解决好的问题，随着城镇化的不断发展，城市规模将不断扩大，道路交通拥堵问题也将越来越严重。为此，建议郑州市及全省其他城市，在更为凶猛的交通拥堵到来之前，要未雨绸缪，破除先堵后治的怪圈，提前准备好应对之策，全力打造"畅通河南"，为市民提供一个更为方便快捷的出行环境。

七 "吃空饷"事件反衬"把权力关进制度笼子"的紧迫性

2013年8月,周口吃空饷事件一经报道,立刻在互联网上引起广泛关注和讨论,讨论的焦点主要集中于"吃空饷"现象产生的原因,以及如何治理"吃空饷"等问题。

"吃空饷"之所以成为一种普遍现象,其中既有体制内的制度因素,也有世俗文化的深层诱因。从制度上看,一方面对单位一把手的权力缺乏制约和监督是造成"吃空饷"现象的主要原因;另一方面单位编制、人事、财务信息不透明,干部人事管理制度存在漏洞,官员问责机制缺位,以及缺乏有效的群众监督机制等因素,又会促成单位一把手权力的滥用。从世俗文化角度来看,无论是官员还是普通民众对"吃空饷"现象似乎都持一种默认或事不关己的态度,在利益面前,吃空饷问题自然不会被揭露,也只有当人们自身利益受到损害的时候,才有可能被曝光。

"吃空饷"实质上是公职人员利用权力在榨取纳税人的血汗,不仅践踏了国家的法律法规,违背了社会的公平正义,而且还造成国家财产的严重损失,给政府的公信力带来极其恶劣的影响。对症下药治理"吃空饷",必须将权力关进制度的笼子,用制度的藩篱来约束和监督一把手的权力。只有把权力晒在阳光下,"吃空饷"者才能"见光死",公权力才能不敢越雷池一步。

八 "诸多社会事件应对不当"警示政府应学会正确发声

2013年,政府在应对热点事件上的表现如下。一是选择"不发声",缺乏与媒体和网民的有效互动。例如,周口"平坟事件"和"吃空饷事件",两起事件均起源于周口市的正面宣传与报道,但在事件的后续发展中,周口市缺乏有效及时的跟进,致使其出发点本来为好事的艰难改革推进事件演变为负面事件。二是"发声不当",引发官民对立情绪。例如,针对河南兰考火灾事故的新闻通报，通篇稿子难觅当地政府对残弃儿童的责任担当，却历数公民袁厉害的3个不符合收养条件；再如，针对义昌大桥坍塌事故的新闻报道，有媒体评论说千字新闻稿提及16位领导，质疑其文风。两篇新闻通稿都把本来是积极应对突发事件的正面新闻变成了负面报道。三是"迟发声"，发声避重就轻。例如，针对"郑州房妹事件"，整个事件几乎都是在爆料、相关部门辟谣、爆料被证实这样的步骤中层层推进，严重损害了政府的公信力。此外，政府在应对热点事件时也有好的表现，如三门峡市在应对《南风窗》不实报道事件中，回应及时迅速，并充分利用主流媒体发布权威信息，给地方政府如何打赢舆论主动仗提供了宝贵的经验。

面对日益增多的舆论热点问题或事件，政府应该如何理性回应，已成为当前各级政府的"必修课"和"基本功"。首先，政府要敢于直面问题本身。力求从客观事实的角度还原事情的真相。此外，还要注意新闻通报的措辞，谨防出现新闻报道中的媚上心态，切实转变文风。其次，回应要及时迅速，防止出现不回应、迟回应等懒政思想。最后，要善于利用主流媒体进行宣传，抢占舆论阵地制高点。通过主动设置议题，引导网上舆论，用主流媒体的声音对付网上不良舆论。

九 "诚信鸡蛋哥"用行动诠释诚信正能量

郑州"诚信鸡蛋哥"用普通的行为，诠释了言而有信的经商理念和做人准则，传递了社会正能量。诚实守信是中华民族的传统美德，无论是做人还是做事，都需要秉承诚信为本这一优良传统。然而，经济社会发展进入转型期，人们的思想观念、价值取向日益多元化，"金钱至上""重利轻义""享乐主义"等各种不良社会思潮严重侵蚀了社会道德底线，也催生了诚信失范行为。如何提高公民的思想道德素养、营造诚实守信的良好社会风尚值得我们思考。

首先，要在全社会弘扬诚实守信的良好风气，树立道德标杆和楷模，引导人们主动自觉践行诚实守信行为。其次，应加强行业自律组织建设，通过自律组织来营造良好的市场环境。再次，要完善市场机制和法律体系建设，用制度和法律来约束、打击"不诚信"的行为与商家。

十 "雷锋哥"和"炯炯族"激发公众公益热情

2013年11月，中央电视台新闻联播节目连续播报了郑州两则民间公益活动新闻，引起人们广泛关注。一则是关于"雷锋哥"，一则关于"炯炯族"。两则新闻都彰显出民间社会对公益活动的渴求，也正是因为这两起活动顺应了社会主流价值观，所以才得到了社会的认可和肯定。然而，一个人、一个团体所进行的公益活动还远远不能满足社会对公益事业的需求，如何激发公众参与公益活动的热情，培育公众参与公益活动的土壤，使人人都成为公益活动的主体，值得我们思考。

首先，必须在全社会倡导友爱互助、扶弱帮贫的社会风尚，培育公众的公益意识和社会责任感，使公益行为真正成为自觉行动。其次，公益组织必须加强自身建设，增强公益组织公信力。最后，单位要积极组织员工开展公益活动，通过提升组织内部的公益文化内涵，来影响员工参与公益活动的积极性。

（原载《领导参阅》2014年第13期）

促进农业转移人口就业创业对策研究

李怀玉

河南是人力资源大省,也是农业劳动力转移就业大省,其城镇化水平远低于全国水平,这已成为影响全省经济社会发展的突出问题。加快推进农村富余劳动力由第一产业向第二、第三产业转移,由农村向城镇转移,既是提高河南城镇化水平的有效途径,也是新型城镇化的内在要求。而就业作为民生之本,是实现农民变市民的根本途径和重要支撑。

一 河南农业转移人口就业创业基本情况

2012年,河南省总人口约1.05亿,其中常住人口9406万人,农村人口6234万人,估算农村富余劳动力约为3200万人。截至2012年底,全省农村劳动力转移就业总量达2640万人,其中省内转移1510万人,占57%;省外输出1130万人(包括境外就业7万人),占43%;还有600万名农村富余劳动力需要进一步转移。

(一)转移就业农村劳动力的基本构成

从性别构成来看,男性多于女性。在全省农村劳动力转移就业总人数中,男女比例为1.3:1;从年龄构成来看,以中青年为主,年龄在50岁以下的人员占转移就业总人数的88%，其中30岁以下的占49%；从素质构成来看，文化素质有所提高，但从整体上看仍然偏低，其中高中及以上文化程度者占39%；从技能构成来看，总体技能水平较低，在已转移的农村劳动力中有近1300万人没参加过相应的技能培训。

（二）转移就业农村劳动力的地域分布

转移区域分布以县城为主。目前，在省内转移就业的1510万人中，有52%在本县域内就地就近就业，有48%跨市县转移就业。2012年新增的105万名农村富余劳动力，有80%以上在省内就地就近转移就业。其中，产业集聚区作为承接产业转移的主阵地，吸纳劳动力转移就业的作用在逐步增强。2012年，全省产业集聚区规模以上工业企业从业人员达到299.18万人，同比增长16.4%，占全省规模以上工业企业从业人员的51.5%。另外，在省外就业的1130万人中，主要集中在东部地区，其中长三角有350万人，珠三角有350万人，京津地区有200万人，东南沿海有100万人，中西部地区有100多万人。

（三）转移就业农村劳动力的产业行业分布

河南省农村劳动力转移就业的趋势主要从第一产业向第二、第三产业转移。转移行业以第二产业为主。2012年，在全省转移就业的105万名农村劳动力中，有67.8%转移就业到第二产业，主要从事行业仍以建筑业、制造业为主，其中从事建筑业的人数增长较快，同比增长2.9%；有30.2%转移到服务业就业，同比增长6.0%，主要分布在批发和零售业、餐饮业等生活服务业。

（四）转移后的就业稳定状况

受农民工工作流动性大等诸多因素影响，目前农民工普遍存在着就业不稳定、就业质量不高等问题。2012年调查数据显示，在农村转移从业人员中，主要以中短期和灵活就业为主，没有与用人单位和雇主签订劳动合同的占68.3%，雇用时间在两年以下的劳动合同签订率约为50%。焦作市有68.4%的外出务工人员务工时间在6~12个月，12个月以上的为

31.6%；许昌市的调查结果也显示，有45.6%的农民工已更换两个以上的企业，在同一企业连续工作1年以上的只占42.3%。

二 农业转移人口就业创业存在的主要问题与障碍

（一）转移就业难度日趋增大

一是经济下行加大了就业压力。受国内国外经济趋缓影响，2013年1～9月，全省城镇新增就业人数同比增长缓慢，仅1%，失业人员再就业和就业困难人员实现就业人数同比分别下降0.5%和3.3%，经济增长的放缓影响了就业增长。二是结构性失业现象叠加。河南省钢铁、煤炭和电解铝等传统支柱产业企业改革重组、转型升级、淘汰落后产能、部分行业持续低迷及产能过剩造成的结构性失业和转型性失业，以及选择性机会增多造成的摩擦性失业等失业现象交织并存，增加了就业工作的难度。三是大学毕业生人数创新高，就业压力较大。截至2013年9月1日，全省应届高校毕业生就业率80.16%，尚有10万多人未就业，而当前各类企业提供的适合大学生就业的岗位不足。加上高校专业设置与市场需求不完全匹配、部分高校毕业生消极被动的就业观念及经济下行对就业不利等因素叠加影响，毕业生供需结构性失衡日益突出，高校毕业生就业压力增大。

（二）产业支撑能力有限，持续吸纳就业能力不足

产业是就业的基础，产业的发展直接影响着就业形势。据测算，近五年来，河南省第二产业平均每年增加就业90万人以上，第二产业增长率每增长一个百分点平均带动近6.9万人就业；第三产业平均每年增加就业70万人以上，第三产业增长率每增长一个百分点平均带动6万人就业。由此可见，增强产业支撑能力，提高产业发展水平是挖掘就业潜力、扩大就业容量的首要任务和重要途径。然而，近两年来，受外部经济环境、产业结构调整升级等诸多因素影响，河南经济增长面临较大压力，产业发展与升级转型还面临着诸多问题与挑战。

（三）县域城市转移就业能力需进一步加强

产业集聚区和城镇服务业是县域城市吸纳就业的主渠道。一方面县域城市在基础设施、社会保障、就业环境、收入、教育、医疗水平等方面与中心城市相比还具有明显的差距，这使得一部分就业人员在选择就业去向时偏向往中心城市转移就业。另一方面受城乡二元体制制约，转移就业人员无法在就业城市与当地城镇居民平等享有子女入学、住房、社会保障、技能培训、就业创业等待遇，其转移就业生活成本高，不能融入务工的城市，影响了转移就业者的积极性。

（四）自主创业扶持力度需要加大

一是融资困难已成为当前制约农民自主创业的最大瓶颈与障碍。例如，小额担保贷款，仅限于外出务工返乡创业的农民工，未能惠及所有想直接创业的农民。二是受经营场所限制。经营场所审批手续复杂、审批环节烦琐。三是引导和扶持力度不大，必要的政策支持不多。农民虽有强烈的创业意愿和冲动，但缺少自主创业的经验、创业知识、信息及技能等，创业人员的文化素质还有待提高。

三 促进农业转移人口稳定就业创业的对策建议

（一）增强第二产业支撑能力，创造更多就业岗位

一是继续实施就业优先战略和更加积极的就业政策，鼓励产业集聚区特别是传统农区县的产业集聚区在经济结构调整和加快产业转移过程中，重点发展农产品加工、制造业等吸纳就业能力强的劳动密集型产业，壮大传统和优势产业，同时吸引配套企业加盟，拓展上下游产业，创造更多适合农民外出就业的岗位，增强中心城市和县城吸引力和承载力。二是着力发展深加工产品群，带动传统优势产业改造升级。围绕提升化工、有色、钢铁、纺织服装产业整体竞争力，强化技术改造，延伸产业链条，形成以骨干企业支撑、深加工企业集群发展的产业发展新格局。三是扩大优势新

兴产品规模，引领先导产业跨越发展。围绕生物、新能源、新能源汽车、新材料等产业，实施各个领域创新发展工程，着力推进产业示范园区建设，培育具有核心技术龙头企业和产业集聚，努力形成新的支柱产业。

（二）以产业集聚区建设为平台，吸引农业转移人口就近就地就业

一是加快公共就业服务向产业集聚区延伸。建立产业集聚区企业用工联系员制度，及时掌握企业用工需求信息。在产业集聚区内开设公共就业服务窗口，为企业和求职者提供就业信息、技能培训、社保办理等"一站式"综合服务。二是围绕产业集聚区建设和重点项目用工需求，以就业为导向，引导和推动大中专院校、就业培训中心、社会培训机构等与新入驻企业开展全方位、多层次合作，共建生产实训基地，探索培养新模式，积极开展"订单式"培训和定向、定岗培养，实现招商与招工同步，培训与就业同步。三是加快公共租赁住房和公共文体娱乐等基础设施建设向产业集聚区延伸，把进城务工人员纳入公共租赁住房等保障范围，使农业转移人口能留得下、稳得住。

（三）扶持中小企业发展，创造更多就业岗位

一是改善中小企业生存环境，强化中小企业用工指导，重点对招工不足的企业提供政策咨询、业务指导及相关服务，引导企业合理确定薪酬待遇，增强岗位吸引力。二是建立中小企业扶持基金，重点扶持创新型以及大企业协作配套的劳动密集型中小企业，推动中小企业集群集聚发展。三是落实中小企业各项税费减免等优惠政策。开辟小额担保贷款绿色通道、简化小额担保贷款申请程序。对当年吸纳登记失业人员、大中专毕业生、失地农民等达到企业在职职工一定比例的中小企业，按规定给予最优惠的小额担保贷款，并享受财政贴息政策。推进中小企业技术培训、人才培训、管理咨询、创业辅导、法律服务等社会化服务体系建设。

（四）鼓励转移农民自主创业，以创业带动就业

一是完善充实就业项目库，强化创业服务，为创业农民工提供创业培训、创业指导、政策咨询、小额贷款等"一站式"服务，不断提高农民创业能力。对入驻创业企业提供店铺或厂房、水电补贴等优惠。二是优化投资环境，降低创业风险，提高创业个人小额担保贷款最高限额，为创业者提高工商、税收、信贷等方面的优惠待遇，使农村创业人员享受与城市失业人员同等的优惠政策。三是鼓励农民工回乡创业。加大对返乡农民工创办企业的政策帮扶和资金支持力度，积极探索"外出务工—返乡创业—贷款扶持—带动就业"的新模式。

（五）建立资金投入长效机制

各地要调整支出结构，加大对就业创业资金投入的力度，提前做好全年就业创业资金预算，并确保资金及时拨付到位。加快就业创业资金支出进度，确保各项补贴政策的落实和公共就业服务活动的开展。同时，要加强就业创业资金的使用管理，定期开展专项检查，防止挤占和挪用。

（原载《呈阅件》2014年第7期）

构建农业转移人口市民化成本的合理分担机制

郭小燕

近年来,随着城镇化进程的快速推进,农业转移人口在城市人口中所占的比重越来越大,如何实现城市基本公共服务由对本地户籍人口提供向对包括农业转移人口在内的所有常住人口提供转变,实现农业转移人口在就业居住地平等享有各项基本公共服务,有序推进农业转移人口市民化,已成为城镇化健康发展的重要内容。党的十八大提出,要"有序推进农业转移人口市民化,努力实现城镇基本公共服务常住人口全覆盖"。十八届三中全会进一步提出,要"推进农业转移人口市民化,逐步把符合条件的农业转移人口转为城镇居民"。中央城镇化工作会议又把推进农业转移人口市民化作为推进城镇化的第一任务。作为传统的农业大省和人口大省,河南省推进农业转移人口市民化,加快新型城镇化的任务更为迫切。但是,推进农业转移人口市民化面临着高昂的市民化成本,单纯依靠政府、企业或农民都是难以承担的,为此需要建立由政府、企业、个人和社会共同参与的多元化成本分担机制。

一 农业转移人口市民化的成本构成

农业转移人口市民化,是指农业转移人口在实现职业转变的基础上,获得与城镇户籍居民一致的社会身份和权利，能公平公正地享受城镇公共资源和社会福利，全面参与政治、经济、社会和文化生活，实现经济立足、社会接纳、身份认同和文化交融。农业转移人口市民化是一个过程，这个过程的实质是公共服务和社会权利均等化的过程。

农业转移人口市民化成本，是指农业转移人口享受与当地户籍居民同样的就业、住房、子女教育、养老保险、医疗保险以及各种公共服务待遇和权利所必须支付的代价，即农业转移人口转化为市民所必须付出代价的总和。从成本的承担者划分应该包括企业、个人、政府和社会其他组织所应承担的相关成本。

第一，农业转移人口市民化的政府成本。政府承担的农业转移人口成本是多方面的：一是直接支付或为个人支付的费用。例如，农村转移人口的子女的学前教育、义务教育、校舍投资和日常经营费用；科普教育和职业培训费用；经济适用住房、廉租住房、公共租赁住房建设投资；社会保险支出；卫生服务（含公共防疫、儿童预防等）支出等。二是行政管理支出。例如，公安、城管、交通、计划生育等支出等。三是公共设施支出，包括道路、用水、用电、用气、公共娱乐、公共体育等设施建设和运营方面的支出。

第二，农业转移人口市民化的企业成本。主要是为市民化的农业转移人口提供更加稳定的工作条件和更普遍的福利，具体企业为他们支付的职工薪酬总和的增加额，包括工资、奖金、福利（包括住房补贴或提供住房）、五险一金、教育经费、工会经费等。

第三，农业转移人口市民化的个人成本。农业转移人口要在城市定居，需要负担更高的生存费用支出，主要包括农业转移人口在吃、穿、住、行、社保、教育（主要是子女教育）等方面的个人支出。

目前，对于农业转移人口市民化成本的具体测算还没有统一的标准。中国社会科学院编写的《中国城市发展报告 No.6》认为，目前我国农业转移人口市民化的人均公共成本（包括公共成本和个人成本）约为13万元，其中东、中、西部地区分别为 17.6 万元、10.4 万元和 10.6 万元。中国发展研究基金会编写的《中国发展报告2010：促进人的发展的中国新型城市化战略》认为，中国当前农业转移人口市民化的平均成本在10

万元左右。国务院发展研究中心测算，一个农业转移人口如果成为市民需要增加政府的支出为8万元左右。

可见，无论通过何种方式测算，推进农业转移人口市民化都面临着高昂的成本。河南省人口众多，城镇化水平滞后，按年均1.8个百分点的增长速度，每年将增加180万名城镇人口，再加上原来进城没有实现市民化的农业转移人口，推进市民化公共成本巨大。单纯依靠政府或者农业转移人口解决成本问题都是难以承受的，因此要强化各级政府责任，充分调动社会力量，合理分担公共成本，建立健全由政府、企业、个人共同参与的农业转移人口市民化成本分担机制。

二 政府要承担农业转移人口市民化的公共成本

农业转移人口市民化在义务教育、公共就业服务、公共医疗卫生、社会保障、保障性住房以及市政设施等方面的公共成本需要各级政府来承担。对于公共成本的分担，要综合考虑中央政府和地方政府之间、流入地政府与流出地政府之间在承担农业转移人口市民化成本的事权划分，处理好相互之间的关系。

中央政府应在促进区域协调发展和引导农业转移人口合理流动的基础上，逐步加大对农业转移人口集中流入省份和流入地区，以及中西部相对落后地区的财政支持，逐步建立以常住人口（而非户籍人口）为依据、"人财"挂钩的财政分成和转移支付制度。以专项转移支付为手段，根据各地区吸纳农业转移人口的规模，每年定向给予相应的财政补贴，重点在公共卫生和计划生育、子女义务教育、就业扶持、社会保障等方面，加强对农业转移人口流入省份以及中西部相对落后地区的补助，特别要加大对农业转移人口流入集中地区公租住房等保障性住房建设的补助。此外，在财政投入增量调整的基础上，同城镇化推进速度与质量挂钩，对增长快、压力大的地区加大支持力度。

省级政府重点承担省内跨市县农业转移人口市民化的公共成本，按照推进基本公共服务均等化要求安排省以下财政转移支付。具体可以建立农业转移人口市民化的专项基金，通过财政转移支付的方式，对本省户籍的农业转移人口在省内跨区转移提供公共服务支持，加强对农业转移人口流入城市的补助，主要用于支付农业转移人口市民化的医疗、社会保障等成本，重点用于支付农业转移人口廉租住房等住房成本支出，其规模与流入地为本省跨区农业转移人口提供公共服务的成效相挂钩。

地方政府着重承担城镇建设维护与公共服务管理成本。一是为容纳新市民人口，地方政府应对城镇进行必要的新建、扩建，进一步补充和完善市政基础设施、公共服务设施等，并承担起相应的城镇建设、维护和管理成本。二是地方政府应加大在公共卫生、住房保障、义务教育、就业扶持等方面的投入和建设力度，努力为新市民化人口提供均等化的公共服务，并在中央财政、省级财政的支持下，担负起为新市民化人口提供均等化公共服务的大部分成本。

就河南省来说，一是考虑到河南省人口大省和传统农业大省的基本省情，经济社会发展水平较低，财政实力不强，同时城镇化发展滞后，未来城镇化发展将进一步提速，推进农业转移人口市民化的压力巨大，应积极争取中央政府专项转移支付资金，用于推进农业转移人口市民化的公共支出。二是设立省级农业转移人口市民化的专项基金，通过财政转移的方式，加强对郑州、洛阳等农业转移人口集中流入城市的补助。三是建立省级土地指标的增减挂钩机制，试行"人地挂钩"政策。将一部分流出地政府收储的农民转让出的承包地指标和宅基地指标分给流入地政府，保持土地增减平衡。四是各地市和县级政府在中央财政、省级财政的支持下，承担起完善城市基础设施和公共服务设施建设、加强义务教育、社会保障、公共医疗、保障性住房等方面的公共服务。

三 企业重点承担农业转移人口的劳动保障成本

企业对农业转移人口市民化的成本分担，不是要求企业去承担企业以外的责任，而是要求企业基于"同工同酬、同工同时、同工同权"的原则，正视农业转移人口正常的劳动合同、工资待遇、福利保障等基本权利，严格按照国家标准与行业要求，为农业转移人口提供必要的劳动保护条件和职业病防治措施，办理养老、医疗、失业、工伤等基本保险，承担农业转移人口市民化的劳动保障成本。其次，通过为农业转移人口办理住房公积金、提供租房补贴、建设农业转移人口宿舍或参与公租房建设等，努力改善农业转移人口的居住条件。最后，重视企业的人力资本投资，加强对农业转移人口的技能培训，提高他们的素质，并给予农业转移人口必要的交流与晋升机会，逐步增强农业转移人口的市民化能力。

四 农业转移人口"带资进城"分担市民化需个人承担成本

农业转移人口个人要承担起实现市民化的基本生活和自我发展成本。

第一，农业转移人口应尽可能地负担自身在城镇生活的水、电、气、交通、通信、食物开支等方面的成本，以及自我素质提升和子女教育的部分费用，主动参加和负担住房保障与社会保障中需要个人支出的部分。

第二，通过市场化手段，将农业转移人口在农村拥有的各种资源转化为资产，推动农业转移人口"带资进城"，冲抵其市民化的高额成本。一是应加快对各类农村资产的确权颁证工作，对农村土地承包经营权、宅基地使用权、房屋所有权等确权到户，颁发证件，推动农村集体资产的股份量化。二是加快集体资产的股份化，让集体经济组织成为农民市民化的组织依托。三是以土地资源为核心建立带资进城的交易流转平台。

（原载《呈阅件》2014 年第 8 期）

新生代农民工市民化问题研究

李怀玉

近年来,河南省城镇化快速推进,农业转移人口占城镇常住人口的比例不断提高,进城农村劳动力已成为支撑河南经济发展的重要力量。然而,受一些管理体制的限制,这些农业转移人口无法充分享受到城市社会保障和公共服务,沦为新一代打工族。事实上,多数农业转移人口希望市民化,尤其是新生代农民工,市民化的意愿非常强烈。在新型城镇化进程中,农业转移人口市民化既是重中之重,又是难中之难。如何让这些人口在城市安居,让他们在城市留得住、扎下根、有尊严,各地都在进行不断的探索。对此,我们对新生代农民工市民化问题进行了专题调研,现汇报如下。

一 新生代农民工的生存与发展现状

(一)新生代农民工由生存型向发展型转变

随着经济社会的变迁,新生代农民工既具有老一代农民工的一般性特征,又有其自身的特点。与老一代农民工相比,新生代农民工的思想观念、行为方式与城市居民更加接近,利益诉求更加明确,维权意识更强。

他们在城镇工作不仅是为了打工挣钱,而且也为了追求体面的就业和发展机会。在对河南的郑州、洛阳等8个市的894个新生代农民工有效调查数据显示,有34.8%的人认为自己已经融入务工所在的城市并在事业上取得成就;有43.9%的人表示正在发展、融入阶段;有16%的人选择没有融入务工所在的城市,事业没有任何发展;也有5.3%的人认为自己无法适应和融入务工所在的城市,根本不知道什么是事业,认为到城市打工只是混口饭吃,发展事业这个问题离自己太遥远了。

(二) 新生代农民工流动原因多元化,发展动因增多

随着流入地政府对流动人口生存状况和保障的改善,新生代农民工口对未来发展有了更多更新的期待。老一代农民工外出务工的主要目的是帮助家里改善生活条件,其经济收入主要用于盖房、子女上学等。而新生代农民工因经济原因外出打工的虽然占有较大的比例,但发展型的流动明显增多。寻求到城市发展的占44.6%,随父母迁移到城市的占20.3%,因学习接受培训的占22.5%。由此可见,新生代农民工比老一代农民工更加追求家庭团聚,更加注重学习,更加追求自身和未来的发展。

(三) 新生代农民工在流入地稳定性明显增强

新生代农民工比老一代农民工更倾向于外出长见识、受锻炼,以得到更好的发展。与老一代农民工一样,他们主要从事制造业、服务业、建筑业等一些收入较低、劳动强度较大、工作时间过长的工作,也同样是城市发展中最辛苦的一个群体。但与上一代农民工有活就干,"脏、累、苦"的工作都能做不同,新生代农民工对工作的要求更高,更注重喜好、环境、发展空间、福利待遇。他们大都在城市生活,基本不懂农业生产,即使经济形势波动,就业形势恶化,他们也不愿意返乡务农。在工作的选择上,他们并不满足于只是糊口,而是对体面的、有尊严的、能实现人生价值的工作更感兴趣。他们大都在务工地生活稳定、工作稳定。调查数据显示,新生代农民工最近3年没有更换过工作的占一半以上。而且他们的消费和行为方式已和城镇青年一样,不再像他们的父辈那样在城市挣钱、农村消费。

(四) 家庭化迁移成为新生代农民工流动的主体模式

在调查中,"80后"的新生代农民工有643人,占57.3%;"90后"的有251人,占22.4%。已婚者占52.7%,其中已经生育子女的占85.2%。从数据分析看,"80后"显然是外出务工的主体,其次是"90后"的。对此,我们可以得到这样的信息,新生代农民工绝大多数处在婚恋和养育子女的重要人生阶段。因此,新生代农民工的婚恋问题亦是城市化进程中必须关注的一个方面。随着新生代农民工家庭化流动的增多,他们对计划生育、生殖健康、优生优育等基本公共服务需求更加迫切。

二 新生代农民工市民化面临的突出问题

(一) 就业质量较低,不利于提高流动人口就业的积极性

虽然各级政府加强对流动人口的工作环境、工作报酬、工作时间、社会保障等做了很多硬性的要求,流动人口在务工城市的整体工作状况得到改善,但是总体上看,依然存在就业收入偏低、工作时间较长、签订劳动合同和社会参保率低等问题。与党的十八大报告提出的"体面就业"具有很大的差距。

(二) 在居住地享受社会保障和公共服务整体水平较低

新生代农民工虽然在城市工作和生活,但却没有完全纳入所在务工地的城市公共服务和社会保障体系。农民工子女接受教育的调查数据显示,他们在农民工子弟学校就读的占13%;在父母打工地所在的公办学校就读的占24%;从参加社会保障的数据来看,有16%的农民工在现居住地参加城镇职工医疗保险。由此可见,各输入地覆盖流动人口的城镇社会保障体系尚未建立,农民工享受城市公共服务整体水平较低,社会参与渠道狭窄。因没有城市户籍,他们没有城市居民的身份和行使政治的权利,与居住地的城市居民及当地其他社会群体交流不多,更不愿或很少参与当地活动。

(三) 新生代农民工住房压力更大

新生代农民工在城市务工地主要通过租房子来解决居住问题。他们当中有56.9%的人自己租房，10.5%的人在雇主安排的地方居住，7%的人自己买了房子。新生代农民工在农村居住时间较短，有的根本没有回过农村，他们更加渴望在城市生活。在务工城市租赁住房选择时，往往对住房设施要求比较高。比如，要有独立卧室、卫生间、厨房以及洗澡设置。新生代农民工的租房条件要比老一代好得多，因拥有独立的空间，所以他们很少与家人、朋友居住，需要独立支付房租，这就导致新生代流动人口在住房支付方面压力较大。为了减少租房的压力，他们大多选择那些居住成本很低的地区居住。

(四) 新生代子女面临着贫困代际传承和社会阶层固化的现实

在教育方面，由于国家在城市和乡村有着不同的投入，直接造成农民工子女输在起跑线上，农民工子女若要取得成功往往要付出多于城市子女数倍的努力。由于户籍在农村，新生代农民工包括他们的子女，也只能和他们的父辈一样，享受不到城市居民所享有的医疗、失业、教育、养老等一系列社会保障福利待遇，受到许多不公平待遇，权益得不到保障，几代人的社会身份、现实遭遇仍然是相似的。

三 加快新生代农民工市民化的对策建议

新型城镇化的核心是人的城镇化。未来我国流动人口还将继续增加，流动人口的代际转换也将更加深入。在引导人口有序流动、促进人口合理转化的进程中，新生代农民工应是重点关注的人群。因此，要大力推进以新生代农民工为重点人群的市民化。

(一) 要提供有针对性、多层次的公共就业服务

近年来，流动人口失业无业问题较为突出，其中16~24岁的年轻人

在失业人口中所占的比例约为30%。如何有效促进新生代农民工及其家庭成员就业、增强他们的生存发展能力也是当前公共服务就业中的一项重要内容。由于新生代农民工每个人的就业能力有所不同，其所需要的公共就业服务需求也不同。就业能力稍强的，可能需要的是就业信息服务；就业能力稍微弱的，如学历低的新生代农民工，更需要的是就业培训和指导。政府可根据他们的需求特点，提供适合他们发展的公共就业服务，这样有助于提高其就业创业能力，为他们能够在城市稳定幸福的生活奠定基础。

（二）要分类引导平稳有序地推进

河南对于新生代农民工市民化问题，要秉持分类指导、平稳有序的理念，有序推进农民工市民化进程。比如，对于在城市有固定工作、固定住所的新生代农民工优先安排落户，对于举家迁移和稳定就业的新生代农民工优先安排落户，对于就地就近转移、中小城市和小城镇转移的新生代农民工优先安排落户，等等。因为这些群体具有成为市民的强烈愿望，只要政府在政策力度上有所加大，他们就会平稳地进城落户居住发展，变为真正的城市居民。

（三）要给予落户新生代农民工真正的市民化待遇

新生代农民工落户城市转化为市民后，要给予他们真正的市民化待遇，使其在教育、公共卫生、劳动就业、住房保障、社会保障等方面享受同等待遇，使其尽快融入城市。同时，要对落户后的新生代农民工给予一定的优惠政策，积极支持其就业创业。比如，在管理上，降低他们就业创业的准入门槛，简化审批程序，减免工商登记费和其他行政事业性收费；在财政上，加大对他们创业扶持的投入，建立创业专门扶持基金；在税收上，给予他们一定的创业优惠政策等。

（四）要探索建立覆盖流动人口的住房保障体系

要使新生代农民工在城市稳定下来，首先是应满足他们的基本住房需求。政府应探索建立覆盖流动人口的住房保障体系，将符合条件的流动迁移人口纳入住房公积金制度以及公租房、廉租房、经济适用房等供应范围。建议从以下几个方面着手：一是在城市规划、建设中要充分考虑流动人口的需求，提供不同价位、适宜家庭居住或与当地居民混合居住的住房形式。二是探索和完善住房公积金制度，发挥住房公积金在流动人口租房和买房中的作用。政府要加大监督管理范围，保证用人单位依法为流动人口，特别是新生代农民工缴存住房公积金。与此同时，也要完善相关服务环节，提升服务水平，为流动人口使用公积金买房提供便捷、高效的服务，从而减轻他们购买住房的压力。三是以累进税限制住房空置，鼓励房屋出租。对占有人均限额以上的住房征收累进房产税，但如果用于出租，可获得相应的税费减免。

（原载《领导参阅》2014年第15期）

创新社会治理机制　推进平安河南建设

——济源市推进平安济源建设的调查与思考

李宏伟

为贯彻落实省委书记郭庚茂同志在省委政法工作会议上的讲话精神，进一步加强对平安河南建设方面的调查研究，近日省社会科学院组成调研组到济源市进行了专题调研。济源历史文化悠久，区位优势明显，近年来，济源积极顺应人民群众对平安、和谐的需求和关切，紧紧围绕"双基""双治""双安"的目标和要求，坚持以平安济源、法治济源、过硬队伍"三大建设"为主轴核心，以创新"六项"社会治理机制为抓手和切入点，坚持运用法治思维和法治方式进行系统治理、源头治理、综合治理、依法治理，以增强群众安全感和提升群众满意度为最终目的，构建法治社会，打造平安济源。2014年6月，济源市荣获"2013年度河南省平安建设先进省辖市"的称号。济源市创新社会治理机制的探索，对全省推进平安河南有着一定的借鉴价值和启发意义。

一　平安济源建设的基本做法

（一）创新城乡网格化、精细化管理服务机制

济源市结合实际将城乡社区（村居）分为城市社区（城中村）、产业

集聚区和镇区、景区周边的人口集中居住区和边远农村。坚持"城市社区化、农村城镇化、管理网格化、服务社会化",突出特色,分类推进。一是提升城市社区精细化管理水平,推动网格员职业化、网格管理精细化、社区服务组团化、特色社区精品化。二是推进产业集聚区和镇区、景区周边的人口集中居住区"五联"管理新机制。三是探索边远农村多村联片、联防联保的网格化管理新机制。

(二) 创新立体化治安防控机制

建好用好基层综合治理专干、专职巡防队和保安、平安志愿者三支队伍,织好护好"六张网",抓好立体化治安防控。一是街面巡逻防控网。整合特警和各专职巡防队的力量,以每天的110接处警为导向,屯警街面,针对"两抢一盗"多发时段、地段实施网格化巡防。以6个待警点为依托,强化校园安保,实现市区3分钟快速处警目标。二是社区(村庄)防控网。以各产业集聚区(镇、街道)巡逻车GPS定位考核为抓手,推动专职巡防队向社区(村)延伸。三是单位内部防控网。以党政机关、金融网点、校园以及水、电、气、电信等为重点,完善内部管理和安全防范制度,落实重点部位"三铁一器"(防盗门、防盗窗、保险柜和报警器),堵塞治安防范漏洞。四是技术视频防控网。实施"天网工程",持续推进城市技防建设任务,更新公安监控平台;完善城乡技防建设,增加视频监控的密度和覆盖率。五是重点人群防控网。切实做好社区矫正调查评估工作,确保"审""矫"工作无缝对接。广泛动员各方面力量,努力形成对社区矫正人员帮扶的社会合力,提高帮扶效果。六是虚拟社会防控网。加强网络、短信、微信等新媒体监管,依法打击网络犯罪、造谣煽动等违法犯罪行为,净化网络舆论空间。

(三) 创新社会矛盾化解调处机制

一是构建"大调解"格局。建立市级调解中心,完善提升各集聚区、镇(街道)的调解中心,在各村(社区)建立调解小组,形成市—产业集聚区(镇、街道)—村(社区)三级调解组织,培育一批化解矛盾、服务群众的基层典型,如沁园社区民警毛力争总结出来的"五个工作法",即走进群众结人缘、善办小事换民心、特殊群体交朋友、抓好防范保民安、化解矛盾促和谐,在全省巡回报告,得到推广。二是拓宽信访渠道。完善绿色邮政、信访代理制度,推行电话、视频接访和职能部门联合接访工作,实行"一站式接待、一条龙办理、一揽子解决";建立网上信访受理平台,让"数据多跑腿,群众少走路";建立健全人民建议征集制度,引导人民群众给党和政府的工作献计献策。把涉法涉诉信访纳入法治轨道,健全公开听证制度,增加信访工作透明度。三是扩大法律援助覆盖面。规范法律援助案件受理标准,完善案件指派制,建立多元化援助机制。

(四)创新依法治市工作机制

一是重点推进依法行政。在党政机关建立法律顾问制度,把公众参与、专家论证、稳定风险评估、合法性审查和集体讨论作为重大决策的必经程序。二是重点提升司法公信力。健全完善执法监督机制,大力推动阳光审判、阳光检务、阳光警务,探索深化司法体制改革新模式、新路径、新举措。三是重点深化队伍作风转变。结合群众路线教育活动,正风肃纪与提升素质同步推进,进一步落实"四个严格"(即严格管理、严格教育、严格监督、严明纪律)。四是重点强化全民法治观念。以"法律六进"等活动为载体,全面提高党员、干部、群众的法律意识、法律知识、法律素养。

(五)创新基层平安创建机制

一是持续深化平安"双创"活动。调整充实村级治保会、调解会等基层综合治理组织,优化配置专(兼)职干部,强化巡逻队、护厂护院队、门栋关照小组等的群防群治组织建设。落实基层平安创建的财政保障,加大对社会治理领域的财政投入。二是持续强化行业平安创建。持续开展平安校园、平安医院、平安景区、平安网吧等平安行业建设,坚持"谁主管、谁负责,谁签字、谁负责",从薄弱环节入手,建立隐患整改台账,定期督查、限期整改,堵塞漏洞,实现发案少、秩序好、社会稳定、群众满意的目标。

(六) 创新突发事件应急处置机制

健全机制，夯实责任，做到教育转化不松懈、敏感时期不添乱、利益群体不失控、重点对象不漏管。一是强化应急处理突发事件专业队伍建设。公安机关和消防武警部队作为第一梯队应急力量，负责应对和处置一般性突发案事件。二是强化常态化应急实战演练。每半年举行一次实战性专业演练，持续强化相关职能部门的岗位意识、责任意识。三是强化主体责任、提高反应速度和队伍集结能力。坚持"四个重在"（重在平时、重在情报、重在重点、重在超前），健全完善"N+4+1"的应急处置工作机制（N是指利益群体涉及的镇的有关部门，4是指维稳、公安、国安、信访部门，1是指利益群体主管部门），做到"四个到位"（政策落实到位、困难帮扶到位、人员稳控到位、依法打击到位）。

二 平安济源建设成效显著

（一）组织建设得到加强，工作效率进一步提高

组织体系建设是开展平安建设的基础。通过组织体系建设，基层干部队伍素质尤其是政法队伍的能力素质得到有效提升，基层党组织工作凝聚力得到增强，民主集中制的优越性得到有效发挥，党风廉政建设工作得到加强，平安建设工作效率进一步提高。涉及群众利益的重大事项社会稳定风险评估率达100%；赴省集体上访、重复个人上访同比分别下降了29%和33%；整治治安乱点48处，合格率达100%；新发命案破案率100%，动态保持全省第一。全市98%以上的乡（镇）、村居（社区）达到了无邪教创建标准，提前实现省定目标。农村技防覆盖率达到100%，入户率达到97%。

（二）体制机制得到完善，依法治市水平得到提升

体制机制建设是开展平安建设工作的关键。济源市委、市政府积极探索，运用法治思维和方式创新"六项机制"，坚持进行系统治理、源头治

理、综合治理、依法治理，努力推动平安创建工作，各项工作扎实有序推进。明确责任分工，明晰工作流程，确保平安建设工作逐步实现制度化、规范化、法治化。济源市平安建设制度健全，机制完善，依法治市水平得到提高。

（三）社会治理得到创新，经济发展环境得到优化

济源市对全市九大片区、84家重点建设项目、62家外来投资企业全部进行责任分包。济源市在三个产业集聚区成立社区警务队，主动开展沁北电厂三期铁路专用线工程、柿槟安置小区、王庄搬迁、第二污水处理厂等重点项目工程建设，打击处理阻工闹工、封门堵路违法人员29人，批评教育414人，调解涉企纠纷445起，及时消除涉企不稳定因素202起。上级督办的4起经济犯罪案件全部破获，挽回经济损失6000多万元。

（四）法治环境得到改善，群众安全感显著增强

人民群众的安全感和对平安建设工作的满意度是衡量平安创建工作成效的唯一标准。济源市委、市政府以法治建设为抓手和切入点，不断持续强化法治环境建设工作，实施法治环境建设工作目标责任制，坚持抓大不放小，始终保持严打高压态势，破命案、打团伙、抓流窜、追逃犯，保障了人民群众的生命财产安全。人民群众对所居住地区的社会治安环境满意度总体达到95%以上，安全感普遍增强。

三 对平安河南建设的启示意义

（一）坚持以维护社会公平正义为核心价值目标

公平正义是中国特色社会主义的内在要求。习近平同志在中央政法工作会议上指出，促进社会公平正义是政法工作的核心价值追求。公平正义是政法工作的生命线，司法机关又是维护社会公平正义的最后一道防线。行政机关和司法机关在执法司法活动过程中要让人民群众切实感受到公平

正义就在身边。只有将维护社会公平正义作为平安建设工作的核心价值目标，才能真正做到有法必依、执法必严、违法必究，才能解决好损害群众权益的突出问题，才能杜绝滥用权力侵犯群众合法权益，才能防止在执法过程中造成的冤假错案。

（二）坚持以人为本、共建共享，从源头上消除和减少不和谐因素

必须看到，现阶段的社会矛盾大量地发生在民生领域，是由各种利益诉求特别是贫富差距所引发的。在实现全面建成小康社会的进程中，我们要保持社会的长期和谐稳定，必须坚持以人为本、共建共享，通过创新社会治理机制确保发展成果更多更公平地惠及全体人民，夯实社会和谐稳定的物质基础和民意基础。要保持社会的长治久安，从源头上消除和减少影响社会和谐稳定的消极因素，最重要的就是按照科学发展观的要求，着力推进社会管理体制机制创新，坚持以民生为重、民生为先、民生为上，切实解决好事关群众切身利益的各类民生问题，坚持以民生的改善促进社会平安，努力编织一张覆盖全民的保障基本民生的安全网。

（三）把"双基"建设摆上重要位置，努力实现"双安"目标

基础不牢，地动山摇。深化平安建设，根基在基层，重点在基层，难点也在基层。完善基层组织，健全基础机制，对化解各种矛盾纠纷，促进社会和谐，营造良好的发展环境，保障人民群众安居乐业十分重要。实践证明，"双基"工作做好了，很多矛盾和问题就可以得到解决或缓解。当前，河南正处于一个非常关键的转型期，既具备了跨越起飞的基础，又处于爬坡过坎的紧要关口，更加需要安定和谐的社会环境。应进一步增强城乡社区服务群众、解决诉求、化解矛盾的能力，同时注重解决基层基础建设中存在的突出困难和问题，完善和落实支持保障措施，着力夯实设施基础、组织基础和队伍基础，做到重心下移、力量下沉、保障下倾，进一步增强基层实力、激发基层活力、提高基层战斗力，为推进平安河南建设奠定坚实基础。

（四）牢固树立依法治理的理念，不断提高平安建设的法治化水平

衡量一个地方平安建设的成效，不仅要看严管高压状态下的平安，更要看常态下的平安。唯有常态下的平安才是持久的平安。而实现常态下的平安、持久的平安，必须要靠法治。依法治国是党领导人民治理国家的基本方略，法治是治国理政的基本方式。我们要推进平安河南建设，实现长治久安，必须更加注重发挥法治在国家治理和社会管理中的重要作用。济源市的做法和经验告诉我们，在更高层次、更高起点上推进平安建设，必须牢固树立依法治理的理念，不断提高运用法治思维和法治方式化解矛盾、维护稳定的能力，更加注重创新群众工作方法，一刻不停地增强依法办事的本领。广大干部特别是领导干部要带头学法、尊法、守法、用法，养成运用法治思维和法治方式推进工作的意识，形成解决问题用法、化解矛盾靠法的习惯。

（五）建立健全科学的法治建设指标体系和考核标准

党的十八届三中全会指出，建立科学的法治建设指标体系和考核标准推进法治中国建设。法治创建及其法治建设工作的指标体系是全面建设"法治河南""平安河南"的有效抓手和平台。一方面法治创建为经济社会发展提供潜质资源；另一方面法治创建为经济社会发展提供制度保障，为下一步探索行业法治环境治理提供借鉴。着力发挥法律工具的事前预防、事中监督功能，将法治作为社会治理的基础模式，从而促进社会和谐稳定，提升"法治河南""平安河南"的建设水平。

（原载《领导参阅》2014 年第 37 期）

建设文化强省篇

"四个建设"：文明河南建设的切入点

河南省社会科学院课题组[*]

前不久，省委书记郭庚茂同志在宣传思想文化战线调研座谈会上指出，文明河南建设是中国特色社会主义事业"五位一体"总布局中文化建设在河南的具体化，推进文明河南建设要突出抓好道德建设、法治建设、诚信建设和服务型机关建设，这四个方面是文明河南建设的切入点。郭庚茂书记关于以道德建设、法制建设、诚信建设、服务型机关建设"四个建设"为切入点推进文明河南建设的论述，内涵丰富，意蕴深刻，具有很强的思想性、针对性和指导性，是对文明河南建设的一次再动员、再部署，为深入推进文明河南建设指明了方向，提供了遵循。

一 加强"四个建设"是打造文明河南的内在要求

2014年5月，习近平总书记在视察河南期间，对建设富强河南、文明河南、平安河南、美丽河南这"四个河南"给予充分肯定。文明河南建设是社会主义文化建设在河南的具体化，是一项全局性工作。如何扎实推进文明河南建设，为中原崛起、河南振兴、富民强省提供

---

[*] 课题组长：喻新安；副组长：闫德民；成员：石玉华、袁凯声、毛兵、李太森、陈明星、陈东辉。

思想保证、精神动力和文化支撑，是各级领导者必须面对和回答的现实问题。

（一）突出抓好"四个建设"是在深思熟虑基础上做出的重要决策

文明河南建设内容丰富、涉及面广，是一个复杂的系统工程。推进文明河南建设，应当从何处入手，以什么方式切入？这是2013年以来省委领导一直在深入思考的问题。2013年9月，郭庚茂书记在全省宣传思想工作会议上第一次提出，推进文明河南建设应突出抓好道德建设、法治建设、诚信建设和服务型机关建设这四个方面的工作，并对抓好这"四个建设"提出了明确要求。2014年3月在接见河南省第十一届见义勇为模范和先进个人时，郭庚茂书记深刻论述了省委提出以道德建设、法治建设、诚信建设、服务型机关建设打造文明河南的历史背景，阐明了推进这"四个建设"对于培育和践行社会主义核心价值观，大力倡导"做文明人、办文明事"，打造文明河南的重大意义。不久前在宣传思想文化战线调研座谈会上，郭庚茂书记更为明确地为"四个建设"定位，指出这"四个建设"是文明河南建设的切入点。

从郭庚茂书记的这几次讲话看，省委对如何有效推进文明河南建设的思索和探讨是连贯的、持续的，虽然每次都以"四个建设"为关键词，但分析和阐述的角度各有侧重，一次比一次分析更透彻，阐述更精辟。由此可见，把"四个建设"作为推进文明河南建设的切入点，并非即兴应时之策，更非心血来潮之举，而是省委主要领导秉承认识规律、遵循规律，不走错路少走弯路，用正确的方法做正确的事的科学理念，把握大势、着眼大事，在反复思考、深思熟虑基础上做出的科学决策。

（二）突出抓好"四个建设"抓住了文明河南建设的要害和实质

郭庚茂书记之所以把道德建设、法治建设、诚信建设和服务型机关建设这"四个建设"作为文明河南建设的切入点,关键在于这"四个建设"是文明河南建设最本源、最核心、最基本的内容。抓住了"四个建设",抓住了文明河南建设的要害和实质。

法治和诚信,都是社会主义核心价值观的基本内容,前者是社会层面的价值取向,后者属于公民个人层面的价值准则。在社会主义核心价值观24个字的基本内容中,虽然看不到"道德"二字,但是道德的内涵和实质已经贯穿其中,是社会主义核心价值观的题中应有之义。核心价值观承载着一个国家和民族的价值追求,是最深层、最持久的精神力量。道德、法治和诚信是现代社会每个公民都应当具备的基本素质,是每个公民立身处世都必须遵循的根本准则。培育和践行社会主义核心价值观,打造文明河南,就应当从加强道德建设、法治建设和诚信建设这些最基本的环节抓起。而要抓好道德建设、法治建设和诚信建设,打造服务型机关势在必行,发挥党员干部在文明河南建设中的示范表率作用势在必行。

在打造文明河南这一宏大工程中,"四个建设"分别发挥着引导人们崇德向善、维护公平正义、夯实立身处世基础、增强政府公信力影响力的作用。"四个建设"相互联系、相互贯通、互为条件、相互促进,是一个不可分割的有机整体。道德建设是文明河南建设的基本任务,法治建设是文明河南建设的重要内容,诚信建设是文明河南建设的基础工程,服务型机关建设是文明河南建设的示范表率。国无德不兴,人无德不立;国无法不治,民无法不安;民无信不立,国无信不强。只有切实加强道德建设、法治建设和诚信建设,引导人们崇德向善、见贤思齐,引导人们养成办事依法、遇事找法、解决问题用法、化解矛盾靠法的习惯,引导人们真诚做人、守信做事,坚守做人做事的道德底线,才能为中原崛起、河南振兴、富民强省营造良好的舆论氛围和社会环境。在文明河南建设中,服务型机关建设至关重要,各级领导机关在文明建设中走在前面,做出样子,起到示范表率作用,广大群众就会跟着学,全省的良好道德和法治环境就不难形成。从这个意义上说,道德建设、法治建设、诚信建设和服务型机关建设是文明河南建设的四个战略支点。强化这四个战略支点,就能够撬动和推动整个文明河南建设。

(三)中原更加出彩需要"四个建设"提供思想保证、精神动力和文化支撑

习近平总书记在河南考察时指出:"实现'两个一百年'奋斗目标、实现中华民族伟大复兴的中国梦,需要中原更加出彩。"总书记的指示,标注了中原崛起的新意蕴、新高度,我们要铭记总书记的重托,统一思想,凝聚共识,加快中原崛起、河南振兴、富民强省进程。经过多年努力,河南省已具备了跨越发展的基础条件,正处于爬坡过坎、克难攻坚的紧要关口,既面临难得机遇,也面临诸多挑战。实现中原崛起、河南振兴、富民强省的宏伟目标,使中原更加出彩,需要强有力的思想保证、精神动力和文化支撑,这在客观上就要求我们突出抓好道德建设、法治建设、诚信建设和服务型机关建设这"四个建设"。

实现中原崛起、河南振兴、富民强省宏伟目标,打造文明河南既是重要内容,又是重要支撑。一个国家和民族如果没有良好的道德素质,没有诚实守信的社会风尚,是没有什么希望的,绝不可能成为一个真正强大的有尊严的国家和民族。一个省份也是如此。道德精神、法治精神、诚信风尚以及服务型机关的率先垂范作用,是文化之魂、文明之基,是激励中原人昂扬向上、奋发进取的思想保证、精神动力和力量之源,是河南加快发展的重要软实力。只有持续抓好"四个建设",极大地张扬这些精神,充分激发明礼、诚信、守法的正能量,中原更加出彩的期望才能真正变为现实。

(四)以"四个建设"为文明河南建设的切入点体现了强烈的问题意识

问题是时代的声音。树立问题意识,突出问题导向,善于发现问题,勇于直面问题,积极推动问题的解决,是马克思主义者在认识世界、改造世界实践中应有的科学态度。河南省委把"四个建设"确定为文明河南建设的切入点,就贯穿了强烈的问题意识、鲜明的问题导向,体现了求真务实的科学态度,折射出积极作为的价值取向。

要看到,在河南经济持续较快发展、人民群众物质文化生活日益改善

的同时，文明河南建设也面临许多矛盾和问题。在道德、法治和诚信方面，少数人理想信念迷失、价值取向扭曲、道德失范、诚信缺失、良知沦丧，不断挑战道德底线和法律红线；个别人见利忘义、唯利是图，损人利己、损公肥私，有的制假售假、坑蒙拐骗、逃废债务、合同欺诈等；更有个别官员热衷于以权谋私，官场腐败现象屡屡曝光；有的政府机关服务意识淡薄，不作为、乱作为现象严重。面对这些客观存在的问题，我们不能感叹世风日下、人心不古，不能采取回避、掩饰的态度，而是应当正视、直面这些问题，并将这些问题的解决纳入文明河南建设的总体框架之中，把解决这些问题确定为文明河南建设的突破口。这一思路形成本身，凸显了河南省委强烈的问题意识和鲜明的问题导向，体现了马克思主义的科学方法论和务实重干的工作作风。

二 文明河南"四个建设"的丰富内涵

把道德建设、法治建设、诚信建设和服务型机关建设作为文明河南建设的切入点，是由这"四个建设"的丰富内涵及其在文明河南建设中的重要地位决定的。选准这个切入点，既反映了对文明建设一般规律的深刻认识和遵循，又体现了对河南省情和制约文明河南建设突出问题的准确把握，具有极强的理论意义和现实指导意义。

（一）道德建设：文明河南建设的基本任务

习近平总书记强调，"国无德不兴，人无德不立。"道德是人类文明进步的重要标志，有什么样的道德风尚，就会有什么样的社会环境和社会行为。从这个意义上说，加强道德建设是从根本上解决文明建设问题，最终解决经济社会发展和人的全面发展问题。经济结构的深刻调整和社会结构的深刻变革，使河南省思想领域呈现多元化态势，一方面社会主义核心价值体系引领风尚、深入人心，实现中国梦和富民强省的思想道德基础日渐深厚；另一方面拜金主义、享乐主义和极端个人主义也在冲击着人们的道德底线。厚德才能载物。建设文明河南乃至建设"四个河南"，首要的和基本的任务，就是抓住加强道德建设这个关键环节，从源头上铲除一切不文明的行为。

道德建设主要包括社会公德、职业道德、家庭美德、个人品德建设几个层面。其中，社会公德建设解决的是人与人、人与社会、人与自然关系问题，职业道德建设解决的是从业人员与服务对象、职业与职工、职业与职业之间的关系问题，家庭美德建设解决的是夫妻、长幼、邻里关系问题，个人品德建设解决的是个人道德修养问题。这里还要特别强调一下与几个层面密切相关的官德建设。孔子说："为政以德，譬如北辰，居其所而众星共之。"由于示范放大效应，领导干部的道德水平始终处在道德建设的突出位置，其对社会价值取向、社会公德的形成具有重要的导向作用。

加强道德建设，就是要引导人们在遵守基本道德规范的基础上，不断追求更高层次的道德目标，在全社会形成良好的道德风尚。要抓住影响人们道德观念形成和发展的重要环节，通过各种渠道、运用各种载体开展丰富多彩的道德教育，使人们懂得什么是对的，什么是错的；什么可以做，什么不可以做；什么是要提倡的，什么是要反对的。要充分利用网络、广播、电视、报纸、刊物等大众媒体，宣传科学理论、传播先进文化、塑造美好心灵、弘扬社会正气、倡导科学精神，激励人们积极向上，追求真、善、美，抵制假、恶、丑。惩恶才能扬善。要积极构建适应社会形势发展的道德调节机制，及时有效地惩治各种失德行为；要把道德建设融入日常工作和生活之中，坚持从细节抓起，促进人们培养健康生活情趣，正确选择个人爱好，养成"明辨是非，克己慎行，讲操守，重品行"的良好习惯。

（二）法治建设：文明河南建设的重要内容

法治与德治，如车之双轮、鸟之两翼。文明河南建设既要靠道德建设，也要靠法治建设。实现社会公平、民心稳定、长治久安，最根本的还是要靠法治。法治是人类政治文明的重要成果，是经济发展、社会进步的客观要求。中原地区长期处于农耕社会，受农耕文化的影响较深，一些群众法治观念比较欠缺、法治意识比较淡薄，重人情重关系、轻法治轻规则的情况在一些地方和领域仍然比较突出。推进文明河南建设，要以法治建设为切入点，坚持一手抓德治，一手抓法治，在弘扬践行社会主义道德的同时，大力弘扬社会主义法治精神，把依法治省和以德治省结合起来，把法治建设和道德建设、他律和自律紧密结合起来，引导公民既依法维护合法权益，又自觉履行法定义务，发挥好法治与德治相辅相成、互相促进的作用，进一步形成知荣辱、明善恶、重品行的良好社会道德风尚，形成扶正祛邪、扬善惩恶的长效机制。

目前，河南省正处在全面建成小康社会的关键时期，正处在深化改革开放、加快转变经济发展方式的攻坚时期。面对新形势新任务，大力宣传普及社会主义法律知识，弘扬社会主义法治精神，推进社会主义法治实践，提高全社会法治化管理水平，为文明河南建设和全省经济社会发展营造良好的法治环境，显得尤为重要和紧迫。要突出抓好对以《宪法》为核心的中国特色社会主义法律体系的学习宣传，重点加强对领导干部和广大人民群众的法制宣传教育。要加强地方性法规和制度建设，着力完善地方法规规章体系。要加强法治政府建设，着力推进依法行政。要全面实施依法治省基本方略，坚持依法执政、依法行政、依法履职，善于运用法律规范行为、协调利益关系、维护公民合法权益，做到办事依法、遇事找法、解决问题用法、化解矛盾靠法，营造学法、懂法、守法、用法的社会氛围，让法治成为全社会的共同意识和行为准则。

（三）诚信建设：文明河南建设的基础工程

诚实守信是中华民族的传统美德，是社会良性运行的基础。古人说："人而无信，不知其可也。"建设文明河南，必须把诚信建设作为基础工程抓紧抓实，着力解决诚信缺失和公德失范等问题，推动形成诚实守信的良好社会氛围，努力建设诚信中原。

诚信建设主要包括政务诚信、商务诚信、社会诚信和司法公信建设等内容。政务诚信是诚信建设的标杆，具有示范表率作用；商务诚信是企业的立身之本，加强商务诚信建设是规范市场秩序的治本之策；社会诚信是整个社会信用体系建设的基础，如果社会诚信缺失，整个社会信用体系将陷于崩溃；司法公信是法治社会的基石，没有司法公信，法律就会失去其应有的尊严和权威，使人们对社会公平正义失去信心。

加强诚信建设，首先就要增强诚信意识。要切实加强诚信道德教育，把诚信建设作为创建文明行业的重点，从"窗口"行业抓起，以重点问题的突破带动诚信建设的整体推进。要广泛开展群众性的道德实践活动，增强人们的诚信意识和信用观念。要积极构建社会信用体系。要坚持以政务诚信带动商务诚信、社会诚信和司法公信建设，建立包括信用信息、信用评价、信用激励和失范惩罚机制在内的社会信用体系，积极营造守信光荣、失信可耻的舆论氛围。

（四）服务型机关建设：文明河南建设的示范表率

建设服务型机关是践行全心全意为人民服务宗旨的根本要求，也是建设文明河南的必然要求。省委多次提出，要突出抓好服务型机关建设，强化服务意识，增强服务本领，提高服务效能，切实改进工作作风，健全联系服务群众长效机制。要认真贯彻落实省委提出的要求，积极推进政府职能转变，努力打造服务型机关，为文明河南建设发挥示范和表率作用。

强化服务意识，就要牢固树立宗旨观念，把全心全意为人民服务作为最高价值追求，将服务的理念内化于心、外化于行，落实和体现到服务发展、服务基层、服务党员群众的各项工作中，努力提供群众满意的政务服务。增强服务本领，就要不断提高服务群众的能力和本领，建设一支真诚为民服务的高素质干部队伍。提高服务效能，就要不断拓宽服务领域，改进服务手段，创新服务方法，提升服务效率，做到诚信服务、便民服务、文明服务。

多年来，河南省以转变政府职能、转变工作作风，提高行政效能、提高公务员素质的"两转两提"为重点，加快推进服务型机关建设，取得了明显效果。全省各级政府机关要深入推进"两转两提"，继续开展"服务质量提升年"活动，狠抓政风建设，着力提升服务质量。要深入推进联审联批制度建设，简化审批环节，提高审批效率。要进一步提升企业服务水平，完善窗口办公，强化权益保护责任，不断提高政府公信力和影响力。

三 科学施策多管齐下扎实推进"四个建设"

要顺利推进"四个建设"，为文明河南建设奠定坚实基础，必须注重统筹协调、突出重点、整体推进、狠抓落实，进一步统一思想、凝聚共识，深化改革、激发活力，创新载体、丰富平台，建章立制、筑牢基础，转变作风、勇于担当。

（一）着眼统一思想，凝聚推进"四个建设"的共识

思想是行动的先导。统一思想才能统一行动，凝聚共识才能凝聚力量。一要深入学习。科学把握文明河南建设及其切入点的内涵，深刻领会"四个建设"的精神实质和内在要求，增强扎实推进"四个建设"的自觉性和坚定性。二要提高认识。把推进"四个建设"与坚持正确的政治方向、政治原则、政治立场，与坚持围绕中心服务大局有机统一起来，将其上升到为实现中原崛起、河南振兴、富民强省提供思想保证、精神动力和文化支撑的高度，确保"四个建设"沿着正确轨道扎实推进。三要凝聚合力。各地各部门要结合自身实际，大胆探索，以更有力的措施和办法推进"四个建设"，并树立"上下一条线、左右一盘棋"的意识，以高度的责任感和强烈的使命感，加强横向配合，密切整体协作，形成齐抓共管、整体推进的工作格局，凝聚起推进"四个建设"的强大合力。

（二）着眼深化改革，激发推进"四个建设"的活力

要进一步增强改革意识，向深化改革要动力，激发推进"四个建设"的活力。一要完善思想道德建设体制机制，把社会主义核心价值体系融入政策法规、规章制度和国民教育、文化创作之中，大力弘扬焦裕禄精神、红旗渠精神、愚公移山精神，健全社会公德、职业道德、家庭美德、个人品德教育制度，加强政务诚信、商务诚信、社会诚信和司法公信建设。建立健全社会征信体系，建立多部门参与的失信惩戒、守信激励机制。二要健全坚持正确舆论导向的体制机制。完善全媒体舆论宣传联动机制，构建提升河南形象的宣传格局。完善互联网管理体制，健全基础管理、内容管理、行业管理以及网络违法犯罪防范和打击等工作联动机制，建立网络突发事件应急处置机制。三要完善文化管理体制。推动政府部门由办文化向管文化转变，推动党政部门与其所属的文化企事业单位进一步理顺关系，健全现代文化市场体系和现代公共文化服务体系。

（三）着眼创新载体，丰富推进"四个建设"的平台

积极创新传播理念、传播手段和基层工作，搭建"四个建设"的平台。一要加强阵地建设。强化阵地意识，整合新闻媒体资源，巩固新闻网站主阵地，抢占移动媒体新阵地，形成以重点新闻网站为骨干、知名商业网站相配合、各类网站积极参与的良好局面。强化传统媒体和新兴媒体联动，强化中央媒体和省内媒体联动，强化内宣和外宣联动，讲好河南故事、传播好河南声音，让河南声音传得更远、更亮、更强。二要加强互联网管理。强化责任、形成合力，建立上下联动、分级负责、部门协同、分类处置的工作体系，构建"横向到边、纵向到底"的网络舆论管理工作格局。三要坚持典型带动。积极发现和弘扬现实典型，多宣传正面典型、正面事情，多宣传体现社会主义核心价值观的人和事，充分发挥典型的引领示范作用，在全社会唱响昂扬向上的正气歌，鼓舞士气、振奋人心，最大限度调动广大干部群众干事创业的积极性。四要进行专项治理。对违法行为、不良行为、不道德行为，如失信、坑蒙拐骗等，要进行专项治理。五要丰富载体形式。把文明河南建设与平安河南建设结合起来，把思想道德建设与精神文明建设结合起来，把星级文明户、文明信用户、文明市民等的评创活动与平安乡镇、平安村组、平安单位、和睦家庭建设结合起来，进一步扩大覆盖范围、丰富载体形式，使"四个建设"融入人们日常工作和生活的各个方面。

（四）着眼建章立制，筑牢推进"四个建设"的基础

制度建设是法治思维、法治原则、法治方式在文明河南建设中的体现，既是"四个建设"的重要内容，也是推进"四个建设"的重要保障。一要加强法规制度建设。从立法、司法、执法等层面加强"四个建设"相关政策设计和制度安排，在思想道德、社会诚信、扶困助残、公共秩序、网络文明等方面，能形成法规的形成法规，能形成制度的形成制度，从而更好地规范人们的行为。二要建立健全行规民约。把"四个建设"的精神和要求同各行业、社会组织的特点及人们的日常生活紧密结合，融入行业规范、社团章程、文明行业创建、服务承诺之中，融入社区公约、

村规民约之中，使之成为人们日常工作和生活的基本准则。三要强化规则约束力。用"四个建设"规范相关主体的行为，强化责任追究和规则约束，健全树立良好道德风尚的激励、惩戒机制，形成崇德尚善、风清气正的社会氛围，不让制度成为"纸老虎""稻草人"，让那些看起来无影无踪的潜规则失去土壤、失去通道、失去市场。

（五）着眼转变作风，勇于推进"四个建设"的担当

作风关乎命运，决定成败。"四个建设"能否落到实处、见到实效，关键在于全省党员干部是否锤炼出过硬的工作作风。一要坚定理想信念。要教育引导广大党员干部自觉用科学理论武装头脑，增强道路自信、理论自信、制度自信，做到心有信念、胸有理想，内有定力、外有防线，不为物欲、不为利诱，能够经得住考验，从而练就"金刚不坏之身"。二要勇于责任担当。把推进"四个建设"作为义不容辞的责任，坚持有守有为有担当。面对各种道德缺失的不文明现象和违法犯罪行为，敢于坚持原则，敢抓善管，动真碰硬，真正做社会主义道德的示范者、诚信风尚的引领者、公平正义的维护者。三要提升素质能力。加强理论武装，紧跟时代潮流，冲破思维定式、封闭保守、生搬硬套、不遵循规律等思想僵化的束缚，与时俱进地更新和丰富知识，适应形势发展和工作需要。深化"两转两提"，要抓具体、求深入，找准问题症结，科学正确决策；要抓项目、求实效，把各项工作具体化、项目化，明确目标任务和时间节点，细化工作责任；要破常规、增效能，增强忧患意识、机遇意识和竞争意识，创造性地推进"四个建设"。

（原载《呈阅件》2014 年第 12 期）

建议将淅川移民精神提升为新时期河南精神

刘道兴　陈东辉　刘刚

作为人类历史上最浩大的水利工程,南水北调中线工程即将全线建成通水。伟大的事业产生伟大的精神,伟大的精神支撑伟大的事业。追溯历史,饮水思源,在"一泓清水送京津"的民族梦想即将实现之际,重温40多万淅川移民半个多世纪的搬迁历程,发掘提炼在南水北调伟大实践中孕育而成的大爱报国、奉献担当的淅川移民精神,有助于让后人永远铭记这段历史,推动与世纪工程相伴而成的宝贵精神财富载入中华民族的发展史册。

一　南水北调工程产生了淅川移民精神

南水北调,关键在移民。作为南水北调中线工程的渠首所在地和核心水源区,河南省淅川县一代又一代移民群众,为了库区建设和水质保护,抛家舍业、背井离乡、历尽艰辛、无怨无悔,付出了难以想象的巨大代价和默默牺牲,书写了一曲又一曲可歌可泣的移民故事。尤其是在2009~2011年集中移民期间,淅川干部群众在省委、省政府的正确领导和统一组织下,万众一心、迎难而上,用汗水、泪水和热血谱写了一曲又一曲感天动地的移民壮歌,产生了代表改革开放时代、支撑伟大国家建设的"淅川移民精神"。

（一）大爱报国的崇高情怀是淅川移民精神的核心

为了支持南水北调，淅川移民"舍小家、为大家"，自觉把家庭命运与国家的需要联系在一起，带着对国家的热爱和故土的留恋远走他乡，展现出了以国家利益为最高利益，以民族大义为最高道义的宽广胸怀和为国牺牲奉献的高尚情操，这种顾全大局、深明大义、大爱报国的崇高情怀正是中华民族爱国主义传统在国家工程中的集中体现，是淅川移民精神的核心。

（二）忠诚担当的责任意识是淅川移民精神的灵魂

勇于担当是淅川移民群众的鲜明品格。历经半个多世纪，每当大坝建设、加高和工程需要时，淅川人民便义无反顾地搬迁让路，一如既往地支持国家建设，"丹江不北流，誓死不回头"的信念从未懈怠和动摇。忠诚是淅川移民干部的坚守和奉献。面对繁重而艰巨的搬迁任务，淅川各级移民干部毫不犹豫，挺身而出，忍辱负重，顽强拼搏，全力履行自己的职责和义务，忠实肩负起了时代赋予的光荣使命。

（三）无私奉献的高尚品格是淅川移民精神的本质

为了丹江口水库的建设，几十万名移民舍弃了世世代代含辛茹苦积累起来的家产，离开了祖祖辈辈生活的美好山水家园，"不给国家添麻烦""不和政府讲价钱"，物质的牺牲和情感的割舍一样难能可贵。在这场波澜壮阔的国家行动中，那些消失在库区的村庄，那些远走他乡的群众，那些催人泪下的故事，都值得我们肃然起敬并永远铭记。

（四）众志成城的良好风貌是淅川移民精神的关键

南水北调移民是社会主义集中力量办大事优越性的集中体现。为了移民，党中央、国务院高度重视，国家南水北调办和河南省委、省政府周密组织，省直有关部门和南阳市全力参与，特别是淅川县各级组织全体动员、全民参与，各部门、各行业相互理解、万众一心；迁入地干部群众帮助建新居、划良田、送米面，确保移民迁得来、住得好、能致富。在河南全省上下形成了全方位、多形式、宽领域的支持和服务移民迁安的生动场面，展现出以人为本、科学搬迁的执政能力，显示出众志成城的良好风貌和昂扬精神。

二　淅川移民精神可以和愚公移山精神、红旗渠精神、焦裕禄精神一样并列为新时期的河南精神

中华民族有很多伟大的精神，单就河南这片土地来说，就产生了愚公移山精神、红旗渠精神、焦裕禄精神等宝贵的精神财富，以"大爱报国、忠诚担当、无私奉献、众志成城"为主要内容的淅川移民精神，完全可以和上述精神并列作为新时期河南精神乃至整个中华民族精神。

（一）淅川移民精神，是愚公移山精神在南水北调世纪工程中的生动体现

大禹治水、愚公移山代表着中华民族五千年来不畏艰险、坚持不懈地改造自然、润泽子孙的伟大气魄和坚强毅力。正是有了"敢想敢干、开拓进取、坚韧不拔、团结奋斗"的愚公移山精神，才会有跨流域千里调水的伟大构想，才会有库区几十万名移民持续几代人锲而不舍、持之以恒的不懈努力。正是有了老愚公下定决心，不怕牺牲，排除万难，去争取胜利的钢铁意志，才有了今天南水北调宏大而又艰巨的世纪工程的全线贯通，淅川移民精神就是愚公移山精神的历史新篇。

（二）淅川移民精神，是红旗渠精神在南水北调世纪工程中的生动体现

从林县一个县为解决吃水困难一锤一钎、劈山填谷历时10年建造起来人工天河，到一个国家为了实现水资源优化配置而历时60年筑造新的中华水网，中华民族不屈不挠、改天换地的艰苦奋斗精神生生不息、可歌可泣。淅川干部群众万众一心支援国家建设的移民精神，是"自力更生、艰苦创业、团结协作、无私奉献"的红旗渠精神在南水北调世纪工程中的生动展现，必将再次成为一个时代的符号，一个民族精

神的象征。今日的南水北调中线工程，就是改革开放时代国家层面的红旗渠。

（三）淅川移民精神，是焦裕禄精神在南水北调世纪工程中的生动体现

焦裕禄同志离开我们50年了，但他那"亲民爱民、艰苦奋斗、科学求实、迎难而上、无私奉献"的精神永远不会过时。淅川移民群体舍己为公、舍家为国的无疆大爱同焦裕禄同志"廉洁奉公、无私奉献"的高尚情操是高度一致的；淅川移民干部"视群众为父母，把移民当亲人"的公仆情怀同焦裕禄同志"心中装着全体人民，唯独没有他自己"的崇高风范是高度一致的。在南水北调移民迁安中涌现出来的一大批忠诚担当的好党员、好干部，是焦裕禄精神的典型代表，是以"为民务实清廉"为主题的群众路线的生动写照。

三 在新的历史条件下弘扬淅川移民精神意义重大

工程建设会有终期，精神魅力千秋永恒。在南水北调工程建设和移民迁安伟大实践中凝聚形成的淅川移民精神，已经成了这项世纪工程留给我们的宝贵精神财富，也必将激发起中原崛起、河南振兴、富民强省的巨大力量。淅川移民精神具有独特的时代价值和社会意义，这一精神绝不仅仅属于淅川，也绝不仅仅属于南阳，而是属于河南、属于我们的国家和民族。在南水北调中线工程即将竣工通水之际，我们应大力提升和弘扬淅川移民精神。

（一）弘扬淅川移民精神，有利于提升河南地位，扩大河南影响，展示河南形象

为了一脉清流北上，河南全省上下，同心协力，移民群众泪别故土，以国家民族为重的胸怀可歌可泣；移民干部忍辱负重，上不负国家、下无愧移民的赤诚可敬可佩；各级党委、政府勇于担当，心中装着移民群众的情怀可圈可点。在这一举世瞩目的国家工程中，河南人又一次以群体的形

象照亮正史，挺起了共和国的脊梁。河南省应当抓住"通水典礼"重大宣传机遇，宣传南水北调的重大意义，宣传南水北调中的河南人形象，宣传南水北调中的河南贡献和河南牺牲，宣传淅川移民精神。

（二）弘扬淅川移民精神，有利于培育和践行社会主义核心价值观

淅川移民精神与社会主义核心价值观高度契合。大爱报国、忠诚担当是淅川移民精神的核心内容，也是社会主义核心价值观的鲜活体现。习近平总书记指出，"国家好，民族好，大家才会好。"这是一个简单而又深刻的道理。淅川移民群众对这一道理有着朴实的理解，他们认为：爱国家就是爱自己，能够为国家工程做贡献是一种骄傲和自豪。所以，当国家需要时他们就毫不犹豫地做出了"舍小家为大家"的坚定选择，这是淅川群众最基本的价值判断，也是支撑伟大国家建设来自"草根"的力量。大力宣传、倡导和弘扬淅川移民精神，是在全社会形成社会主义核心价值观的鲜活载体和有效途径。

（三）弘扬淅川移民精神，有利于加快中原崛起、河南振兴、富民强省步伐，实现"让中原更出彩"

南水北调中线工程的建成通水，必将极大地激发中原儿女加快社会主义现代化建设的崇高热情。现在河南的发展建设正面临历史上从未有过的难得机遇。党中央、国务院对加快中原崛起高度重视并大力支持，河南"三大国家战略"正强劲铺开，"四个河南"美好蓝图正全面展现，省委做出让中原在实现中国梦历史进程中更加出彩的总体部署。面对中原崛起的历史契机，总结、提升并大力弘扬淅川移民精神，有利于动员亿万中原儿女为中原崛起、河南振兴做贡献。淅川移民精神，说到底就是人人为国家做贡献的精神，就是人人愿意以自己绵薄之力为国家和民族强盛做出牺牲和奉献的精神。弘扬淅川移民精神，必将激励亿万民众为了中原地区更加美好的明天而不懈奋斗。

（原载《呈阅件》2014年第18期）

关于建设"人文城市"的思考和建议

刘道兴

《国家新型城镇化规划》提出了"注重人文城市建设"的新要求,这是我国加快推进城镇化思路的重大转型,是中华民族城市建设理念的根本提升,也是科学推进新型城镇化的点睛之笔。当前河南省城镇化进程不断加快,大量农村人口涌入城市,城市规模正在快速扩张,怎样理清和打牢城市规划建设的思想理论基础,提升城市建设的文化艺术品位,把全省城市建设成生态宜居、和谐美丽、文化厚重、开放鲜活、催人奋进,具有中国气派、中原特色和地方风格的现代人文城市,已经成为十分紧迫的课题。

什么是城市?这个看似十分简单的问题,实际上是事关城市科学的基本问题,是事关能否科学推进新型城镇化的基础理论问题。多少年来,我们把城市理解为军事中心、政治中心、商业中心、交通中心、工业中心、经济中心等,特别是进入"以经济建设为中心"的历史阶段以来,我们基本上完全以经济发展作为唯一判断标准和价值选择来思考和谋划城市建设问题,城市地位以 GDP 总量排定次序,城市土地和空间利用以最有利于市场效益发挥为根本杠杆,城市项目摆布以最大可能促进经济增长和财政增收为基本动机,城市拆迁改造以只要有关各方经济上合算为可行性标准。以这种"经济城市"理念指导城市的发展和建设,在较短时间内问题不大,甚至还会感到具有很明显的成效。但是,随着时间的积累,问题就越来越多地暴露出来,城市拥挤杂乱、交通堵塞、大拆大建、空气污浊,人们在城市生活紧张、焦虑、冷漠、无助,"城市病"越来越严重。城市缺少文化,没有特色,没有个性,千城一面。特别是城市的大拆大建问题,几乎伴随着许多城市改革开放发展的全过程。随着城区土地价格不断上涨,早些年建的房子总赶不上地价上涨,不断拆掉既有建筑物重建使城市陷入拆拆扒扒的恶性循环。这些表面上看是今天城市管理层面的问题,深层次上是我们对"什么是城市"认识肤浅的问题,是我们对快速到来的城镇化思想理论准备不足的问题。

其实,由于片面的以"经济城市"单一理念为主导的城市建设导致"城市病"的现象不独在我国出现,世界上不少国家的城市化进程也曾出现过类似情况。一些国家围绕工业中心建设城市,随着工业中心衰败导致城市没落;一些国家围绕交通中心建设城市,随着交通中心转移导致城市萎缩;还有一些国家大量农村失地人口涌入城市,在路边、河边等公共用地上形成大规模"贫民窟"等,这些都成为世界性的城市难题,出现了"物质上的最高成就和人文社会的最坏状况"的城市化陷阱。正因为如此,20世纪90年代联合国成立了"城市合作与发展组织",开始组织力量系统研究人类的城市问题。1996年,联合国城市合作与发展组织在土耳其的伊斯坦博尔召开会议,通过了指导世界人居发展的纲领性文件《人居议程》,这个文件第一次给什么是城市下了定义,"城市是地球上人类集中居住的区域",也就是说,城市是"人居中心"。这是一个城市以人为本的定义,是把人放在城市化和城市建设中心地位的定义,判断城市和一切城市建设活动的根本标准就是适宜"人居",评选世界美好城市的根本标准就是"宜居"。城市建设要一切为了人,一切为了人在城市享受美好的生活。城市是"人居中心"学说的形成,是世界城市科学基础理论的奠基。而城市市民的美好生活,既有就业、收入、居住等物质条件的满足和各种社会公共服务的配套,又有精神文化心灵的寄托,以及社会交往、亲情、友谊和尊严的实现,实际上就是要在全世界实现从"经济城市"向"人文城市"的转型和跨越。

建设"人文城市"，对我国是一个大课题，是中国从以农耕文明为主社会向以现代城市文明为主社会转型最深刻的思想解放和最新的目标设定，是以人为本的科学发展观在新型城镇化战略中指导地位的集中体现，是让人民过上幸福美好生活"中国梦"的具体实现途径。习近平同志在中央城镇化工作会议上明确提出，"城镇化要以人为核心"。这就要求我们高度重视人文城市建设的基本理论，弄清其基本原理、基本内涵、发展模式和实现途径，提高全社会城市建设理论修养水平，把人的存在和价值置于城市概念的核心，形成人文城市规划建设的路线图和施工图，这是新的发展阶段理解"新型城镇化"的钥匙。

建设人文城市，既是文明形态从乡村文明到城市文明的转型，又是发展方式从单纯注重经济到综合注重人文的转型，涉及领域十分广泛。综合各方面的研究，其突出内涵主要表现为以下几个方面。一是要从城市发展是一个自然历史过程的高度，处理好城市发展与历史文化传承的关系，切实保护好包括乡土风情在内的各种城乡文化要素，使城市成为具有历史文化记忆的有机生命体。二是以提高城市人口质量特别是市民文化素质为根本价值导向进行城市规划建设，让整个城市环境成为对市民和下一代人进行教育熏陶的大学校，使城市环境处处有文化。三是高度重视城市建筑物的文化艺术品位，让每一件城市建筑物都按照文化艺术品的标准进行打造，确保城市建筑物拒绝平庸，使城市成为建筑艺术品博览园。四是对城市按照宜居标准进行生态绿化美化，让市民在城市享受到田园风光，能够看见山、看见水，能够记得住乡愁。五是每个城市都要培育自身的文化个性和地方特色，形成自己城市的独有风格。六是每个城市都要具有鲜明的现代性和开放性，靠文化创新力量引领市民走在时代前列，把城市建设成为信息城市、智慧城市和畅通城市，把城市管理得井井有条。按照上述标准审视河南省的城市，我们虽然在城市规划建设管理水平方面有了较大进步和提升，城市形象和面貌发生了显著改变，但是距离"人文城市"的标准还相差较远，我们必须深化对"人文城市"的理解和认识，克服片面"经济城市"发展观的惯性思维，在城市快速扩大规模的过程中探索出一条全新的人文城市发展路子，用城市的文化、特色和品位支撑文明河南、美丽河南建设。

一　提高"人文城市"建设思想认识，把增强城市文化内涵、提升城市文化品位作为城镇规划建设的重要内容

与乡村小农社会相比，城市应当拥有社会化、市场化、知识化、艺术化的特征，拥有体现科学、理性、进步、开放和自由、民主、竞争、向上精神的文化，城市文化应当是可持续的文化。城市文化反映城市的精神状态，是城市居民的生活方式，是城市文明程度的集中体现，也是决定城市品位和城市发展潜力的文化力量。一座城市的环境有没有历史记忆，有没有文化个性和特色，往往决定着这个城市在全国乃至世界城市体系中的地位，决定着这个城市的资源利用效率、综合竞争能力和居民生活质量。所以从一定意义上说，城市文化蕴含了城市的活力、城市的吸引力和城市的生命力。

长期以来，由于对城市作为人居中心的地位和作用认识不足，对城市文明和城市文化体会不深，我们在推进城市发展的过程中，一方面自觉不自觉地受到小农意识和小农文化思想的影响，存在着重视实用和眼前、忽视文化和长远的现象；另一方面把城市扩张仅仅看成是促进经济增长、满足物质需求的过程，导致形成的城区往往是一片片工厂区和单调乏味的火柴盒子式楼房的集聚。特别是计划经济时期，简单地把工业化等同于城市化，生活区建得像兵营，城市建筑物不讲究外观艺术造型，城市街头少见雕塑等文化设施，也没有象征城市精神的标志性建筑，即便出现一些大体量建筑物，也多是火柴盒子的拉高拉长，众多城市一个面孔，谈不上特色和个性。在这样的城市里生活和穿行，看不到文化、看不到艺术、得不到教育、熏陶和享受，就像人在大沙漠中很难看到绿色一样，城市在一些地方成为钢筋混凝土筑就的文化荒漠。

在国家明确要求重视人文城市建设的今天，必须把城市环境文化建设问题突出出来，把人文城市建设作为城镇化战略的重要内容予以特别强调，切实提高政府和全社会对人文城市的思想认识。吴良镛先生指出，"自古太守多诗人"，城市领导人首先要有文化、有诗意，城市的市长应

是有诗情画意之人。要认真总结过去几十年城市发展方面的经验教训，借鉴发达国家建设高文化品位城市的有益经验，挖掘中国传统建筑艺术和中原文化的丰富宝藏，引进现代城市环境艺术的先进理念，努力使全省城市的文化品位和文化内涵得到显著提高。

二 全面把握现代人文城市的精神实质，把城市文化和传承、城市特色和个性纳入城市规划、建设和管理体系

现代城市是人居中心，满足城市居民居住、生活、学习、工作、休闲、娱乐的需要，是城市最基本的功能。而居民的需要在物质层面基本满足之后，永无止境的就是教育、文化、精神、艺术等方面的需要。因此，城市的规划建设和管理一定要坚持以人为核心，一定要把满足居民对文化、教育、精神、艺术方面的需要作为城市规划、建设和管理的重要内容。在进行城市规划时，既要进行行政、商业、工业、居住等区域功能规划，进行道路、街区和通信、能源、管道等城市硬件规划，又要在精神文化方面进行全面细致的规划，城市拥有哪些历史文脉和文化资源，怎样保护和传承这些资源；城市应当有什么特色，哪些因素决定着城市的个性；怎样从总体上提高城市的文化内涵和文化品位，都应当引起政府的高度重视，都要形成专门的规划和实施方案。特别是对于每一座建筑物从规划到建成验收都要有文化艺术标准，都要与整个街道、整个城市的建筑风格相协调。河南省许多城市至今尚未制定城市建筑物艺术标准，许多城市的规划部门连分管建筑艺术的科室和岗位也没有。在一些城市领导人的心目中，往往认为城市品位、城市个性、城市特色是虚幻的，经济项目才是实的。其实，人文城市建设是实实在在的，每一座城市的环境文化都是通过一定的物质载体体现出来的，是通过一座又一座城市建筑物展现出来的，城市文化是经过一代又一代人坚持不懈努力积淀下来的。在快速推动城市化进程的今天，我们一定要高度重视城市的文化艺术品位，从我们这一代人开始，为城市文化品位的提升开一个好头，打一个好基础。省内有关部门应当组织成立城市文化和环境艺术研究会，对提高全省城市环境文化品

位进行专门研究。每一座城市都应配备一位相当于副市长级的总规划师，城市规划建设管理部门都应增设环境与建筑艺术科，保证每一座城市都要有城市环境文化建设的总体规划并得到认真实施。

人文城市应有众多文化艺术要素。要有较高质量的大专院校和各类学校，有高水平科研文化艺术单位，有众多思想家、文学家、艺术家、剧作家、音乐家，有各行各业推崇和学习的模范人物等。城市要有繁荣的经济，但不能让商业广告过度炒作。要形成崇尚人文精神的城市价值观，引导一代代市民喜欢读书、喜欢诗赋、喜欢文学和艺术，形成厚重文化底蕴。"抬头见广告，出门闻喧嚣"，不是人文城市的表现，而随处可见安静地阅读，才是城市文明的体现。

三 牢固树立"城市建筑物观赏第一"标准，把城市建筑物打造成富有永恒生命力的建筑艺术品

城市是几十万人、几百万人口集中居住的地方，城市是由建筑物集聚而形成的。每一座建筑物，对居住使用的所有者来说主要是享用其实用功能，而对于广大的城市居民和外来游客来说它主要是作为一个观赏物而存在的，也就是说，城市建筑物对全社会而言首先是供人看的。建造者主要管实用，政府和社会则应主要管好看。因此，绝大多数城市建筑物都应当按照有艺术观赏价值的标准来打造，城市建筑物都必须耐看，尤其是一些重要的公共性建筑物，如市政府、车站、学校、博物馆、美术馆、文化馆、艺术馆、音乐厅、体育馆以及沿街道摆布的建筑物等，必须按照建筑艺术品的标准来设计和建设。欧洲国家的城市建筑是花岗岩的历史，他们要求城市都应当成为开放式建筑艺术品博览园。我国建筑物是"土木"的历史，尽管我国建筑文化十分厚重，但一般民用建筑因不耐久而相对轻视文化内涵。现代建筑科技进步使我国建筑业基本上告别了"土木"工程时代而进入钢筋混凝土时代，我国城乡建筑物也完全有可能保持数百年而不朽，这就要求我们用"千年意识"来看待城市建筑物，赋予每一座城市建筑物永久性文化艺术生命。城市的所有临街建筑物都应当讲究优美

的造型、漂亮的外观、柔和的色调，整个城市和每一条街道都要对建筑物的风格、造型、色调、高度等因素有明确的要求，拒绝没有品位的火柴盒子，反对出现建筑造型的克隆和类同，鼓励设计师和建筑商勇于创新，努力建造中西合璧、和而不同、富于民族特色和地域文化个性的城市建筑群。

实行"城市建筑物观赏第一"标准，是城市建设观上的一场革命。要改变算账观念，不能认为这样会加大成本。假如，计划建造一座8000平方米的低品位楼房，如果采用新观念、新标准，可以改变为建造一座6000平方米左右的高文化品位楼房，也就是把20%左右的投资用于外观造型和外表美化，两者实际效果会大相径庭，前者过不了多少年就破旧贬值甚至需要拆掉，后者不仅提升了城市文化艺术品位，而且有可能不断升值具有永久生命力。没文化越来越贬值，有文化越来越升值，这就是文化的力量。今后对城市建筑物规划把关时要坚持"二八投资原则"，一定要明确总建筑造价不低于20%用于建筑物造型和外观美化投资，用投资标准控制确保城市建筑物的艺术品位。"宁要小，但要好。"要加大高等院校对环境艺术、建筑艺术、雕塑艺术等方面人才的培养力度，适应城市规模扩大和城市建筑艺术化的要求。

四 以城市雕塑体系、广场游园体系、水系和街区绿化美化体系为重点，努力改善城市人文生活质量

城市环境的文化品位提高，对于丰富市民文化生活，陶冶市民情操，提高城市生活质量，增强城市的美誉度、舒适度和吸引力都十分重要。在加快城市化进程中，必须按照现代城市科学和环境艺术的要求，切实优化人文环境。

要搞好城市雕塑体系建设。雕塑是城市的眼睛，是城市精神的艺术载体。一个城市不能没有雕塑，但也不能随意建雕塑。作为人文城市的集中体现，应把杰出历史人物雕塑作为城市雕塑的主要内容，用杰出历史人物雕塑传承历史文脉，张扬人文精神，教育熏陶激励市民和下一代。政府应

当对本城市的城市特色、城市个性、城市精神进行科学概括和定位，在此基础上形成城市雕塑体系建设指导性意见，用城市精神丰富雕塑的文化内涵，用雕塑体系张扬城市精神。每个城市都应有标志性雕塑，凡是重要广场、重要建筑物、重要文化设施、重要旅游景点以及居民游园处，都应兴建配套雕塑，政府应明确城市雕塑的基本风格和规划建设标准。

要搞好社区文化设施建设。人文城市是学习型城市，是读书城市。城市社区要有供市民读书看报和进行人文交流的场所。要规划建设图书馆、阅览室、美术馆、艺术馆、博物馆、文化活动室、街道书院等等，公共文化设施应当高密度，做到小型化、社区化、亲民化，方便居民出入。

要搞好广场游园体系规划建设。广场游园体系建设是体现城市作为人居中心的重要表现，是政府坚持以人为本、以民为重的城市建设理念的体现。城市规划建设要充分考虑人口分布对广场游园的要求，努力为市民群众建设高品质的户外活动场所，为创建富有生机和活力的城市居民文化生活提供物质条件，组织市民开展丰富多彩的广场文化和社区文化。

要搞好城市水系和街区绿化美化体系建设。城市水系和街区绿化美化体系是城市生态文化的重要方面，有水则灵，街美则名，凡是有条件的城市都要尽最大可能扩大城市市内水面，努力营造鲜活的城市水系，优化城市生态，建设田园城市。要把街道绿化、美化、人文化作为所有城市文化建设的重点，一切按照美的标准来要求，搞好树木花草品种选择，搞好花木造型修剪，增加树木花草色彩品种，切实增强城市的绿化艺术品质。要下力气开展街道整治和街区文化修复，打造历史名街、特色小街、商业街、步行街，为市民创造购物、休闲和富有文化气息的慢生活环境。

五　努力保护城市经济和历史文化遗存，从"破旧立新""拆旧建新"转变为"护旧建新"

在最近十多年城市规模扩大过程中，各地都出现了大拆大建现象，"拆"字成为许多城市使用频率最高的一个字。出现这种现象是多种历史原因造成的，有许多影响发展和没有品位的低劣建筑物拆掉是必需的，但我们不能认为城市建设就该如此。大规模拆迁改造带来了很大副作用，既造成了财富巨大浪费，又使城市失去了历史感。一些百年老街看上去就像近几年新建的一样，百年校龄的大学校园就像近十年八年新建的学校一样。许多城市40年、50年前建的房子已经基本拆光了，最近已开始拆30年前、20年前甚至10多年前建的房子。一些都市村庄的楼房刚建起三五年就又拆掉，有些大片劣质楼房建起来就是为了让拆掉。对这种大拆大建应有理性认识，该拆的一定要坚决拆，不该拆的一定要加强保护和限制不能随意拆。少数都市村庄经过修复整治可以保留的，不一定全都拆光。还有些都市村庄必须拆掉，但村庄名字文化厚重，新建成的社区最好继承村名记忆，"燕庄社区"未必不如"曼哈顿"或"普罗旺斯"，关键是政府要有地名、路名命名办法。我国许多城市历史久远，千百年留下来的土城墙、砖城墙、环城水系等特色城池十分珍贵，但是由于我们"缺乏古代城市规划保护艺术修养"，不经意间就在"高楼大厦"建设中把这些城市文化遗存拆毁了，长此以往，将会使我们的下一代对祖国优秀的城市文化遗产茫然无知。对于一座城市来说，几百年、上千年的东西是宝贝、是文物，我们应当珍惜，但是几十年前、几年前、昨天建的东西也是历史，也是财富，也很宝贵，也应当珍惜。城市发展要增强疏散意识，一个单位、一个学校、一个企业、一所医院需要扩张，应尽可能到新城区、新组团拓宽空间，不能总是在老城区有限地盘上"鸡蛋壳里和面"，搞一轮又一轮的拆拆扒扒，使得老城区越来越拥堵。要从我们这一代人起，一定要走出这种循环。应把老城区看成是一片"苗圃"，需要走出去扩张的单位要及时疏散到新区以获得更大空间发展。要在全社会增强"护旧建新"意识，城市应当有《限拆法》，就像"建新"需要规划审批把关一样，对"拆旧"也应建立一种评议把关限制机制，对拟拆除建筑物要进行综合评议，只要不是危房，只要不是已明显影响城市发展的，原则上不允许拆除。要处理好新区建设和老区保护的关系，努力创造一种社会利益机制，引导城市向新区发展，保护好老城区的历史文脉，让每一片建成区都能宁静、悠然、安怡下来。

(原载《领导参阅》2014年第32期)

提升河南文化竞争力关键在于做大做强文化产业

卫绍生

提升区域文化竞争力，必须做大做强文化产业，用具有竞争力的文化产业赢得更大的市场份额和更多的文化话语权。河南的文化产业目前还处于实力有待提升、创新能力有待加强、市场环境有待优化的发展阶段。应科学分析和准确把握当下河南文化竞争力发展水平，以集聚发展做大做强文化产业，进一步提升河南省文化竞争力。

一 河南省区域文化竞争力强弱悬殊

2005年以来，河南的文化建设有了长足发展，文化竞争力在不断提升。但是，客观分析河南文化发展现状不难发现，河南省各地市文化发展参差不齐，文化竞争力更是强弱悬殊。在新近出版的《河南文化发展报告（2014）》中，河南省社会科学院"区域文化竞争力分析评价"课题组推出了《河南省区域文化竞争力分析评价报告》，对河南省18个地市的文化竞争力进行分析评价。该报告建立了河南省区域文化竞争力综合评价指标体系和测评模型，采用公开发布的权威数据，对全省18个地市的文化发展状况给予了客观科学的分析评价，并对各地市文化事业、文化产业和综合文化竞争力进行了排名。根据《河南省区域文化竞争力分析评价报告》综合分析评价的结果，河南省 18 个地市文化事业竞争力排名前 6 位的地市依次为郑州、洛阳、安阳、许昌、新乡和平顶山，文化产业竞争力排名前 6 位的地市依次为郑州、开封、许昌、焦作、南阳和新乡，文化竞争力综合排名前 6 位的地市依次为郑州、洛阳、许昌、开封、焦作和新乡。

从各地市文化竞争力分类得分情况来看，河南省各地市文化竞争力参差不齐，强弱悬殊。在文化事业竞争力方面，由于近年来各地市强力推进文化惠民工程，积极推进公共文化服务服务体系建设，在文化民生方面做了大量卓有成效的工作，所以各地市文化事业竞争力得分相对比较接近。悬殊比较大的是文化产业，各地市的发展水平强弱不均，差距悬殊。以文化产业增加值而论，2012 年，文化产业法人单位增加值最高的是郑州，为 173 亿元，占郑州市当年 GDP 比重的 3.12%。文化产业增加值占 GDP 比重最高的是开封市，达到 5.49%；其次是许昌市，文化产业增加值占 GDP 的比重达到 4.22%。其他地市多在 1%~2% 之间。而鹤壁、济源、周口、三门峡 4 个市，文化产业增加值占 GDP 的比重还不到 1%。鹤壁市最低，文化产业增加值仅有 3 亿多元，占鹤壁当年 GDP 的比重仅为 0.66%，几乎可以忽略不计。从排名位次来看，排名第 1 位的郑州市得分为 34.03 分，排名最后的济源市仅有 17.83 分，仅是郑州市得分的一半多一点。这表明各地市文化产业发展水平差距很大，文化产业竞争力的强弱由此亦可见一斑。

二 河南文化产业综合竞争力核心因子处于较低水平

对河南省文化竞争力做出综合分析评价，需要注意两点，一是对河南省各地市文化竞争力进行综合分析评价。关于这一点，《河南省区域文化竞争力分析评价报告》已经进行了尝试，提供了很好的基础。二是对河南省文化竞争力在全国的位次进行综合分析评价。河南省文化竞争力在全国究竟处于什么样的水平，目前还没有专门机构进行研究，更没有权威发布。但文化产业综合竞争力，已有研究机构作过专门的分析评价。根据中国文化创意产业网 2012 年 6 月独家发布的《2010 年全国 31 个省市区文化产业综合竞争力排名》，河南文化产业综合竞争力排名居第12位，位次属于中游靠前。在文化产业综合竞争力划分上属于二类地区，在中部地区，位居湖南、湖北之后。该排名选择多元统计分析中的因子分析法，选取因子包括文化环境及实力、市场需求及创新、关联产业及文化资源、政府支持和文化供给4个主因子，对各省市区文化产业竞争力状况进行综合评分。该排名发布后，曾引起有关方面的重视。

按照《2010年全国31个省市区文化产业综合竞争力排名》结果，河南有两项指标在前10名之内，第3主因子"关联产业及文化资源"项河南居第5位，第4主因子"政府支持和文化供给因子"项河南居第7位。河南省文化产业综合竞争力能够排在第12位，这两项贡献不小。但是，看一看文化产业发展中居核心地位的"文化环境及实力"和"市场需求及创新"两个主因子，河南的排名都比较靠后，"市场需求及创新"排在第20位，"文化环境及实力"则排在倒数第2位。这表明，河南的文化产业在"文化环境及实力"和"市场需求及创新"等方面，存在非常明显的"短板"。从河南省文化产业发展实际来看，这些"短板"已经成为制约河南省文化产业发展的关键因素。

不论是文化环境及实力还是市场消费及创新，河南与文化较发达的省份相比都有不小差距。以文化产业实力而论，具有代表意义的是光明日报社和经济日报社于2008年开始联合发布的全国文化企业30强。全国文化企业30强评选按照社会效益与经济效益并重的原则，依据参选文化企业主营业务收入、净资产、税前利润、纳税总额及年度获得全国性奖项情况进行综合排名评选得出。2008~2013年，全国文化企业30强已经发布了五届（2009年未评），河南省只在第二届有一家企业上榜，其他各届均榜上无名。这表明河南还缺少大型骨干文化企业，文化实力还有待加强。以文化创新而论，有标志性意义的是科技部与中宣部会同文化部、广电总局、新闻出版总署等于2012年联合推出的国家级文化和科技融合示范基地认定活动。此项活动于2012年开始，首批有16家获得认定，河南省没有一家入选。在2013年推出的第二批18家中，河南省只有洛阳入选，算是为河南挽回一些颜面。文化实力和文化创新是文化竞争力的核心因子，最能代表文化竞争力发展水平。而河南在这两方面所面临的窘境,大抵可以看出河南文化产业综合竞争力在全国的真实位次。

三 做大做强文化产业是提升河南文化竞争力的关键

文化产业在区域文化竞争中最具活力,最能体现一个地区的文化发展水平。提升河南文化竞争力,做大做强文化产业是关键。做大做强文化产业,就要深入贯彻落实党的十八届三中全会通过的《中共中央关于全面深化改革若干重大问题的决定》(以下简称《决定》)精神,就要发挥市场在资源配置中的决定性作用,建立健全现代文化市场体系,调动市场主体的积极性和创造性。要像推进产业集聚区建设那样大力推进文化产业集聚发展,促进文化生产要素合理配置,推动科技文化融合,壮大文化市场主体。

(一) 做大做强河南文化产业,促进文化生产要素集聚是基础

文化产业集聚发展的目的之一就是实现生产要素的集聚,把劳动力、人才、资本、技术等生产要素集聚在一个相对固定的空间内,通过市场机制促进各种生产要素的合理配置,为做大做强文化产业提供各种必要的生产要素。河南现有的文化产业示范区、示范基地和改革发展试验区,有一些比较注重生产要素的集聚,依托园区的人才、资本和技术优势,使园区成为文化企业孵化地和文化创意孵化器,培育了新兴文化业态,催生了新型文化产品,锻造出知名文化品牌,扩大了河南文化产业园区的影响,在国内享有较高的知名度。但也有一些文化产业园区仅仅是完成了形式上的空间集聚,除了办公楼和一些厂房外,偌大一个园区空荡荡的,见不到几家企业,更不要说实现人才、资本和技术等生产要素的集聚了。对于这些文化产业园区来说,应该花大力气走市场之路,引导文化生产要素向园区集聚,为做大做强当地文化产业奠定坚实基础。

(二) 做大做强河南文化产业,促进形成文化产业链条是重点

不论文化产业园区还是基地,同类型、同质化或同构化企业的集聚,

只能是企业数量的增加，而不是质量的改变，更不可能形成乘数效应。因此，文化产业集聚发展，应该在产业链条的形成上下功夫，注重通过市场无形之手，把产业上下游企业集聚在一起，通过专业化协作分工，形成产业链条，最大限度地促进资源高效利用，提高投资强度，降低生产成本，减少管理环节，发挥集聚效应，实现节约发展、集约发展、循环发展、生态发展。在同一园区内，应按照产业上中下游的分类，明确功能定位，形成优势互补。如动漫产业园区，不能所有企业都从事动漫制作，那样不利于动漫产业园区的差异化、多样性发展。应注重动漫产业上下游的链接，既要吸引动漫装备、原材料、文化创意、策划等企业加入，也要吸引广告、宣传、推介、衍生品制作等企业进驻，进而形成创意、策划、制作、宣传、推介和衍生品制作等动漫产业链条，以链式发展优势形成强大竞争力。不同文化产业园区，还应注意文化业态的选择，以差异化经营取胜，尽量避免同质化竞争。从河南现有文化产业园区来看，名异而实同的情况不同程度地存在，差异化经营、链条式发展尚未达成普遍共识。这需要引起有关方面的重视，并采取有效措施加以积极引导和改进。

（三）做大做强河南文化产业，促进文化产业项目集聚是关键

做产业就是做产品和做项目。文化产业要做大做强，关键要靠有前景、有市场的产品和项目。只有那些有前景、有市场的文化产品和项目实现了集聚发展，文化产业园区才有了源头活水，才能做大做强，才能产生影响力和带动力。对文化产业园区来说，比生产要素集聚更为关键的是产品和项目的集聚。曾经令不少园区管理者和经营者发愁的不是园区的空间集聚和生产要素的集聚，而是缺少有发展前景和市场占有率的产品和项目。这也是河南做大做强文化产业的最大"瓶颈"。为了解决这一问题，河南省政府批转的《河南省文化产业"双十"工程实施方案》，决定从全省选择10个重点文化产业园区和10个重点文化企业，予以重点培育和扶持，形成主导产业突出、产业链条健全、服务设施完善、经济效益明显的重点文化产业园区和文化企业。文化产业园区和文化企业，都需要重大项目作支撑，需要重大项目带动发展，增加效益，扩大影响。应结合河南的资源优势和区位优势，优选文化产业项目，尤其是选择那些具有带动力、

辐射力和影响力的重大项目入驻文化产业园区，为文化产业持续健康发展提供项目支撑。

（四）做大做强河南文化产业，政府部门服务集聚是保障

党的十八届三中全会通过的《决定》指出，按照政企分开、政事分开原则，推动政府部门由办文化向管文化转变。这就要求在做大做强文化产业时，政府部门应切实转换角色，减少有形之手对市场的干预，把通过市场可以完成的事情交还给市场。与此同时，政府部门应在加强和优化公共服务、保障公平竞争、加强市场监管、维护市场秩序等方面发挥更大作用，为文化产业园区提供必要的力所能及的服务，通过编制规划、制定政策、完善配套、优化环境等服务，善尽引导之职，善尽服务之责，为文化产业集聚发展创造宽松的市场环境与和谐的社会氛围，为文化产业做大做强提供必要的服务保障。

（原载《领导参阅》2014年第22期）

培育龙文化产业　助推文明河南建设

——开发利用濮阳市龙文化资源的思考与建议

卫绍生　李立新

近期，河南省社会科学院暨河南省文化产业发展研究基地调研组深入濮阳调研文明河南建设情况。调研组通过实地调研、召开座谈会和查阅有关资料后认为，濮阳市拥有的龙文化资源无论在全省还是在全国都具有非常独特的优势，开发利用濮阳市龙文化资源对于助推文明河南建设具有重要意义。但濮阳市文化产业竞争力排名，在全省位居中游。因此，调研组就如何开发利用濮阳龙文化资源优势，进一步助推文明河南建设提出了以下意见和建议。

一　深入挖掘濮阳龙文化内涵，进一步把濮阳龙文化的历史文化内涵丰富化、故事化、现代化

濮阳市拥有中华帝都、杂技之乡、孝道之乡等称号，彰显了濮阳文化的厚重多彩。但是，比较而言，这些文化资源只有相对优势，并都不具有绝对优势。中国有八大古都，濮阳不在其列；在杂技方面，不仅有河北吴桥杂技可以与其媲美，仅就河南省而论，周口杂技也表现出强劲势头，大有后来居上之势；至于孝道文化，全国有不少地区都打"孝道"牌，如湖北孝感等地搞得有声有色。依托优势文化资源发展文化产业，濮阳市的

优势在龙文化。1987年，在濮阳西水坡发掘出三组仰韶文化时期的蚌砌龙虎图墓葬，测定年代距今6400年左右，蚌壳龙被考古界公认为"中华第一龙"，濮阳由此成为中华龙文化发源地。"中华第一龙"的发现，不仅对探究中华文明起源具有重要意义，而且为濮阳发展文化产业、提升文化软实力提供了非常难得的优势文化资源。

除不可移动的文物古迹外，其他文化资源大多不具有垄断性和专属性。同样，文化资源优势并不等同于产业优势。《花木兰》和《功夫熊猫》等美国电影运用中国文化元素获得成功的事例，已经充分说明了这一点。因此，具有独特优势的濮阳龙文化资源要进行产业化，就必须深入挖掘龙文化内涵，通过富有时代气息的文化创意，把考古学家和历史学家赋予濮阳龙文化的历史文化内涵丰富化、故事化、现代化，然后借助现代艺术与科技手段予以完美展示，形成具有市场需求的文化产品。如蚌壳龙墓主，尽管众说纷纭，但他凭借龙虎与天神沟通，以神的名义管理社会，形成世俗王权，体现出政教合一、君权神授、敬天法祖和天人合一等中华礼制的基本内核，具有很大的挖掘潜力。再如蚌壳龙与青龙、白虎、朱雀、玄武"四象"说，与中国古代天文学的二十八宿说，与流传甚广影响甚大的天圆地方说等，都可以深入挖掘其文化内涵，并加以充实和丰富，把龙文化故事讲鲜活、讲生动，为龙文化产业提供必要的文化元素和具有现代意义的龙文化故事。

二　加强濮阳龙文化的顶层设计，积极培育龙文化产业

借助文化创意和现代科技艺术，对濮阳市独具特色的龙文化资源进行深度开发，从而形成既具有特色又富于竞争力的龙文化产业，是濮阳市开发利用龙文化资源的有效途径。

（一）培育龙文化产业，应该科学规划，进行顶层设计

龙文化是濮阳市的优势文化资源，也是一个极具开发潜力的"富矿"，不能见利起意，一哄而上，而应进行科学规划、顶层设计。应根据

濮阳市龙文化资源现状和濮阳市文化产业发展实际，对龙文化产业近、中、长期发展进行科学规划，避免无序开发和恶性竞争。要做好龙文化产业项目库工作，规划一批项目，开发一批项目，储备一批项目。对拟开发的龙文化产业项目，应进行科学论证，尤其是要进行文化产品市场预测和评估，有限开发那些有市场、受欢迎的项目，对低效益、无效益或培育期过长的项目，应暂缓开发。

（二）培育龙文化产业，应该因地制宜，扶持地方企业

地方文化企业不仅占有地利，而且对具有地方特色的濮阳龙文化比外地企业理解更为深刻，感情更为浓烈，责任感也更强。因此，在培育龙文化产业方面，应着力通过资金、技术、税收等政策，扶持本土文化企业，扶持他们上项目，出产品，闯市场，帮助他们做大做强。同时，对本土企业要加强政策引导和市场引导，走差异化经营之路，走文化与科技融合发展之路，避免同质化开发，避免短视开发行为和恶意竞争。

（三）培育龙文化产业，应该集聚发展，向集聚要效益

建议濮阳市在进行科学论证的基础上，围绕龙文化优势资源，规划建设龙文化产业园区。通过龙文化产业园区，把龙文化产业相关生产要素、重点项目、重点产品、重点企业和相关产业集聚在一起，打造龙文化产业链，形成集聚效应和规模效应。同时，应加强产业园区服务平台建设，以政府服务集聚为纽带，提高龙文化产业园区的经济效益与社会效益，做大做强龙文化产业。

（四）培育龙文化产业，应该引智借力，提升开发水平

濮阳市文化产业基础比较薄弱，文化人才尤其是文化创意人才、文化科技人才和综合性管理人才比较匮乏，对龙文化资源的开发利用形成严重制约。龙文化既是传统文化的组成部分，又包含着浓厚的图腾崇拜和精神

皈依因素，因此，对龙文化资源的开发利用与对其他文化资源的开发利用有很大不同，尤其是对作为图腾崇拜的龙形象，可以进行文化创意和现代科技开发的界域十分宽阔，需要引智借力，提升龙文化产业开发水平，让龙文化产业在起步阶段就出手不凡，站在较高的竞争起点上。

三 遵循文化发展规律，精心打造濮阳龙文化品牌

不论文化产业还是其他产业，都要遵循文化发展规律，进而通过企业、产品、项目和市场才能实现其经济效益和社会效益，而这些归根结底都需要做品牌才能实现。企业、产品、项目都需要品牌，有了品牌也就有了市场，有了效益。濮阳市开发利用龙文化资源，应精心打造龙文化品牌，向品牌要市场、要效益。

（一）向宣传要生产力，叫响"中华第一龙"品牌

濮阳西水坡出土的三组仰韶文化时期的蚌砌龙图案，见证了6400年前的龙文化，为"龙的传人"找到了最早的根。由此，1995年濮阳市被中华炎黄文化研究会命名为"龙乡"，2012年又被中华炎黄文化研究会命名为"华夏龙都"。濮阳中华龙由此成为"中华第一龙"，也成为濮阳最具地标意义的金字招牌。但是，近年来，濮阳龙文化资源的开发利用并没有大的进展，龙文化产业还处于谋划阶段。因此，应加大濮阳龙文化宣传力度，向宣传要生产力，叫响濮阳"中华第一龙"品牌，通过龙文化产业，把"中华第一龙"打造成为濮阳市最具影响力的文化品牌。

（二）加强文化创意，打造"华夏龙都"品牌

濮阳市近年来在龙文化品牌打造方面做了不少工作，如把"中华第一龙"发现地西水坡水库命名为"龙湖"，在濮阳老城西南隅建有体量巨大的龙碑，戚城公园建有"中华第一龙"展厅、颛顼乘龙达四海石雕，市中心广场有巨龙雕塑，濮阳市的吉祥物定为"乖乖龙"，等等。但这些大多是政府行为。要把"华夏龙都"真正打造成濮阳的文化品牌，还必

须走产业化之路,像广西刘三姐和滇藏茶马古道等文化遗产那样,通过富有时代内涵的文化创意,借助现代科技手段,打造出具有震撼力和影响力的文化品牌。濮阳市应依托"中华第一龙"发现地和中华龙乡、华夏龙都的优势,加强文化创意,在龙乡、龙都、龙图腾、龙的传人等方面花大手笔,做大文章,借助现代艺术与科技,实现优势文化资源向龙文化产业的转化。

(三) 坚持文化与旅游相结合,打造龙文化旅游品牌

濮阳市地处豫东北,缺山少水,旅游业先天不足。"中华第一龙"的发现,为濮阳市发展文化旅游业提供了天赐良机。应果断抓住这一机遇,大力发展龙文化旅游产业。龙是祥瑞的象征,是传统文化的圣灵之物,也是中国人的精神图腾。应牢牢抓住这一主题,规划建设龙文化主题公园、龙文化碑林、龙文化雕塑园、龙文化书法美术园等旅游景点,制作类似大型杂技情景剧《神龙部落》的系列作品,以海纳百川的胸怀和气魄,把传统的、当代的、民族的、海外的龙文化都吸纳进来,为游客提供最为权威、最为完备的龙文化形象和故事,充分调动游客参与的积极性,把濮阳市打造成为龙文化旅游目的地。同时,加大龙文化旅游产品的研发力度,为游客提供精美的、具有纪念和收藏价值的龙文化旅游纪念品,形成完整的龙文化旅游产业链。

(四) 加大研发力度,打造龙文化工艺品品牌

濮阳拥有一些具有地方特色的传统工艺品,如麦秸画、草编、黑陶、剪纸等,有的还广有影响。如清丰麦秸画,在清代就小有名气。濮阳麦秸画有人物系列、动物系列、花鸟系列等,古色古香,精美绝伦,多次获得全国工艺品大奖。应充分发挥濮阳已有的工艺品制作优势,融入龙文化内容,把龙的形象、龙的传说、龙的故事通过工艺品表现出来,实现龙文化与濮阳工艺品制作的完美结合。这样既可以丰富工艺品的表现题材,又可以拓展龙文化产业的范围。同时,还可以把龙文化与具有濮阳地方特色的饮食文化结合起来,开发龙文化食品、饮品,使龙文化产品更加丰富多样,自成系列。

（五）发展会展经济，打造龙文化会展品牌

濮阳东与山东、北与河北接壤，是连接山东、河北的重要纽带，在中原经济区建设中占有重要地位。独特的地理区位优势，为濮阳市发展龙文化会展经济提供了得天独厚的条件。濮阳应充分发挥龙文化资源优势，利用龙文化在中华文化中享有的崇高地位和广泛认同度，打造以龙文化为主题的区域性会展，发展龙文化会展经济，以龙文化会展经济带动和促进龙文化产业快速发展。

濮阳发挥龙文化资源优势，大力发展龙文化产业，需要精心打造龙文化品牌。只有在文化产业相关领域都培育出叫得响、行得远的产品和品牌，濮阳文化产业才会有大的发展，才会有质的飞跃，濮阳文化产业在全省的位次才会得到进一步提升，濮阳市对华夏历史文明传承创新区建设的支撑作用才会得以显现。

（原载《领导参阅》2014 年第 35 期）

从根亲文化切入将"文明河南"做实

张新斌

文明河南,是省委、省政府认真贯彻党的十八届三中全会精神、全面深化改革、推进河南省经济社会上台阶的"四个河南"发展战略的重要组成部分。根亲文化,是中原文化的本质特点,也是中原经济区五大战略定位之一的华夏历史文明传承创新区建设的重要内容,文明河南与根亲文化关系密切,认真研究两者的关系,探寻河南文化的发展之路。对于"四个河南"建设至关重要。

一 文明河南不仅包括"文明的河南", 还应包括"河南的文明"

在"四个河南"战略中,文明河南与富强河南、平安河南、美丽河南,不仅仅是一种并列关系,不仅仅表示河南发展的四个方面的目标,而且还具有特指意义。文明河南重要任务之一就是要提升河南一亿人口的素质,这是一个十分宏大的目标。河南人素质的提升,对于"四个河南"建设,至关重要。因此,从"四个河南"战略角度而言,文明河南是以人的素质建设为目标,因此它是"四个河南"的基础工程、灵魂工程。

文明河南,实际上包括了两个层面。

第一,是"文明的河南"。河南人文明涉及两个方面,一方面是河南人的文化素质要提升,这里包含了河南人接受义务教育的比例,河南人受高等教育的比重,普通河南劳动力的技能培训,这些涉及基础教育、高等教育与职业教育等,政府要加大投入,采取措施,使河南人受教育的比重大幅度提升,使河南人的文化技能水平有较大提高。另一方面是河南人道德水平的提升,公职人员是表率,青年是根本,社会氛围是关键。因此,道德建设、法治建设、诚信建设、服务型机关建设"四个建设"要一起抓;尤其要与中央关于诚信体系建设融为一体,真正使诚信建设制度化、全面化、根基化;从而实现人的素质提升与文化强国建设的有机融合。

第二,是"河南的文明"。河南是文化大省,在中国历史的发展与中华文明的累积过程中居核心地位。在区域发展战略上升为国家战略的数十个战略中,只有中原经济区建设的五大战略定位,有"华夏历史文明传承创新区建设"。华夏历史文明是中华文明的主干,是中华文化中的正宗,是最具中国特色的东方文明的本质内核,其文明成果、文明理念、文明体系,对于当代中国的文化建设具有重要的借鉴意义和承续意义,对于世界文化成果的丰富与完善,也具有重要意义。文化大发展与大繁荣,离不开中华传统文化的弘扬,中华传统文化中的主流成果便是华夏历史文明,它的传承与创新在文化强国建设中具有代表性。正是由于河南所处的特殊历史地位,决定了河南要承载特别的华夏历史文明传承创新的任务。从另一个层面上讲,河南承载了国家的文化使命,河南战略也由此从地方层面上升为国家层面,这就是"河南的文明"赋含国家使命的关键所在。

二 根亲文化是文明河南建设中"河南的文明"与全球华人互动的纽带

文明河南中的"河南的文明",离不开华夏历史文明传承创新区建设。华夏历史文明传承创新区建设的重要任务之一便是打造全球华人根亲文化圣地。

根亲文化是依托"河南的文明"中的寻根文化而创立的具有河南特色的文化理念。从河南的寻根文化实践与理论研究看,河南寻根经历了寻根文化→根文化→根亲文化三个阶段。从 20 世纪 70 年代美国黑人作家阿历克斯·哈里的小说《根》的出版，在美国形成了寻根的浪潮，到 80 年代初这股浪潮也推动了华人寻根并涉及中原。1981 年春，厦门大学黄典诚教授到河南寻找闽南人的根，并在《河南日报》上发表了《寻根母语到中原》的文章，拉开了河南寻根的序幕，其后海外华人由零散寻根，到大规模组团寻根；由海外华人到中原寻根，扩展到海内外华人的寻根，并在河南召开世界性的宗亲联谊大会；由单纯的寻根拜祖到在中原投资兴业，不仅扩大了河南的改革开放，也使得我们对中原文化的本质有了更清醒的认识。2004 年，我们正式提出了"根文化"概念，并提出了"中原历史文化的本质是根文化"的观点，对中原文化中的根文化家底进行了全面盘点。依照中国科学院 1987 年姓氏人口排序，我们提出在 300 大姓中有 171 个起源于河南，在 100 大姓中有 77 个姓氏起源于河南。依照中国科学院 2006 年姓氏排序的成果，我们提出 100 大姓中有 78 个姓氏起源于河南的观点。根文化，是河南学者对中原文化本质特点认识的原创性成果，反映了中原历史文化的本质特征。这一理念，不但在学界流行，也正式写入河南省"十二五"规划中。在此基础上，2008 年河南信阳在多年的实践中提出了"根亲文化"的概念，旗帜鲜明地提出了"让根亲文化扬名固始"的行动理念，举办了"中原根亲文化节"，根亲文化是河南寻根实践与理论创新的结果，一经提出，便得到广泛传播，得到了各级党政部门的认可，并在《国务院关于支持河南省加快建设中原经济区的指导意见》中得到了采用。

  根亲文化是河南寻根实践发展的真实写照，是河南文化自觉性的真实体现。寻根中的根文化，虽然从宏观上讲包括民族之根与文化之根，但从河南寻根的实践中看，主要还是民族之根，即血缘之根。其文化资源包括，以黄帝、伏羲为代表的人文始祖文化，以张、李、刘、黄、林等为代表的姓氏祖根文化，以弘农、荥阳、颍川等郡望堂号为代表的姓氏望号文化，以汉魏洛阳故城为代表的客家河洛文化，以固始为代表的闽台移民文化，以及以名人故里墓葬为代表的中原名人文化等。根亲文化也包括两个层面，一是"因根而亲"。乡亲，是因同乡而亲近，宗亲是因同宗而亲近，根亲是因同根而产生的亲近，无形中拉近了全球华人同根而生的距离。二是"寻根找亲"。根亲文化实际上反映了海外与中原的文化互动，一方面海外华人来河南寻根，另一方面河南依托丰厚的文明主动到世界各地找亲，寻根找亲正是河南寻根在当今的真实写照，也是河南人文化自觉的真实体现。

根亲文化是立足于河南寻根理念与实践基础之上，以河南根文化为核心吸引力，历史与当代互动，文化与经济互联，所形成的特有的"寻根找亲"的文化与文化现象，是以传统文化为纽带的河南与全球华人互动的特殊文化现象。

三 以根亲文化为切入点，将"文明河南"做实

文明河南，尤其是"河南的文明"要做实，如何算是做实？一是不仅仅停留在书本上、口头上，而应该是看得见摸得着的。二是不仅仅是固化的、保护的、死的，而应该是一种活化的、开放的、互动的。三是不仅仅是消费的、接待式的，而应是市场化的、产业化的、永续的。四是不仅仅是齐头并进、各自为战的，而应该是品牌的、龙头带动的、全面规划的、影响全球的。文明河南，关键是将"河南的文明"做实，做实的路径就是上述的"四个应该"。

第一，要加强研究。要重点对"河南的文明"，尤其是根亲文化进行研究，在坚持深化学术研究、基础研究的基础上，加强理念研究、战略研究、开发研究。我们对河南历史文化的认识，提出用"缩影""朝圣""家园""福地"四个词来概括。其中"河南为中国的缩影"，已得到社会的广泛认同。"老家河南"也是基于河南根文化的史实，是"河南是中国人的家园"的精准表述。要加强对河南文化的理念提炼，战略思路的研究，尤其要注意现有学术研究的理论转化。

第二，要做实资源。姓氏寻根依据的是文献，有的有考古发现，但很多有依据，无遗存。近年来我们提出要在加强对文物遗存保护的基础上，推进姓氏文化园区的建设。这是实化资料，是形成景观的关键。

第三，要活化景点。河南的景点，人文居多，主要是文物名胜与考古遗迹，要在保护的基础上，依托文物，扩展景观，尤其要活化资源，要利

用各种现代化手段，使死的东西活起来，拉近与当代的距离，尤其要与当代特定人群，形成互动。

第四，要形成产业。要依托河南文化资源，打造专题文化园区，形成具有地方优势的文化产业。要围绕文化旅游、节庆会展、文物复仿、功夫教育、古建修复、艺术品交易等，形成具有河南优势的文化产业。要拓展领域，深度开发，在文化礼仪复兴、文化观念衍生、文化内涵等方面开发，形成文化与产业的高度融合，探索河南文化高端开发的路径。要依托河南文化的内容，开发的"河南故事"为主题的新兴产业，形成具有"河南元素"的动漫、影视、游戏等新兴业态，真正做足河南文化开发这篇大文章。

第五，要打造平台。推动节会、园区等平台建设。以节会为平台，形成以新郑黄帝故里拜祖大典为代表的根亲文化龙头项目，并以此扩大影响，形成全球华人向往的知名文化品牌与全球华人凝聚力、向心力的重要平台，在文化强国战略，以及祖国统一大业的背景下，形成国家的文化龙头项目，真正将全球华人根亲文化圣地落到实处。

第六，要建设特区。围绕河南文化特色，依托国家级文化产业示范园区，进一步强化资源整合，推动开封大宋文化特区、新郑黄帝文化特区、登封嵩山文化（少林文化）特区、许昌三国文化特区、安阳殷商文化特区的建设。在对全省文化资源整合的基础上，形成品牌鲜明、架构明确、产业合理、业态先进的以华夏历史文明为主线的文化大格局，真正在传承创新上积累经验、创新模式、探索路径、构架全局，使"文明河南"建设在"河南的文明"上打出一片新天地。

总之，文明河南是"四个河南"的重要内容，具有基础性、引领性。要依托"河南的文明"，做大做活河南历史文化资源开发这篇大文章，使河南的文化强省建设形成特色，使河南后发优势真正得以释放，成为河南发展的新天地，文化强国建设的新亮点，成为中国在全球文化舞台上的新亮点。

（原载《领导参阅》2014年第28期）

河南省文化产业投资的分析与思考

赵 然 石 涛

河南省是名副其实的文化大省，具有丰富的文化资源。自20世纪80年代以来，河南省文化产业发展经历了80~90年代的孕育阶段、20世纪90年代至2005年前后的文化和资本结合阶段、2005年至今的成熟阶段。当前，伴随着河南省文化产业投资有限责任公司以及河南省文化艺术品交易所的成立，河南文化产业发展进入了新的发展阶段。在河南省文化产业快速发展的同时，河南省文化产业发展投资的效率状况究竟如何呢？本研究试图对此作以回答，对全省和各省辖市文化产业发展投资的主要成效及存在的主要问题进行分析，并提出相应的对策建议。

一 学术界对于文化产业投资的研究方法

在文化产业逐渐被重视的今天，学者对于文化产业投资的研究也日益增多，目前对于文化产业的投资研究主要集中在以下两点：一是以宋建龙（2008）、卢林（2011）、鞠宏磊（2011）、区章嫦（2013）等为代表的针对文化产业投资的理论分析；二是对文化产业投资的实证分析，如白积洋（2012）运用DEA及非参数Malmquist指数对中国各省份文化产业投资效率进行了静态比较与动态分析，认为中国文化产业的技术效率整体较低，效率均值为 0.641，尚有超过 35% 的提升空间；各地区技术效率较低的原因主要是纯技术效率不高；全国及中、西部地区文化产业的全要素生产率均有增长的趋势，且增长的动力主要来源于技术进步，而东部地区全要素生产率出现负增长，主要原因是技术退步。高静（2013）使用金融投资证券组合风险价值方法（var）检验了我国文化产业波动的各影响因素，认为消费者对文化产品的需求变动是造成我国文化产业投资波动的重要因素，政府在文化产业发展中起着重要作用，文化产业自身发展是吸引文化产业投资的根本原因；针对目前我国文化产业的发展现状和今后发展趋势，提出发挥债券和股票在文化产业发展中应有的作用，加大政府倾斜，积极利用多种融资方式以促进文化产业的发展。

河南虽然文化历史悠久，目前对于文化产业投资的研究，仅仅集中在河南省文化产业投资出现的问题（朱耀先，2009；杨铁良，2011）、河南省文化产业发展的范式（赵元笃，2010）和河南省文化产业发展方向（秦杰，2013）等方面。在河南省文化产业的投资效率的测度分析上尚属空白。基于以事实说话、以数据证明的原则，我们把投资视为发展河南文化产业的一种要素投入，进行模型设计，并选取全省 18 个省辖市 2009~2012 年的面板数据，对全省文化产业投资发展的动态效率进行测度，总结考察期间内河南省文化产业投资发展的主要成效及存在的主要问题，为决策层提供有益的参考。

二 河南省文化产业投资的计量分析

以河南省统计年鉴（2010~2013）为依据，我们对郑州、洛阳等 18 个省辖市 2009~2012 年的面板数据进行动态效率分析（见表 1），可以得出以下结论。

表 1 2009~2012 年河南省文化产业投资效率

年份	技术效率	技术进步效率	纯技术效率	规模效率	全要素贡献率
2009~2010	0.793	0.986	0.859	0.924	0.782
2010~2011	1.041	0.929	1.129	0.922	0.967
2011~2012	1.155	0.723	1.020	1.133	0.836
均　值	0.996	0.879	1.003	0.993	0.862

（一）河南省文化产业投资动态效率总体评价

从总体上看，2009~2012年河南省文化产业投资动态效率处于下降水平，年均下降幅度为13.8%，其中，2009~2010年下降幅度较大，为21.8%；2010~2011年下降幅度较小，为3.3%；2011~2012年，下降幅度有所上升，为16.4%。从动态分解结果来看，技术进步效率较低是全要素生产动态效率较低的关键，年均技术进步效率下降幅度为12.1%，此外，技术效率以及规模效率的小幅下降是影响河南省文化产业投资动态效率下降的次要原因。可见，当前河南省文化产业的发展还处在一个较低的水平，产业的技术进步效率较低，即产业的科学技术及产业附加值等诸多因素还停留在较低的水平，必须引起重视。

（二）各省辖市文化产业投资效率分解及评价

1. 各地市文化产业投资效率总体评价

根据计量结果可以看出，2009~2012年全省大部分地区的文化产业投资效率处于负增长的状态，仅有少数地区的文化产业投资发展动态效率处于上升阶段。其中，商丘、郑州、濮阳、平顶山的文化产业发展投资动态效率分别上升41%、24%、16.8%、7.01%；三门峡、信阳、驻马店、南阳、开封的文化产业发展投资动态效率分别下降0.7%、4.6%、6.2%、6.3%、7.8%，下降幅度在10%以内；许昌、洛阳、安阳的文化产业发展投资动态效率分别下降14%、15.5%、20%，下降幅度在20%以内；漯河、周口、新乡、济源、焦作、鹤壁的文化产业投资动态效率分别下降27.1%、27.3%、32.6%、34.6%、37.2%、55%，下降幅度在25%以上，鹤壁文化产业投资发展动态效率最低，居全省数据计量结果的末位。

表2 2009~2012年河南省文化产业投资效率分解

省辖市	技术效率	技术进步效率	纯技术效率	规模效率	全要素贡献率
商　丘	1.461	0.965	1.434	1.019	1.410
郑　州	1.104	1.123	1.000	1.104	1.240
濮　阳	1.277	0.914	1.131	1.130	1.168
平顶山	1.324	0.809	1.205	1.099	1.071

续表

省辖市	技术效率	技术进步效率	纯技术效率	规模效率	全要素贡献率
三门峡	1.141	0.87	1.136	1.005	0.993
信 阳	1.105	0.864	1.007	1.096	0.954
驻马店	1.066	0.88	0.979	1.09	0.938
南 阳	1.078	0.869	0.981	1.099	0.937
开 封	1.000	0.912	1.000	1.000	0.912
许 昌	1.044	0.824	1.040	1.004	0.860
洛 阳	0.954	0.886	0.906	1.052	0.845
安 阳	0.947	0.844	0.883	1.072	0.800
漯 河	0.986	0.74	1.000	0.986	0.729
周 口	0.858	0.848	0.916	0.936	0.727
新 乡	0.773	0.872	0.801	0.965	0.674
济 源	0.783	0.835	1.000	0.783	0.654
焦 作	0.725	0.867	0.713	1.017	0.628
鹤 壁	0.546	0.823	1.000	0.546	0.450
均 值	1.010	0.875	1.007	1.000	0.888

2. 各地市文化产业投资效率分解分析

从文化产业发展动态效率正增长的城市群的技术效率分解来看，郑州文化产业发展动态效率最为扎实，没有负增长的技术效率指标。与此同时，其他城市则出现了不同程度的技术效率指标下降的问题。近年来，商丘相继投资建设了华商文化广场、永城汉梁文化博物馆、民权王公庄农民绘画广场以及商丘古城南湖游乐场、三陵台景区、柘城泥塑艺术品展览中心等项目，打造包括商文化、火文化、孔祖文化、庄子文化、汉梁文化、木兰文化六大商丘地域文化品牌，保证文化品牌不可复制性和排他性，取得了显著的效果。大量文化产业资金的投入使商丘文化产业投资发展动态效率最高，但是技术进步效率却下降了3.5%，这说明未来发展潜力要小于当前的发展潜力，未来该市需要更多的文化产业投入才能达到前期的文化产业发展速度，这需要更多的资金支持。此外，濮阳、平顶山均面临着上述问题，未来的文化产业资金投入是上述城市文化产业发展的关键。

从文化产业投资发展动态效率低于10%的城市群的技术效率分解来看，技术进步效率是此类5个城市面临的关键问题，即此类城市也面临着后期发展需要足够的资金支持才能够保证发展的速度。纯技术效率下降是驻马店、南阳面临的一个问题,而纯技术效率主要测度的是制度和管理带来的效率问题,纯技术效率下降意味着上述两个城市在文化产业投资管理的制度设计和管理优化上存在一定的问题,必须给予重视。其中,值得关注的是作为历史文化名城,洛阳的文化产业投资发展动态效率出现下滑的迹象,近年来,洛阳大力开展文化产业,华润集团投资 500 亿元在该市投资建设文化产业园,2009~2012 年,洛阳的文化产业投资建设规模大,体量大,导致边际增量小。由于洛阳于 2013 年投资在建的中国动漫之都(洛阳)产业园项目不在此次数据分析之内,因此没有显示出后期的增加效率。

从文化产业投资发展动态效率低于 20% 的城市群来看,技术效率、技术进步效率、纯技术效率下降是此类城市面临的较为突出的问题,即此类城市在文化产业发展的过程中存在投资资金、管理及制度上的问题,需要在后期给予足够的重视。但这些城市的规模效率均呈现上升的态势,上升幅度较小,在 5% 左右,说明这些城市的文化投资产业粗具规模。

从文化产业投资发展动态效率低于 25% 的城市群来看,技术效率、技术进步效率、纯技术效率、规模效率下降,是这些城市文化产业投资发展动态效率下降幅度较大的关键因素。其中,技术效率以及技术进步效率下降幅度较大,技术效率下降意味着文化发展管理效率以及市场环境竞争程度低,技术进步效率下降意味着后期发展需要足够的资金支持,因此优化管理水平,提高投资规模是这些城市文化产业发展的关键。值得注意的是:鹤壁虽然是庙会产业发达的地区,但是文化产业市场起步晚,产业发展不充分;在产业结构上,大型文化企业不足,中小企业多;产业品种少,缺乏完整的产业体系,缺乏二次开发的能力;在文化从业人员上,缺乏足够的文化产业从业人员,人员素质不够高,种种因素制约了鹤壁文化产业投资的势头。

三 结论及政策建议

从 2009~2012 年洛阳等 18 个省辖市的数据中,我们可以对河南省文化产业投资发展动态效率进行了测度评价，总体如下：2009~2012年，河南省大部分地区的文化产业投资发展效率处于较低的水平，仅有郑州等4个市的文化产业投资发展动态效率处于上升阶段，其余14个市的文化产业投资效率处于下降阶段；从动态分解角度来看，技术进步效率较低是动态效率下降城市面临的突出问题，纯技术效率也对此类城市文化产业投资的发展造成了一定的影响，为此必须加大对文化产业的投资力度，优化文化企业的管理制度，积极进行管理创新，政府要给予文化产业发展一定的政策支付，才能够有效地促进本地区文化产业投资效率的提高。

（一）强化对文化产业投资的政策扶持力度

强化对文化产业投资的政策扶持力度，主要包括两个方面：一是加强和完善文化产品的知识产权保护。要建立和完善版权、专利权以及著作权等文化产品权益的保护机制，尤其是在文化产品价值保护中的资产评估、流转、登记、质押等各个环节便捷式管理，通过快速的产品流通，提升产品的市场价值；此外，应该是河南省建立起一批相应的文化产业拍卖、评估、咨询等中介机构，为文化企业的产品投资、融资打造平台。二是要深化财税体制改革，减轻文化企业经营负担，如降低涉及文化产品企业的投资经营费率，对于文化产业的投融资要给予一定的企业所得税抵扣、减免，或者给予一定的税收担保，切实保护文化产业的发展。

（二）扩大对文化产业投资的规模

资金是当前河南省各地区文化产业投资面临的突出问题，扩大文化产业投资规模对于促进河南省文化产业整体发展具有重要的意义。为此，一是建立和完善文化产业的财政投入支持力度，通过加大对文化体制改革、公共文化服务的投入力度，保证文化产业的长期发展。二是充分利于金融工具，促进文化产业的发展，文化产业作为朝阳产业，必须利用好金融杠杆作用、融资作用，积极为文化产业的担保、上市、借贷等方面做好服务。三是强化社会资金进入文化产业发展，尤其是要充分利用民间金融资金，建立文化产业发展基金。通过注入民间资本，优化投融资结构，建立一批诸如河南省文化投资有限公司之类的文化产业投融资平台，为文化产业的发展提供足够的"血液"。

（三）优化文化产业投资管理制度创新

创新是企业发展的动力，为此必须加强对文化企业的投资管理创新力度。一是强化人才队伍的建设，通过引进高层次人才，不断提高人才建设的梯队水平。二是建立和健全文化产业融资的激励约束机制，不断提高文化产业投资的管理效率。三是加强文化产业投资的风险管理水平，通过建立风险管理预警机制，化解在文化产业投资过程中出现的风险问题，保证投融资的安全。

（原载《呈阅件》2014 年第 1 期）

加强党的建设篇

党员干部要把加强道德修养作为人生必修课

——学习习近平总书记在河南考察时的重要讲话

河南省社会科学院课题组[*]

前不久,习近平总书记在河南考察时指出:"实现'两个一百年'奋斗目标、实现中华民族伟大复兴的中国梦需要中原更加出彩。"中原能否更加出彩,"事靠人为,事在人为","面对纷繁复杂的社会现实,党员干部特别是领导干部务必把加强道德修养作为十分重要的人生必修课","努力以道德的力量去赢得人心、赢得事业成就"。总书记的讲话,内涵深刻、寓意深远,具有很强的思想性、指导性和针对性,为新形势下党员干部加强道德修养指明了方向,提供了遵循。

一 道德问题始终是党员干部做人为官的首要问题

百行德为首,百业德为先。中华民族是一个有着悠久尚德传统的民族,历来讲究"道德当身,不以物惑",历来对缺失道德者持不齿的态度。我国古人对为官从政者提出了更高的道德要求和期望,将其视为做

---

[*] 课题组组长:喻新安;副组长:闫德民、石玉华;课题组成员:毛兵、李怀玉、陈东辉、王新涛。

人为官的首要基本问题，强调做官必须先做人，做人必须先立德；德乃为官之本，为官须先修德。

（一）注重党员干部道德修养是我们党的优良传统

毛泽东同志深刻阐述了"为人民服务"的道德观，要求全党同志要做"一个高尚的人，一个纯粹的人，一个有道德的人，一个脱离了低级趣味的人，一个有益于人民的人"。改革开放伊始，邓小平同志就把"没有共产主义道德，怎么能建设社会主义"的问题郑重地提到了全党同志面前，并且强调说，党和政府愈是实行各项经济改革和对外开放的政策，党员尤其是党的高级负责干部，就愈要高度重视、愈要身体力行共产主义思想和共产主义道德。江泽民同志突出强调党员领导干部的从政道德建设，并提出了以高尚的精神追求抵御腐朽思想和灯红酒绿的侵蚀，始终做到一尘不染、一身正气的要求。胡锦涛同志则强调领导干部要常修为政之德、常思贪欲之害、常怀律己之心，永葆共产党人的政治本色。

（二）党员干部加强道德修养是推进党和人民事业的客观要求

党的十八大以来，习近平总书记站在推进中国特色社会主义伟大事业，实现"两个百年"奋斗目标、实现中华民族伟大复兴中国梦的战略高度，站在坚持党要管党、从严治党，密切党同人民群众血肉联系，巩固党的执政基础和执政地位的政治高度，深刻阐明了党员干部特别是领导干部加强道德修养的重要性和紧迫性，要求全党同志特别是领导干部一定要讲修养、讲道德、讲廉耻，追求积极向上的生活情趣，养成共产党人的高风亮节，做到富贵不能淫、贫贱不能移、威武不能屈。

中国梦是民族的梦，也是每个中国人的梦。实现中国梦，必须走中国道路、弘扬中国精神、凝聚中国力量。而要做到这一切，关键在党，关键在广大党员干部要有优良的道德风尚和工作作风。党是实现中国梦的坚强领导核心。走中国道路、弘扬中国精神、凝聚中国力量，党员干部必须要在践行社会主义道德方面做出表率。"打铁还须自身硬。"我们的党员干部要切实加强道德修养，不断提高道德认识、陶冶道德情操、锤炼道德意志、提升道德境界、打牢道德防线、坚守道德底线、夯实道德基础，养成共产党人的高风亮节，做社会主义道德的示范者、诚信风尚的引领者、公平正义的维护者，以自己高尚的道德品行影响和感染身边的群众，以共产党人的道德人格力量去赢得人心、凝聚人心。只有这样，才能激励人民群众崇德向善、见贤思齐，鼓励全社会积善成德、明德惟馨，推动全社会形成和保持良好的道德风尚，才能为实现中国梦凝聚起强大的精神力量和有力的道德支撑，汇集起实现中国梦的磅礴力量。

（三）党中央对新形势下党员干部加强道德修养提出了新要求

习近平总书记在这次考察河南时的重要讲话中，深入分析了当前我们面临的纷繁复杂的社会现实情况，进而深刻阐明了党员干部特别是领导干部加强道德修养的重要性和紧迫性。

应当说，目前我们党的领导水平和执政水平、党的建设状况、党员队伍素质总体上同党肩负的历史任务是适应的。但是也要看到，党的干部队伍构成已经发生很大变化，干部队伍思想、素质、能力出现许多新情况，尤其是党员干部的思想道德建设亟待加强。从近年来查处的一些党员领导干部违纪违法案件看，他们腐败堕落，最终走上违法犯罪道路，大多是从道德品质上出现问题开始的。正如有分析所指出的："现在干部出问题，多数不是出在'才'上，而是出在'德'上。人民群众对干部的意见，主要集中在'德'上。"现在，少数党员干部思想颓废、生活奢靡、道德败坏的情况，已经到了令人无法容忍的程度，引起了广大群众的强烈不满。

在现实生活中，少数领导干部道德滑坡、官德缺失甚至完全沦丧，原因是多方面的，既有世情、国情、党情发生深刻变化的客观原因，也有个人放松乃至放弃主观世界改造和道德修养的主观原因。

从客观方面看，目前我国正处在经济社会转型期，经济体制深刻变革、社会结构深刻变动、利益格局深刻调整、思想观念深刻变化，新旧观念的相互交融和激荡，必然给人们的道德观念、道德诉求、价值取向带来深刻影响。与此同时，随着经济全球化深入发展，各种思想观念交锋碰撞异常激烈，西方敌对势力一直妄图将我国纳入他们的价值体系，极力兜售和渲染其所谓的普世价值，向人们灌输极端个人主义、拜金主义、享乐主义等颓废道德观念。在这些因素影响下，加之干部队伍构成发生的变化，党内干部道德教育特别是官德教育的弱化，以及道德约束机制及其相关制度的缺失，少数领导干部经不起纷繁复杂社会环境和形形色色诱惑的考验，思想逐渐发生蜕变，价值取向严重扭曲，道德防线全线失守，最终因腐败堕落而滑向犯罪的深渊。

从主观方面看，少数领导干部不注重学习，放松个人道德修养，放弃主观世界改造，是他们道德迷失、官德沦丧的主要内因。对于共产党人来说，理想信念是精神上的"钙"，世界观、人生观、价值观是"总开关"。一旦放松世界观的改造，理想信念出现了动摇，"总开关"方面出了问题，就会放纵自己对权力、金钱、美色的欲望，就会出现"当官不为人民币，不如回家去种地"的荒唐念想，长此以往，势必会突破道德底线，失守道德防线。

按照唯物辩证法的观点，外因是事物变化的条件，内因是变化的根据，外因通过内因而起作用。少数领导干部之所以会蜕化变质，上述客观原因是外因，是这些领导干部出问题的条件，而上述主管原因是内因，是这些领导干部出问题的内在根据。俗话说："苍蝇不叮无缝的蛋。"如果我们的领导干部自觉加强道德修养，坚定理想信念，把好自己的"总开关"，就能筑起一道拒腐防变的思想道德防线，无论外界发生什么样的变化，任凭沧海横流，都能够始终把握住人生的正确航向，永葆共产党人的政治本色。正如列宁所说："政治上有教养的人是不会贪污受贿的。"由此可见，道德修养是党员干部特别是领导干部做人为官必须切实解决好的首要问题。

正是基于此，习近平总书记2014年3月中旬在调研指导兰考县党的群众路线教育实践活动时强调指出："抓作风建设，就要返璞归真、固本培元，重点突出坚定理想信念、践行根本宗旨、加强道德修养。"他要求党员干部务必做到严以修身、严以用权、严以律己，对一切腐蚀诱惑保持高度警惕，慎独、慎初、慎微，做到防微杜渐。

二 每个党员干部都要上好道德修养这一人生必修课

习近平总书记在河南考察时强调：党员干部特别是领导干部加强道德

修养，必须"自觉从中华优秀传统文化中汲取营养，老老实实向人民群众学习，时时处处见贤思齐，以严格标准加强自律、接受他律"。总书记的这一重要论述，为党员干部做好道德修养这一人生必修课指明了路径。

（一）自觉从中华优秀传统文化中汲取营养

中国传统文化博大精深，其中蕴含着极为丰富的道德营养和道德力量，学习和掌握其中的思想道德精华，对于党员干部特别是领导干部加强道德修养很有益处。古人所说的"先天下之忧而忧，后天下之乐而乐"的政治抱负，"位卑未敢忘忧国""苟利国家生死以，岂因祸福避趋之"的报国情怀，"富贵不能淫，贫贱不能移，威武不能屈"的浩然正气，"人生自古谁无死，留取丹心照汗青""鞠躬尽瘁，死而后已"的献身精神等，都体现了中华民族的优秀传统文化和优秀道德品格，都是我们应该继承和大力弘扬的。

中华民族历来重视道德修养和道德力量。历代中华圣贤都从哲学的高度，对道德和道德修养进行了深邃的思考。早在春秋时期，管仲就提出了"礼义廉耻，国之四维""四维不张，国乃灭亡"的思想。以孔子为代表的儒家学说，更是包含了丰富伦理道德思想的精神宝库。他们提出了诸如"为政以德""吾日三省吾身""三人行必有我师""修身、齐家、治国、平天下""吾善养吾浩然之气"等一系列道德思想主张。

中华传统美德是中华文化精髓，蕴含着丰富的思想道德资源。先人们关于加强个人修养的思想，其精华部分至今仍具有时代意义和不朽价值，是党员干部加强道德修养用之不竭的道德营养源泉。党员干部特别是领导干部要努力学习和掌握中华优秀传统文化，善于从中汲取思想精华和道德精髓，为自身道德修养提供丰厚的滋养，以此来陶冶道德情操，升华思想境界，养成浩然正气。

（二）老老实实向人民群众学习

人民群众是推动社会进步的主体，也是道德实践的主体。人民群众在创造了巨大社会物质财富的同时，也创造了包括社会道德等在内的巨大精神财富。中华民族优秀的传统道德精神和道德规范，是世代劳动人民在道德生活和道德实践中经过长期磨合逐步形成的。这些优秀的道德精神和道德规范，既反映了人民群众崇美尚善的意志和愿望，又得到了绝大多数社会成员的认同。

新中国成立以来特别是改革开放以来，全国各行各业涌现出一大批践行社会主义道德的道德模范、"最美"人物。在自古英雄辈出的中原大地，也涌现出了谢延信、张荣锁、李连成、王百姓、洪战辉、魏青刚、裴春亮等在全省乃至全国具有重要影响的道德建设先进典型。他们或充满爱心、助人为乐，或见义勇为、舍生忘死，或诚实守信、坚守正道，或敬业奉献、虔诚勤勉，或孝老爱亲、血脉情深。他们的高尚品德，温暖了人心，感动了社会。从他们身上，折射出人民群众中蕴藏着巨大的道德能量和道德力量。

道德滋养，广源民间。人民群众的道德生活和道德实践是中华民族传统美德发生发展的动力源泉，也是滋养当今时代党员干部个人品德和从政道德的营养之源。人民群众中间蕴藏着的巨大道德力量，是党员干部加强道德修养取之不尽的精神财富。我们每一个党员干部加强道德修养，都要虚心向人民群众学习，学习人民群众的优良品质和作风，真正把自己的道德修养、人格力量根植于人民群众的美德之中。向人民群众学习，必须恭恭敬敬地学，老老实实地学，来不得半点的虚伪和骄傲。只有这样，才能真正做到取德于民。

（三）时时处处见贤思齐

崇德尚义是中华文化的鲜明底色，见贤思齐是中国人民的共同心理。先进典型是践行党的根本宗旨和社会主义道德的优秀代表，他们身上所体现的道德精神和崇高人格魅力，对社会道德建设具有重要的示范和引领作用。2013年9月，习近平总书记在会见第四届全国道德模范及提名奖获得者时强调指出，要深入开展学习宣传道德模范活动，弘扬真善美，传播正能量，激励人民群众崇德向善、见贤思齐，鼓励全社会积善成德、明德惟馨，为实现中华民族伟大复兴的中国梦凝聚起强大的精神力量和有力的道德支撑。

精神的力量是无穷的，道德的力量也是无穷的。古人云："夫以铜为镜，可以正衣冠；以古为镜，可以知兴替；以人为镜，可以知得失。"道德模范是有形的正能量，是鲜活的价值观。焦裕禄同志是县委书记的榜样，也是全党的榜样，是共产党人加强道德修养的重要旗帜。焦裕禄精神是一面镜子，以此为镜可以照出自己在道德上的是与非、得与失、荣与辱，可以找到自身存在的差距，自觉洗涤自己的心扉，反省自己的灵魂，激发出加强道德修养的内生动力。焦裕禄精神是一个很高很高的道德标杆，虽不可及，但每一个党员干部都要见贤思齐。

我们见贤思齐，学习焦裕禄同志这一道德楷模，既要见人见事，更要见思想见精神，关键是要学习他的优秀品质，学习他的公仆情怀、求实作风、奋斗精神和道德情操。学习弘扬焦裕禄道德精神，贵在知行统一、重在身体力行。要像习近平总书记要求的那样，从今天做起，从眼前做起，从小事做起，像焦裕禄同志那样对待群众、对待组织、对待事业、对待同志、对待亲属、对待自己，像焦裕禄同志那样生命不息、奋斗不止，努力做焦裕禄式的好党员、好干部。

（四）严格标准加强自律、接受他律

党员干部加强道德修养，首先必须严于自律。所谓"自律"，也就是社会中的个体对自我实行的约束和控制。严于自律是一个党员干部最重要的修身之道。马克思曾经说过："道德的基础是人类精神的自律。"加强道德自律，就要常存敬畏之心，敬畏人生、敬畏权力、敬畏法纪、敬畏人民，时刻警醒自己，如履薄冰、如临深渊，做到自重、自省、自警、自励，慎始、慎独、慎微，始终坚持立身不忘做人之本、为政不移公仆之心、用权不谋一己之利，在任何情况下都稳得住心神，耐得住寂寞，经受住考验，从而练就一副"金刚不坏之身"。

对于党员干部加强道德修养来说，加强自律无疑是非常重要的，但单靠自律还远远不够。在加强自律的同时，还必须自觉接受他律。所谓"他律"，是指通过法律、制度、纪律等外因条件发生作用来规范和控制自身行为的一种约束机制。宪法是国家的根本法，是治国安邦的总章程，具有最高的法律权威和法律效力。党员干部即便是高级干部，也没有超越宪法和法律的特权，也必须在宪法和法律范围内活动。党章就是党的根本

大法，是全党必须遵循的总规矩。所有党员干部都要自觉遵守党章，把党章作为加强党性修养的根本标准，凡是党章规定必须做到的都要首先做到，凡是党章规定党员不能做的都要带头不做。纪律是执行路线的保证。所有党员干部都要增强纪律意识，无条件地接受党的纪律约束，做到遵守党的纪律不动摇，执行党的纪律不走样。

三 把加强党员干部道德修养作为重大政治任务抓实做细

加强道德修养，固然要靠党员干部个人的努力，党组织的作用也举足轻重。对此，习近平总书记在河南视察时明确提出要求："各级党组织要加强对党员干部的教育、管理、监督，用好选人用人考德这根杠杆，引导党员干部堂堂正正做人、老老实实干事、清清白白为官。"总书记的这一重要论述，为党组织履行自己应尽的职责指明了方向。我们一定要认真学习领会、全面贯彻落实。

（一）加强对党员干部的教育

教育、管理、监督党员干部，必须坚持教育为先。要通过强化思想教育，为党员干部加强道德修养夯实思想基础。要把从严教育摆在突出位置，紧密联系党员干部思想状况和工作实际，加强经常性培训和教育，引导他们牢固树立正确的世界观、人生观、价值观，增强他们的宗旨意识、服务意识和组织观念、纪律观念，打牢他们心系群众、为民服务，敢于负责、勇于担当的思想基础。要强化正确政绩观教育，引导党员干部察实情、说实话、出真招、办实事、下真功、求实效，坚持科学发展、务实发展、协调发展，一任接着一任干、一张蓝图绘到底、一以贯之谋发展。要强化党风党纪和廉洁自律教育，引导党员干部正确处理公与私的关系问题，使他们懂得公款姓公，一分一厘都不能乱花；公权为民，一丝一毫都不能私用，切实做到公私分明、克己奉公、严格自律。

要注重教育内容的选择性。要把传统文化的精髓作为教育党员干部的教材，使他们明了基本的善恶标准，坚守"己所不欲，勿施于人"的道德底线。把党章和马克思主义中国化的最新成果作为锤炼思想修养的利器，引导广大党员干部坚定理想信念，增强道路自信、理论自信、制度自信。把焦裕禄、孔繁森、杨善洲等先进典范作为对照学习的标杆，用他们的言行、事业和品质鞭策党员干部的行为。要注重教育方法的灵活性。要针对党员干部不同的职业性质和岗位特点，灵活采用多种方法，教育党员干部必须按照党章的规定不断加强学习，提高政治素质。要通过看得见、摸得着的方式，创新思想教育载体，寓教于乐，春风化雨，入耳入脑，深入人心。

要通过积极探索，创造更多更加贴近实际、贴近群众、贴近生活的有效载体，使党员干部的思想教育工作开展得有声有色、富有实效。要力争教育效果的持久性。思想教育是一个长期的、潜移默化的过程。要探索建立思想教育长效机制，督促党员干部认真学、深入学、持续学，增强学习效果的持久性，使党员干部在经济市场化和思想多元化的新形势下，能够做到坚守党性原则，严格自我约束，经得起权力、金钱、美色以及形形色色诱惑的考验。

（二）要加强对党员干部的管理

习近平总书记指出："党要管党，首先是管好干部；从严治党，关键是从严治吏。"要把从严管理党员干部贯彻落实到干部队伍建设全过程，通过严格的日常管理使党员干部在平常工作和生活琐事中不断改造内心世界，提升思想觉悟，锤炼党性修养，磨砺道德品质，坚持自重、自省、自警、自立，时刻用共产党员标准要求自己，养成慎独、慎初、慎行、慎微的好习惯。

制度建设是管理党员干部的治本之策。现在我们党有8600多万党员。这么大一个党，靠什么来管好自己的队伍？除了正确理论和路线、方针、政策外，必须靠严明的规范和纪律。这些年的实践证明，加强党员干部管理，光靠觉悟不够，必须要有刚性约束、强制推动。必须明确，任何一名党员，不论职务高低、资历深浅、成就大小，都必须自觉遵守党内政治生活准则。各级党组织都要按照党内政治生活的要求，坚持党要管党、从严治党，认真贯彻执行党章和党内各项制度规定，努力提高党内政治生活的原则性和战斗力。民主集中制、党内组织生活制度等党的组织制度都非常重要，必须严格执行。要切实加强组织管理，引导党员、干部正确对待组织的问题，言行一致、表里如一，讲真话、讲实话、讲心里话，接受党组织教育和监督。要切实执行组织纪律，不能搞特殊、有例外，各级党组织要敢抓敢管，使纪律真正成为带电的高压线。

要进一步建立健全各项管理制度，不断提高制度的执行力。这些年来，我们党为加强作风建设制定和出台了不少的制度规范，其中有不少制度规范发挥了很好的作用。但是也不可否认，有些制度规范形同虚设、形同摆设，牛栏关猫，很多作风问题不仅没有遏制住，反而愈演愈烈。要在进一步完善管理制度的同时，着力增强制度的执行力。制定制度很重要，更重要的是抓落实。要以钉钉子的精神，把这件事情抓下去，一抓到底，绝不能半途而废。

（三）要加强对党员干部的监督

加强对党员干部的监督，对于防止党员干部腐化变质、维护党的纯洁性，意义非常重大。我们党执政以后，特别是在新的历史条件下，能不能成功地解决党内监督问题，尤其是对高中级干部的监督问题，是加强党的建设需要解决的一个重要问题。不断强化对党员干部的有效监督，是新时期从严治党、从严治吏的客观要求。越是改革开放，越要加强和健全党内监督；越是领导干部，越要有严格的党内监督。

各级党组织要负起自己的责任，切实加强对党员干部的监督。要重点加强对"一把手"的监督，认真执行民主集中制，健全施政行为公开制度，保证领导干部做到位高不擅权、权重不谋私。要使我们的党员干部能够正确认识自己，敬畏法纪、敬畏组织、敬畏群众，让手中权力在阳光下运行。要坚持从小事抓起，从日常管理抓起，认真落实领导干部个人事项报告制度并进行抽查核实，做到真查实查。要坚持用制度管权管事管人，对各种违反党内制度的问题，一经查实，坚决依法依纪严肃查处。

要严格执行《中国共产党党内监督条例》，落实党内监督各项制度。组织部门和纪检监察部门要肩负起监督管理党员干部的责任，建立起广泛搜集党员干部德行信息的渠道。要探索建立符合实际的德行测评体系，注重从重大事件中考察政治品德、从日常工作中考察职业道德、从生活细节中考察社会公德。要采取多种方式了解和掌握党员干部的道德修养情况，建立党员干部德行信息数据库，将相关信息录入系统，进行统一归口管理，以便及时发现问题并采取规劝谈话等挽救措施。要探索建立党员干部道德诚信指数测评体系及考核测评办法，把党员干部道德诚信软性要求实化为硬性标准，让党员干部行为有参照，广大群众监督有依据，着力增强党员干部加强道德诚信修养的自觉性、主动性。

（四）要用好选人用人考德这根杠杆

用一贤人则群贤必至，见贤思齐就蔚然成风。选什么人就是风向标，就有什么样的干部作风，乃至就有什么样的党风。我们要加快中原崛起、河南振兴、富民强省，在实现中国梦的奋斗中更加出彩，必须建设一支德才兼备的高素质执政骨干队伍。为此，就要切实做好选人用人工作，发挥考德这根杠杆的作用，严格把好德行关。

要始终把对党员干部德的考察放在首要位置。德才兼备，以德为先，是党的干部选拔任用工作的基本原则之一。在选人用人工作中，必须首重其德，把德行考察作为第一要务，德行优异者优先选用，德行平平者慎用，德行有亏者坚决不用。

要健全科学的政绩考核评价体系，形成重德才、重实绩的用人导向。要改进考核方法手段，既看发展又看基础，既看显绩又看潜绩，把民生改善、社会进步、生态效益等指标和实绩作为重要考核内容，再也不能简单以国内生产总值增长率来论英雄了。要坚持全面、历史、辩证地看干部，注重一贯表现和全部工作。

要探索考察干部德的有效办法，将德的表现细化到具体的措施上，全面客观地反映党员干部道德修养情况。要通过建立健全经常化的"考德"机制，使重德才、重实绩的用人导向具体化、显性化，让那些埋头苦干、真抓实干的干部真正得到重用、充分施展才华，让作风漂浮、哗众取宠的干部无以表功、受到贬责，杜绝投机钻营之路，堵塞趋炎附势之门，廓清选人用人之风。

（原载《领导参阅》2014年第34期）

关于开好县级领导班子专题
民主生活会的建议

刘道兴

县级是我们国家最重要的行政层级之一，县级领导班子专题民主生活会，是第二批群众路线教育活动的重头戏，县级民主生活会的质量和效果，事关全省大局、稳定和发展。

一 参与县级领导班子专题民主生活会的人员应尽量少一些

这次群众路线教育，最重要的一个环节就是领导班子专题民主生活会，从中央到省、市各层次十分重视。但有时可能因过于"重视"也会出现值得注意的问题，比如参与领导班子专题民主生活会的人员太多，不利于班子成员之间相互开展批评。按照常规，参与领导班子专题民主生活会的人员除了本级领导班子全体成员之外，上级纪委、组织部也要派员参与。而近期一些地方的民主生活会除了上述的人员参加外，还有督导组、上级在当地的巡视组，以及上级领导班子成员作为联系点也要参加并带工作人员，再加上新闻媒体等，一般一个民主生活会参加的人员达到三四十人甚至更多。我国古来就有"扬善于公庭，规过于私室"之说，表扬人可以在大庭广众之下让人们知道得越多越好，而批评人的过错则应在尽可能小的范围内进行。越是一对一的批评，越能够把话说得重一点，就越是管用，越是能记一辈子，越能体现出关心和关爱。凡是能让人红红脸、出出汗、感受到辣味的问题，往往都比较敏感，涉及利益、用人、个人意识等问题，而一个县城范围又比较小，人际关系错综复杂，一旦保不住密，传到社会上，对组织、对个人都有副作用，也不利于今后工作。我们党要提高执政水平，就必须重视党内民主生活的艺术。一些领导同志在生活会上开展批评放不开，有顾虑，在一定程度上与场合不适合批评有关。建议对参加民主生活会的人员严格限定，上级党委派了督导组，纪委和组织部就可以不再派人，督导组、巡视组和来联系点的领导都只让领导同志本人参与，跟随的工作人员应尽量不参与。新闻媒体可以在生活会开始时照点镜头，正式开始都应离开会场，宣传报道用统一口径对外。

二 防止对照检查材料格式化，防止生活会上发言模式化

党内民主生活会主要是谈思想、谈认识、谈深层次意识问题，通过一些具体工作事例剖析思想认识和党性。而每个领导班子成员的个人年龄、资历、分工、成长过程等都有十分鲜明的个性，每个人也都有不同的活思想，这就决定了高质量的民主生活会应当是十分鲜活、生动、丰富的。但是目前看来，民主生活会往往过于刻板，首先是对照检查材料出现了一定的格式化偏向，查摆问题都是共性很突出的几个方面，分析原因大都是党性观念淡漠、宗旨意识不强、思想作风松懈和组织纪律涣散这几条，对策和改正措施也是这几个方面反过来说。在民主生活会上发言时，也往往形成一种流水线，大家事前都为其他成员准备好几句话，提两条三条意见建议或希望，多是戴个帽子，例行公事，不涉及具体事例，形成模式化的发言。要把民主生活会开好就必须防止这类现象普遍化，一定要要求每个班子成员联系思想实际，一定要注重个性化，增强针对性，一定要强调用干部群众提出的问题作为鲜活事例分析思想认识和党性根源。

三 高度重视书记、副书记对班子成员的批评和发言点评

书记、副书记在一个班子里负责，对每个成员的活思想、工作状态、精神状态、领导水平都有所了解，民主生活会上应把对每个同志的看法、评价、批评、希望说出来。一般来说，书记的批评和点评到位了，民主生活会就开好了一半，因为书记的发言是很好的引领和示范。另外，书记作为主持人，对每个成员的发言情况、批评和自我批评是否到位，应当及时插话、点评，批评的好就肯定，隔靴搔痒就要批评，应付的不让过关。一般成员发言过后，书记、副书记都应积极参与讨论。这样虽然会议时间可能会长一点，但能够活跃气氛，将会议不断引向深入。

四 每个班子成员都要跳出分工，真正站到党和人民事业的高度

民主生活会作为党内政治生活的重要形式，虽然不能完全脱离每个人的分工，但要防止每个成员只站在自己分工角度评价或要求其他成员。比如分管农村工作的同志，对其他成员提的意见都是"对农村工作重视支持不够"，分管人民武装工作的，对每个同志提的意见都是"对武装工作重视支持不够"。这样会使民主生活会的境界大大降低。县里的同志平时忙于具体事务多，民主生活会不能再陷入事务和分工。应当明确提出要求，每个班子成员都要站在全党高度，站在执政高度，站在整个班子作用发挥的高度，站在有利于全县改革发展的高度来提出问题，使民主生活会开出水平、开出境界、开出努力方向。

五 始终坚持"以事评人"

民主生活会不能不涉及具体的工作、具体的事，但问题在于不能就事论事，不能停留在对具体事件和具体问题勇于承担的责任上。越是到基

层，民主生活会就越容易就事论事。往往是点到具体事件和某一方面工作中问题时，轻描淡写地说几句自己应负责之类的话，缺乏对思想认识的分析，缺乏对造成群众有意见、事情没办好深层次原因的分析，要真正做到见事、见人、见思想，就不能停留在一般化上，要剖析事情发生和问题出现的思想根源，这样才能真正提高认识。

六　增强问题意识，回应群众关切

这次群众路线教育，说到底是通过反对四风，解决群众不满意的问题，达到为民、务实、清廉。民主生活会一定要增强针对性，既要分析查摆一般的带有共性的问题，更要针对当地工作实际，把前段征求群众意见的问题在民主生活会上做出积极回应。河南省县域经济过去十几年蓬蓬勃勃发展，出了一批特色经济强县。但是也有相当一些县发展变化不太大，四风问题严重，党风、政风、民风都存在不少问题，这次群众路线教育应认真对待和解决这些问题。我们不是为生活会而开生活会，也不是为批评而开展批评，而是要踏踏实实分析产生这些问题的思想认识原因，更好地解决群众提出的问题。所以每个参与生活会的成员，脑子里都要有问题意识，有当地发展的问题，有整个班子的问题，有自己分工领域的问题，有个人工作上、思想上、意识上、作风上的问题，针对问题查摆，针对问题检讨，针对问题开展批评和自我批评，针对问题找准今后的努力方向。

七　防止出现前紧后松、前重后轻

民主生活会发言一般按照常委顺序排序，先书记、副书记，然后纪委书记，再是一般常委，最后是新进班子成员，这样往往容易出现前紧后松、前重后轻的现象。对担任重要职务的成员要求严格一些、批评多一些、标准高一些，而对其他班子成员则越来越看得轻一些，轻描淡写就过去了。实际上，民主生活会上所有班子成员地位是一样的，应当平等地接受党内政治生活洗礼，提意见要求的标准应一样高，谈思想谈认识应一样到位。应当强调书记、副书记、纪委书记对每个成员要开门见山提出问题、不足和批评，越是会议开到后边越要防止松劲和标准降低。

八 对新进班子成员或年轻班子成员更要高标准、严要求

在民主生活会进行过程中，往往对新进班子的成员或年轻班子成员提不出什么批评意见，有时简单一句话"刚进班子不太了解""刚到这里工作没啥问题"就过去了。其实，从我们党的事业发展的高度看，年轻班子成员、新进班子成员代表着未来和希望，这些同志往往是上级新派来担任职务的，为今后成为班子骨干和主要领导人作准备的，从书记、副书记到班子里的老同志，都要对新进班子成员和年轻同志更多观察、分析、批评、呵护，在民主生活会上应郑重严肃地指出他们的不足，包括存在的思想问题、须着重防止和避免的问题、应努力提高的能力等，让年轻同志在民主生活会上受到严格的熏陶和批评帮助。

九 督导组要重视发现倾向性问题并及时指导

民主生活会十几个人轮流发言时间往往很短，有时一个成员的发言三言两语就过去了，如果把握不住，很快就会形成倾向性问题，想回过头来重新进行就麻烦了。这就要求主持人和督导组长要严格要求，善于观察和把握火候，发现苗头及时引导和纠正，必要时可以用休息一下开个碰头会的办法，提出问题，统一认识，然后再重新进行。如果等到大多数成员的发言都敷衍过去了，发现不行需要重新开生活会，就做成了夹生饭，对党内外影响都不好。

十 民主生活会后要认真做好总结善后工作

民主生活会上有同志发言重，有同志发言轻，有同志发言直，有些批

评能接受，也有些批评接受不了，但碍于严肃庄重的会场和上级领导都在，有些同志表面上接受了或不吭声，实际上心里不服气、不接受的现象都可能存在。在民主生活会后，书记和督导组长应心里有数，找有关同志谈心，化解心里疙瘩，达到促进团结合作共事的目标。

（原载《呈阅件》2014 年第 16 期）

用焦裕禄精神撑起党员干部的精气神*

丁同民

习近平总书记在指导兰考县委常委班子党的群众路线教育实践活动专题民主生活会时指出，真正立好焦裕禄这个标杆，把党员、干部精气神撑起来。省委郭庚茂书记强调，要通过学习弘扬焦裕禄精神，一方面明是非、树正气；另一方面提升境界、提振精神。用焦裕禄精神撑起党员干部的精气神，是一个无法回避而又必须面对和解决的重大课题。我认为，要解决好这一课题，首先应从弄明白几组概念做起，概念清楚了，精气神才会激发出来。

一 用焦裕禄精神撑起党员干部的精气神，就要弄明白"什么是党员？党员应干啥？怎样当好一名党员？"

焦裕禄同志作为一名党员，用"宁愿拼上一条老命、也要改变兰考面貌"的大爱和忠诚书写了共产党人的光辉形象，对"什么是党员？党员应干啥？怎样当好一名党员？"做了生动诠释。

（一）什么是党员？

《中国共产党党章》规定："中国共产党党员是中国工人阶级的有共

---

* 本文是河南省社会科学院副院长丁同民在河南省党的群众路线理论研讨会上的发言摘要。

产主义觉悟的先锋战士。""中国共产党党员永远是劳动人民的普通一员。"因此,党员本身就是群众,但党员又不是普通的群众,而是群众中的优秀分子。因此,党员首先应把自己当成群众,这样才能从群众的立场、群众的视角去思考问题、推动工作;但又不能把自己视为普通的群众,理应拉高标杆、真正树立党员意识,在党忧党、在党护党。

(二)党员应干啥?

焦裕禄同志用 475 天的短暂时间铸就了永恒的焦裕禄精神,也为"党员应干啥?"做出了很好的诠释。党员岗位不管重要与否、党员能力不管大小,但都应是真为老百姓办事,不是假为老百姓办事;是真的老百姓办成了事,又没办损害老百姓利益的事;是真的为老百姓办了好事,又没给党组织增添麻烦事。"金杯银杯不如老百姓的口碑,金奖银奖不如老百姓的夸奖。"有形之碑,固然可以昭示天下;而弥足珍贵、真正能够流芳百世的,还是老百姓的口碑。

(三)怎样当好一名党员?

《中国共产党党章》规定:"中国共产党党员必须全心全意为人民服务,不惜牺牲个人的一切,为实现共产主义奋斗终身。"除了法律和政策规定范围内的个人利益和工作职权以外,所有共产党员都不得谋求任何私利和特权。邓小平同志曾经深情地说:"我出来工作,可以有两种态度,一个是做官,一个是做点工作。我想,谁叫你当共产党人呢?既然当了,就不能做官。"习近平总书记特别强调,党员是党的肌体的细胞。党的先进性和纯洁性要靠千千万万党员的先进性和纯洁性来体现,党的执政使命要靠千千万万党员卓有成效的工作来完成。因此,我理解,当好一名党员就要做到:在平常时刻能看得出来,在关键时刻能站得出来,在危险时刻能豁得出来。

二 用焦裕禄精神撑起党员干部的精气神,就要搞清楚"什么是干部?干部应干啥?怎样当好一名干部?"

焦裕禄同志作为一名干部,用"敢教日月换新天"的革命豪情和奋斗精神铸就了干部的精神丰碑,对"什么是干部?干部应干啥?怎样当好一名干部?"做了真实注解。

(一)什么是干部?

党的二大制定的《中国共产党党章》首次使用了"干部"一词。现在,干部一般是指在党和国家机关、军队、人民团体、科学、文化等部门和企事业单位中担任一定公职的人员。现行《中国共产党党章》规定,党的干部是党的事业的骨干,是人民的公仆。党的干部是党的事业的骨干,就要坚定中国特色社会主义的道路自信、理论自信和制度自信,真正成为改革发展稳定的实践者、组织者和推动者,成为党的各项路线方针政策的擎旗手和领路人;党的干部是人民的公仆,就要沾土气、接地气,把党的正确主张变为群众的自觉行动,做出经得起实践、人民、历史检验的实绩。

(二)干部应干啥?

毛泽东同志指出,"政治路线确定之后,干部就是决定的因素。"内乡县衙有幅著名对联:"得一官不荣,失一官不辱;勿说一官无用,地方全靠一官"。但干部有多重,群众是杆秤。干部干得是好是差,付出了多少心血和汗水,群众的眼睛是雪亮的。焦裕禄同志在兰考大地奔跑仅仅475天,能对群众知冷知热、对县情知根知底、对工作知长知短。而现在个别干部身在基层、不了解基层,身为群众、不了解群众,与群众同讲一种方言但没有共同语言。焦裕禄同志不仅为自己赢得了尊敬和爱戴,也为"干部应干啥?"敲响了警钟。事实证明,当所有的喧嚣过后,尘埃落定,真正能够被历史铭记的,是那些利国家、顺民心、济苍生的一些干事创业的干部。

(三)怎样当好一名干部?

"干部不领,水牛掉井"。中国传统戏剧《七品芝麻官》中有句家喻户晓的台词:"当官不为民做主,不如回家卖红薯。"林则徐曾说,"苟利国家生死以,岂因祸福避趋之"。习近平总书记指出,要珍惜岗位,秉公用权，安身、安心、安业，多为老百姓造福。好干部总是心里装着群众，愿意走进群众，事事为了群众，一步一个脚印为群众办实事。因此，当好一名干部就要以焦裕禄为标杆，在改革发展的主战场、维护稳定的第一线、服务群众的最前沿敢于担当。特别是在处理复杂矛盾和问题时要做到逆境顺境一个样，大事小事一个样，平时关键一个样；讲物质更重精神，讲态度更重行动，讲时效更重长效。

三 用焦裕禄精神撑起党员干部的精气神，就要深入思考"什么是群众？群众真盼啥？怎样当好群众的服务员？"

焦裕禄同志用他"心中装着全体人民、唯独没有他自己"的公仆情怀和爱民亲民风范，生动地实践了党的群众路线的本质要求，对"什么是群众？群众真盼啥？怎样当好群众的服务员？做了深刻回答。

（一）什么是群众？

群众的概念，一般讲有广义和狭义之分。狭义讲，群众一般是指不担任领导职务的民众，或没有加入中国共产党、共青团组织的民众；广义上讲，所有人包括党员干部也是群众。因此，党员干部首先是群众，然后由于社会角色的不同而成为党员干部，二者是包含与被包含的关系，不能人为地将二者割裂开来。否则，在实际的群众工作中，就会闹笑话、甚至会犯严重错误。毛泽东强调，每个共产党员都要树立争取群众的观念，要像和尚念"阿弥陀佛"一样，随时都要叨念"争取群众"。"干部能够搬石头，群众就能搬山头。"2005年10月1日《文汇报》刊登的一篇文章，题目叫《上帝之吻》。这是一个真实的故事，他告诉我们一个未婚的农村女孩子冒着被杀头的危险和一些农村传统的禁忌，用一个"真情的吻"挽救了一个革命战士。在抗日战争年代，类似的故事很多。中国革命的历史也证明：延安革命根据地，是陕北人民用小米哺育出来的；淮海战役的胜利，是人民群众用小推车推出来的；中国革命的胜利，是全国各族人民群众用鲜血换来的。因此，群众是我们党的根基所在、血脉所在和力量所在。任何时候群众立场不能变,群众观点不能丢,工作作风不能变,为民情怀不能移。

(二) 群众真盼啥?

焦裕禄同志到兰考任职后,第一件事情就是去了解群众在盼什么。通过调查,焦裕禄认识到,治沙、治水、治碱是当时兰考人民的最大期盼。为此,深入开展了消除"三害"的斗争。与过去相比,现在群众吃穿不愁了,但老百姓期盼环境好一点、交通好一点、就业好一点、教育好一点、社保好一点、就医好一点、收入好一点,等等。因此,要像焦裕禄同志那样自觉去了解群众的所思所盼,然后围绕群众的所思所盼制定群众工作的路线图和时间表。

(三) 怎样当好群众的服务员?

毛泽东同志曾多次指出,为人民服务是共产党和共产党领导的军队、政权、党所领导的全部事业的唯一的最高宗旨。所谓宗旨,就是根本的、最高的、统率一切的价值取向、价值标准、价值原则。为人民服务这"五个字"凝聚了马克思主义世界观、历史观和人生观实质的价值取向,它有着深厚的理论根基和丰富的历史内涵。为此,我们把群众路线确定为中国共产党最根本的工作路线。拉美等一些掉进"中等收入陷阱"国家的教训也在此告诉我们,权力很容易被富人或精英阶层所支配、被财富所绑架,往往导致权力运行脱离人民。马克思说:"历史把那些为了广大的目标而工作,因而使自己变得高尚的人看作是伟大的人;经验则把使最大多数人幸福的人称赞为最幸福的人。"在实现中国梦的伟大征程中,只要我们共产党人联系服务群众真心实意,就会做一个使最大多数人幸福的"最幸福的人"。

(本文系作者在河南省党的群众路线理论研讨会上的发言摘要)

向党内潜规则亮剑

——学习贯彻习近平总书记在河南考察重要讲话精神

闫德民

前不久，在指导兰考县委常委班子党的群众路线教育实践活动专题民主生活会时，习近平总书记指出："要坚持清正严明，形成正气弘扬的大气候，让那些看起来无影无踪的潜规则在党内以及社会上失去土壤、失去通道、失去市场。"这一重要论述直指时弊，切中要害，振聋发聩！治理潜规则，党内潜规则是关键。全党同志都要积极行动起来，向党内潜规则说不，向党内潜规则亮剑，让潜规则在党内失去土壤、通道、市场，以党内清风正气的弘扬带动全社会的清风正气的弘扬。

一 党内潜规则现象及其主要特点

俗话说，没有规矩不成方圆。一个党组织要正常运转，必须要有制度规则。目前我们党内已经建立起了以党章为核心的制度规则体系，这是我们党队伍整齐、步调一致、团结奋斗的重要保证。同时毋庸讳言，党内也存在一些形形色色的不良风气，亦即党内潜规则。所谓"党内潜规则"，是相对于作为党内正式规则而言的，是指党内存在的与党的正式规则背道而驰的，但却在实际支配一些党员言行的不良风气。

在基层党内生活中，此类潜规则司空见惯，在一些地方甚至很是盛行，在不同的领域和方面有各种不同的具体表现。例如，在选拔任用干部方面，"不跑不送，原地不动；只跑不送，平级调动；又跑又送，提拔使用"，就是流行甚广的潜规则。在为人处世方面，一些人讲究这样一种哲学：官场中人不能太锋芒毕露，做事不能追求完满，要留有余地。批评和自我批评是党的优良传统，然而在一些地方却变了味儿。在一些基层党组织民主生活会上，"自我批评摆情况、相互批评提希望"，"对上级放礼炮、对同级放哑炮、对自己放空炮"等现象屡屡出现。有的甚至假借批评为名行吹捧之实："书记其他方面样样都好，就是不注意劳逸结合。"如此等等。

党内潜规则的要害，是一个"潜"字。"潜规则"是一种游离于正式规则以外并与正式规则相悖、约定俗成、摆不上台面、非正式的暗规则，具有隐蔽性、实用性、功利性等特点，其最大特点是只可意会、不可言传，只做不说、无影无踪。这些潜规则虽摆不上台面、见不得阳光，但却像一只无形的手调节着一些基层党组织的内部关系，成为实际左右一些党员干部言行的"指挥棒"，如果有谁不照此办事，就会碰壁。现实生活中，大家都对潜规则心知肚明，彼此心照不宣，既要各方都获得实际利益，又要保证彼此相安无事。

二 党内潜规则的危害及其根源

这些看起来无影无踪的党内潜规则具有很大的危害性。潜规则对党造成的伤害并不浅。

一是导致党内生活庸俗化，毒化党内风气。不少党内潜规则是以庸俗关系学为其理论基础的。这些潜规则一旦盛行，就会使一些消极的东西渗透到党内来，使原本纯洁的同志关系变了味，严肃的党内生活庸俗化。譬如"栽花不栽刺""你好我好大家好"等潜规则一经风行，党内民主生活会上的"辣味"就闻不到了，逢迎讨好、阿谀奉承、相互吹捧的庸俗风气就甚嚣尘上了。

二是导致少数党员干部价值取向扭曲，滑向腐败的深渊。潜规则的背后是利益在作祟。面对利益的诱惑，少数党员干部往往把潜规则看成是臭豆腐，闻起来臭吃起来香。不按潜规则办事吃亏，而善搞潜规则的人却屡得好处，潜规则不搞白不搞。久而久之，人们的价值观就会慢慢起变化，把本来不正常的事视为正常的事，为了谋取私利不惜触碰道德和法律的底线，一步步堕入腐败深渊。

三是导致少数党员干部人格分裂，成为"两面人"。潜规则都是些见不得阳光的东西，因而那些热衷于搞潜规则的人不敢将其拿到桌面上，只能口头上假称执行党内显规则，背地里却把潜规则奉若圭臬，长此以往便会患上人格分裂症：表里不一，言行不一，台上台下两个形象，人前人后两种表现，嘴里大讲"执政党的党风关系党的生死存亡"，私下却干些卖官鬻爵、贪污受贿的勾当。

四是导致党的形象受到严重损害，削弱党的执政基础。潜规则通常含有不道德的、有碍社会公平的阴暗内容。潜规则大行其道，党内不正之风就日渐盛行，群众利益就受到侵害，社会公平正义就无法保障，党的纯洁性就要受到玷污，党的形象就会受到损害。这种寄生在我们党机体上的癌细胞一旦扩散开来，势必疏离党同人民群众的血肉联系，削弱党的执政基础，甚至危及党的执政地位。

"潜规则"在我们党内存在，是有着深刻的社会历史根源的。

从传统历史文化看。我国是一个官本位意识源远流长而又根深蒂固的国度。在封建专制弊政和虚伪道德的熏染下，封建官吏为了彼此都能谋取到一定私利，便逐渐约定俗成了一些官场潜规则。他们口头上讲着"礼制"，但实际上却奉行"刑不上大夫，礼不下庶人"等潜规则。这些封建残余思想和旧习惯反映到我们党内来，便出现了形形色色的党内潜规则。

从社会整合治理机制看。计划经济时代，主流意识形态一统天下，其他意识形态几乎没有话语权。进入改革开放新时期，传统社会整合机制出现部分失灵。作为主要社会整合手段的意识形态的束缚力和控制功能有所减弱，个人权利、个人利益等得到张扬，集体主义价值观等主流意识形态受到冲击，"按规矩办事吃亏"等说法得到一些人认同，并为少数党员干部所接受。这是形成党内潜规则的一个重要原因。

从党内显规则状况看。党内潜规则的滋生和蔓延，与党内显规则不完善或缺失密切相关。目前，我们党内的一些制度规则还不完善，有的甚至缺位。党内生活的任何方面都需要由制度规则来规范和调节。显规则缺位，潜规则就会出现来补位；显规则不完善或存在缺陷，约束力不强，潜规则就会迅速膨胀，挤压显规则的作用空间。

从党内权力结构看。党内许多潜规则的出现和发挥作用，又同我们党内的权力结构状况密切相连。这些潜规则在本质上是权力意志的一种表现形式，彰显的是不受约束的权力的力量。一些领导干部位高权重，就有人想方设法向其献媚。这既有党内民主发展得不够的原因，也有党内权力结构不合理的原因。目前，权力过分集中的情况在党内还很严重。权力过分集中而又得不到制约，是党内潜规则滋生和蔓延的重要原因之一。

三 党内潜规则的预防和治理

党内潜规则危害甚烈。对党内存在的各种潜规则，不能视而不见，不能回避，不能文过饰非，必须对党内潜规则说不，向党内潜规则亮剑，下大气力坚决予以治理，让其在我们党内失去土壤、失去通道、失去市场。

一是坚决铲除党内潜规则赖以滋生蔓延的土壤。传统的官本位意识以及封建主义腐朽思想文化，是党内潜规则赖以滋生蔓延的思想基础和文化土壤。而时下广为流行的社会潜规则，又为党内潜规则的滋生蔓延提供了重要的社会生态。要让潜规则在党内失去土壤，既要抓腐朽政治思想文化清理，又要抓社会生态治理，双管齐下，积极营造抵御党内潜规则的良好社会文化环境。要继续肃清封建残余思想文化的影响，加强党内思想政治工作，教育引导党员干部坚定理想信念，加强道德修养，自觉践行社会主义核心价值观，不断增强抵御潜规则腐蚀的能力。要加强社会公德、职业道德、家庭美德和个人品德教育，着力培育公民知荣明耻、诚实守信的道德观念，用优秀的法治文化代替鄙陋的人情文化、关系文化、圈子文化。运用法治思维和法治方式强化社会治理，依法规范各种社会行为，规范市场行为，维护社会公平正义。

二是着力增强党内正式规则对党内生活的约束力。党内潜规则与党内正式规则是彼此消长的关系。党内潜规则大行其道，党内正式规则便会形同虚设。完善党内显规则，是切断党内潜规则的通道、使其失去市场的利器。因此，破除党内潜规则必须着力健全和完善党内法规制度，堵塞各种制度漏洞，增强党内正式规则对党内生活的约束力。要加快推进党内权力结构改革，强化对权力的制约和监督，形成科学有效的权力制约和协调机制，把权力关进制度的笼子里。加快推进党务公开，确保权力在阳光下运行。坚决维护党内法规制度的严肃性和权威性，坚持制度面前人人平等、执行制度没有例外，严格用制度管人、管事、管权。

三是把治理党内潜规则同解决"四风"问题紧密结合起来。目前我们在群众路线教育实践活动所集中解决的形式主义、官僚主义、享乐主义和奢靡之风这"四风"问题，都同党内潜规则有着密切联系，它们之间互为条件、互为因果、相互依存。因此，治理党内潜规则，要同加强党的作风建设、解决"四风"问题紧密结合起来，在治理党内潜规则中扫除"四风"问题的作风之弊、行为之垢，又通过解决"四风"问题使党内潜规则失去土壤、通道和市场。要把治理党内潜规则作为群众路线教育实践活动的一项重要内容，认真查找治理党内潜规则的表现和根源，充分认识党内潜规则的严重危害，以作风建设的扎实推进铲除党内潜规则赖以滋生的条件和土壤。党内潜规则问题具有顽固性和反复性，治理起来不可能一劳永逸。治理党内潜规则一定要讲认真，在抓常、抓细、抓长上下功夫，发扬"钉钉子"精神，以持之以恒的态度和锲而不舍的韧劲打持久战、啃硬骨头，做到持之以恒、久久为功。

（原载《河南日报》2014 年 5 月 23 日）

抓好作风建设坚持立破并举

——学习贯彻习近平总书记在河南考察重要讲话精神

万银锋

最近,习近平总书记在指导兰考县委常委班子党的群众路线教育实践活动专题民主生活会时指出:"作风建设是永恒课题,要标本兼治,经常抓、见常态,深入抓、见实效,持久抓、见长效,通过立破并举、扶正祛邪,不断巩固和扩大已经取得的成果,努力以优良的党风政风带动全社会风气根本好转。"习近平总书记的重要指示,提出了党的作风建设的形势和任务,指明了党的作风建设的方向和路径,对巩固扩大教育实践活动成果,推进党的作风建设常态化,具有极其重要的意义。

一 作风建设是一个立破并举、扶正祛邪的过程

作风的形成是一个动态、长期的过程。对一个政党来说,作风形成的长期性以及表现出来的稳定性,决定了作风建设是一个永恒的课题。要使作风建设不断达到新水平,就要立破并举、扶正祛邪,使一些优良作风坚持下来并得以弘扬,一些不正之风得到遏制和祛除。

作风建设是立与破对立统一的过程。首先,立与破是一对动态的、对立的概念,破是立的前提,立是破的要求和动力。毛泽东同志曾在《新

民主主义论》中指出："不破不立，不塞不流，不止不行，它们之间的斗争是生死斗争。"就作风建设而言，立与破是首先对立的，"立"就是要对一些优良的风气大张旗鼓地弘扬和坚持，"破"则是要对一些不正之风坚定不移地纠正和摒弃，二者构成作风建设的矛盾对立。其次，立与破之间又是统一的，事物的两面性决定了一个东西被打"破"的时候，就意味着新的东西被建"立"和获取。换句话说，只要不断对不正之风涤荡和清除，优良的作风就会真正建立起来。它要求我们，必须用动态的、发展的观点，正确看待立与破之间的辩证关系，在立中求破、在破中求立，在二者的对立统一中强化作风建设。

作风建设是正与邪的斗争较量过程。辩证唯物主义认为，事物的发展是一个矛盾相互斗争的过程，是正反两个方面相互较量的结果。在事物发展中，正和邪是相互对立的一对矛盾，二者总是在不断斗争中相互转化。就党的作风建设而言，其本质就是"正"与"邪"相互斗争的过程，是"扶正"与"祛邪"相互促进的过程。只要下真功夫去扶"正"，就会使清正之风得以弘扬，歪风邪气得到祛除；只要持之以恒祛"邪"，就会使歪风邪气失去土壤，清风正气得以弘扬。它要求我们，既要充分认识"正"与"邪"的矛盾对立，又要坚持"扶"与"祛"的辩证统一；既要坚定不移地"扶正"，营造风清气正的良好氛围，又要义无反顾地"祛邪"，让歪风邪气没有生存土壤，从而使作风建设不断得到加强。

作风建设是一个持久、复杂的过程。作风是在一个长期的、动态的过程中形成的，具有一定的顽固性和反复性。因此作风建设不可能一劳永逸，克服不良作风也不可能一蹴而就。从作风问题的顽固性来看，作风问题一旦形成就很容易成为"痼疾"，不仅存在于各个领域、方方面面，而且形式各异、五花八门。因此作风建设既是一个攻坚战，也是一个持久战，既要坚定不移，更要持之以恒。从作风问题的反复性来看，"纠风之难，难在防止反弹。"解决作风问题就像弹簧一样一压就紧，一放就松，且在一定的条件下容易反弹。因此作风建设是一个常抓常新的课题，不能靠几次活动、几次整改就能万事大吉，而是要坚持重锤常敲、警钟长鸣、常抓不懈，形成作风建设的常态化。

二 加强作风建设必须把握好立什么、破什么问题

作风建设总是同一定的时代特征相联系，随着实践的发展和形势的变化，不断被赋予新的内涵。加强党的作风建设，必须把握重点，立破并举、扶正祛邪，突出解决好立什么、破什么的问题。

要在理想信念上把握好立什么、破什么。崇高的理想信念是共产党人强大的精神支柱。习近平总书记把理想信念形象地比喻为共产党人精神上的"钙"。事实证明，党员干部只要用坚定的理想信念练就"金刚不坏之身"，就能在大是大非面前站稳立场，在严峻考验面前无所畏惧，在重大任务面前勇往直前，在各种诱惑面前洁身自好。加强党的作风建设，必须在理想信念上坚持立破并举。一方面，党员干部要牢固树立共产主义理想和社会主义信念，坚定中国特色社会主义的理论自信、道路自信和制度自信，增进对党的政治认同和情感认同，做到站位高远、眼界宽广、心胸开阔；另一方面，要引导党员干部坚定立场、明辨是非、坚持真理，坚决反对理想滑坡、信念动摇倾向，敢于拿起批评和自我批评的武器，同利己主义、个人主义、自由主义等行为做斗争，旗帜鲜明地反对各种不良思潮，对错误思想和言论开展理直气壮的批评和教育。

要在求真务实上把握好立什么、破什么。求真务实是共产党人的政治本色，也是党的作风问题的核心，更是我们做好一切工作的前提。"天下事，以实则治，以文则不治。"事实证明，没有求真务实的作风，没有脚踏实地的干劲，什么事都成不了，什么业也兴不了。加强党的作风建设，必须在求真务实上坚持立破并举。一方面，始终坚持讲实话、干实事、求实效，既抓看得见摸得着的显绩，又抓促进持续发展的潜绩，让埋头苦干、真抓实干的干部真正得到重用、充分施展才华，努力形成"察真情、说实话、出真招、办实事、下真功、求实效"的干事创业氛围；另一方面，要坚定不移地反对各种"作秀"现象，要让作风漂浮、哗众取宠的行为无以表功、受到贬责。对抓工作浮光掠影、做调研蜻蜓点水的，对搞面子工程、急功近利拍脑袋决策的，对弄虚作假、欺上瞒下、报喜不报忧的，都要坚决批评和反对。

要在清正严明上把握好立什么、破什么。清正严明既是品格和作风的一种体现,也是规则与制度的一种状态。能否做到清正严明,能否形成清正廉明的氛围和环境,关系着党的健康发展和事业的成败。加强党的作风建设,要在清正严明上坚持立破并举。一要教育党员干部牢固树立法制意识,维护党章权威,遵守党的纪律。对党纪国法心存敬畏,从严律己,做到为政清廉;在制度面前恪守规则,用权为民,真正"把权力关进制度的笼子";二要敢于同有悖于规章制度的行为做斗争,对那些"变通""活用"的人和事,要旗帜鲜明地反对、坚定不移地查处,对"找靠山胜过找组织,走程序不如走后门"等潜规则,要坚决破、深入改,让潜规则真正在党内以及社会上失去土壤、失去通道、失去市场。

三　在立破并举、扶正祛邪中构建作风建设长效机制

作风建设永远在路上,贯彻群众路线没有休止符。在作风建设中,无论"破"还是"立",无论是"扶正"还是"祛邪",都是一项长期的、艰巨的战役。要让作风建设已经采取的措施行之有效,让逐步形成的机制扎根落地,让已经取得的成效巩固发展,就必须坚持立破并举、扶正祛邪,在抓常、抓细、抓长上下功夫,形成作风建设的长效机制。

抓常,就是要经常抓。"日日行,不怕千万里;常常做,不怕千万事"。立足于改作风、树新风来制定措施和开展活动并不难,难的是锲而不舍、坚持不懈,难的是实现转作风与促工作"双赢"。如果就转作风而转作风,就搞活动而搞活动,与日常工作"两张皮",不仅转作风难以深入和奏效,而且很容易顾此失彼、贻误工作。这就要求各级党组织一方面要把作风建设列入议事日程,有机地融入日常工作,做到管事就管人,管人就管思想、管作风,实现作风建设的常态化;另一方面,推动各项工作都要转作风与抓工作"两不误""两促进",努力形成抓工作、强作风的良性循环。

抓细,就是要认真抓。作风之弊虽然形式多样、成因复杂,但只要有严格的尺度来衡量、有坚定的决心来纠正,就能看得清楚、认识明白、解决到位,如果马虎敷衍、粗枝大叶,即使问题摆在眼前也看不到、识不

透，就容易虚晃一枪；即使花了很大精力，也可能搞形式、走过场。因此要围绕"细"字做文章，既层层深入、细致入微，又稳扎稳打、步步为营。一方面，重点聚焦"四风"问题，立行立改，对群众尤其是基层群众反映的作风问题，要认真对照、深入剖析，把活动成效落实到纠正毛病和问题上；另一方面，要坚持"群众利益无小事"，从老百姓切身利益的事情做起，从看得见、摸得着的具体事抓起，实实在在地解决一些群众关心的热点难点问题，真正让老百姓得到实惠。

抓长，就是要反复抓。作风问题抓一抓就会好转，松一松就会反弹，有的还会变本加厉。如果只是"来也匆匆，去也匆匆"，很难留下什么成果，已经取得的成效也会付诸东流。看转作风有没有实效，不能仅看一时之变，重要的是看长久之态。一方面，要有咬定青山不放松的决心，持之以恒、长远谋划，认真落实加强作风建设的各项制度，做到有章必循、违规必究，坚决把来之不易的良好势头保持下去，把清除"四风"的态势保持下去；另一方面，要抱着不达目的不罢休的态度，乘胜前进、扩大战果，借全面深化改革的东风，从体制机制层面进一步破题，以严格的党内政治生活来规制和引导作风建设。

（原载《河南日报》2013年6月3日）

后 记

建设新型智库，助推中原崛起，发挥咨政建言作用，是河南省社会科学院的办院宗旨，也是持续不懈、奋力追求的办院目标。2014年以来，为更好地推进新型智库建设，更好地服务于省委、省政府的中心工作和河南经济社会发展的现实需要，我院紧紧围绕事关河南发展的重大现实性、全局性、战略性问题展开了深入研究。为系统反映我院2014年参与政府决策、服务全省发展大局的整体情况，我们选辑了部分有重要参考价值和社会影响的研究咨询成果汇编成册。本书共分为"形势分析展望篇""推动科学发展篇""创新社会管理篇""建设文化强省篇""加强党的建设篇"五篇，大体反映了2014年河南省社会科学院参与政府决策、服务发展大局的总体情况。

本书由河南省社会科学院院长喻新安、党委书记魏一明担任主编。河南省社会科学院副研究员杨兰桥做了大量文献编辑整理工作。基于尊重原创的基本原则，内容基本保持原貌，仅对部分标题、格式作了相应的技术性调整。

在编辑出版过程中，由于时间紧、任务重，遗漏差错之处在所难免，敬请各位读者批评指正。

编　者

2014年12月

图书在版编目(CIP)数据

中原智库论丛:河南省社会科学院决策咨询成果.2014/喻新安,魏一明主编.—北京:社会科学文献出版社,2015.6
 ISBN 978-7-5097-7123-5

Ⅰ.①中… Ⅱ.①喻…②魏… Ⅲ.①社会科学-研究成果-汇编-河南省-2014 Ⅳ.①C126.1

中国版本图书馆CIP数据核字(2015)第032506号

中原智库论丛(2014)
——河南省社会科学院决策咨询成果

主　　编 / 喻新安　魏一明

出 版 人 / 谢寿光
项目统筹 / 任文武
责任编辑 / 高　启　王　颉

出　　版 / 社会科学文献出版社·皮书出版分社(010)59367127
　　　　　 地址:北京市北三环中路甲29号院华龙大厦　邮编:100029
　　　　　 网址:www.ssap.com.cn
发　　行 / 市场营销中心(010)59367081　59367090
　　　　　 读者服务中心(010)59367028
印　　装 / 三河市尚艺印装有限公司

规　　格 / 开本:787mm×1092mm　1/16
　　　　　 印张:28.25　字数:440千字
版　　次 / 2015年6月第1版　2015年6月第1次印刷
书　　号 / ISBN 978-7-5097-7123-5
定　　价 / 88.00元

本书如有破损、缺页、装订错误,请与本社读者服务中心联系更换

版权所有 翻印必究